풀어 보는
시식편람

譯解 법안 박영만

청우북스

緒言

시식은 불자의 의무

시식은 불교 사찰의 중요한 의례의 하나이다. 현재 우리나라 불교에서는 이 시식에 대해서 이와 유사한 영반(靈飯)과 명확하게 구별하지 않는 경향이 있다.

시식은 법식을 베푸는 것으로 그 공덕과 이익이 큰데 시식을 베풀어 받는 이들이 어둠의 세계[幽趣]에서 벗어나게 할 뿐만 아니라 선도(善道)에 태어나게 하고 삼보에 귀의하게 하며 정각(正覺)을 이루게 하기 때문이다. 사람들이 가깝게는 현세에 오과(五果)를 얻고 멀게는 (복덕과 지혜의) 두 가지 장엄을 성취하게 하니 참으로 자타가 함께 구제되는 중요한 나루터요, 붓다의 수승한 지위에 들어가는 오묘한 길이라고 하였다.

『시식통람(施食通覽)』을 편찬한 송나라 종효 법사는 지방이나 가까운 곳이나 승려든 속인이든 이 법을 좇아 행하는 자들과 비록 대부분 그 연유를 알지 못하는 자들을 위해 편찬하였다고 하였는데, 시식의 근원 경전이 되는『불설구면연아귀다라니경』을 위시하여『시감로수다라니주』와 경전의 서문과 시식의 인연, 시식의 방법, 관심법, 시식정명, 시식연기, 영험기 등 34편을 모아서 펴냈다. 이것은 시식을 바르게 하도록 하기 위함도 있으나 가장 핵심이 되는 것은 살생으로 살아가는 광야귀신과 귀자모 등을 제도하여 살생하지 못하도록 하는 한편 그들에게 음식을 제공하여 살생하지 않고 살아갈 수 있도록 해주기 위해 붓다의 제자들이 그들에게 시식하도록 하였다는 데 의미가 있다.

현재 한국불교에는 광야귀와 귀자모, 염구아귀 등을 위해서 시식하라는 붓다의 말씀을 실천하는 일상의 생반 의식이 발달해 있었으나 점차 사라져 가고 있다. 붓다의 제자라면 누구나 생반의 시식을 하라고 당부하셨는데, 붓다의 당부인 시식을 실천하려면 '시식'에 대해 잘 알아야 할 것이므로 이 책의 출간을 기획하게 되었는데, 종효의 『시식통람』과 『몽산시식염송설법의』와 『증수선교시식의』를 번역하고 해설하여 "시식편람"이라고 이름을 붙였다.

『몽산시식염송설법의』는 부동 화상이 편찬했다고 알려진 〈몽산시식〉과 병행하는 설법 의식의 차례를 6단계로 나눠 설명해 주고 있다. 또 몽산시식의 열 가지 준칙을 제시하고 있는데, 시식의 의미와 방식을 도입해서 실행할 필요가 있다고 보인다. 여기서 확인할 수 있는 것은 시식할 때 불단과 법사, 고혼단을 차리는 방식, 실행하는 시간 등이 잘 나와 있다. 현재 한국불교의 영단 개념이 아니라 설법의식 개념과 유사하다. 그렇지만 법사와 고혼단 사이에 불상을 안치하라고 있으나 국내의 양태에서는 찾아볼 수 없고, 또 술시(20시)와 해시(22시)에 시식을 베푸는 것은 현재 지켜지지 않고 있다.

또 국내 의문의 변공법식은 변식진언 등 사다라니가 중심이라고 할 수 있는데, 이곳에서는 변식진언과 감로수진언이 시식의 근본 진언이라고 하고 있다. 그런데 '지반문'을 현대에 편찬한 『수륙의궤회본』에는 변식진언만 나오고 시감로수진언의 염송 때 바라지[향등]가 공양물에 감로수를 뿌리는 행위를 하고 있음을 볼 수 있다.

몽산 덕이가 주석을 달았다고 알려진 『증수선교시식의』의 시식의 차례는 현재 전시식의 그것과 같음을 볼 수 있다.

『시식통람』과 『몽산시식염송설법의』와 『증수선교시식의』는 시식을 다루고 있지만 조금씩 인식이나 행법이 다른 부분이 없지 않다. 그렇지만 전반적으로 다른 것은 아닌데, 설법하는 방식과 시식하는 방식이 분명하게 제시되고 있다. 다만 파지옥 이후의 칭명가피를 『몽산시식염송설법의』에서는 붓다를 모신 영청(迎請)이라고 설명하고 있다. 또 시식 이후 반야심경의 도리를 반야 공적의 법문임을 설명해 주고 있다. 변식진언과 시감로수진언이 중심인 이 시식의 법식은 현재 한국불교에 유통되고 있는 사다라니 방식과는 차이가 있는데, 한국불교의 사다라니 변공 법식은 수륙재 중례문에 근거해서 실행하는 것이 정착되었기 때문이라고 할 수 있다.

　1691년 일본에서 시식통람을 다시 간행하면서 "종효 법사는 일찍이 그 시식의 법이 간단하나 시행하기 쉽고, 간략하나 공을 이룬다는 것을 알아서 이에 전적에 있는 것을 두루 취하여서 이렇게 한데 모은 것이 이 책이 되었으니, 사람마다 모두 환히 알게 하였다"라고 하는 것처럼 시식통람 발행의 가치가 분명하듯이 이 시식편람도 시식에 대해 바르게 이해하여 붓다의 제자로서 역할을 바르게 할 수 있게 된다면 더 이상의 공덕은 없을 것이다.

　또 하나 덧붙일 것은 표기인데 한자나 한글이 다양하게 표기되고 있는 진언의 경우 1800년도 망월사에서 간행한 『진언집』의 표기를 준용하여 한자 음가나 현실 음가와는 차이가 있을 수 있으니 참고하면 좋겠다.

　몽송시식염송설법의와 증수선교시식의문의 풀이본을 합편하였으나 실제 사찰에서 매일 저녁 예경 후 봉행할 수 있는 "몽산시식"을 "석례시식"이라 하여 부록으로 붙여놓았다. 제방에서 활용하여 우리 본사 붓다의 가르침을 받들어 광야귀신과 귀자모, 아귀 등을 구제해주고 공덕을 지어 다 함께 소원을 이루고 해탈할 수 있기를 발원했으면 좋겠다. 왜인가. "만약 시식하지 않는 자는 자비심이 없는 것이고 나의 제자가 아니며, 악도의 무리"라고 하신 말씀을 허투루 들어서는 안 될 것이기 때문이다.

　본 편람은 본 세계불학원 연구소에서 2011년경부터 개최한 강독회에서 번역하며 학습하였던 자료를 바탕으로 금번에 다시 번역·교감·교정 등을 하여 출판하게 되었다. 석례시식문과 본문의 번역이 다른 부분이 간혹 있는데 그것은 의미를 살리거나 또 염송의 편의를 위해서라고 할 수 있다. 출판에 힘을 보태준 [사]세계불학원 연구원 제위께 감사드리며, 제방의 제현께 부족한 것을 일러주시길 바라면 다음 수정판에 반영할 것을 약속드립니다.

2024년 계하 우일 화남

目次

시식통람

1. 재시식통람서/ 9
2. 시식통람[병서]/ 15
3. 불설구면연아귀다라니신주경 [출대장양자함]/ 16
4. 불설시감로수다라니 [병부 유해 수륜관다라니 등]/ 23
5. 불설구발염구다라니경서 [천축사문 준식]/ 25
6. 불설구발염구아귀다라니경 [출대장괴자함]/ 31
7. 불화광야귀신연 [출대장일자함]/ 39
8. 불화귀자모연 [출대장별자함]/ 41
9. 비구걸식 당분위사분 [출대장초자함]/ 48
10. 수식주원게 이장 [남악 사대선사]/ 51
11. 관심식법 [천태지자대사]/ 53
12. 출생도기 [고산사문지원]/ 59
13. 시식정명 [천축사문준식]/ 66
14. 시식법 [동전]/ 70
15. 시식문 [동전]/ 76
16. 시식법식 [동전]/ 77
17. 시식관상 [동전]/ 80
18. 개제수재결의송(병서) [동전]/ 90
19. 시식수지 [삽천사문인악]/ 111
20. 시아귀식문 [문충공소식]/ 120
21. 시식방생문 [현양진순유] / 122
22. 최학사 시식감험 [출이견지]/ 124
23. 사대부 시식문 [혜계군왕 사회]/ 126
24. 수륙대재 영적기 [동천추관양악]/ 129

25. 수륙연기 [장노사문 종색]/ 137
26. 수륙법상찬 [문충공 소식]/ 144
27. 수수륙장고골소 [동전]/ 153
28. 초입도량 서건수륙의 [출양악수륙의]/ 154
29. 선백소청수륙상당 [동전]/ 157
30. 선백소청수륙하당 [동전]/ 166
31. 수륙재의문 후서 [동전]/ 177
32. 곡전소청계백문/ 180
33. 구양 문충공 숙채석 문귀성/ 183
34. 불인선사 가지수륙감험/ 184
35. 송파지옥게감험/ 187
36. 송파지옥주감험/ 191
부록/ 192

몽산시식염송설법의 법식/ 200
1. 염송개시법/ 200
2. 수문직념법/ 200
몽산시식염송설법의 차례표/ 202

몽산시식의 열 가지 준칙
1. 시식의 연기/ 205
2. 단과 도량을 청정하게 결계하라/ 210
3. 법대 위에 불상을 높이 모셔라/ 211
4. 고혼단은 불전보다 낮게 설치하라/ 212
5. 깨끗한 밥과 물 반찬을 갖춰 시식하라/ 213
6. 두 주는 시식의 근본/ 216

7. 시식은 술시 해시에 하라/ 218
8. 계행이 청정한 이가 가르침을 설하라/ 220
9. 목탁소리와 염불성이 조화롭게 하라/ 224
10. 현밀의 경과 주로 진실하게 염송하라/ 225

몽산시식염송설법의
1. 염송을 시작하는 의식/ 227
2. 몽산시식의 올바른 염송/ 241
3. 몽산시식 12과목으로 분장/ 242
    과목 1 게시유심/ 242   과목 2 악도를 떠남/ 243
    과목 3 삼보를 청함/ 247   과목 4 삼보를 받들어 지님/ 249
    과목 5 참회삼업/ 250   과목 6 이사로 서원/ 251
    과목 7 죄업을 소멸함/ 257   과목 8 삼매야계를 줌/ 258
    과목 9 법미를 변식함/ 258   과목 10 명호를 듣고 얻는 이익/ 260
    과목 11 총원으로 베풂/ 262 과목 12 널리 회향함/ 268
4. 법회를 끝내며 염불을 회향함/ 272

증수선교시식의문/ 279

부록 석례시식의/ 315

시식통람
施食通覽

'통람'이라고 하면 처음부터 끝까지 이어서 통으로 훑어본다는 뜻이다. '시식통람'이라고 하면 시식에 관한 경전과 관련 인연이나 방법 해설 등을 죽 훑어보도록 엮은 책이라고 할 수 있다.

『시식통람』은 사명산 석지 사문 종효가 엮은 것으로『불설구면연아귀다라니신주경』등 34편의 경전과 시식 관련 자료와 부록으로 구성되었다. 경전을 제외하고, 글 쓴 저자로 남악 혜사와 천태 지의 등 9명이 등장한다. 사명 준식의 글이 9편으로 가장 많이 실려있다.

편자 종효[宗曉, 1151-1214]는 남송 때의 승려로 사명(四明, 浙江) 은현(鄞縣)의 사람으로, 속성은 왕 씨이고, 자는 달선(達先)이며, 호는 석지(石芝)이다. 『시식통람(施食通覽)』을 위시하여 『낙방유고(樂邦遺稿)』2권, 『사명교행록(四明教行錄)』7권, 『삼교출흥송주(三教出興頌注)』, 『보운진조집(寶雲振祖集)』, 『금광명경조해(金光明經照解)』2권, 『명교편(明教編)』등 많은 저술을 남겼다.

원문은 『속장경』과 『만신찬속장경(卍新纂續藏經)』(第57册, No.961)에 실려있다. 종효의 서문 앞에 「재시식통람서(梓施食通覽序)」는 1691년 호동 안양율사 사문 계산이 새로 책을 발간하면서 쓴 서문이다.

1. 재시식통람서 梓施食通覽序

'시식통람 서문을 상재(上梓)하다'라는 뜻이다. 상재는 가래나무 목판(木版)에 올린다는 뜻으로, 출판하기 위하여 책을 인쇄에 부치는 것을 이르는데 책의 서문을 붙였다는 의미라고 할 수 있다. 이어지는 문장이 서문이다.

자세히 설명하자면 무릇 보시바라밀에는 3가지가 있다. 첫째는 재시이며, 둘째는 법시이며, 셋째는 무외시이다.
詳夫 檀施有三種焉 一曰財施 二曰法施 三曰無畏施

단은 범어 dāna의 뜻풀이로, '단나(檀那)'·'타나(柂那)'·'단(檀)'으로 음역하고, '시(施)'라고 의역한다. 범어 dakṣiṇā의 역어로, '달친(達嚫)'·'대친(大嚫)'·'친(嚫)'으로 음역하며, '재시(財施)'·'시송(施頌)'·'친시(嚫施)'라고 의역된다. 재물을 보시하는 사람을 단월(dnānpati, 布施主라는 뜻, 施主라 의역)이라 하고; 베푼 재물은 '친자(嚫資)'·'친재(嚫財)'·'친금(嚫金)'·'친전(嚫錢)'·'당친(堂嚫: 승당의 스님들에게 재물을 베풀었다는 뜻)'·'표친(俵嚫: 재물을 나누어 준다는 뜻)'·'신시(信施: 신도가 재물을 보시했다는 뜻)' 등으로 번역되었다. 보시의 세 유형별로 시식의 례가 실행된다.

무릇 법식의 보시는 세 가지 보시를 겸할 수 있다. 첫째는 음식으로써 그들[중생]을 배고픔과 허기에서 구제하는 것이다.
夫法食之施能兼三施而有焉歟 其以飲食濟彼饑虛一也

법식(法食)에는 세 가지 뜻이 있다. ① 여법한 음식물[食物]을 가리킨다. "『중일아함경』에서 이르셨다. '여래가 입으신 옷은 가사(袈裟)라 하고; 드시는 것은 법식(法食)이라 한다.'"1) ② 정오[日中] 때 식사하는 것을 가리킨다. 네 가지의 식사하는 때 중 하나이다. 삼세제불은 모두 오시(午時)를 식사 시간으로 삼았으니 법식(法食)의 때라고 칭한다. 정오가 지나면 때가 아닌 때 먹는 것이다. "『비라삼매경』에서 말씀하셨다. '붓다께서 법혜보살을 위해 네 가지의 식사하는 때를 설하셨다: 첫째는 아침이니 천식(天食)이 되고; 둘째는 정오이니 법식(法食)이 된다.'"2) ③ 법으로써 밥을 삼는 것을 가리킨다. 지혜의 목숨을 기르는 것을 법식이라고 칭한다.

둘째는 음식에 주(呪)를 염송하여 베풂으로써 음식을 따라 법이 들어가는 것이다.
其施以呪食法隨食入二也

---

1) 『四分律刪繁補闕行事鈔』卷下一(T40, 105a).
2) 『釋氏要覽』卷上(T54, 274a).

'변식'은 주식현공(呪食現功)이라고도 하며 음식에 진언으로 가지하여 음식을 법식으로 승화하는 것을 의미한다.

셋째는 법식을 주어서 이미 그들이 가지고 있던 공포를 모두 떨쳐 버리고 어둠의 세계[幽趣]에서 벗어나게 하는 것이다.
其與法食已令彼等所有恐怖悉皆捨離解脫幽趣三也

불교 시식의 목적은 고통의 세계에 있는 이들이 어둠의 세계를 벗어나게 하는 데 목적이 있다는 것을 의미한다.

베푸는 것이 특별하지 않아도 베푸는 사람[能施]이 오과에 이르고 두 가지 장엄을 마땅히 갖추게 된다.
不特所施而於能施五果現臻二嚴當備

오과에 대해 『잡아비담심론』에서는 수명과 색과 힘과 안락함과 말재주 등 다섯 종류이니 보시의 과보로 백천 가지를 베푸는 이가 얻는다[3]라고 하고 있다. 또 두 가지 장엄에 대해 『대반열반경』에서는 "두 가지 장엄이란 첫째는 지혜이고 둘째는 복덕이다. 만일 보살이 이와 같은 두 가지의 장엄을 구족한다면 불성(佛性)을 알게 된다"[4]라고 하며, 『성유식론술기』에서는 "훌륭한 자량(資糧)이란 곧 복과 지혜의 두 가지 장엄이다."[5]라고 하였다.

무릇 법식을 베푸는 데는 또한 두 가지 이익이 겸해진다. 제불이 칭찬하심이요, 뭇 성현이 칭송함이니 진실로 따지고 헤아림을 용납하지 않는다.
夫法食之施亦兼二利而有焉歟 諸佛之所稱揚羣賢之所褒述 固無容擬議也

두 가지 이익(二利)이란 『무량수경』과 찬아미타불게에서 곧 자리(自利)와 이타(利他)이다. 위로 깨달음을 구하는 것은 자리이고, 아래로

---

3) 法救 造 · 僧伽跋摩 譯, 『雜阿毘曇心論』(T28, 932b).
4) 『大般涅槃經』(北本)卷27(T12, 523a).
5) 『成唯識論述記』卷7末(T43, 494b).

중생을 교화하는 것은 이타이다. 소승(小乘)의 실천은 오직 자리뿐이고, 보살의 실천은 자리와 이타를 겸한다고 하였다.

그러나 그것을 살피지 않는 자들은 때때로 내가 근본을 도탑게 하는 데 힘쓰지 않는다고 말한다.
但弗之察者往往有言 吾敦乎本不驚乎

끝으로 그 뜻을 복을 베푸는 데 힘쓰는 자는 과연 어떠하겠는가. 아, 슬프도다. 수많은 실천[萬行]에 반야(般若)가 있으니 이를 가지고 인도한다면 곧 삼륜(三輪)이 공적하다.
末彼役志于施福者果何爲也 哉噫 萬行有般若以爲導則三輪空寂

반야로 인도해야 삼륜(三輪)이 공해서 적멸해진다는 것이다. 삼륜은 세 바퀴라는 뜻으로 보시하는 사람[施者]과 보시를 받는 사람[受者] 및 보시하는 물건[所施之物]의 세 가지를 지칭한다.

비록 온종일 베푼다고 하더라도 어찌 병이라 하겠는가. 진실로 제자들이[徒] 얽매여서 단멸(斷滅)의 견해에 떨어진다면 도에 어긋나 멀어지게 되는 것이다.
雖終日施奚病焉 苟徒拘泥而墮斷滅之見則違道遠矣

도로(徒勞)의 개념이 이곳에서 설명된다. 단멸(斷滅)의 견해란 만유는 무상한 것이어서 실재하지 않는 것같이, 사람도 죽으면 몸과 마음이 모두 없어져서 공무(空無)에 돌아간다고 고집하는 그릇된 소견을 의미한다.

시식통람은 석지 법사 종효 공이 엮은 것이다.
施食通覽者石芝法師曉公之所編也

『자비도량참법』 등에도 스님들을 '사(師)'라 하기 전에 '공(公)'이라고 칭하는 예를 볼 수 있다. 이것은 실제 스님들이 국가의 공적 업무에 종사한다는 의미이고 하다.

종효 법사는 일찍이 그 시식의 법이 간단하나 시행하기 쉽고, 간략하나 공을 이룬다는 것을 알아서 이에 전적에 있는 것을 두루 취하여서 이렇게 한데 모은 것이 이 책이 되었으니, 사람마다 모두 환히 알게 하였다. 그 비롯된 바는 곧 종효 법사의 인자함이 만물에 미친 것이니 그 어찌 큰일이 아니겠는가.

蓋公以嘗知其施食之法簡而易行約而成功 乃取典籍之有涉于此者彙爲此書 使人人了然知其所自則公之仁慈之及物不其博哉

나[戒山]는 다행히 서울[京師]에서 이 책을 얻어 한 번 읽어보고는 감탄을 금치 못해 마침내 수본을 수집하여 그 잘못 쓴 글재[亥豕]를 교정하고 아울러 교훈을 붙여서 그것을 출판[梓]하였으니 이는 시식하는 법의 이익이 다함 없이 흘러넘치게 하고자 함이다.

予幸得此書於京師 一寓目不勝嘆賞 遂采數本而訂其亥豕兼爲和訓 而梓之是欲施食之法益洋溢於不窮也

서울을 경사(京師)라고 하는 것은 왕궁 등은 땅을 돋아 높이 짓는 데서 연유한다.

이 책의 편찬은 그 뜻이 훌륭한 것을 내놓는 데 있으니 이 책을 잘 읽는 자는 그것을 도탑게 믿고 정성껏 실천하면 세 가지 보시가 이루어지고, 오과(五果)에 이를 수 있으며, 두 가지 장엄을 갖출 수 있게 되고, 또한 종효 법사의 소망을 저버리지 않게 되리라.

此書之編其意良出于此善讀者信之篤行之誠則三施可成五果可臻二嚴可備而亦無負於曉公之所望矣

때 뿔
원록 4년 신미년(1691년) 중추(음력 8월) 맑은 새벽
元祿辛未四年仲秋淸旦

원록(元祿)은 겐로쿠 시대(1688~1704)의 연호이다. 일본 에도 시대 중기로, 5대 쇼군 도쿠가와 쓰나요시[德川綱吉]가 다스린 시기로 시식

통람이 다시 간행된 것은 일본에서 간행된 것을 알 수 있다.

호동[東方山] 안양율사 사문 계산 삼가 쓰다.
湖東 安養律寺 沙門 戒山 謹識

계산 혜견(戒山慧堅, 1649~1704)은 일본 에도 시대 전기의 승려이다. 경안(慶安) 2년(1649)에 태어났으며, 진언율종(眞言律宗)이다. 관문(寬文) 5년(1655) 고향 치쿠고[筑後, 현재 후쿠오카현 남부]에서 황벽종(黃檗宗)의 철안도광(鉄眼道光)의 아래서 출가하였다. 이후 카와치[河内, 현재 오사카부의 동부] 야중사(野中寺)의 혜맹(慧猛)에게 계율을 배우고 10년 구족계를 받는다. 정향(貞享) 2년(1685) 오우미[近江, 지금의 자하현] 안양사(安養寺)의 중흥(中興) 1세가 되었다. 원록(元祿) 17년(1704) 3월 4일에 56세로 입적하였으며 속성은 강상(江上)이고, 자(字)는 계산(戒山)이며, 호는 퇴경도인(退耕道人)이다. 저서로는 『율원승보전(律苑僧宝伝)』 등이 있다.6)

『시식통람』이 일본에서 재간행되던 시기인 17세기 말 18세기 초반 한국불교에서도 금산사 『제반문』이나 『천지명양수륙재의범음산보집』, 보현사의 『산보범음집』이 편찬되고 있는데 이것은 의식의 산실이나 의미의 전승이 산일(散逸)되었기 때문이라고 할 수 있을 것 같다.

---

6) (https://kotobank.jp/word/慧堅-1058790 참조)

2. 시식통람[병서] 施食通覽[幷序]

사명 석지 사문 종효 편
四明 石芝 沙門 宗曉 編

법식을 베푸는 것은 그 이익이 매우 크다. 비단 저들이 어둠의 세계[幽趣]에서 벗어나게 할 뿐만 아니라 선도(善道)에 태어나게 하고 삼보에 귀의하게 하며 정각(正覺)을 이루게 한다.
　法食之施 其利博哉 非唯使彼脫幽塗生善道歸乎三寶成乎正覺

또한 사람들이 가깝게는 현세에 오과(五果)를 얻고 멀게는 (복덕과 지혜의) 두 가지 장엄을 성취하게 하니 참으로 자타가 함께 구제되는 중요한 나루터요, 붓다의 수승한 지위에 들어가는 오묘한 길이다.
　亦使人近則現招五果遠則成就二嚴 真自他兼濟之要津 乃入佛勝地之妙道也

내가 가만히 보니, 먼 지방이나 가까운 곳이나 승려든 속인이든 이 법을 좇아 행하는 자들과 비록 대부분 그 연유를 알지 못하는 자들 또한 다시 적잖이 교전(敎典)을 펼쳐서 읽던 차에, 만일 시식에 관련된 것이 있으면 모두 수집하여 베껴서 기록하였다. 그 쌓인 것이 많음을 깨닫지 못하다가 틈이 있는 날 가려 뽑아서[銓] 그 목록으로 말미암아 책을 이루어 『시식통람(施食通覽)』이라고 하였다.
　余竊見遐方近處若緇若俗遵行此法者 雖衆然昧厥由者 亦復不少遂於披閱教典之次儻有關於施食者悉謄錄之彙聚廩積不覺其多暇日銓 次成帙因目之曰施食通覽

그리고 지금 이후로도 혹여 이러한 [시식과 관련된] 글을 보게 된다면 자비와 지혜의 마음을 일으켜서 무상(無相)의 보시로 널리 이익되게 해주시길 바란다고 말할 뿐이다.
　而今之後或有睹於斯文者 願興悲智之心益廣無相之施云爾

가태 갑자(1204년) 중추일(음력 8월) 종효가 서문을 쓰다.
嘉泰甲子中秋日宗曉序

가태(嘉泰)는 남송 영종(宁宗)의 두 번째 연호로 1201~1204년의 4년 간 사용되었다.

앞으로 경전에서 설명되겠지만 시식의 주 대상은 아귀이다. 아귀는 범어로 프레타(preta)로 이 프레타에 대해 실차난타의 번역에서는 '면연', 불공의 번역에서는 '염구'라고 하고 있다. 이는 굶주린 자의 비유적 표현이다. 면연(얼굴이 불탐)은 배가 곯아 아사하기 직전에 사람의 얼굴이 빨갛게 되는 것을 비유적으로 이른 말이며, 염구(입에 불이 남)는 배가 고파서 입에서 단내가 나는 것을 비유적으로 표현한 것이다.

3. 불설구면연아귀다라니신주경
佛說救面然餓鬼陀羅尼神呪經 [出羊字函]

이 경은 중국 당(唐)나라 때 실차난타(實叉難陀, Śikṣānanda)가 695년에서 704년 사이에 한역하였다. 총 1권으로 구성된 이 경은 붓다가 곧 죽게 된다는 아귀의 말을 듣고 두려움에 떠는 아난다에게 아귀와 모든 바라문과 선인들에게 음식을 보시할 수 있는 방편으로 전해준 일체덕광무량위력(一切德光無量威力) 다라니주와 그 염송법, 음식을 보시하는 법[施食法] 등을 설한다. 불공(不空)이 한역한 이역본인 『구발염구아귀다라니경(佛說救拔焰口餓鬼陀羅尼經)』과 내용이 다르지 않은데 4여래 칭양성호가 있다.

대당 삼장법사 실차난타 조칙을 받들어 한문으로 번역하다.
大唐三藏法師實叉難陀奉　詔譯

경전 번역은 국왕의 명에 의해 이뤄지고 국왕의 허락을 받아야 일체경에 입장(入藏)된다. 조역은 그것을 의미한다.

그때 세존께서는 가비라성의 니구율나(尼俱律那) 승가람마에서 비구들과 아울러 여러 보살과 셀 수 없이 많은 중생에게 둘러싸여 계시면서 법을 설하셨다.

爾時世尊在迦毗羅城尼俱律那僧伽藍所與諸比丘幷諸菩薩無數衆生周帀圍繞而爲說法

경전 서두의 일반적인 형식이다. 니구율라승가람(尼俱律那僧伽藍)은 곧 니구율원으로 범어로 "Nyagrodhārāma"라고 한다. 승가람마에서 상가라는 표현이 나왔고, 스님이라는 의미까지 출현하게 된다.

그때 아난이 청정한 곳에서 일심으로 생각을 매어두고 홀로 있었다. 그날 밤 삼경(三更, 子正)이 지난 후에 면연(面然)이라는 한 아귀가 아난의 앞에 머무르고 있는 것이 보였다.

爾時 阿難 獨居淨處 一心繫念 卽於其夜三更之後 見一餓鬼名曰面然 住阿難前

아난이 홀로 삼경에 일심계념을 닦고 있었는데, 그때 시간이 삼경을 지나고 있었는데 그때 면연이라는 아귀가 그 앞에 나타나서 아난이 아귀를 볼 수 있었다. 삼경은 하룻밤을 다섯으로 나눈 셋째 부분(部分)으로 곧 밤 11시부터 새벽 1시까지라 한밤중이라고 할 수 있다.

아난에게 아뢰었다. "앞으로 사흘 후면 그대는 목숨이 다해 곧 아귀도에 나게 될 것이오."

白阿難言却後三日汝命將盡卽便生此餓鬼之中

이때 아난이 이 말을 듣고 나서 두려운 마음이 일어 아귀에게 물었다. "저의 이 재앙은 어떤 방책을 써야 이러한 고통을 면할 수 있겠습니까?"

是時阿難聞此語 已心生惶怖問餓鬼言 我此災禍作何方計得免斯苦

그때 아귀가 아난에게 대답하였다. "그대가 이른 새벽에 만일 백

시식통람 17

천 나유타 항하의 모래 수처럼 많은 아귀와 백천의 바라문 및 선인 등에게 보시하되 마가다국의 말(斗)로 각각 1말의 음식을 베풀고 또 나를 위해서 삼보에 공양을 올려준다면, 그대의 수명이 늘어나고 나는 아귀의 고통에서 벗어나 천상계에 나게 될 것이오."

爾時餓鬼報阿難言 汝於晨朝若能布施百千那由他恒河沙數餓鬼幷百千婆羅門及仙人等以摩伽陀國斗各施一斗飮食幷及爲我供養三寶 汝得增壽令我離於餓鬼之苦得生天上

아난이 이 면연아귀의 몸을 보니 파리하고 수척하였으며, 마르고 초췌하여 매우 추하였고, 얼굴은 불에 타는 듯하고 목구멍은 바늘과 같고, 머리카락은 어지러이 헝클어져 있고, 털과 손톱은 길고 날카로우며 몸은 무거운 짐을 진 듯하였다.

阿難見此面然餓鬼身形羸瘦枯燋極醜面上火然其咽如針頭髮蓬亂毛爪長利身如負重

또한 이와 같이 공손하지 못한 말을 듣고는 몹시 놀라고 두려워 몸의 털이 다 곤두서는 것 같았다. 곧 자리에서 일어나 급히 붓다께서 계신 곳에 이르러 오체투지하고 붓다의 발에 이마를 대어 예배를 하고는 몸과 마음을 덜덜 떨면서 붓다께 아뢰었다.

又聞如是不順之語甚大驚怖身毛皆竪卽從座起疾至佛所五體投地頂禮佛足身心顫慄而白佛言

"저를 구해주소서, 세존이시여. 저를 구해주소서, 신서시여. 앞으로 사흘이 지나면 목숨이 다한다고 합니다. 어젯밤 한 면연아귀를 보았는데, 저에게 '그대는 사흘이면 반드시 목숨이 다하여 아귀도에 태어나리라'라고 하였습니다. 제가 곧 '어떤 방책을 써야 이러한 고통을 면할 수 있겠는가?' 물었습니다.

救我世尊救我善逝 過此三日命將終盡 昨夜見一面然餓鬼而語我言汝於三日必當命盡生餓鬼中我卽問言以何方計得免斯苦

아귀가 대답하였습니다. '그대가 만일 백천 나유타 항하의 모래 수처럼 많은 아귀와 백천의 바라문 및 선인 등에게 보시한다면 그대의 수명을 늘릴 수 있다'라고 하였습니다. 세존이시여, 제가 이제 어떻게 해야 이 고통을 면할 수 있겠습니까?"
餓鬼答言 汝若能施百千那由佗恒河沙數餓鬼及百千婆羅門幷諸仙等飮食汝得增壽 世尊我今云何得免此苦

그때 세존께서 아난에게 말씀하셨다. "그대는 이제 두려워하지 말라. 그대가 이와 같은 아귀와 여러 바라문과 선인 등에게 음식을 보시할 수 있는 다른 방편이 있으니 걱정하거나 괴로워하지 말아라."
爾時 世尊告阿難言 汝今勿怖有異方便 令汝得施如是餓鬼諸婆羅門及仙等食 勿生憂惱

붓다께서 말씀하셨다. "아난다여, 일체덕광무량위력(一切德光無量威力)이라고 하는 다라니가 있다. 만일 이 다라니를 외우면 곧 구지(俱胝) 나유타 백천 항하사 수의 아귀와 68구지(俱胝) 나유타 백천 바라문과 여러 선인 등 앞에 각각 마가다국의 말(斗)로 4섬 9말의 음식을 보시한 것이 된다."
佛言 阿難有陀羅尼名曰一切德光無量威力 若有誦此陀羅尼者 卽成已施俱胝那由佗百千恒河沙數餓鬼及六十八俱胝那由佗百千婆羅門幷諸仙等前各有摩伽佗斗四斛九斗飮食

'일체덕광무량위덕(一切德光無量威力)'이 변식진언 최초의 이름이라고 할 수 있다.

붓다께서 말씀하셨다. "아난이여, 내가 전생에 일찍이 바라문이었을 때 관세음보살과 세간자재덕력여래(世間自在德力如來)가 계신 곳에서 이 다라니를 받았다. 내가 이 다라니 방편으로 한량없고 셀 수 없는 아귀와 바라문과 선인 등에게 음식을 충분히 갖추어 베풀 수 있었다. 내가 모든 아귀에게 음식을 베풀었기 때문에 (아귀들이)

아귀의 몸을 버리고 천상계에 태어날 수 있었다. 아난이여, 그대가 이제 이 다라니를 받아 지녀 마땅히 스스로를 보호하여라." 곧 주문을 설하여 말씀하셨다.
> 佛告 阿難我於前世曾爲婆羅門時於觀世音菩薩及世間自在德力如來所受於陀羅尼 我當以此陀羅尼方便 得具足施於無量無數餓鬼及婆羅門幷仙等食 以我施諸餓鬼食故捨離此身得生天上 阿難汝今受持此陀羅尼 當自護身 卽說呪曰

나막 살바 다타아다 바로기데 「옴 삼바라 삼바라 훔」
> 那麽薩縛 但佗揭多 縛路枳帝 唵 三跋囉 三跋囉 虎[斜]

붓다께서 말씀하셨다. "아난이여, 만일 이 음식을 베푸는 법[施食法]을 행하려면 먼저 음식을 가져다가 청정한 쟁반에다 놓아두고, 이 다라니주를 외워서 음식에 일곱 편(遍) 주문을 하여라. 문 안쪽에 서서 팔을 펴 문밖의 깨끗한 땅에 쟁반을 두고 손가락을 일곱 번 튕기어라. 이렇게 베풀고 나면 사방에 있는 백천 구지 나유타 항하사 수의 아귀들 하나하나의 아귀 앞에 각각 마가다국의 말[斗]로 4섬 9말의 음식이 놓일 것이니 이와 같은 아귀들이 두루 다 배가 부를 것이다. 이 아귀들이 이 음식을 다 먹고 나면 모두 아귀의 몸을 버리고 천상계에 나게 될 것이다."
> 佛言 阿難若欲作此施食法者先取飯食安置淨盤器中誦此陀羅尼呪呪食七徧 於門內立展臂戶外置盤淨地彈指七下作此施已於其四方有百千俱胝那由他恒河沙數餓鬼於一一餓鬼前各有摩伽陀斗四斛九斗飮食如是鬼等徧皆飽滿 是諸餓鬼喫此食已悉捨鬼身盡得生天

다시 말씀하셨다. "아난이여, 만일 비구·비구니·우바새·우바이가 항상 이 다라니를 지송하고 아울러 음식을 받들면 곧 한량없는 공덕이 구족되어 목숨이 연장되고, 곧 백천 구지 여래께 공양한 공덕을 이루어서 얼굴색이 깨끗해지고 위엄과 덕망이 있으며 똑똑하게 잘 기억해서 일체 비인(非人)과 보다귀(步多鬼) 등과 야차와 나찰 및 모든 아귀가 모두 이 사람을 두려워하여 마음으로도 차마 보이지 아니하리니 이 사람은 곧 큰 힘을 구족하여 부지런히 정진함을 성취한 것이 된다."

復言 阿難 若比丘比丘尼優婆塞優婆夷 若能常誦此陀羅尼幷奉飮食 卽爲具足無量功德命得延長 卽成供養百千俱胝如來功德 顏色鮮潔威德强記 一切非人步多鬼等夜叉羅刹幷諸餓鬼 皆畏是人心不忍見 是人卽爲成就具足大力勤進

'위의 잘 기억하는 것'을 강기(强記)라고 한다. 강기는 오래도록 잊지 아니하고 똑똑하게 잘 기억(記憶)하고, 또는 그 똑똑한 기억(記憶)을 의미한다. 이것은 공부의 기본이라고 할 수 있다. 보다귀는 산스크리트어로 Bhūta. 5취(趣)에 생하는 것이라는 뜻. 따라서 부타는 유정(有情)이라는 뜻으로 사용된다. 또는 귀신의 일종으로 화생(化生)한 것을 말한다. 이 귀신은 찰나에 3천의 세계를 돌아다니는 신통이 있다고 한다.

다시 말씀하셨다. "아난다여, 만약 바라문과 선인에게 음식을 베풀고자 한다면 마땅히 음식을 가져다가 발우에 가득 담고 이 다라니를 외워서 음식에 일곱 편(徧) 주문을 하여라. 물속에 쏟아 흘려보내면 한량없는 구지 백천 항하사 수의 바라문과 모든 선인 등에게 천상의 음식과 같은 것을 충분히 갖추어 바친 것이 된다. 그 바라문과 선인 등이 이 음식을 다 먹고 나면 모든 감각기관[根]이 구족하고 원만하며 상서로워서 각각 그들의 서원을 발하고 보시한 사람을 찬탄할 것이다. 그 음식을 보시한 사람은 마음이 청정해져서 빠르게 범천의 위덕을 증득하고, 항상 청정한 행을 구족하며, 백천 구지 항하사 수의 여래께 공양한 공덕을 성취하고, 모든 원수나 적에게 항상 승리할 것이다.

復言 阿難若欲施婆羅門及仙食者當取飮食滿置鉢中誦此陀羅尼呪呪食七徧瀉流水中具足奉獻無量俱胝百千恒河沙數婆羅門及諸仙等如天飮食其婆羅門幷仙人等喫此食已諸根具足圓滿吉祥各發其願讚歎施人其施食人心得淸淨而便疾證梵天威德常修淨行具足成就供養百千俱胝恒河沙數如來功德於

諸怨敵而常得勝

만일 비구·비구니·우바새·우바이가 일체 삼보께 공양하려면 마땅히 향과 꽃, 음식을 갖추어 준비하고 이 다라니주를 외워 보시할 음식과 향과 꽃 등에 스물한 편(徧) 주문을 하여라. 삼보께 공양하는 이 선남자 선여인 등은 모든 천상의 미묘한 공양과 가장 훌륭한 공양을 충분히 갖추어 성취한 것이며, 일체 여래의 찰토(刹土)의 삼보를 존중하고 찬탄하는 것이니 모든 붓다께서 잊지 않고 기억하시며 칭찬하시고 찬탄하시며 모든 천인이 옹호할 것이다."

若比丘比丘尼優婆塞優婆夷若欲供養一切三寶應當具辦香華飮食誦此陀羅尼呪呪所施食及香華等二十一徧供養三寶此善男子善女人等具足成就諸天妙供及無上供尊重讚歎一切如來刹土三寶諸佛憶念稱揚讚歎諸天擁護

붓다께서 말씀하셨다. "그대는 가거라. 아난이여, 마땅히 자신의 몸도 보호하고 아울러 널리 모든 중생을 위해 설해주고, 중생들이 한량없는 공덕을 구족하고 성취하여 태어나는 세상마다 항상 백천구지의 모든 붓다를 만나게 하여라."

佛言 汝去阿難當自護身 幷及廣爲諸衆生說令諸衆生成就具足無量功德 所生之世常値百千俱胝諸佛

불설구면연아귀다라니신주경 종 佛說救面然餓鬼陀羅尼神呪經 終

[시식(施食)에 따르면 반드시 알아야 하니, 촉본(蜀本)의 유가밀교(瑜伽密敎)에서는 모두 감로수주(甘露水呪)가 나온다고 말한다. 실차난타 번역 『구면연경(救面然經)』의 뒷부분과 장경(藏經)을 조사해 보니 모두 그것[감로수주]을 싣지 않았다. 때때로 나중에 베껴서 새겨 넣거나 빼기도 하였다.]

[準施食須知及蜀本瑜伽密敎皆云有甘露水呪出實叉譯救面然經後及撿藏本皆不載之往往後來寫刻脫去矣]

지금 삼가 밀교록에 의하여 경전의 뒤에 붙여서 그 빠진 것을 보충하려 한다.
今謹依密教錄附經後庶補其缺也

저쪽에는 여전히 유해주(乳海呪)와 일자수륜주(一字水輪呪) 그리고 게송구절[偈句] 등이 있다. 전해 내려온 것으로 혹여 사용하였다면 하지 않는 것은 깊이 헤아리지 않는 것이다.]
彼仍有乳海呪一字水輪呪幷偈句等幷以傳流或有所用則不爲無考焉]

4. 불설시감로수다라니 佛說施甘露水陀羅尼

[물그릇을 받들고 다라니를 7편 외우고 그것을 뿌린다. 아래의 두 다라니 또한 마찬가지다.]
[捧水盂誦呪七徧洒之下二呪亦然]

나모 소로바야 다타아다야 다냐타
「옴 소로소로 바라소로 바라소로 스바하」
南無 素嚕皤耶 怛他揭多耶 怛你他 唵 素嚕素嚕 鉢囉素嚕 鉢囉素嚕 莎呵

이 법은 가장 뛰어나고 훌륭해 대비심이 위로 생겨나네.
미묘한 가타 흐르고 펼치니 감로는 헤아리기 어려운 법일세.
한 방울만 띄워도 청량해지니 다 비로자나불의 법장이로다.
此法最殊勝 大悲心上生 流演玅伽陀 甘露難思法 一滴泛淸凉 皆是毗盧藏

가타(伽陀)는 범어 gāthā의 음역으로 게송(偈頌)을 말한다.

불설시유해다라니 佛說施乳海陀羅尼

나모 사만다 못다남 「밤」 [대장경에 따르면 소리는 침범하지 않고 끊어서 하는데 아래도 같음]
曩謨三滿多沒駄喃 鑁[準大藏經音無犯切下同]

다음으로 모든 저승과 이승[幽顯]의 유정이 비로자나여래의 일자수륜관(一字水輪觀)에 들어가 모든 유정이 마음껏 10곡(斛)의 감로법수를 마시게 하는 다라니를 말해주겠다.
次爲一切幽顯有情入毗盧遮那如來一字水輪觀令諸有情恣飮十斛甘露法水陀羅尼曰

「옴 밤밤밤밤」 唵鑁鑁鑁鑁

이것은 비로자나여래께서 가르치신 감로해탈문의 큰 비밀의 말씀으로 가지(加持)함으로써 미묘한 음식과 법희선열식이 법계에 두루 가득하게 되니 모든 귀신이 소타의 맛을 얻어 영원히 굶주림과 목마름[飢渴]이 제거되기를 관상(觀想)하면 곧 무생지(無生地)를 증득하게 된다.
此是毗盧敎甘露解脫門以大祕密言加持微玅食法喜禪悅食偏滿於法界一切鬼神衆願得酥陀味永除飢渴想卽證無生地

소타(酥酡 또는 酥陀)는 ⓢ'sudhā'의 음역어로 수타(須陀, 修陀)·소타(蘇陀)라고도 하며 감로(甘露)라고 번역한다. 나무의 즙으로 만든 감로미의 일종이며, 천상 사람이 먹는 술의 일종이다. 여기에서는 천상의 감로식을 말한다.

감로왕여래찬 甘露王如來讚

무위자 양걸 술
無爲子 楊傑 述

양걸은 송나라 때 문인이자 관료로서 독실한 불교도이며 자는 차공(次公), 호는 무위자(無爲子)이다.

제천(諸天)이 명약(名藥)을 대해(大海)에 던져 놓고 묘보산(妙寶山)으로 갈아서 감로미(甘露味)를 만들어서 이루었으니, 맛을 본 자는 수명이 연장되고 젊어서 죽는 고통이 없게 된다. 여래께서 베푸신 법식이 대천세계에 가득하여 모든 목이 마르도록 오욕에 탐착하는[渴愛] 자들이 영원히 생사의 근본을 끊게 하신다. 감로왕여래께 머리조아리오니, 한 끼의 음식이 일체에 두루하네.

諸天以名藥投于大海中摩以妙寶山造成甘露味嘗者延壽命而無夭橫苦如來施法食充滿大千界令諸渴愛者永斷生死本稽首甘露王一食徧一切

5. 불설구발염구다라니경서 佛說救拔焰口陀羅尼經序

송 전당 천축사 사문 준식 찬
宋 錢塘 天竺寺 沙門 遵式 撰

준식[遵式, 964~1032]은 중국 송나라 천태종 승려로 자(字)는 지백(知白), 선혜(禪慧) 또는 자운참주(慈雲懺主)라고도 한다. 처음에는 선을 배우면서 계율을 함께 닦았다. 뒤에 천태산 국청사의 보현보살상 앞에서 한 손가락을 태워 천태교학(天台敎學) 연구를 맹세하여 사명산 보운 의통(寶雲義通)에게 천태교를 배웠다. 28세에 의통의 강석(講席)을 전해 받아 『법화경』·『유마경』·『열반경』·『금광명경』 등을 강의하였다. 1000년(송 함평 3년) 가뭄이 심해지자 비를 빌어 영험이 있었다. 그 뒤 천태산 서편에 암자를 짓고 대중과 함께 염불삼매를 닦고, 1024년 조정에 주청하여 천태의 교문(敎文)을 대장경에 넣게 하였다.

일에는 간단하되 따르기 쉬운 것이 있고, 물건에는 작지만 크게 돕는 것이 있으며, 공(功)에는 갑절이되 부르면 빨리 오는 것이 있다. 세 가지가 이 경전에 갖추어져 있다.
事有簡而易從者 物有微而大濟者 功有倍而召速者 三者斯經備焉

한 그릇의 음식을 차려놓고 일곱 번[反] 주문을 외우고 손가락을 튕겨서 그 (음식을) 베푸는 주문 또한 몇 구절[數句]에 지나지 않으니, 이것은 따르기 쉽다.
且陳一器之食 呪之七反鳴指以施之 呪亦不過數句 此其易從也

무덤 속을 꿰뚫고 구야를 감싸도 먼지와 모래는 헤아릴 수 없이 많듯 입에서 불길을 뿜는[焰口] 아귀가 모두 맛있게 먹고 배를 채우니 이것이 크게 돕는 것이다.
徹窮泉包九野塵沙莫數 焰口之鬼皆甘嗜實腹 此其大濟也

무덤 속을 꿰뚫는 것을 궁천(窮泉)이라고 한다. 구천(九泉), 즉 무덤 안을 가리킨다. 사마광(司馬光)은 「몽치자(夢稚子)」라는 시에서 '무덤 속 가는 뼈도 이미 흙이 되었고, 스무 해 동안 봄만 되면 꽃이 무더기로 피었네: 窮泉纖骨已成塵, 幽草閑花二十春'라고 읊었다. 구야(九野)는 예전에 중국에서 하늘을 아홉 방위로 나누어 부르는 것으로 구주(九州)의 들이라는 뜻이다.

무릇 대갚음을 받는[報應] 이치는 삼세를 거두어 논하면 그 업이 넓되 순일한 것[醇]을 순현업(順現業)이라고 한다. 곧 수명을 더욱더 오래 늘려나가는 것[延齡]을 감득하는 것이니 이것이 부르면 빨리 오는 것이다.
夫報應之理 統論三世 其業廣而醇者 謂之順現 卽感延齡 此其召速也

『아비달마구사론』에는 정업에 대해 이렇게 설명하고 있다. "정업에는 다시 세 가지가 있으니, 첫째는 순현법수업(順現法受業)이며, 둘째는 순차생수업(順次生受業)이며, 셋째는 순후차수업(順後次受業)이 바로 그것이다. (중략) 순현법수업이란 이를테면 이생에서 짓고 바로 이생에서 [그 과보가] 이숙하는 업을 말하며, 순차생수업이란 이를테면 이생에서 짓고 제2생(다음 생)에서 [그 과보가] 이숙하는 업을 말하며, 순후차수업이란 이생에서 짓고 제3생(차후의 생) 이후에 순서대로 이숙하는 업을 말한다."[7]

법왕의 제도는 태연하고 명백하여 받들어 행할 만하다. 무릇 한 덩이의 밥과 한 모금의 물이라도 쓸모가 있고 모자람이 없다고 하였으니, 그것을 들은 자가 할 수 없다고 의심하지 않고, 진실로 신묘한 주문의 공덕을 미루어서 생각으로 헤아릴 수 없는[不測] 이치로 돌아간다면 또한 무엇을 의심하겠는가.
> 法王之制坦然明白可擧而行矣 夫一搏之食一勺之水有用無匱 聞之者不能不惑 苟推功神呪理歸不測又何惑焉

무릇 용은 '하나의 비늘이 있는 동물'일 뿐이요, '소 발자국 속에 고인 물'이라도 천지사방[六虛]에 뿌리면 큰 물줄기가 되니, 하물며 지극히 성스럽고 지극히 훌륭한 신주(神呪)가 법계에 다하여 지극히 변화시키는 것이랴.
> 夫龍一鱗蟲耳得蹄涔之水 散之六虛以爲洪流 況至聖至良之神呪窮法界之至變者也

비늘이 있는 동물을 인충(鱗蟲)이라고 한다. 비늘이 있는 동물(動物)을 통틀어 이르는 말로 뱀·물고기 따위를 지칭한다.『한비자(韓非子)』의「세난편(說難編)」에 "夫龍之爲蟲也 柔可狎而騎也(용이라는 짐승은 잘 길들이기만 하면 올라탈 수도 있다)"는 말이 있다. 소 발자국 속에 고인 물은 '제잠(蹄涔)'이라고 한다. '소나 말의 발자국 속에 괸 물'이

---

7) 世親 造 玄奘 譯,『阿毘達磨俱舍論』(T29, 81c), "定復有三 一順現法受 二順次生受 三順後次受 ~ 順現法受者 謂此生造卽此生熟 順次生受者 謂此生造第二生熟 順後次受者 謂此生造從第三生後次第熟."

란 뜻으로, 미소(微少)한 것을 비유(比喩·譬喩)하여 이르는 말이다.

(아귀는) 배가 타오르고 입에서 불길이 일며 어둠의 세계에 빠져 긴 시간이 지나도록[動劫] 하늘을 우러러보아도 하소연할 곳 없고, 사랑하며 측은히 여기지 않는다. 측은한 마음으로 팔을 뻗어 한 번의 은혜로 비록 밥 한 그릇을 베풀더라도 얻을 수 있겠는가. 위대하도다. 널리 베풀어 중생을 제도함이란 참으로 이것을 말하는 것이다.

焦腹矩口 沈幽動劫 仰天無訴 非慈仁惻 惻爲心者 展臂一惠 雖一飱其可得乎 大哉 博施濟衆真斯謂也

『아비달마순정리론(阿毘達磨順正理論)』에는 여기에 대한 설명이 나온다. '입에서 불길이 일며'8)는 원문에는 '矩口'라고 쓰고 있지만, '炬口'의 오기(誤記)로 보인다. "鬼有三種 謂無少多財 無財復三 謂炬鍼臭口 炬口鬼者 此鬼口中 常吐猛焰 熾然無絶 身如被燎多羅樹形 此受極慳所招苦果: 아귀에는 세 가지 종류가 있다. 재물이 없는 아귀와 적은 아귀와 많은 아귀가 바로 그것이다. 재물이 없는 아귀에는 다시 세 가지가 있으니, 불타는 입과 바늘 입과 냄새나는 입을 가진 아귀이다. 불타는 입의 아귀[炬口鬼]는 항상 입에서 끊임없이 활활 타오르는 맹렬한 화염을 토하는 아귀로, 몸은 마치 횃불처럼 밝게 비치는 다라(多羅) 나무에 덮인 것과 같은 모양이다. 이는 지극히 인색함으로 인해 초래되는 괴로움의 과보이다"라고 하여 '불타는 입의 아귀[炬口鬼]'로 표현하고 있다.

어째서 요순(堯舜)도 어려워했다고 말하는가. 또한 저들의 굶주림과 목마름보다 자기의 굶주림과 목마름에 관대하게 된다. 비록 노력한다 해도 또한 그러하니, 하물며 간단하되 쉽게 따를 수 있는 것이랴.

何必云堯舜病諸 且能恕己之飢渴於彼之飢渴 雖勞亦爲 況簡而易從也

---

8) 衆賢 造 玄奘 譯, 『阿毘達磨順正理論』卷31(T29, 517b).

'요순(堯舜)도 어려워했다'⁹⁾라는 구절은 논어에서 유래한다. 『논어』 「헌문(憲問)」에 자로가 공자에게 군자에 대해 여쭙자 공자가 대답한 내용 중에 나오는 말이다. "脩己以安百姓 堯舜其猶病諸: 수양하여 백성을 편안하게 해주는 일은 요임금과 순임금도 오히려 어렵게 여기셨다!"

경에서 이르셨다. "백천 구지(俱胝)의 붓다께 공양하는 것과 같이 비단 그 공덕이 나타나 크게 우러러볼 만할 뿐만 아니라 또한 경계하여 삼가고 조심하게[愼重] 하고 난 후에 보시하는 것이 필요하다.
經曰如供百千俱胝佛者非直顯其功大抑 亦戒令愼重而後施之必也

신중히 하는 마음[重心]은 곧 현세에 다섯 가지의 과보[五果]를 불러온다. 오과란 첫째 수명[壽], 둘째 색(色), 셋째 힘[力], 넷째 변재[辯], 다섯째 안락함[安]이다. 뚜렷하게 문헌에 나와 있으니 다시 자세하게 인용하지는 않겠다.
重心則現招五果 五果者一曰壽二曰色三曰力四曰辯五曰安 昭然在文不復委引信

『잡아비담심론』에는 오과를 설명하며, 보시의 과(果)를 설명하겠다. 수명과 색과 힘과 안락함과 말재주 등 다섯 종류이니 보시의 과보로서 백천 가지를 베푸는 이가 얻는다¹⁰⁾라고 하였다.

무릇 쌀 한 톨이 저곳[彼]을 채우면 오복(五福)이 이곳[此]에 융성하니 그것은 마치 그림자나 메아리와 같다. 이러한 것을 듣고 선행에 힘쓴다면 어찌 옮겨가지 못함이 있겠는가.
夫一粒充於彼五福隆於此其猶影響焉 詎有勤善聞斯而不遷者也

『불설시식획오복보경』에는 오복(五福)에 대해 이렇게 설명한다. 무

---

9) 공자 지음 · 오세진 옮김(2021), 『논어』, 홍익, p.345.
10) 法救 造 · 僧伽跋摩 譯, 『雜阿毘曇心論』卷8(T28, 932b), "已說施果今當說 壽色力安樂 辯才等五種 施報百千等 施主之所獲."

엇이 다섯 가지 복인가. 첫째는 수명을 보시하는 것[施命]이요, 둘째는 얼굴빛을 보시하는 것[施色]이요, 셋째는 힘을 보시하는 것[施力]이요, 넷째는 편안함을 보시하는 것[施安]이요, 다섯째는 변재를 보시하는 것[施辯]이다.11)

하나의 경전에 두 종의 번역본이 있는데, 이 본은 83행 1자, 합이 1,413자로 삼장법사 불공(不空)이 번역한 것이다.
一經凡兩譯此本八十三行一字合千四百十三言 卽三藏不空所翻也

불공(不空)은 금강지(金剛智, Vajrabodhi)와 함께 720년에 당(唐)의 낙양(洛陽)에 와서 774년에 입적하였으며 불공(不空, Amoghavajra)이 한역하였다. 이역본으로 실차난타(實叉難陀)가 한역한 『구면연아귀다라니신주경(佛說求面然餓鬼陀羅尼神呪經)』이 있다. 이 경은 아귀에게 공양하는 다라니와 그 공양 절차를 설한다. 이 경은 아귀에게 공양하는 대표적인 경전으로, 아귀 공양법은 대체로 이 경의 내용을 따른다.

다만 4여래와 4진언이 더해져 달라졌다. 사용하는 자는 생략된 것이 있어도[存略] 임의대로 관방(官坊)과 번잡한 세속의 일[俗務]에 널리 행할 겨를이 없으니, 곧바로 변식(變食)하는 하나의 주문을 외우는 것은 이치가 이미 구족하다.(이치에 부합된다)
但加四如來及四真言爲異 用者存略任意官坊俗務不暇廣行 直誦變食一呪於理已足

실차난타의 번역본은 다만 하나의 주문이다. 이미 그 일은 『시식정명(施食正名)』에 갖추어져 있으니 다시 번거롭게 서술해 말하지 않겠다.
實叉譯本 但一呪而已事備施食正名不復煩敘云也

---

11) 『佛說食施獲五福報經』(T2, 854c), "何等爲五 一曰施命 二曰施色 三曰施力 四曰施安 五曰施辯."

6. 불설구발염구아귀다라니경
붓다께서 염구 아귀를 구하기 위해 다라니를 설한 경 (출: 괴자함)
佛說救拔焰口餓鬼陀羅尼經 [出槐字函]

당 대흥선사 삼장사문 대광지 불공이 조칙을 받들어 번역
唐大興善寺三藏沙門大廣智不空奉 詔譯

그때 세존께서 가비라성(迦毗羅城) 니구율나(尼拘律那) 승가람에서 여러 비구와 여러 보살과 함께 계시면서 셀 수 없이 많은 대중에 둘러싸여 설법하셨다.
爾時世尊在迦毗羅城尼拘律那僧伽藍所　與諸比丘幷諸菩薩無數衆會前後圍繞而爲說法

그때 아난은 홀로 고요한 곳에 있으면서 소수법(所受法)을 생각하다가 곧 그날 밤 삼경이 지나고 나서 염구(焰口)라는 한 아귀를 보게 되었다. 그 모습이 누추하고 몸이 마르고 파리하였으며, 입 안에서는 불이 타오르고, 목구멍은 바늘 끝[針鋒]과 같았으며, 머리카락은 어지러이 헝클어져 있었고 손톱과 어금니는 길고 날카로워서 매우 두려워할 만하였다. (아귀는) 아난 앞에 서서 아난에게 말하였다. "앞으로 사흘 후면 그대의 목숨이 다하여 곧 아귀도에 나게 될 것이오."
爾時阿難獨居靜處念所受法卽於其夜三更已後見一餓鬼名曰焰口其形醜陋身體枯瘦口中火然咽如針鋒頭髮鬢亂爪牙長利甚可怖畏住阿難前白阿難言却後三日　汝命將盡 卽便生此餓鬼之中

아난은 이 말을 듣고 나서 마음에 두려움이 생겨 아귀에게 물었다. "만일 내가 죽은 뒤에 아귀도에 태어난다면 어떤 방편을 행해야 이러한 고통을 면할 수 있겠습니까?"
阿難聞此語 已心生惶怖 問餓鬼言 若我死後生餓鬼者 行何方便 得免斯苦

그때 아귀가 아난에게 대답하였다. "그대가 내일 만약 백천 나유

타 항하의 모래 수처럼 많은 아귀와 백천의 바라문선 등에게 보시하되 마가다국에서 사용하는 곡(斛), 1가매으로 각각 1곡의 음식을 베풀고 또 나를 위해서 삼보에 공양을 올려준다면, 그대의 수명이 늘어나고 내가 아귀의 고통에서 벗어나 천상에 나게 할 수 있을 것이오."

爾時 餓鬼白阿難曰 汝於明日 若能布施 百千那由佗恒河沙數餓鬼幷百千婆羅門仙等 以摩伽陀國所用之斛各施一斛飮食 幷及爲我供養三寶 汝得增壽 令我離於餓鬼之苦得生天上

아난이 이 염구 아귀의 몸을 보니 파리하고 수척하였으며, 마르고 초췌하여 매우 추하였고, 입 안에서는 불길이 타오르고 목구멍은 바늘 끝[針鋒]과 같았으며, 머리카락은 어지러이 헝클어져 있고 손톱과 어금니는 길고 날카로웠다. 또한 이와 같이 공손하지 못한 말을 듣고는 몹시 놀라고 두려워 몸의 털이 다 곤두서는 것 같았다.

阿難見此焰口餓鬼身形羸瘦枯焦極醜口中火然咽如針鋒頭髮髼亂爪牙長利 又聞如是不順之語 甚大驚怖身毛皆竪

곧 자리에서 일어나 급히 붓다 계신 곳에 이르러 오체투지하고 붓다의 발에 이마를 대어 예배를 하고는 몸과 마음을 덜덜 떨면서 붓다께 아뢰었다.

卽從座起疾至佛所五體投地頂禮佛足 身體戰慄而白佛言

"저를 고통에서 구해주소서. 왜냐하면 제가 고요한 곳에 있으면서 소수법(所受法)을 생각하고 있다가 염구 아귀를 보았습니다. 저에게 '그대는 사흘이 지나면 반드시 목숨이 다하여 아귀도에 나게 될 것이오.'라고 하였습니다. 제가 곧 '어떻게 해야 이러한 고통을 면할 수 있겠습니까?' 하고 물었습니다.

願救我苦所以者何 我住靜處念所受法見焰口餓鬼 而語我言 汝過三日必當命盡生餓鬼中 我卽問言云 何令我得免斯苦

아귀가 '그대가 만일 백천 나유타 항하의 모래 수처럼 많은 아귀와 백천의 바라문선 등에게 갖가지 음식을 보시한다면 그대의 수명을 늘릴 수 있습니다'라고 하였습니다. 세존이시여, 제가 이제 어떻게 해야 아귀와 선인 등에게 음식을 갖추어 줄 수 있겠습니까?"
餓鬼答言 汝今若能施於百千那由佗恒河沙數餓鬼及百千婆羅門仙等種種飮食 汝得增壽 世尊 我今云何能辦若干餓鬼仙人等食

그때 세존께서 아난에게 말씀하셨다. "그대는 이제 두려워하지 말라. 나에게 방편이 있으니, 그대가 백천 항하사 수의 아귀와 여러 바라문선 등에게 갖가지 음식을 보시할 수 있게 할 것이다. 걱정하거나 괴로워하지 말아라."
爾時世尊告阿難言 汝今勿怖 我有方便令汝能施若干百千恒河沙餓鬼及諸婆羅門仙等種種飮食 勿生憂惱

붓다께서 말씀하셨다. "아난이여, 무량위덕자재광명승묘력(無量威德自在光明勝妙力)이라고 하는 다라니가 있다. 만일 이 다라니를 외우면 곧 구지(俱胝) 나유타 백천 항하사 수의 아귀와 바라문선 등에게 가장 훌륭하고 미묘한 음식을 넉넉하게 채워줄 수 있으며, 이와 같은 등의 대중들 한 명 한 명에게 모두 마가다국에서 사용하는 곡(斛)으로 49곡의 음식을 얻게 할 수 있다.
佛告 阿難 有陀羅尼名曰無量威德自在光明勝妙力 若有誦此陀羅尼者卽能充足俱胝那由佗百千恒河沙數餓鬼及婆羅門仙等上妙飮食 如是等衆乃至一一皆得摩伽陀國所用之斛七七斛食

아난이여, 내가 전생에 바라문이었을 때 관자재보살과 세간자재위덕여래(世間自在威德如來)가 계신 곳에서 다라니를 받았다. 따라서 한량없는 아귀와 여러 선인 등에게 갖가지 음식을 풀어 보시하여 아귀들이 고통스러운 몸에서 벗어나 천상계에 태어날 수 있게 하였다.
阿難 我於前世作婆羅門 於觀自在菩薩及世間自在威德如來所受此陀羅尼故

能散施與無量餓鬼及諸仙等種種飲食 令諸餓鬼解脫苦身得生天上

아난이여, 그대가 지금 (이 다라니를) 수지하면 복덕과 수명이 모두 늘어나게 될 것이다."
阿難 汝今受持福德壽命皆得增長

그때 세존께서 곧 아난을 위해 다라니를 설하셨다.
爾時世尊卽爲阿難說陀羅尼曰

나막 살바 다타아다 바로기데 「옴 삼바라 삼바라 훔」
曩謨 薩嚩 怛佗蘗跢 嚩路枳帝 唵 三跋羅 三跋羅 吽

붓다께서 말씀하셨다. "아난이여, 만일 선남자 선여인이 장수(長壽)하고 복덕이 늘어나는 영화로움을 구하며 속히 보시바라밀을 만족하려고 한다면, 매일 이른 아침이나 모든 방해받을 일이 없을 때 하나의 깨끗한 그릇을 가져다가 청정한 물을 담고[盛], 약간의 마실 것[飮麨]과 떡과 밥 등을 놓고[置] 오른손으로 그릇을 잡고 앞의 다라니를 7편(徧) 채워 염송하여라. 그런 다음 4여래의 명호를 칭하여라."
佛告 阿難 若有善男子善女人欲求長壽福德增榮 速能滿足檀波羅蜜 每於晨朝及一切時悉無障礙取一淨器盛以淨水置少飮麨及諸餠飯等 以右手按器誦前陀羅尼滿七徧 然障12)稱四如來名號

'그런 다음 4여래의 명호를 칭하여라'에 대해 『불설구발염구아귀다라니경』에는 "然後稱四如來名號"라고 되어있고, 『대장일람집』에는 "後稱四如來號"이라고 표기하고 있다. 의미상 '연후(然後)'가 통한다 여겨지므로 여기서는 『고려대장경』에 실린 원문에 따라 번역한다.

나모다보여래 나모 바아바데 바라보다 아라다나 다타아다야

---

12) 『불설구발염구아귀다라니경』(K36, 964a11); 『대장일람집』권6(K45, 521b17).

南謨多寶如來 曩謨 婆誐嚩帝 鉢囉部哆囉 怛曩野 怛佗蘖跢野

다보여래의 명호를 칭하여 가지(加持)하였으므로 모든 아귀가 수많은 생[多生] 이래로 아끼고 인색한 악업의 죄업으로 인한 장애[罪障]를 깨뜨려 소멸시킬 수 있으니 곧 복덕이 원만해지게 된다.
由稱多寶如來名號加持故 能破一切諸鬼多生已來 慳吝惡業罪障消滅 卽得福德圓滿

나모묘색신여래 나모 바아바데 소로바야 다타아다야
南謨玅色身如來 曩謨 婆誐嚩帝 素嚕播迦野 怛佗誐跢野

묘색신여래의 명호를 칭하여 가지하였으므로 모든 아귀의 더럽고 지저분하며 추악한 모습을 깨뜨릴 수 있으니 곧 모습[色相]이 구족하게 된다.
由稱玅色身如來名號加持故 能破諸鬼醜陋惡形 卽得色相具足

나모광박신여래 나모 바아바데 미바라아 다라야 다타아다야
南謨廣博身如來 曩謨 婆誐嚩帝 尾補囉誐 怛囉野 怛佗蘖跢野

광박신여래의 명호를 칭하여 가지하였으므로 모든 아귀는 목구멍이 넓어져서 베푸는 바의 음식을 마음껏 배부르게 먹을 수 있게 된다.
由稱廣博身如來名號加持故 能令諸鬼咽喉寬大所施之食恣意充飽

나모이포외여래 나모 바아바데 아배잉가라야 다타아다야
南謨離怖畏如來 曩謨 婆誐嚩帝 阿婆孕迦囉野 怛佗蘖跢野

이포외여래의 명호를 칭하여 가지하였으므로 모든 아귀는 온갖 두려움을 다 없애고 아귀의 세상을[餓鬼趣] 떠날 수 있게 된다.
由稱離怖畏如來名號加持故 能令諸鬼一切恐怖悉皆除滅 離餓鬼趣

붓다께서 말씀하셨다. "아난이여, 만일 선남자 선여인 등이 4여래의 명호를 칭하여 가지하고 나서 손가락을 7번 튕기고 음식이 담긴 그릇을 가져다가 깨끗한 땅 위에다 팔을 뻗어 그것을 쏟아라. 이렇게 베풀고 나면 그 사방의 백천 나유타 항하사 수의 아귀들 앞에 각각 마가다국의 (용량으로) 49곡(斛)의 음식이 있게 된다. 이 음식을 먹고 나면 모두 다 충분히 배가 채워지고 이 모든 아귀 등은 다 아귀의 몸을 버리고 천상에 태어나게 된다.

佛告 阿難 若族姓子等 稱四如來名號加持已 彈指七徧取於食器 於淨地上 展臂瀉之 作此施已 於其四方 有百千那由佗恒河沙數餓鬼前 各各有摩伽陀國七七斛食 受此食已 悉皆飽滿 是諸餓鬼等 悉捨鬼身 生於天上

선남자 선여인은 족성자(族姓子, 범어 kula-putra)이며, 음역하면 구라보달라(矩羅補怛羅)이다. 또는 족성남(族姓男)이라고도 한다. 붓다를 믿고 가르침을 듣고 선업을 실천하는 자들에 대한 미칭(美稱)이다. 인도에는 사성계급(四姓階級)이 있다. 사성(四姓) 중에서 바라문의 큰 가문[大族]에서 태어난 자제(子弟)는 사성 중에서 가장 뛰어나기 때문에 족성자(族姓子)라고 부른 것이다. 이밖에 족성자는 일반적으로 재가의 신남(信男)을 지칭하나 또한 비구에 대한 호칭에서도 사용된다. 부녀(婦女)에 대해서는 족성녀(族姓女)라고 부르는데, 곧 선여인(善女人)을 지칭한다.13)

아난이여, 만일 비구·비구니·우바새·우바이가 항상 이 진언과 4여래의 명호로써 음식에 가지하여 모든 아귀에게 베푼다면 한량없는 복덕을 구족하게 되니 곧 백천 구지 여래께 공양 올리는 공덕 등과 같아서 차별이 없다. 수명이 연장되고 색신의 힘[色力]이 더해지며, 선근이 구족되어 모든 비인(非人), 야차, 나찰, 일체 악한 귀신이 감히 침해하지 못하게 되며, 또한 한량없는 복덕과 수명을 성취할 수 있게 된다.

阿難 若有比丘比丘尼優婆塞優婆夷 常以此真言及四如來名號加持飲食 施諸

---

13) 『증일아함경』권19, 『文殊支利普超三昧經』권中; 『正法華經』권1, 『大日經疏』권5.

餓鬼 便能具足無量福德則同供養百千俱胝如來功德等 無差別壽命延長 增益
色力 善根具足 一切非人夜叉羅刹諸惡鬼神 不敢侵害 又能成就無量 福德壽
命

만약 모든 바라문선 등에게 보시하고자 한다면 깨끗한 음식을 그릇 하나에 가득 담아서 앞의 진언으로 14편 가지하여 맑게 흐르는 물속에 던져라.
若欲施諸婆羅門仙等 以淨飲食 滿盛一器 卽以前眞言加持二七偏 投於淨流水中

이와 같이 하고 나면 곧 천선(天仙)의 맛있고 오묘한 음식이 되어서 백천 구지 항하사 수의 바라문과 선인에게 공양을 대접하게 된다. 저 모든 선인이 가지한 음식을 얻었기 때문에 밝은 위덕으로써 각각의 근본 소원과 모든 훌륭한 공덕을 성취하고, 각각 동시에 서원하길 '음식을 베푼 사람의 수명이 연장되고 색신의 힘[色力]이 안락하게 하소서'라고 말하리라.
如是作已 卽爲以天仙美妙飲食 供養百千俱胝恒河沙數婆羅門仙 彼諸仙人
得加持食故 以明威德 各各成就根本所願 諸善功德 各各同時 發誓願言 願施
食人 壽命廷長 色力安樂

또 그(음식을 베푼) 사람이 마음으로 보고 들은 것을 바르게 이해하고 청정하게 하며, 범천(梵天)의 위덕을 구족하고 성취하여 범천의 행을 실천하게 한다. 또 백천 항하사 여래께 공양을 올린 공덕과 같아서 모든 원수가 침범해서 해를 끼치지 못하게 한다.
又令其人 心所見聞 正解淸淨 具足成就梵天威德 行梵天行 又同供養 百千恒
河沙如來功德 一切怨讎 不能侵害

만일 비구·비구니·우바새·우바이가 불·법·승 삼보께 공양하고자 한다면 마땅히 향과 꽃, 깨끗한 음식에 앞의 진언으로 21편 가지하여 삼보께 받들어 올려라.

若比丘比丘尼優婆塞優婆夷 若欲供養佛法僧寶 應以香華及淨飮食 以前眞言 加持二十一徧 奉獻三寶

이 선남자 선여인은 곧 천상의 음식인 가장 훌륭한 맛으로 시방 세계에 가득한 불보·법보·승보께 받들어 올린 것이 된다. 또 찬탄하고 권청하며 수희한 공덕이 되어서 언제나 모든 붓다께서 기억하여 잊지 않으시고[憶念] 칭찬하시며, 모든 천신과 선신이 언제나 와서 옹호해주시니 곧 보시바라밀[檀波羅蜜]이 바람대로 이루어질[滿足] 것이다.

是善男子及善女人 則成以天肴膳上味 奉獻供養 滿十方世界佛法僧寶 亦爲讚歎勸請隨喜功德 恒爲諸佛 憶念稱讚 諸天善神 恒來擁護 卽爲滿足檀波羅蜜

아난이여, 그대는 나의 말을 따라 법식대로 수행해서 널리 베풀고 알려서 중생들이 두루 보고 들을 수 있게 하여 한량없는 복을 얻게 하여라. 이것을 『염구 아귀와 고통받는 중생을 구제하는 다라니경(救焰口餓鬼及苦衆生陀羅尼經)』이라 할 것이니 이 이름자를 그대는 마땅히 받들어 지니도록 하여라."

阿難 汝隨我語 如法修行 廣宣流布 令諸衆生 普得見聞 獲無量福 是名救焰口餓鬼及苦衆生陀羅尼經 以是名字 汝當奉持

모든 대중과 아난 등이 붓다의 설법을 듣고 나서 한마음으로 믿고 수지하여 기뻐하며 받들어 실천하였다.

一切大衆 及阿難等 聞佛說已 一心信受 歡喜奉行

불설구발염구아귀다라니경(종)
佛說救拔焰口餓鬼陀羅尼經(終)

7. 불화광야귀신연
붓다가 광야귀신을 교화한 인연담(출: 일자함)
佛化曠野鬼神緣 [出壹字函]

대열반경 북본 제십육권
大涅槃經 北本 第十六卷

북량(北涼)시대 담무참(曇無讖, Dharmakṣema)이 양도(涼都)의 고장(姑臧)에서 414년에 번역을 시작하여 421년에 완성한 것으로 『대본열반경(大本涅槃經)』, 『북본열반경(北本涅槃經)』이라고도 한다. 이본(異本)으로 『대반열반경』(36권)이 있다.

붓다께서 말씀하셨다. "선남자여, 내가 어느 때 저 아득히 너른 벌판[曠野]의 마을을 유행하였는데, 숲속에 있는 나무 아래에 한 귀신이 있었는데 이름이 광야(曠野)라고 하였다. 순전히 고기와 피만 먹으면서 많은 중생을 죽였는데 그 마을로 돌아와 하루에 한 사람씩 잡아먹었다.
佛言善男子 如我一時 游彼曠野聚落 在叢樹下 有一鬼神 卽名曠野 純食肉血 多殺衆生 復於其聚 日食一人

선남자여, 내가 그때 그 귀신[광야]에게 불법 가운데 중요한 것[法要]을 널리 설해주었으나 그는 포악하고 어리석고 지혜가 없어 가르침[敎法]을 받아들이지 않았다.
善男子 我於爾時 爲彼鬼神 廣說法要 然彼暴惡 愚癡無智 不受敎法

나는 곧 몸을 변화시켜 (힘이 센 귀신) 대력귀(大力鬼)가 되어 그 궁전을 흔들어서 편히 있지 못하도록 했다. 그랬더니 그 귀신이 그때 권속들을 데리고 궁전에서 나와 거역하려 하였다. 귀신이 나를 보고는 곧 제정신을 잃고 두려워하며 땅에 주저앉아 정신을 잃고 까무러쳐 버렸으니 죽은 사람 같았다.
我卽化身 爲大力鬼 動其宮殿 令不安所 彼鬼于時 將其眷屬 出其宮殿 欲來

拒逆 鬼見我時 卽失心念 惶怖躃地 迷悶斷絕 猶如死人

내가 자애롭고 불쌍히 여기는 마음으로 손으로 그 몸을 쓰다듬으니 곧 (정신이) 돌아와 일어나 앉더니 이렇게 말하였다.
　　　我以慈愍 手摩其身 卽還起坐 作如是言

'즐겁도다. 오늘 다시 몸과 목숨을 얻었구나. 이 큰 신력을 가진 왕[大神王]께서는 큰 위덕을 갖추시고 자애롭고 연민이 여기는 마음이 있으니 나의 허물을 용서하시었다.'
　　　快哉 今日還得身命 是大神王 具大威德 有慈愍心 赦我愆咎

곧 나에게 착하게 믿는 마음을 냈으므로 나는 곧 여래의 몸으로 돌아와 다시 그를 위해 갖가지의 법요(法要)를 설해주고 그 귀신이 '불살계(不殺戒)'를 받게 하였다.
　　　卽於我所 生善信心 我卽還復 如來之身 復更爲說 種種法要 令彼鬼神 受不殺戒

이날 광야의 마을에 한 장자가 있었는데 다음 차례에 죽게 되어 있었다. 마을 사람들이 (장자를) 이미 그 귀신에게 넘겨주었는데, 귀신은 얻고 나서 곧 나에게 바쳤다. 내가 받고 나서는 곧 장자를 위해 다시 이름을 지어서 수장자(手長者)라 하였다.
　　　卽於是日 曠野村中 有一長者 次應當死 村人已送 付彼鬼神 鬼神得已 卽以施我 我旣受已 便爲長者 更立名字 名手長者

그때 그 귀신이 곧 나에게 말하였다. '세존이시여, 저와 권속들은 오로지 피와 고기만 바라고 살아왔는데 이제는 계를 받았으니 어떻게 살아가야겠습니까?'
　　　爾時 彼鬼卽白我言 世尊 我及眷屬 唯仰血肉 以自存活 今以戒故 當云何活

내가 곧 대답하여 말하였다. '이제부터는 마땅히 성문 제자들에

게 단단히 일러[敕] 불법을 수행하는 곳마다 모두 마땅히 제자들이 그대에게 음식을 베풀도록 할 것이다.'

我卽答言 從今當敕聲聞弟子 隨有修行 佛法之處 悉當令其 施汝飮食

선남자여, 이러한 인연으로 모든 비구를 위해 이와 같은 계율을 제정하니 그대들은 이제부터 항상 저 광야귀신(曠野鬼神)에게 먹을 것을 베풀어라. 만약 머물러 있으면서도 베풀지 않는 자가 있다면 마땅히 알라. 이러한 무리는 나의 제자가 아니며 곧 천마(天魔)의 무리와 권속이니라.

善男子 以是因緣 爲諸比丘 制如是戒 汝等從今 常當施彼曠野鬼食 若有住處 不能施者 當知是輩非我弟子 卽是天魔徒黨眷屬

천마(天魔)는 욕계 제6천[타화자재천]의 마왕을 가리킨다. 이름은 파순(波旬)이며, 항상 석존의 수행을 괴롭히고 어지럽힌다. 대개 제불이 세상에 나오시면 늘 같은 세상에 마왕이 함께하는데, 붓다가 수행하여 성도하는 것을 장애하고 어렵게 하며 마왕의 이름은 각기 다르다. 파순은 석가불이 세상에 나오셨을 때의 마왕인데, 한량없는 권속이 있어 늘 불도(佛道)를 장애하고 방해하였다.

선남자여, 여래는 중생을 조복하게 하려고 이와 같은 갖가지 방편을 보이는 것이지 그들을 두렵게 하려고 하는 것이 아니다."

善男子 如來爲欲調伏衆生故示如是種種方便 非故令彼生怖畏也

8. 불화귀자모연
붓다가 귀자모를 교화한 인연담 (출처: 별자함)
佛化鬼子母緣 [出別字函]

비나야잡사율 삼십권
鼻奈耶雜事律三十卷

비나야잡사율은 중국 당(唐)나라 때 의정(義淨)이 710년에 대천복사

(大薦福寺)에서 한역하였다. 이 경전은 근본설일체유부의 광율(廣律) 17사(事) 중 하나로, 율장의 잡건도(雜犍度)에 해당하며, 줄여서 『근본유부비나야잡사(根本有部毗奈耶雜事)』·『비나야잡사(毗奈耶雜事)』라고도 한다. 본 귀자모와 관련한 내용은 『비나야잡사』 제31권에 나온다.

붓다께서 왕사대성(王舍大城)에 계셨는데 성안에는 사다(娑多)라는 약차신(藥叉神)이 있었는데 항상 마가디국(摩竭提國)을 보호하였다. 사다가 장가를 들어 아내를 얻었을[娶妻] 때 북방의 건타라국(健陀羅國)에도 반차라(半遮羅)라는 약차가 있었는데 그 또한 장가를 들어 아내를 얻었다. 둘은 모임에서 함께 하였는데, 생각해 보니 거듭 기뻐할 수만은 없었다.

佛在王舍大城 城內有藥叉神名曰娑多 常護摩竭提國人民 娑多娶妻 時 北方健陀羅國 復有藥叉 名半遮羅 亦復娶妻 二共聚會 念無以重懽

이때 사다가 말하였다. "우리가 죽은 뒤에 자손들이 배 안의 사돈[指腹之親]이 되게 하자." 반차라도 그렇게 하자고 대답하였다.

時 娑多曰 我等沒後 所有子孫 可作指腹之親 遮羅 唯之

"우리가 죽은 뒤에 자손들이 배 안의 사돈[指腹之親]이 되게 하자." 이 부분은 『비나야잡사』의 내용을 축약하고 있어 의미가 잘 드러나지 않는다. 『비나야잡사』에서는 사다와 반차라 두 약차가 오랫동안 사이좋게 잘 지내다가 자신들이 죽은 후에 자손들이 서로 멀어지게 될까 걱정하여 각자 남자아이와 여자아이를 낳게 되면 혼인을 하자고 의견을 모으는 부분이다.14) 유(唯)는 대답이다.

때에 사다의 아내가 문득 딸 하나를 낳았다. 용모가 단정하고 엄숙하여 환희(懽喜)라는 이름을 지어주었다. 반차라의 아내도 나중에 아들 하나를 낳았다. 반지가(半支迦)라고 불렀다. 사다가 또 아들 하

---

14) 義淨 譯, 『根本説一切有部毘奈耶雜事』권31(T24, 361a) 참조.

나를 낳아 사다산(娑多山)이라고 하였다.

時娑多妻 忽生一女 容貌端嚴 爲之立字 名曰懽喜 半遮之妻 後生一男 號半支迦 娑多又生一男 名娑多山

사다가 죽고, 사다산이 가장[家主]이 되자 환희가 동생[사다산]에게 말하였다. "내가 이제 왕사성의 사내아이와 계집아이를[男女] 잡아먹으려 한다." 사다산이 말하였다. "우리 아버지는 여기에서 항상 사람들을 보호하였는데 누님은[爾] 어째서 이렇게 나쁜 생각을 하십니까?"

娑多亡山爲家主 懽喜謂弟曰 我今欲食王城男女 山曰我父 於此常護人民 爾以云何生此惡念

동생은 누나의 뜻을 돌이키기 어려움을 알고는 곧 반차라에게 알려 혼인을 하게 하였다. 혼인하고 나서 환희가 그 지아비인 반지가에게 말하였다. "제가 왕사성의 사내아이와 계집아이를[男女] 잡아먹으려 합니다." 반지가가 말하였다. "저들은 다 그대의 가족이니 다른 사람이 와서 침범하여 해치더라도 오히려 서로 보호해야 하거늘 어찌 몹쓸 짓을[酷虐] 하려고 하시오?"

弟知姉意難迴 卽報半遮羅爲婚 旣婚之後 懽喜謂夫半支迦曰 我欲食王城男女 迦曰 彼皆是汝家族 佗來侵害 尚欲相護 寧爲酷虐

환희가 아들을 낳았는데 차례로 5백 명에 이르렀으며 그 막내의 이름이 애아(愛兒)였다. 5백의 아들이 장성[成立]하자 어머니[환희]는 자식의 세력을 믿고 지아비가 하지 말라고 했던 도리에 어긋나는[非法] 일을 행하고자 하였다. 때에 환희가 곧 왕사성을 오가면서 사내아이와 계집아이를[男女] 차례로 잡아먹었다.

懽喜生子 次第至於五百 其最小者 名曰愛兒 五百成立 母恃子勢 欲行非法 夫勸不從 時懽喜便 於王城往來 所有男女 次第取食

사람들은 고통스러워하고 괴로워하여 왕에게 아뢰었다. 왕이 곧 칙령으로 사방의 문[四門]을 지켜 (환희를) 잡아 오도록 하였으나 (병사들) 또한 잡혀가 버렸다. 왕은 성에서 재난이 일어나니 곧 명령하여 곳곳에서 제사를 지내게 하였으나 재앙은 없어지지 않았다.
人民痛惱白王 王卽敕令四門守捉 亦被偸去 王城災起 卽敕處處祭祀 災橫不除

그때 천신이 모든 사람의 꿈속에서 말하였다. "너희들의 모든 아들과 딸[男女]은 모두 환희라는 약차가 잡아먹는 것이니 당장 붓다께 가서 고하여라."
爾時 天神卽於夢中告諸人曰 汝諸男女 皆被懽喜藥叉所噉 當往告佛

그때에 사람들이 말하였다. "이 귀신이 우리 아들딸을 잡아먹는다면 곧 그는 나쁜 도적인데 어찌 환희(懽喜)라고 부르겠는가?" 이로 인하여 앞다투어 (환희를) 하리저(訶梨底, 하리디)라고 불렀다.
時 諸人曰 此鬼噉我男女 則是惡賊 何名懽喜 因此競呼爲訶梨底

사람들이 가서 붓다께 아뢰자, 붓다께서는 다음 날 아침 발우를 가지고 왕사성에 들어가 약차가 있는 곳에 다다르셨다. 우두머리[渠, 하리제를 만나려 하였으나 나가버렸으므로 붓다는 곧 발우로 애아(愛兒)를 덮어 놓고는 여래의 위력(威力)으로 사람들에게 보이지 않게 하였다.
衆往白佛 佛卽明旦 持鉢入城 到藥叉所 値渠出行 佛卽以鉢 覆其愛兒 如來威力 令衆不見

어머니[하리디]가 돌아오니 애아가 보이지 않았다. 곧 뒤집어지고 미쳐서 안팎으로 찾아다녔는데, 사해(四海), 사주(四洲), 지옥(地獄), 천궁(天宮)에까지 이르렀지만 역시 보이지 않았다.
母歸不見愛兒便卽顚狂 內外尋覓直至四海四洲地獄天宮 亦復不見

사주(四洲)는 수미산의 사방에 있는 4개의 대주(大洲). 남을 섬부주(贍部洲), 동을 승신주(勝身洲), 서를 우화주(牛貨洲), 북을 구로주(瞿盧洲).

① 남섬부주는 구역(舊譯)에 남염부제(南閻浮提). 수풀과 과일로써 이름을 지음. ② 동승신주는 범어로 동비제하(東毘提河). 구역에 동불바제(東弗婆提). 몸의 형상이 수승하므로 승신(勝身)이라 이름. ③ 서우화주는 범어로 서구다니(西瞿陀尼). 소로써 팔고 사고하므로 우화(牛貨)라 이름. ④ 북구로주는 구역에는 북울단월(北鬱單越). 승처(勝處)라 번역. 4주 중에서 국토가 가장 뛰어나므로 승처라 이른다. 사천하(四天下)라고도 한다.

그때에 다문천이 말하였다. "그대는 근심할 필요가 없다. 마땅히 빨리 붓다께 귀의하여라. 그분이 응당 그대에게 (애아를) 보여주실 것이다."
時 多聞天言曰 汝不須憂 宜速歸佛 彼當示汝

환희는 곧 아득한 길을 돌아와 세존을 뵙고 말하였다. "아들을 잃어버렸습니다." 붓다께서 말씀하셨다. "그대는 아들을 몇이나 두었느냐?" 환희가 대답하였다. "오백 명입니다." 붓다께서 말씀하셨다. "오백 중 하나만 잃어도 이렇게 괴로워하는데 하물며 다른 사람들의 한 자식은 어떠하랴." 어미가 말하였다. "가르침을 보여주소서." 붓다께서 말씀하셨다. "나의 계율을 받는다면 곧 애아(愛兒)를 보게 될 것이다." 어미가 말하였다. "저는 붓다의 가르침을 따르겠습니다."
懽喜卽迴遙見世尊告言 失子 佛言 汝有幾子 答言 五百 佛言 五百失一如是苦惱 況佗一子 母曰 願以示誨 佛言 可受我戒 則便得見愛兒 母曰 我依佛教

붓다께서 곧 발우를 들어 올리시니 어미가 곧 애아를 보게 되었다. 곧 붓다께 나아가 삼귀의와 불살생 등의 오계[五學處]를 받고 나서 붓다께 아뢰었다. "저와 자식들이 이제 무엇을 먹어야 합니까?"
佛卽擧鉢 母乃得見愛兒 卽從佛求受三歸五學處不殺生等受已白言 我今與子何所食噉

붓다께서 말씀하셨다. "내가 성문 제자들에게 단단히 일러서[勅] 매 식사 때 차례로 중생식(衆生食)을 내어놓게 하고 아울러 줄[내어놓은 중생식] 끝에[行末] 음식 한 그릇을 차려놓고 그대들의 이름을 불러 그것을 베풀게 할 것이다. 만일 강과 하천의 모든 귀신 등이 마땅히 먹는 자가 있다면 모두 다 마음을 돌려[運心] 그들이 배불러 만족하게 할 것이다."

佛言 我敕聲聞弟子 每於食 次出衆生食 幷於行末設食一盤 呼汝等名字施之 若有江河諸鬼神等宜應食者 皆悉運心令其飽滿

중생식(衆生食)은 생반(生飯)과 같다. 선종에서 언제나 음식을 조금씩 덜어서 귀신·아귀들에게 베풀어 주는 밥이다.

붓다께서 말씀을 마치자, 비구들이 붓다께 아뢰었다. "하리디모(訶梨底母)는 전생에 어떠한 업을 지었기에 이와 같습니까?"

佛說是已 比丘白佛言 訶梨底母 先世作何行業 而乃如是

붓다께서 말씀하셨다. "과거 왕사성에 소를 먹여 기르는 사람이 있었는데 그 아내가 임신하여 몸이 무거웠다. 그때는 (세상에) 붓다가 없고 독각(獨覺)이 세상을 교화하였다. 독각이 성으로 나오자 많은 사람이 큰 법회를 설치하고 있었는데 5백 명의 사람이 공양거리를 가져다 장엄하였다. 길 가운데서 임신한 부인을 만나 일러 말하기를 '와서 춤춥시다.' 하니 부인이 춤추고 싶은 마음이 일어나 눈썹을 치켜올리고 춤추며 놀았다. 이로 말미암아 유산을 하자[墮胎] 부인은 근심하다가 곧 우유[酪漿]로 오백 개의 암라과[망괴를 샀다. 이것을 가지고 독각에게 공양하면서 곧 발원하여 말하였다. '내가 다음 생에 왕사성에 태어난다면 모든 사내아이와 계집아이[男女]를 먹어버릴 것이다.'

佛言 過去王城有牧牛妻懷妊體重 爾時 無佛乃獨覺化世 獨覺出城 衆設大會 有五百人 嚴持供養路中值見 娠婦告言 可來儛蹈 婦起欲心揚眉儛戲 因是墮胎婦便憂惱 乃以酪漿買得五百菴羅果持供獨覺 卽發願言 願我當來生王舍城

食諸男女

그 삿된 발원으로 말미암아 금생에 사람들의 정기를 먹게 된 것이다." 그때 하리디가 이미 (삼보에) 귀의하고 계를 받고 나니 도리어 여러 약차 신에게 재난을 당하였다. 곧 (하리디는) 모든 아들을 데리고 가 스님들에게 보시[施與]하였다.
由彼邪願 今故噉人精氣 時訶梨底 旣受歸戒 返被諸藥叉神作災 卽將諸子施與衆僧

(하리디의) 아들들은 승려가 걸식하는 것을 보고 곧 작은 아이로 변하여 뒤를 따라갔다. 왕사성의 여인들이 (아이를) 보고 안아 일으키면 그들은 곧 숨어서 없어지곤 하였다. 모든 여인이 물었다. "이들은 누구의 아들들입니까?"
諸子見僧乞食 卽化作小兒 隨後而去 王城女人 見已抱持彼便隱沒 諸女問曰 此是誰子

비구가 대답하였다. "하리디의 아들들입니다." 모든 여인이 말하였다. "이들이 바로 원수요 독을 품어 남을 해친 이의 아들들이란 말입니까?" 비구가 말하였다. "저들은 이미 악한 마음을 버렸습니다. 다만 (다른) 약차들이 재난을 주기 때문에 데리고 와 우리에게 보시한 것입니다." 모든 여인이 생각하였다. "저들도 악한 마음을 버리고 자식을 붓다께 바쳤는데 내가 어찌 보시하지 않겠는가?" 마침내 앞다투어 아들딸[男女]을 희사(喜捨)하여 승가에 주었다.
比丘答言 訶梨底子 諸女人曰 此乃怨家毒害之子耶 比丘言 彼已捨惡 但爲藥叉作災持以施我也 諸女作念 彼能捨惡以子奉佛 我何不施耶 遂競捨男女與僧

승가가 받지 않고 붓다께 나아가 아뢰었다. 붓다께서 말씀하셨다. "받거라. 헌 가사[故袈裟] 조각을 그 (아이의) 정수리 위에 매어서 지키고 보호하여라."

僧不受前往白佛 佛言 應受 受已不爲守護 佛言 應以故袈裟片繫其項上而爲守護

"받거라. 헌 가사[故袈裟] 조각을 그 (아이의) 정수리 위에 매어서 지키고 보호하여라."라는 것에 대해 『비나야잡사』권31에 따르면 붓다께서 아이들을 받으라고 하셔서 비구들이 받았지만 수호하지 않았더니 제멋대로 돌아다녔다. 이에 붓다께서 헌 가사 조각을 아이의 정수리에 매어주어 수호하라고 하신 것이다.[15]

그 후 부모들은 재물을 가지고 와서 속죄하며 바쳤으나[贖] 승가는 받지 않았다. 붓다께서 말씀하셨다. "받거라." 그때 여섯 비구의 무리가 온전한 값 알기를 요구하였다. 붓다께서 말씀하셨다. "값을 알려고 하지 말고 다만 저들의[부모들] 뜻에 따라라."

後時 父母將財來贖 僧不受 佛言 應受 時六羣比丘 要索全價 佛言 不應索價 但隨彼意

여섯 비구 무리는 육군 비구라고 하는데, 붓다 계실 때에 떼를 지어 나쁜 일을 많이 하던 발난타(跋難陀)·난타(難陀)·가류타이(迦留陀夷)·천노·마사·불나불(弗那跋)의 여섯 비구를 지칭하는데, 붓다의 계율은 흔히 이 6군 비구로 말미암아 불렸다고 한다. 이는 실제일 수도 있으나 육군 비구는 육진의 잘못을 저지르는 이들을 상징하는 표현일 수도 있다.

9. 비구걸식당분위사분

비구는 빌어온 음식을 네 부분으로 나눠야 함(출: 초자함)
比丘乞食當分爲四分 [出艸字函]

보운경 寶雲經

『보운경』은 같은 원본에 세 번역이 있다. 『대승보운경(大乘寶雲經)』

---

15) 義淨 譯, 『根本說一切有部毘奈耶雜事』卷31(T24, 363a) 참조.

1부 8권은 진(陳)나라 때 부남국(扶南國) 사문 수보리(須菩提)가 양도 성내(城內) 지경사(至敬寺)에서 번역하였다. 『보운경(寶雲經)』 1부 7권은 처음으로 역출(譯出)된 것이며, 120지(紙)로 되어있다. 양대(梁代) 천감(天監) 연간(502-519)에 삼장 만다라(曼陀羅) 등이 양도에서 번역하였다. 『보우경(寶雨經)』 1부 10권은 대주(大周) 장수(長壽) 2년(693)에 삼장 범마(梵摩)가 불수기사(佛授記寺)에서 번역하였다.16)

붓다께서 말씀하셨다.
佛言

선남자여, 보살은 마땅히 열 가지 법을 갖추어 단식(摶食)을 탁발[行乞]해야 한다. 말하자면 이렇다.
첫째, 발심[發心, 보리심을 냄]이니 모든 중생을 이익되게 하기 때문이다.
둘째, 차례대로 걸식한다.
셋째, 갈애 없이 구한다.
넷째, 스스로 만족할 줄 아는 성품이다.
다섯째, 시물(施物) 나누기를 즐거이 하는 것이다.
여섯째, 탐내는 생각이 없는 것이다.
일곱째, 걸식한 것에 대해 자기의 분량을 아는 것이다.
여덟째, 도(道)를 돕는 쪽으로 향해 가는 것이다.
아홉째, 선근을 공교하게 뭉치는 것이다.
열째, 집착하는 생각을 멀리 여의는 것이다.
善男子 菩薩當具足十法行乞摶食 謂 ①發心利益諸衆生故 ②次第行乞 ③無渴愛求 ④已自知足性 ⑤樂分施 ⑥無貪婪想 ⑦於所乞食自知限量 ⑧趣向助道 ⑨巧摶善根 ⑩遠離摶想

---

16) 明佺等 撰, 『大周刊定衆經目錄』권4(T55, 396b 참조). 이 글에서 인용한 것은 만다라선(曼陀羅仙)과 승가바라(僧伽婆羅)가 번역한 7권본 『大乘寶雲經』(T16)으로 권5에 본 내용이 실려 있다.

단식(搏食)은 4식(食)의 하나, 또는 단식(段食·團食)이라고도 한다. 밥
·국수·나물·기름·장 따위와 같이 형체가 있는 음식이다. 갈애
(渴愛)는 목이 마를 때 물을 사랑하듯 범부가 5욕(欲)에 탐착함을 말
한다.

선남자여, 보살은 모든 중생이 가난하고 궁색하며[貧窮] 처지가
고생스럽고 딱하며[困苦] 공덕이 매우 적어 선근을 심지 않는 것을
보고 그들을 이롭게 하기 위한 까닭으로 나아가 걸식하는 것이다.
만일 도시[城廓]나 마을에 들어가게 되면 마땅히 모든 경계에 대해
생각을 잘 거두어서 치달리지[馳騁] 않게 해야 한다. 몸가짐[威儀]은
바르고 가지런히 하고[庠序] 모든 감각기관[根]은 흔들리지 않게[不動]
하며, 땅의 7척 앞을 바라보며 고개를 숙이고 길을 간다.
善男子 菩薩見諸衆生貧窮困苦功德微薄不種善根 爲利彼故行詣乞食 若入城
郭聚落 應善攝念 於諸境界 勿令馳騁 威儀庠序 諸根不動 視地七尺低頭而行

만일 부잣집에 들어가더라도 또한 많이 구하려 하지 말고 그날
한 끼 음식이 채워지면 그친다. 법사(法事)를 방해하지 말고 모든 악
(惡)하고 훼방하는 등의 곳은 멀리 떠나라. 갈애로 구하지 말고 굳
이 무리하게[強迫] 구하지 말라. 또한 성냄과 원한을 따르지 말고 마
땅히 얻은 것에 스스로 만족할 줄 알아야 한다.
若入富家 亦不多求 充足是日一食而已 勿妨法事 遠離諸惡毁謗等處 勿渴愛
求 勿強迫求 亦不瞋恨隨 宜所得已自知足

발우를 가지고 돌아와 가사와 발우[衣鉢]를 잘 두고 손과 발을 씻
는다. 걸식한 것은 네 몫으로 나눈다. 한몫은 함께 공부하는 이[同
學]에게 주고, 한몫은 빈궁한 이에게 주며, 한몫은 귀신과 축생에게
주고, 한몫은 자기가 먹는다. 이렇게 음식을 취하면 탐착하는 마음
이 없어지고, 바라는 마음도 없어진다.
持鉢而還 安置衣鉢 而洗手足 於所食者 分爲四分 一分與同學 一分與貧窮
一分與鬼畜 一分而自食 如是取食 無貪著心 無悕望心

지나치게 적게도 지나치게 많게도 (먹지) 말라. 만약 적으면 도를 닦을 수[行道] 없고, 많으면 잠이 오거나 몸이 무거워진다.
莫爲過少 莫爲過多 若少不能行道 若多睡眠身重等

10. 공양을 받고 축원하는 게송 受食呪願偈

남악 혜사 대선사
南嶽思大禪師

중국 천태종(天台宗) 제2조인 혜사선사[慧思禪師, 514/515~577]는 속성이 이씨(李氏)이며 15세로 출가하여 여러 대승 경전을 읽었으며 20세가 되어서는 사방으로 행유(行遊)하며 여러 대덕을 찾아다니며 오로지 선관(禪觀)을 닦았다. 후에 북제의 혜문 선사에게 나아가 일심삼관(一心三觀)의 심요를 전수받고 법화삼매의 증오(證悟)함을 얻었다. 승성(承聖) 3년(554)에 광주(光州) 대소산(大蘇山)에 들어가니 문하에 모여든 사람이 성시를 이루었다고 한다. 이어서 진(陳)의 광대(光大) 2년(568)에 제자 40여 인과 더불어 남악으로 옮겨 10년 동안 주하다가 태건(太建) 9년(577) 6월 22일에 63세(『佛祖統紀』권6.『唐傳』권17에는 64세라 함)에 몰(沒)하였다. 현재 남아있는 저작은 『법화경안락행의(法華經安樂行義)』, 『제법무쟁삼매법문(諸法無諍三昧法門)』, 『입서원문(立誓願文)』, 『수자의삼매(隨自意三昧)』, 『수보살계의(授菩薩戒儀)』 등이 있고, 예부터 진위(眞僞)를 의심받는 것으로 『대승지관법문(大乘止觀法門)』이 있다. 제자로는 승조(僧照)·혜초(惠超)·혜위(慧威)·혜명(慧命)·영변(靈辨), 그리고 신라의 현광(玄光) 등이 있는데, 그의 심요를 전한 것은 천태대사 지의(智顗)였다.17)

스님은『수자의삼매(隨自意三昧)』에서 이르셨다.
師隨自意三昧云

---

17) 鎌田茂雄 著·鄭舜日 譯(1985),『中國佛敎史』, 경시원, 170-171.

무릇 음식을 얻으면 마땅히 이렇게 말하라.
凡所得食應云

"이 음식의 빛깔과 향과 맛은 위로는 시방불께 공양합니다.
중간에는 현성들께 올리며, 아래로는 육도 품류까지 이릅니다.
此食色香味 上供十方佛 中奉諸賢聖 下及六道品

평등한 보시는 차별이 없어 감응함에 따라 배부르게 채워지니
지금 시주하는 이로 하여금 한량없는 바라밀을 얻게 하소서."
等施無差別 隨感皆飽滿 令今施主得 無量波羅蜜

또 말한다.
又云

"음식의 색과 향을 생각하면 마치 전단의 향기로운 바람 같아
한 번에 시방세계에 널리 퍼지네.
念食色香 如栴檀風 一時普熏 十方世界

범부와 성인이 느껴서 각각 최상의 맛을 얻으며
육도중생이 향기를 맡고 보리심을 내니
凡聖有感 各得上味 六道聞香 發菩提心

음식에서 육바라밀과 삼행이 나오는구나."
於食能生六波羅蜜及以三行

삼행(三行)은 첫째 신·구·의 삼업을 가리킨다. 『중관론(中觀論)』에는 "세 가지 행위를 일으킨다[起三行]"는 말이 있는데, 곧 삼업을 일으켜 움직이는 것을 말한다. 둘째 삼행은 또한 ① 복행(福行)이니 곧 십선(十善) 등의 복을 실천하여 천상과 인간의 과보를 불러서 받는다. ② 죄행(罪行)이니 또한 비복행(非福行)이라고도 부른다. 십악(十惡) 등의 죄를 행해 삼악도의 고통을 불러서 받는다. ③ 부동행(不動

行)이니 또는 무동행(無動行)이라고도 부른다. 곧 유루(有漏)의 선정을 닦으면 색계와 무색계의 과보를 불러서 받는다.[18] 선정이 부동(不動)하면 감득하는 과보가 부동하니 복행과 죄행이 다르게 변하는 것과는 같지 않으므로 부동이라고 부른다.[19]

11. 관심식법 觀心食法

관심식법(觀心食法)은 전 1권으로 관식법(觀食法)이라고도 부른다. 수나라 때 지의(智顗)가 지었는데, 『만속장(卍續藏)』 제99책에 수록되어 있다. 이 책은 사람들이 관법(觀法)으로 음식을 받아 반야식(般若食)이 되게 하도록 가르치며, 공(空), 가(假), 중(中) 삼관(三觀) 중도(中道)의 취지를 드러내 밝히며 아울러 정명(淨名, 유마힐)이 말한 (『만속장(卍續藏)』 99권 55상) "번뇌가 있기 때문이 아니고, 번뇌가 없기 때문도 아니며, 선정의 삼매에 들어서도 아니고, 선정에서 나와서도 아니니 이것을 먹는 법[食法]이라고 한다."는 것을 취지로 삼아 인용하였다.[20]

천태지자대사 天台智者大師

자리를 펴고 나면 유나가 진지(進止) 종을 쳐서 울리는 것을 듣고 난 뒤 일체삼보와 온 시방법계에 공양하여 불사를 행한다.
既敷座已 聽維那進止 鳴鐘後 斂手供養 一體三寶 徧十方界 施作佛事

유나(維那)는 승당에서 승중(僧衆)의 수행을 독려, 감시하는 외에 승당 내의 대중 일 전체를 두루 살피는 소임. 대중의 법열(法悅)을 유발하므로 열중(悅衆)이라고도 한다. 유(維)는 밧줄[綱維]의 벼리[維]이며 승중(僧衆)을 통리(統理)한다는 뜻. 나(那)는 범어의 가르마다나[羯磨陀

---
18) 삼행 『大智度論』권88; 『佛光大辭典』, p.550.
19) 『大智度論』권88.
20) 『天台教學史』 제4장 慧嶽; 『佛光大辭典』, 6950.

那, Karma-dāna]의 끝머리 나(那)를 딴 것으로서 범어와 한자가 결합한 명사이다. 그 기원은 본래 인도의 승단에 설치된 직명(職名)인데, 십송율[34. 와구법(臥具法) 기에 그 명칭이 보이며, 붓다가 승중의 자질 구레한 일을 관장시키기 위하여 제정한 것이다. 중국에 있어서도 관제(官制)로서 유나의 직(職)이 설치되어 있었으며, 요진(姚秦)의 중앙승관제(中央僧官制) 가운데 열중(悅衆)이 있었는데 승천(僧遷)이 거기에 임명된 것이 처음이다. 북위(北魏)에서는 중앙에 사문통(沙門統)을 장관(長官)으로 하는 소현조(昭玄曹)가 설치되어 있었고, 주진(州鎭)에도 승통(僧統)을 장관으로 하는 승조(僧曹)가 설치되어 전국의 불교를 통감(統監)하였는데, 그 부관(副官)으로서 불교에 관한 제반의 사무를 통리하는 이가 중앙의 도유나(都維那), 지방의 유나였다. 선가(禪家)에서는 유나는 지사(知事)의 하나로서 중승(衆僧)의 진퇴(進退), 위의를 관장하는 중역(重役)이며 다른 종파에서도 근행(勤行) 법요(法要)의 선도(先導), 거창(擧唱) 회향(回向)을 관장하는 소임 이름으로 되어있다.21)

일체삼보(一體三寶)는 세 가지 삼보의 하나로 동체삼보(同體三寶), 동상삼보(同相三寶)라고도 한다. 삼보는 불·법·승 셋을 가리키는데, 명칭이 비록 다르나 그 본체는 진실로 같아서 하나이다. 일체(一體)는 간략히 나누면 세 가지 뜻이 있다. ① 사실에 의해 논하자면, 불체(佛體) 위에 깨달아 비추는[覺照]의 뜻이 있는 것을 불보(佛寶)라 한다. 그 붓다의 덕에 궤칙으로 삼을 만한 뜻이 있는 것을 법보(法寶)라 한다. 어기고 다투는 허물이 없는 것을 승보(僧寶)라 한다. 이 세 가지 뜻은 비록 다름이 있으나 그 덕(德)과 체(體)는 다르지 않으므로 일체(一體)라 부른다. 성실(成實), 비담(毘曇), 대승(大乘)의 교의(教義)에 통한다. ② 상(相)을 깨뜨려 공(空)한 체(體)에 의해 논하자면 현상[事]은 비록 다름이 있으나 그 체는 모두 공하기 때문에 이 뜻은 오직 대승의 교의에만 국한된다. ③ 실제에 의해 논하자면, 삼보는 비록 다름이 있지만 모두 실성[實性, 진여]을 체로 삼기 때문에 이 뜻

---

21) 慈覺宗賾著·崔法慧譯註(2001), 『고려판선원청규역주』, 가산불교문화연구원, 163.

또한 대승의 교의에 국한된다.
『화엄경공목장(華嚴經孔目章)』에는 "동상삼보(同相三寶)라는 것은 동일한 법성 진여를 말하는데, 세 가지 서로 다른 뜻이 있다. 말하자면 각의(覺義), 궤법의(軌法義), 화합의(和合義)이다. 따라서 삼보(三寶)라고 한다."22)

다음으로 생반을 내는데, 육도에 베푸는 것이라고 일컬으니 곧 육바라밀을 나타내는 것이다. 그리고 이 음식을 받는다.
次出生飯 稱施六道 卽表六波羅蜜 然後受此食

생반(生飯)은 중생생반(衆生生飯)의 준말로 산반(散飯)·삼반(三飯)·삼파(三把)라고도 한다. 선종에서 언제나 밥 먹을 때에 밥에서 조금 떼어 발쇄(鉢刷; 생반대) 위에 두어 광야귀(曠野鬼)·하리제모(訶梨帝母)·혼령신(魂靈神)에게 주는 밥을 말한다. 『불설유마힐경』의 「제자품(弟子品)」에는 걸식하는 것으로 모든 사람을 공경하고, 또한 모든 붓다와 성현을 받들고 난 뒤에야 자신이 먹는다(以是所乞敬一切人 亦以奉敬 諸佛賢聖 然後自食)고 하고 있다.23)

무릇 음식이란 중생의 바깥 목숨[外命]이다. 만일 관상(觀想)에 들지 않는다면 곧 생사를 받게 될 것이요, 만일 관상(觀想)에 든다면 나고 죽는 것에 끝이 있거나[有邊] 끝이 없는[無邊] 줄을 분별하여 알 수 있을 것이다. 걸식[分衛]과 청정한 대중의 깨끗한 음식을 따지지 않고 모두 반드시 관법(觀法)을 해야 한다.
夫食者 衆生之外命 若不入觀 卽潤生死 若能知入觀分別生死有邊無邊 不問 分衛與清衆淨食 皆須作觀

'바깥 목숨[外命]'에 대해 『대지도론(大智度論)』에는 "사람의 목숨에는 두 종류가 있으니, 하나는 안의 것이요 둘은 밖의 것이다. 만일 재물을 빼앗으면 이는 밖의 목숨을 빼앗는 것이 된다. 왜냐하면 목숨

---

22) 『法華經玄義』卷下, 『佛光大辭典』, p.86.
23) 支謙 譯, 『佛說維摩詰經』卷上(T14, 522a).

은 음식·의복 등을 의지하여 사는 까닭이다. 만일 위협하거나 빼앗으면 이는 밖의 목숨을 빼앗는다 한다."라고 하여 사람들이 음식이나 의복, 재물 등을 의지하여 살기 때문에 이러한 것을 바깥 목숨[外命]이라 하였다.24) '생사를 받게 될 것이요'라는 윤생(潤生)은 이슬이 씨앗을 축여 싹트게 한다는 뜻으로, 번뇌와 억업이 미계(迷界)의 생을 받게 함을 이르는 말이다. 따라서 윤생사(潤生死)를 '생사를 받는다'라고 번역한다. 끝이 없는[無邊] 데에 대해서『대지도론』에서는 '끝이 있다[有邊]'고 하는 여러 견해와 '끝이 없다[無邊]'는 여러 견해에 대한 예를 제시하고 있는데, 예를 들면 어떤 사람은 국토와 세간의 8방에는 끝이 있으나 상방과 하방은 끝이 없다고 말하고, 어떤 사람은 아래로는 18지옥에 이르고 위로는 유정천에 이르므로 상방 하방은 끝이 있지만 8방에는 끝이 없다는 것 등, 갖가지로 세계의 끝을 설명하고, 이와 같은 견해들을 통틀어서 '끝이 있다, 끝이 없다[有邊無邊]'고 한다 하였다.25) 걸식은 분위(分衛)라고 하고, 빈다파다(賓茶波多)라 음역하며, 탁발·걸식·단타(團墮)라 번역한다.『개원석교록』에서는 '빈다야법(賓茶夜法)'이라고 하였는데 이는 "걸식(乞食)하는 것을 말하며, 옛날의 분위(分衛)라는 말은 잘못 생략된 것이다."라 하고 있다.26)

관(觀)한다는 것은 이 몸 안에는 예전에 먹은 것이 모두 무명 번뇌로 생사에 윤회를 더하게 될까! 스스로 두려워하여, 지금 먹는 것은 모두 반야(般若)이니 예전에 먹은 것이 모공으로부터 차례로 나와서 음식이 다 나오고 나면 마음길[心路]이 열리고 지금 새로운 음식을 먹는 것은 모든 어둠을 비추어 소멸시켜 반야를 이루게 한다고 생각[想]하는 것이다.

觀之者 自恐此身內舊食 皆是無明煩惱 潤益生死 今之所食 皆是般若 想於舊

---

24) 龍樹 造 鳩摩羅什 譯,『大智度論』卷21(T25, 156a), "人命有二種 一者內 二者外 若奪財物是爲奪外命 何以故 命依飮食衣被等故活 若劫若奪是名奪外命."
25)『大智度論』卷48(T25, 547a).
26) 智昇 撰,『開元釋教錄』卷7(T55, 551c), "行賓茶夜法 謂行乞食者 舊爲衛訛略也."

食從毛孔次第而出 食旣出已心路卽開 食今新食 照諸暗滅 成於般若

그러므로 정명(淨名)은 "음식에 평등한 자는 법에도 또한 평등하다"라고 말하였다.

故淨名云 於食等者 於法亦等

"음식에 평등한 자는 법에도 또한 평등하다"라는 원문은 『불설유마힐(佛說維摩詰)』에는 "(수보리가 붓다께 아뢰었다) 제가 예전에 그 집에 들어가서 걸식하고자 하였습니다. 그때 유마힐이 저의 발우를 가져다가 밥을 가득 채우면서 저에게 말하였습니다. '설령 현자여, 음식에 평등한 자는 제법에도 평등할 것입니다. 제법에 평등하다면 온갖 음식에도 평등할 것이니 이같이 걸식해야 발우[彼]를 가져가실 수 있습니다.27)"라고 하고 있다.

이것이 명백한 증거가 되니, 이 음식으로써 반야의 음식을 이루어 능히 법신을 기를 수 있다면, 법신을 세우고 곧 해탈을 얻을 수 있으니 이것이 삼덕(三德)이다.

是爲明證 以此食故 成般若食 能養法身 法身得立 卽得解脫 是爲三德

삼덕(三德)은 법신덕(法身德)·반야덕(般若德)·해탈덕(解脫德)이다. 열반을 얻은 이에게 갖춘 덕을 나눈 것이다. ① 법신덕은 붓다의 본체니, 미계(迷界)의 고과(苦果)를 벗어나서 얻은 상주 불멸하는 과체(果體), ② 반야덕은 지혜(智慧)라 번역하니, 만유의 실상(實相)을 아는 진실한 지혜, ③ 해탈덕은 지혜에 의하여 참다운 자유를 얻은 것이다. 『열반경』에 삼덕비장(三德秘藏)이라 한 것은 이를 가리킴. 붓다의 4덕은 이 3덕에 갖추어 있다 한다. 또 천태종에서는 이 3덕이 서로 고립(孤立)한 것이 아니고, 혼연 융합하여 평등이 곧 차별인 묘한 작용이 있는 것을 부종불횡(不縱不橫), 비삼비일(非三非一)의 3덕이라 한다.28)

---

27) 支謙 譯, 『佛說維摩詰經』卷上(T14, 522b), "憶念我昔入其舍欲乞食 時維摩詰取我鉢盛滿飯 謂我言 設使賢者 於食等者諸法得等 諸法等者得衆施等 如是行乞爲可取彼."
28) 한글대장경 불교사전(https://abc.dongguk.edu/ebti/index.jsp).

이 음식을 비춰 보면 새것도 아니고 옛것도 아니지만, 옛 음식은 낡은 것이 있고 새 음식은 새로운 것이 있다. 이것을 '가(假)'라고 한다.
照此食者 非新非故 而有舊食之故 而有新食之新 是名爲假

옛것을 구할 수도 없고 새것을 구할 수도 없어 필경에는 공적하니 이것을 '공(空)'이라고 한다.
求故不得 求新不得 畢竟空寂 名之爲空

'음식이란 스스로 어찌 새로운 음식을 먹을 수 있는가. 이미 새로운 음식이 없는데 어찌 먹을 수 있겠는가?'라고 관(觀)하여 음식이란 옛 음식을 떠나지 않고서 몸을 기르고 새로운 음식이 이로움을 더하여 인연이 화합하면 앞뒤[옛 음식과 새 음식]를 분별할 수 없게 되니 이것을 '중(中)'이라고 한다.
觀食者 自那可食爲新 旣無新食 那可得食 食者 而不離舊食養身 而新食重益 因緣和合 不可前後分別 名之爲中

다만 중(中)이 곧 가(假)와 공(空)이고, 공(空)이 곧 중(中)과 가(假)이며, 가(假)가 곧 공(空)과 중(中)이어서 생각으로 헤아릴 수 없는 것을 '중도(中道)'라고 한다.
只中卽假空 只空卽中假 只假卽空中 不可思議 名爲中道

또 정명(淨名)이 "번뇌가 있는 것도 아니요 번뇌를 떠난 것도 아니며, 선정의 뜻에 들어간 것도 아니요, 선정의 뜻에서 나온 것도 아니다."[29]라고 하였으니, 이것을 '식법(食法)'이라고 한다.
又淨名云 非有煩惱 非離煩惱 非入定意 非起定意 是名食法也

---

29) 鳩摩羅什 譯, 『維摩詰所說經』卷上(T14, 540b), "如是食者非有煩惱非離煩惱 非入定意非起定意."

12. 출생도기(병서) 出生圖紀(并序)

고산사문 지원 술
孤山沙門 智圓 述

고산 지원(孤山智圓, 976~1022)은 천태종 산외파(山外派) 승려로 항주 출신인데, 천태종의 정통으로 인정받는 산가파(山家派)의 대표 사명 지례(四明知禮, 960~1028)와 논쟁을 벌였고 많은 저서를 남겼다.

유가(儒家)의 예법은 먹을 때마다 돌아가신 자기 아버지에게 제사 지내야 하니, 이는 근본을 잊지 않는 일이다. 석가모니[釋氏]가 세상에 나오고 갖추어 '중생식'이라고 말하는 것이 나왔으니, 대개 광야 귀신과 귀자모에게 제(祭)하는 것이다. 사문이 마음을 써서 다른 부류[異類]를 불쌍히 여기는 것이니, 본래의 자애[仁]를 잊지 않는 것이다. 다른 부류를 불쌍히 여기는 것이 사랑[慈]이니, (仁과 慈) 둘은 근원이 같으나 이름이 다를 뿐이다.

儒禮食必祭其先君子有事不忘本也 釋氏之出生具云出衆生食 蓋祭曠野鬼神及鬼子母 沙門用心憫異類也 不忘本仁也 憫異類慈也 兩者 同出而異名

'유가(儒家)의 예법은 먹을 때마다'에 대해 『맹자』 「진심」下에 증자(曾子)의 효성에 대한 고사(故事)가 수록되어 있다. 증자는 공자의 제자 중에서 효성으로 이름이 높았던 인물이다. 아버지인 증석이 생전에 고욤을 좋아했으므로 아버지가 죽은 후에 고욤을 보아도 차마 그것을 먹지 못했다고 한다. 또 『논어집주』 「향당(鄕黨)」편에 "옛사람들은 음식을 먹을 때에 모든 종류를 각기 조금씩 덜어내어 그릇 사이에 놓아서 맨 처음 음식을 만든 사람에게 제(祭)하였으니, 이는 근본을 잊지 않는 것이다(古人飮食 每種各出少許 置之豆閒之地 以祭先代始爲飮食之人 不忘本也)"라 하였고, "공자는 비록 하찮은 음식이라도 반드시 제(祭)하시고, 제(祭)를 할 때는 반드시 공경하셨으니, 이것은 성인의 정성이다(孔子雖薄物必祭 其祭必敬 聖人之誠也)"라 하고 있다.[30]

---

[30] 맹자 박경환 옮김(2021), 『맹자』, 홍익, 448; 성백효 역주(2011), 『論語集註』, 전통문화연구회, 285.

'돌아가신 자기 아버지' 곧 선군자(先君子)는 남에게 돌아가신 자기 아버지를 이르는 말이다.

지금 후학들을 보건대 그 연유를 뚜렷하게 헤아려야 하거늘 마침내 생반 내놓는 일을 어기게 하였다. 단월의 집에서는 삼가고 깨끗이 해야 하나 버리는 것을 섞기도 하고, 대중의 처소에서는 그릇[盤器]에 오물이 섞여 있기도 하다. 그로 인해 그 모습을 그려서 그 사적(事跡)을 기록함으로써 후배[來者]들에게 보이는 것이다. 또 신(神)에게 제사함에 신(神)이 계신 듯이 하고 정성을 다하는 곳에서만 흠향한다는 것이 여전히[尚然] 유가(儒家)에 있는데 하물며 붓다가 제정하여 내려준[棄] 것이겠는가.
今觀後學 鮮測厥由 遂使出生事乖 謹潔於檀越家 則或雜以所棄 處衆堂 則盤器汙雜 因圖其形容紀其事跡 以示來者 且祭神如神在 享于克誠在儒尚然 況棄佛制

'신(神)이 계신 듯이'는 『논어』 「팔일(八佾)」편에 "제사를 지내실 적에는 (선조가) 계신 듯이 하셨으며, 신을 제사 지낼 적에는 신이 계신 듯이 하셨다(祭如在 祭神如神在)"라는 구절이 있다.31)

이제 대중의 거처에서는 마땅히 깨끗한 그릇에 (공양물을) 모아 거두어서 이것을 존상[像] 앞에 놓는다. 얼마쯤 있다가 날짐승과 길짐승, 조개와 물고기[鱗介]의 무리에게 보시하라. 단월 가에서 승려들이 공양을 마치면 마땅히 그 생반(生飯)을 그릇 하나에 합해서 그 존상[形像]에 공양하고 난 뒤 그것을 흩어서 뿌린다.
今衆居 宜以淨器聚斂 安此像前 良久施飛走鱗介之屬 檀越家當 於僧食畢 取其生飯併著一器 供彼形像 然後散之

존상[像]은 『선원청규』 등에 의하면 대중 처소의 큰 방에 성승(聖僧)이라고 하여 문수보살, 빈두로존자 등의 상을 모시고 있는 모습을 볼 수 있다. 여기서 상(像)은 그 성승(聖僧)을 칭하는 것으로 보인다.

---

31) 성백효 역주(2011), 『論語集註』, 전통문화연구회, 90.

'날짐승과 길짐승'의 비주(飛走)는 비금주수(飛禽走獸)의 준말로 날짐승과 길짐승을 말한다.

그러나 율장에서도 또한 두 번의 식사 때 먼저 음식을 (異類에게) 보내고 공양하는 것을 허락하였다. [『남해기귀내법전』에서 또한 "공양하는 끝자리[行末]에 음식 한 그릇을 놓아 하리디모(呵利帝母)에게 공양한다"32)라고 하였다.]

然律亦許二食時 先送食供養 [寄歸傳亦云 復於行末安食一盤 以供呵利帝母也]

'두 번의 식사 때'에 대해 『마하승기율』에 따르면 제자 발타리(跋陀利)가 하루 한 끼 먹는 것을 못 견디겠다고 하자 붓다께서 "새벽에 일어나 두 개의 발우를 지니고 마을로 들어가 걸식하여 하나는 아침으로 먹고 다른 하나는 점심으로 먹어라. 이것이 두 번[二食]의 식사이다"라고 하였다.33) '하리디모'를 의정의 『기귀전』에서는 '가리디모(呵利底母)'라고 표기하고 있다.

만일 먼저 (이류에게) 공양한다면 대중 스님들이 각자 (생반) 내놓는 것을, 때에 놓지 못할까 두려워할 필요가 없다[不須]. 이제 마땅히 각자 (생반을) 내놓은 연후에 모아서 그것을 공양하면 이미 사람들이 따로 마음을 썼기에 모두 붓다의 제도를 생각한 것이다.

若或先供則衆僧不須各出切恐於時未安 今宜各出然後聚而供之 旣人別用心 則咸思佛制

바라건대[庶幾] 상사(上士)들이여, 부지런히 그것을 행하라. 말하자면 현자(賢者)의 제사는 반드시 그 복을 받게 된다.

庶幾上士勤而行之 所謂賢者之祭 必受其福也

상사(上士)는 보살을 뜻한다. 자기만 해탈하려 하고, 남을 해탈케 하

---

32) 義淨 撰, 『南海寄歸內法傳』卷1(T54, 209b), "復於行食末 安食一盤 以供呵利底母."
33) 佛陀跋陀羅 譯 法顯 譯, 『摩訶僧祇律』권17(T22, 359b).

려고 생각하지 않는 이를 중사(中士), 두 가지 생각이 다 없는 이를 하사(下士)라 함에 대하여, 자타를 함께 해탈케 하려고 생각하는 보살을 상사라 한다.

『대반열반경』 남본 제15에서 말한다.
涅槃南本第十五云

남본은 유송(劉宋) 시대에 혜엄(慧嚴)이 424년에서 452년 사이에 번역하였다. 오늘날 전해지고 있는 『열반경』에는 북본(北本)과 남본(南本)의 두 가지 이외에도 『대반니원경(大般泥洹經)』이 있다. 이 『대반니원경(大般泥洹經)』은 동진의 법현(法顯)이 418년에 남본 북본 『열반경』의 앞 9권에 해당하는 부분을 6권 18품(品)으로 나누어 한역한 것이다. 북본 『열반경』은 421년 북량(北涼)의 담무참(曇無讖)이 한역한 것으로서 40권 13품으로 되어있다. 이 북본 『열반경』이 번역된 지 오래지 않아서 북량이 망하게 되었다. 이로 말미암아 『열반경』 학자들은 강남으로 옮겼고 이들을 중심으로 『열반경』 명구가 성행하면서 북본의 번역에 대한 결함을 발견하게 되었다. 이에 동안사(東安寺)의 혜엄(慧嚴)과 도량사(道場寺)의 혜관(慧觀)은 사영운(謝靈運) 등과 함께 북본을 바탕으로 해서 법현이 한역한 『대반니원경』과 대교(對校)하여 36권 25품의 『대반니원경』을 번역하기에 이르렀다. 이것이 남쪽에서 이루어졌다고 하여 남본이라고 불렀다. 후세의 『열반경』 연구는 대개가 남본을 기초로 하고 있고 『대반열반경』도 이 남본을 번역한 것이다.

붓다께서 너른 벌판에 있는 마을을 유행(遊行)하실 때 한 귀신이 있었으니 광야(曠野)라고 이름하였다. 고기를 먹고 살생하였으며 또 그 마을에서 하루에 한 사람을 잡아먹었다. 붓다께서 그를 위해 설법하셨지만 (광야귀신은) 어리석어서 가르침을 받아들이지 않았다. 붓다께서는 곧 힘이 센 귀신[大力鬼]으로 몸을 바꾸어 그 궁전을 흔들었다. 그 귀신들이 궁 밖으로 나와서 거역하려 하였으나 붓다가 변화하신 것을 보고 땅에 주저앉아 기절하였다. 붓다께서 자비로운 손길로 그 몸을 쓰다듬으니 곧 돌아와 일어나 앉아서는 이렇게 말했다.

佛游曠野 聚落有一鬼神 卽以曠野爲名 食肉殺生 復於其聚日食一人 佛爲說法 愚不受敎 佛卽化身大力鬼 動其宮殿 彼鬼出宮拒逆 見佛所化 躃地悶絶 佛以慈手摩身 卽還起坐作如是言

붓다께서 대아귀로 등장하는 장면은 시아귀회, 감로도로 칭해지는 불화에 표현되고 있다.

'즐겁도다. 오늘 다시 몸과 목숨을 얻었구나. 이 큰 신력을 가진 왕[大神王]께서는 나의 허물을 용서하셨도다.' 붓다께서 본래의 몸을 회복하여 나타내시고 다시 그를 위하여 법을 설하시고는 그 귀신이 불살생계[不殺戒]를 받게 하셨다. 이날 광야 마을에는 죽을 차례에 해당하는 한 장자가 있었는데, 귀신이 (그 장자를) 받고 나서 곧 붓다께 보시하였다. 붓다께서는 '수장자(手長者)'라는 이름을 지어주셨다.

快哉 今日還得身命 是大神王赦我譬咎 佛現本身復爲說法 令彼鬼神受不殺戒 是日曠野村中 有一長者次應當死 鬼神得已 卽以施佛 佛爲立字名手長者

귀신이 붓다께 아뢰었다. '저와 권속들은 오로지 피와 살만 바라고 살아왔는데 이제는 계를 받았으니 마땅히 무엇을 바탕으로 살아야 하겠습니까?'

鬼白佛言 我及眷屬 唯仰血肉以自存活 今已受戒當何資立

붓다께서 곧 대답하여 말씀하셨다. '지금부터 마땅히 성문 제자에게 단단히 일러[敕] 불법을 수행하는 곳마다 모두 마땅히 그들이 그대에게 음식을 베풀게 할 것이다.' 이러한 인연으로 모든 비구를 위해 이와 같은 계율을 제정하셨다.

佛卽答言 從今當敕 聲聞弟子 隨有修行 佛法之處 悉當令其施汝飮食 以是因緣 爲諸比丘制如是戒

'그대들은 지금부터 마땅히 저 광야귀신에게 음식을 베풀어라. 만일 머무는 곳이 있으면서도 베풀지 않는 이가 있다면 마땅히 알라. 이러한 무리는 나의 제자가 아니라 곧 천마(天魔)의 무리요 권속이다.'

汝等從今常當施彼曠野鬼神食 若有住處不能施者 當知 是輩非我弟子 卽是天魔徒黨眷屬

여기서는 慧嚴 譯, 『대반열반경』34)의 경문의 요점만을 인용하였다.

『남해기귀내법전』 제1에서 말하였다.

寄歸傳第一云

시주자는 처음에 성승(聖僧)의 공양을 가져다 놓고 음식을 나누어 스님들에게 드린다. 또 식사하는 끝자리[行末]에 음식 한 그릇을 놓아두고 가리디모(呵利帝母)에게 공양한다.

施主初置聖僧供 次乃行食 以奉僧衆 復於行末 安食一盤 以供呵利帝母

성승(聖僧)은 승당의 중앙에 봉안된 수행승의 인도자로 존숭되는 성자의 상이다. 이 상(像)은 옛날부터 일정하지는 않고 문수보살, 교진여존자, 빈두로존자 혹은 가섭존자, 수보리존자, 포대화상 등이 안치되었다. 『범망경법장소』에 보면 "서국(西國) 여러 소승의 사원에서는 빈두로를 상좌로 하고 있으며 여러 대승의 사원에서는 문수사리를 상좌로 하고 있다."라고 기술되어 있다. 중국의 선원에서는 대가섭, 수보리, 포대화상 등을 모시는 등 일정하지는 않으나 승려 모습의 문수보살상을 안치하는 것이 통례로 되어있다.35) '음식을 나누어'라는 것은 행식(行食), 행익(行益)이라고도 한다. 정인(淨人)이 한 절에 모인 대중(大衆)에게 빠짐없이 먹을 것을 담아 주는 일이다. 가리디모(呵利帝母)는 하리디모의 『남해기귀내법전』의 표기이다.

---

34) 慧嚴 譯, 『大般涅槃經』卷15(T12, 703a09-28).
35) 慈覺宗賾 著·崔法慧 譯註, 『고려판 선원청규 역주』, 91.

가리디모는 전생의 몸[先身]이 어떤 일로 인하여 왕사성에 있는 아이들을 잡아먹겠다는 발원을 하였는데, 마침내 약차(藥叉)의 몸을 받아 5백 명의 아이를 낳았다. 날마다 왕사성의 사내아이와 계집아이[男女]를 잡아먹었다. 붓다께서 마침내 애아(愛兒)라는 이름의 그의 어린아이를 감추어 두셨다. 가리디모가 마침내 그 아이를 찾아내자, 붓다께서 말씀하셨다.

其母先身因事發願食王舍城所有兒童 遂受藥叉身生五百兒 日湌王舍城男女 佛遂藏其稚子名愛兒母遂覓之 佛告曰

'그대는 자식이 5백 명이어도 한 아이를 오히려 어여삐 여기는데, 하물며 (아이가) 한두 명만 있는 다른 사람은 어떠하랴.' 붓다께서는 이 일로 인해 그를 교화하여 오계를 받게 하셨다. 이에 (가리디모가) 붓다께 청하여 말했다. '저와 아이들 5백 명은 이제 무엇을 먹어야 하겠습니까?'

汝子五百一尚見憐 況復餘人但一二乎 佛因化之 令受五戒 乃請佛曰 我兒五百今何食焉

붓다께서 말씀하셨다. '내가 비구들이 머물러 거처하는 사원에서 날마다 항상 제식(祭食)을 베풀어 그대들이 배부르게 먹도록 할 것이다.'

佛言 我令苾蒭等 隨所寺院住處 日日常設祭食 令汝等充食

그리하여 서방의 모든 절에서는 항상 일주문[門屋]이 있는 곳이나 부엌 주변에 어머니[가리디모]가 한 아이를 안고 무릎 아래에 다섯이나 셋을 두고 있는 그 형상을 표현한 소상(塑像)과 화상(畫像)이 있다. 매일 그 앞에다 공양하는 음식을 담아서 차린다. 가리디모는 곧 사천왕(四天王)의 부중(部衆)이다. 크고 풍족한 세력이 있어 질병이 있거나 자식이 없는 자들이 대접하고 빌면 모두가 소원을 성취하였다. 자세한 것은 율장에서 설한 것과 같다. 중국[神州]에는 이전

부터 이러한 것이 있어서 귀자모(鬼子母)라 이름하였다.36)

故西方諸寺每於門屋處或在食廚邊 塑畫母形抱一兒子 於膝下或五或三 以表其像 每日於前盛陳供食 母乃四天王部衆也 大豐勢力 其有疾病 無兒息者饗禱焉 皆悉遂願 詳如律說 神州先有名鬼子母焉

문옥(門屋)은 관아나 사원 입구의 지붕이 있고 기둥만 있고 벽체가 없는 문으로 일주문, 문옥이라고 한다. 신주(神州)는 (옛날) 중국을 지칭했다.

지금 자세히 보면 이 지방 절[佛寺]에는 모두 문 벽에 두 신(神)이 그려져 있고 신(神) 뒤에 한 여인이 있는데 그 초상화[遺像]를 숭상하였다[蓋]. 둘 다 제사를 받았으므로 그것을 합해서 그린 것이다. 혹은 서 있는 거사(居士)의 형상이 있기도 한데 아마도 수장자(手長者)일 것이다. 서쪽 벽에 그려진 것은 곧 광야귀신[曠野]의 몸이고, 동쪽 벽에 그려진 것은 붓다가 변화하신 것인데, 오늘날에는 오직 광야(曠野)의 형상을 그린 그림만 공양을 받는 것이 분명하다.

今詳此方佛寺 皆於門壁 畫二神 神後一女蓋其遺像 既二俱受祭 故併畫之 或有立居士像者 蓋手長者也 西壁卽曠野之身 東壁卽佛所化者 今明受供唯圖曠野之像焉

13. 시식정명 施食正名
시식의 바른 이름

천축사문 준식 술
天竺沙門 遵式 述

시식의 한 경전에는 두 가지 번역본과 세 가지 이름이 있다. 하나는 '구면연(救面然)'이고, 또 하나는 '구발염구(救拔焰口)'이며, 하나

---

36) 義淨 撰, 『南海寄歸內法傳』 卷1(T54, 209b). 여기까지 『남해기귀내법전』에서 인용한 내용이고, 다음 단락은 송나라 때 이 글을 쓴 고산 지원이 머물던 지방의 유풍(遺風)을 묘사한 내용이다.

는 직접적으로 말해 '시아귀식(施餓鬼食)'이다.
施食一經 凡兩譯共三名 一曰救面然 一曰救拔焰口 一直云施餓鬼食

오늘날 오(吳)나라와 월(越)나라의 여러 사찰에는 대부분 별원(別院)을 설치하고 '수륙(水陸)'이라는 편액을 붙여[題榜] 놓고 있는데, 모든 신선은 흐르는 물에 이르러서 (음식을) 먹고 귀신은 깨끗한 땅에서 먹기 때문에 그것을[水와 陸] 취해서 말하는 것이다. [세상 사람들이 '물과 뭍의 연고자가 없어 떠돌아다니는 외로운 혼령[無主孤魂]에게 베푸는 것'이라고 하는 것은 이치가 세속인들을 꾀어내는 것이지 그 말은 가르침과는 관계가 없다.]
今吳越諸寺多置別院 有題榜水陸者 所以取諸仙致食於流水 鬼致食於淨地之謂也[世言施水陸無主孤魂者 理出誘俗言不涉敎]

위 제방(題榜)은 편액에 제목을 쓴 것 또는 제목을 쓴 편액을 가리킨다. 현재 국내 학계에도 수륙재를 물과 뭍에서 떠도는 무주고혼을 위한 의례라고 정의하는 것을 답습하고 있다. 수륙재는 일체 성현과 범부에게 공양을 올리고 업장을 참회하는 법회라고 이해해야 한다.

제목에 '곡식(斛食)'이 있는 것은 마가다국[摩提] 뛰어난 그릇의 도량형[度]을 취했기 때문이다. 그것이 변화하여 크게 나타나는 것은 그릇이 아니라 그 속에 있는 음식이다.
有題斛食者 所以取諸摩提偉器之度 顯變之大 非器食于其中也

마디[摩提] 마가디국(摩竭提國)을 줄여서 마디(摩提)라고 하고 있는데, 불전에서는 주로 마가다국이라고 지칭한다.

제목에 '명도(冥道)'가 있는 것은 모든 귀신의 부류를 (육도 중) 다른 세계[趣]와 구별하여 취했기 때문이다. 하늘[天]이 그 명도(冥道)이겠는가. 인간[人]이 그 명도이겠는가. 축생이 그 명도이겠는가.
有題冥道者 所以取諸鬼類別佗趣也 天其冥乎人其冥乎畜其冥乎

무릇 제비와 참새는 벌레와 낟알로 스스로 배를 채우고, 소와 양은 물과 풀로 배를 채우며, 니려(泥黎)는 구리와 철을 씹어먹느라 겨를이 없으며, 제바(提婆)는 감로수를 마신다. 나머지 생명들이 삶을 살아가는 방법에 이미 다른 맛으로 먹는 부류[品]가 수만을 헤아린다. 오로지 귀신의 무리만이 사람이 사당에 제사한 것[廟食]을 엿보기 때문에 큰 자비로 가르쳐 인도하여 밀교의 주문으로써 적은 것이 많아지게 하여 널리 그들을 구제해 이른다.

夫燕雀以蟲粒自充 牛羊以水艸而足 泥黎咀銅鐵而不暇 提婆飮甘露而有餘 生生之方 旣殊服味之品萬計 唯其鬼黨伺人廟食 故大慈誨以密敎詛少令多而博濟之至

'니려(泥黎)'는 지옥을 뜻하는데, 범어 'niraya(泥囉耶)', 'naraka(捺洛迦)'를 축약해서 간략히 한 번역이다. 니려(泥黎) · 니리(泥梨)라고도 한다. 즉 유루복(有漏福)도 무루복(無漏福)도 없다는 뜻이며 즐거움이 전혀 없고 고통만 가득한 곳이다. 10계(界)에서 가장 하열(下劣)한 경계(境界)이다. 또 제바(提婆, deva)는 천(天)이라 번역하는데, 일반적으로 신(神)을 말한다. 그리스신화의 제우스도 같은 어원을 가지고 있다고 보인다. 묘식(廟食)은 묘당의 음식이라는 뜻이니 죽어서 종묘(宗廟)나 사당(祠堂)에서 제사(祭祀)를 받는 것을 의미한다.

만약 산과 바다의 신선들은 '귀하지 않으면 사람이 아니고 높지 않으면 하늘이 아니니' 우리 부류가 아니겠는가. 또 세상에 알려지거나 알려지지 않게[顯晦] 흠향할 수 있으니 무릇 찾아서 곡식을 먹도록[粒食] 다만 조금 내어놓는 것이 귀신에게 가장 좋다.

若山海之仙 莫貴匪人 莫高匪天 不我類焉 且能顯晦饗 夫粒食于以求之 但小出鬼之上

'귀하지 않으면 사람이 아니고 높지 않으면 하늘이 아니니'라는 문장은 『詩經』「小雅 小弁」편의 "莫高匪山, 莫浚匪泉, 君子無易由言, 耳屬于垣(높지 않으면 산이 아니고, 깊지 않으면 샘이 아니다. 군자는 말을 쉽게 하지 말지어다. 귀가 담에 붙어 있는 것이다)"을 인용하여 쓴 내용일 것으로 보인다.

양(梁)나라 천감(天監, 502-51이 시대에는 살생을 금지하였는데, 불법(佛法)으로 육도(六道)에 제사를 베푸는 것과 비슷한 작용(用)이다. 근래에 강동 지역에서는 귀신에게 지내는 제사(淫祀)에 채소 밥과 국을 사용하여 우리의 양(羊)이 희생되는 것을 면하였다. 오늘날 그것을 이어받았으나 떳떳한 가르침은 아니니 잘못된 것이 없을 수는 없다.
梁天監天下 止殺乃用相似佛法設六道之祭 代江東淫祀 蔬食菜羹 免我犧羊 今之承之旣非彝訓 不能無差

그러므로 석가모니 붓다는 "사람이 죽으면 그 혼에 제사를 지내는데 귀신이 되면 그 음식을 흠향한다. 다른 세계[佗趣]도 죽으면 모두 의심할 것이 없다[음식을 흠향함]"라고 말씀하셨고, 성스러운 제자도 "육도의 중생은[六趣] 각자 스스로 본디 그러한 힘을 가지고 있으나 오직 귀신만은 변화시킨 음식만 가능할 뿐이다"라고 말하였다.
故牟尼有言曰 人死祀之魂 爲鬼則歆其食矣 佗趣亡諸又諸無疑 聖弟子曰 六趣各有自爾之力 唯鬼能變食耳

본문의 '자이(自爾)'는 다른 조작을 가하지 않고, 스스로 본디부터 그러한 것을 말한다.

『시경』에서 "허물도 짓지 않고 잊어버리지도 않고 옛 법도를 따른다."37)고 말하지 않았던가. 그러므로 대성(大聖)께서 이름을 붙이면 반드시 말할 수 있으며, 말할 수 있으면 반드시 행할 수 있는 것이다.38) 허물은 이미 지나갔으니 재단할 곳을[가위질, 고침] 알지 못하겠다.

---

37) 맹자 지음 · 박경환 옮김(2021), 『맹자』, 홍익, p.196.
38) 『논어』 「자로(子路)」편의 "故君子名之必可言也 言之必可行也"에서 인용한 것으로 보인다. 성백효 역주(2011), 『論語集註』, 전통문화연구회, p.365.

詩不云乎 不怨不忘 率由舊章 故大聖名之必可言也 言之必可行也 過此已往
則未知所裁

14. 시식법 施食法

同前
천축사문 준식 저술

먼저 경문을 모아보면 경은 이미 두 가지 번역본이 있는데 대략 다른 점과 같은 점이 있다. 실차난타의 번역에서는 "만약 바라문과 선인 등에게 음식을 베풀고자 한다면"이라고 하였다. [바라문과 선인을 곧 두 부류로 나눈 것이니 경문을 착오한 것 같다.]
先和會經文者 經既兩譯略有異同 實叉譯云 若欲施婆羅門及仙等食 [婆羅門及仙乃分二類 經文似悮也]

불공 번역에서는 "바라문 선인에게 베푼다"라고 하였다. ['~ 및 선인[及仙]'이라고 말하지 않았다. 이 문장이 올바른 것 같다. 만일 바라문이 두 부류가 되면 이는 사람이니 귀신에게 음식을 베푸는 것과 합동으로 해서는 안 된다.]
不空譯云 施婆羅門仙 [不云及仙 此文似正 若作二類婆羅門是人 不合同鬼施食也]

위에서 '바라문신선'이라고 하면 고귀한 분인 신선을 말하게 되나, 바라문과 신선을 따로 나누면 바라문은 바라문 계급을 말하는 것이 되어 사람이 된다.

실차난타 본에서는 신선에게 음식을 베푸는 주(呪)가 7편인데 귀신도 동일하다. 불공 본에서는 (신선에게 음식을 베푸는 주가) 14편이다. [14편이 맞다]
實叉呪仙食七徧與鬼同 不空云二七徧 [二七爲正]

현재 한국불교에서는 변식을 위한 진언 염송 편수가 삼편으로 획일화되어 있는데, 대부분의 고본의 변식 진언 염송 편수는 상·중·하단에 따라 21편, 14편, 7편이라고 설명되어 있다.

실차난타 본에서는 "아귀가 마가다국의 용량으로[斗] 4곡(斛) 9말[斗]의 음식을 얻는다"라고 하였고, 불공 본에서는 "49곡(斛)의 음식"이라고 하였다. [번역자가 같지 않으므로 회통[和會]할 필요는 없지만, 이치에 의하면 다만 배가 부를 만한 정도라고 취한 것이다.]
實叉云 餓鬼得摩伽佗斗四斛九斗飮食 不空云 七七斛食[譯者不同不須和會 據理但取飽滿爲度]

경에서는 "시식은 만일 이른 아침[晨朝] 및 모든 때에 해도 다 장애가 없다."라고 하였다. 『비라삼매경』에서는 "아침에 일어날 때 제천이 식사하고, 정오에는 삼세 붓다가 식사하며, 해가 서쪽에 있을 때는 축생이 먹고, 해가 저물면 귀신이 먹는다"라고 하였다. 이 경과 어떻게 회통[和會]할 것인가. 해석해서 말하자면 마땅히 다양한 뜻이 있다.
經云 施食若晨朝及一切時 悉無障礙 準毗羅三昧經云 早起諸天食 日中三世佛食 日西畜生食 日暮鬼神食 與此經如何和會 釋曰應有多意

이른 아침[晨朝]은 오전을 셋으로 나눠, 묘시(卯時)와 사시(巳時) 사이로 오전 여섯 시에서 열 시 사이를 이른다. 『비라삼매경』을 인용하고 있는데 경전은 전해지지 않고 『제경요집』에 인용되고 있다. 세존이 혜법보살에게 설법하셨다. '음식을 먹을 때에 네 가지가 있다. 아침은 하늘이 먹을 때요, 정오는 법공양을 할 때이며, 저녁은 축생이 먹을 때요, 밤은 귀신이 먹을 때이다.'[39]

우선 첫째, 『비라삼매경』의 이치를 근거로 하여 정설을 이해하

---

39) 道世 撰, 『諸經要集』卷5(T54, 45a), "毘羅三昧經 世尊爲慧法菩薩說云 食有四種 平旦天食時 午法食時 暮畜生食時 夜鬼神食時."

는 것이다. 이 경에서 때에 따르라고 결정하여 설하지 않았다면 왜 아귀가 굶주려 초조해하고 괴로워하겠는가. '만일 거꾸로 매달려 곧 베풀어 주는 음식을 얻는다고 해도 어떻게 온종일 기다리겠는가.' 그래서 경에서는 "모든 때에 해도 다 장애가 없다[一切時 悉無障礙]"라고 한 것이다. 만약 천선과 붓다도 반드시 『비라삼매경』의 정해진 설에 따른다면 한낮이 지난 뒤에는 결정코 음식이나 온갖 과일을 공양받을 수 없다.

且作一解毗羅據理定說 此經隨時 不定說 何者餓鬼飢急苦 若倒懸得食便施 何竢終日 故云一切無礙也 若天仙及佛須依毗羅定說 過中之後 決不可以飲食雜果供養也

'만일 거꾸로 매달려 곧 베풀어 주는 음식을 얻는다고 해도 어떻게 온종일 기다리겠는가.'라고 하는 것은 거꾸로 매달린 것처럼 굶주려 고통스러운데 음식을 베풀어 준다고 정해졌더라도 어떻게 온종일 고통 속에서 기다릴 수 있겠는가 하는 뜻이라고 할 수 있다.

경에서 사람에 대해 설하지 않았는데 그것은 인도(人道)는 이미 귀한 데(천선 붓다)에 준하므로 정오 전에 음식을 먹는 것이 합당하다. 그러므로 사람이 밤에 먹는 것을 절제하지 않으면 스스로 귀신이나 축생과 같아질 따름이다.

經不說人者 準人道既貴合在中前食 故人有夜食 不節者自同鬼畜耳

또 실차난타 본에서는 오직 하나의 주(呪)만 사용하였고, 불공 본에서는 4여래의 명호 등을 추가하였다. 지금 우선 실차난타의 본을 따르는 것은 쉽게 행하는 것을 귀히 여기는 까닭이다. 주(呪) 하나의 힘이 능히 일체를 아우르므로 그 여러 가지를 기다릴 것 없다.

又實叉唯用一呪 不空加四如來名等 今且依實叉貴易行故一呪之力能兼一切 不竢其諸

또 『감로경』과 하나의 짧은 경전이 있는데, 모두 역본이 유실되어 [失譯] 사용할 수 없다.

又有甘露經及一小卷者 竝失譯不可用

둘째, (시식하는) 방법을 바르게 보인 것이다. 경에서 말씀하셨다. "만일 이 시식법을 행하고자 한다면 먼저 깨끗한 그릇 하나에 깨끗한 물을 담고, 약간의 음식과 갖가지 떡과 밥을 놓고, 오른손으로 그릇을 잡고 주(呪) 7편을 채워 염송하여라. 주(呪)를 다 외우고 나면 손가락을 7번 튕기고 팔을 뻗어 그릇에 있는 음식을 깨끗한 땅 위에 쏟아라." [방법을 마친다. 실차난타 번역본에서는 "문 안에 서서 팔을 뻗어 문밖 깨끗한 땅에 그릇(盤)을 둔다"라고 하였을 뿐 쏟으라고 하지는 않았다.]

次正示方法者 經云 若欲作此施食法者 先取一淨器盛以淨水 置少飮食及諸 餠飯 以右手按器呪滿七徧云 云呪竟彈指七下 展臂將食器瀉淨地上 [方法訖 實叉譯云 於門內立 展臂戶外置盤淨地 不云瀉也]

위에서 지적하는 방법이 한국불교 시식에서는 사실 행해지지 않고 있다. 그릇을 깨끗한 땅에 두는 것은 아마 헌식대에 음식을 갖다 두는 것에 대해서 그렇게 이해할 수 있으나 음식을 쏟거나 뿌리는 법은 나타나지 않고 있다.

이와 같이 시식법을 하고 나면 그 사방에 있는 백천 구지 나유타 항하사 수의 아귀들 하나하나의 아귀 앞에 각각 마가다국의 (용량으로) 49곡(斛) 음식이 놓이게 된다. 이렇게 받은 것을 먹고 나면 모두 다 배가 부르게 되고, 이 모든 아귀는 다 아귀의 몸을 버리고 천상에 나게 된다. 바라문선신에게 베풀고 삼보께 공양하는 것은 경에서 쉽게 찾아볼 수 있다.

作此施已 於其四方 有百千俱胝那由佗恒河沙數餓鬼 一一鬼前各 有摩伽陀國七七斛食 受此食已悉皆飽滿 是諸餓鬼悉捨鬼身生於天上 其施婆羅門仙及供養三寶 尋經易見

[마땅히 주(呪)를 외울 때는 관상(觀想)이 더해져야 한다. 곧 그릇

속 음식의 빛깔과 맛이 다함이 없어 두루 베풂에 부족하지 않음을 잘 관상한다. 마치 유마힐 거사[淨名]의 방 안에 있는 한 발우의 향기로운 음식이 모인 대중을 충족시키고도 부족함이 없는 것과 같다. 또 『열반경』에서 순타의 적은 음식으로 쌍림의 대중이 배불리 먹었으니[充滿] 많지도 적지도 않았다고 한 것과 같다. 이 다라니가 불가사의함을 믿는다면 음식의 빛깔과 향기 또한 불가사의하며, 중생의 마음 또한 불가사의한 것을 어찌 의심하겠는가.]

[當誦呪時更加觀想 既爲盡善想 器中飮食 色味無盡 徧施不匱 如淨名 室中一盂香飯 充足衆會 無所乏少 亦如涅槃 純陀少飯 充滿雙林大衆 不多不少 信此陀羅尼不可思議 飮食色香亦不可思議 衆生心亦不可思議 夫何惑哉]

'음식이 모인 대중을 충족시키고도 부족함이 없는 것'이라고 하는 것은 화(化)보살이 향적여래의 감로미반(甘露味飯)을 유마힐과 거기 모인 보살 대중에게 공양 올리자 그 음식의 향기가 비야리성과 삼천대천세계에 가득 찼다. 그때 사리불을 위시한 붓다의 성문 제자들이 '음식의 양이 매우 적은데 이 많은 대중이 어떻게 다 먹을 수 있을까'하는 생각을 내었다. 화보살이 '성문의 적은 복덕과 지혜로서 헤아릴 수 없는 여래의 복덕과 지혜를 재려고 해서는 안 됩니다. 사해(四海)가 마르는 일은 있어도 이 음식이 다하는 일은 없으니 모든 사람을 다 먹이기에 충분합니다.'40)라고 한 것을 여기에서 인용한 것이다. 그런데 『열반경』「순타품」에 붓다께서 열반에 들려 하실 때 마지막 공양을 올린 순타의 이야기가 실려 있다. 경전에서는 이 공양을 올린 공덕으로 붓다께서 순타로 하여금 보시바라밀을 구족하게 하셨다고 하였다. 여기서 인용한 것처럼 '쌍림의 대중이 배불리 먹었으니 많지도 적지도 않았다.'41)는 내용은 찾아볼 수 없다. 순다는 춘다(Cunda)의 음사어로 구시나성의 공교사(工巧師)의 자식으로 붓다께 최후의 공양을 올린 사람이다.

---

40) 鳩摩羅什 譯, 『維摩詰所說經』卷下(T14, 522b).
41) 曇無讖 譯, 『大般涅槃經』卷2, 「純陀品」(T12, 371c-372a).

셋째, 수행하기를 권한 것이다. 이 경은 진실로 오래 사는[長生] 방법[術]이다. 아난존자는 3일이면 반드시 죽을 목숨을 연장해서 백 년을 채웠으니, 수명을 갖추어 강건하였으며, 오과(五果)에 이르고 두 가지 장엄도 마땅히 갖추었다. [오과(五果)란 수명[壽], 색(色), 힘[力], 변재[辯], 안락함[安]이다. 두 가지 장엄[二嚴]이란 복덕과 지혜이다] 진실로 한 그릇의 음식을 베풂에 있는 것이다.

三 勸修者 此經真長生之術也 阿難尊者延三日必死之命 滿百年 具壽之康 五果見臻二嚴當備[五果者 色力辯安壽 二嚴者 福惠也]實在乎施一搏之食也

경에서 말씀하셨다. "만일 항상 이 진언으로 가지한 음식을 아귀에게 베푼다면 곧 백천 구지 여래에게 공양을 올린 공덕 등과 같아서 차별이 없으며, 수명이 연장되고[오과 중에서) 수명] 얼굴빛이 곱고 깨끗해지며[색(色)], 큰 힘을 구족하고[힘(力)], 위엄과 덕망이 있으며 똑똑하게 잘 기억하여[변재(辯)], 모든 비인(非人)과 야차, 나찰이 감히 침범하여 해치지 못한다. [안락함(安)] 또 한량없는 복덕과 수명을 성취할 수 있다." [(오과와 이엄 중에서) 두 가지 장엄[二嚴]이다. 앞의 오과 중에 이미 수명이 있는데 이치로는 (이엄에서 수명이) 없어야 하나 진실로 이 중에 지혜로서 목숨을 삼는 것임을 알아서 거듭 내보인 것이다.]

經云 若常以此真言加持飲食施餓鬼者 則同供養百千俱胝如來功德等 無差別 壽命延長(壽也)顏色鮮白(色也)具足大力(力也)威德強記(辯也)一切非人夜叉羅刹不敢侵害(安也) 又能成就無量福德壽命[二嚴也 前五果中已有壽命 理無重出 信知此中 以慧爲命 五果二嚴在文炳然若此]

크도다. 잠깐의 시간 동안에 큰 불사를 지을 수 있고 한 그릇의 밥으로 크게 보시할 수 있다니! 반드시 언제나 범천에 태어나고 내지는 부처를 이루게 되니 하루를 해도 이미 그러한데 하물며 한 달 일 년 한평생은 어떠하겠는가. 어찌 지혜로운 사람이 듣고도 믿지 않고 믿고도 행하지 않을 수 있겠는가.

大矣哉 能於少頃作大佛事 能以搏食作大施 會常生梵天乃至成佛 一日旣爾

何況一月 何況一年 何況一生 豈有智人 聞而不信 信而不行者乎

15. 시식문 施食文

同前
천축사문 준식 술

놋그릇에 음식을 담고 깨끗한 물을 붓는다. 음식이 담긴 그릇이 동쪽으로 향하게 하고 선다. 자비로운 마음을 일으켜 삼보의 명호와 대자관세음보살(大慈觀世音菩薩)을 (세 번) 부른다. (세 번 부르는 것은 아귀의 장애를 깨뜨리는 것이다) 칭명을 마치면, 왼손으로 음식을 받들고 오른손 손가락으로 음식이 담긴 그릇을 쓰다듬으며 마음을 두고 눈으로 주시하면서 다라니를 외운다. (운운) 7편 염송하고 나서 손가락을 7번 튕긴다. 그런 다음 손을 펴고 드리운 것을 일으켜서 시무외인[無畏, 두려움 없음]을 베푼다. 조금 있다가 음식을 깨끗한 땅 위에 쏟아서 베풀고 합장하고 축원한다.

以銅器盛飮食 淨水灌之 當臨食器 面東而立 起慈悲心 稱三寶名(三說) 及大
慈觀世音菩薩(三說破餓鬼障) 稱竟以左手擎食 右指按食器 心存目注 誦陀
羅尼云云 誦七徧竟彈指七下 然後展手垂之起無畏施 良久卽以食瀉之置淨地
上 合掌呪祝云

저 사문 아무개[某甲]는 지금 무량위덕자재광명승묘력다라니(無量威德自在光明勝妙力陀羅尼)를 염송하여 가지한 음식을 널리 아귀 대중에게 보시합니다. 오직 원하건대 면연귀왕 큰 방편[大權]의 훌륭한 대사(大士)시여, 자애롭고 선함이 마음에 배여 있으시니, 널리 한량없고 다함 없는 항하의 모래 수만큼 많은 아귀의 무리를 거느리고 모두 제가 있는 곳으로 오셔서 제가 베푸는 막음 없고 걸림 없는 청정한 법식을 받으십시오. 경에서 말씀하신 것과 같이 각각 모두 마가다국에서 사용하는 용량[斛]으로 49곡(斛)의 음식을 얻으니 하나하나 배불리 채워도 모자람이 없습니다. 단박에 오랜 겁 동안의 굶주림과 목마름과 거꾸로 매달리는 고통을 모두 없애니, 몸과 마음이 즐겁고 보리심을 내어 즉시에[應時] 마음이 즐거운 삼매를 얻게 됩니다. 빨리 귀신의 몸을 버리고 붓다의 정토에 태어나서 속히 종지(種智)를 원만히 하여 널리 중생을 제도하소서. 제가 이렇게 음식을 베푼 공덕은 세존의 말씀과 같이 한량없는 백천 구지(俱胝) 항하의 모래만큼 수많은 붓다께 공양하는 것과 똑같아서 다름이 없습니다. 원하건대 이 복이 법계를 장엄하는 보리[깨달음]에 돌아가게 하소서. 원하건대 중생들이 다 함께 원만한 보시바라밀을 얻어서 모든 생사와 굶주림과 목마름에서 멀리 떠나고, 속히 결국에는 보리와 열반의 두 가지 더없이 훌륭한 결과를 얻어서 마땅히 중생들에게 다함 없는 법식을 베풀게 하소서.

我沙門(某甲)今誦無量威德自在光明勝妙力陀羅尼加持飲食 普施餓鬼之衆 惟願面然鬼王大權勝士 慈善熏心 普攝無量無邊恒河沙數餓鬼之衆悉來我所 受我所施 無遮無礙清淨法食 如經所說 各各皆得摩伽陀國所用之斛七七斛食 一一充飽無所乏少 頓皆消滅長劫飢渴倒懸之苦 身心歡喜發菩提心 應時卽得心樂三昧 疾捨鬼身 生佛淨土 速圓種智 廣度衆生 我此施食功德 如世尊言卽與供養無量百千俱胝恒河沙諸佛正等無異 願以此福迴向法界莊嚴菩提 願共衆生同得圓滿檀波羅蜜 遠離一切生死飢渴 速得究竟菩提涅槃二無上果 當施衆生無盡法食

종지(種智)는 일체 만물의 각각 다른 상을 낱낱이 정밀하게 아는 붓다의 지혜를 칭한다.

16. 시식법식 施食法式

同前
천축사문 준식 술

시식하는 방법은 하나의 경전에 따라 한다. 글을 찾아보면 힘들이지 않아도 별도로 나오는 것을 볼 수 있다. 만약 입으로 직접 축원하는 자는 자신이 가지고 있는 지혜의 힘[智力]을 따르고, 아무것도 할 필요가 없는 자는 다만 왼손으로 음식을 받들고, 오른손으로 그릇을 쓰다듬으며, 주(呪)를 7편 하고, 음식을 깨끗한 땅에 쏟아서 베푸는 것으로 충분하다. 다만 베풀 때 마음속으로 이 물과 음식은 주(呪)의 힘으로 인하여 끝이 없고 다함 없다는 생각을 일으킨다. 그밖에 4여래의 명호와 명호 아래에 있는 네 가지 진언은 쓸 수 있으면 사용한다. 혹은 공적인 일이나 사적인 인연으로 하거나 및 오래 계속되면 다만 소멸하는 주[消呪]와 음식에 주(呪) 1편에서 7편까지 염송하여도 모두 충분하다. 실차난타의 번역본에는 단지 하나의 주(呪)만 있을 뿐 4여래 등은 없다. 『시식정명(施食正名)』에 빠짐없이 자세히 실려 있으나 이 법을 행하는 자가 옛 법식을 따르기를 원하여도 오히려 암송하지 못할까 염려되니 특별히 그것을 써서 사문 준식(遵式)이 거듭 보이는 것이다.

施食方法一依經作 尋文可見不勞別出 若欲口自呪祝者隨己智力 都不須者 祇是以左手擎食 右手按器呪之七徧 彈指七下 以食瀉置淨地卽足也 但起施 心想 此水食由呪力 故無窮無盡 其外四如來名并名下四眞言能用卽用 或公 務私緣及存長久 祇消呪食一呪誦至七徧一切已足 實叉譯本祇是一呪無四如 來等 具載施食正名 行此法者 願依古式 猶恐未諳 特爲書之 沙門遵式重示

나무시방불 나무시방법 나무시방승
南無十方佛 南無十方法 南無十方僧

이곳의 나모시방불·법·승의 칭명은 일종의 '거불'이다. 칭명의 거불은 크고 작은 의례나 의식을 시작할 때 반복함으로써 가피를 얻게 된다는 신념의 산물이라고 할 수 있다.

나무대자관세음보살 (아울러 삼칭)
南無大慈觀世音菩薩(并三稱)

신묘한 주(呪)로 가지한 청정한 음식을

널리 항하사 모래 수만큼 많은 귀신에게 베푸오니
모두 배불리 채워 인색한 마음을 버리고
곧 유명계를 벗어나 선도(善道)에 태어나소서.
삼보에 귀의하고 보리를 배워
마침내 더없이 훌륭한 깨달음 얻어지이다.
공덕이 끝이 없어 미래가 다하도록
모든 중생이 법식을 함께하소서.
　　神呪加持淨飮食 普施河沙衆鬼神 願皆飽滿捨慳心 卽脫幽冥生善道
　　歸依三寶學菩提 究竟得成無上覺 功德無邊盡未來 一切衆生同法食

나모 살바 다타아다 바로기데 「옴 삼바라 삼바라 훔」 (7편 염송)
　　曩謨 薩嚩 怛佗蘖跢 嚩路枳帝 唵 三跋羅 三跋羅 吽 (誦七徧)

나무다보여래 나무묘색신여래 나무광박신여래 나무이포외여래
　　　　　　　　　　　　　　　　　　　　　　　(나란히 삼칭)
南無多寶如來 南無妙色身如來 南無廣博身如來 南無離怖畏如來(並三稱)

그대 귀신들이여, 내가 이제 그대들에게 공양을 베푸니
이 음식이 시방에 두루 퍼져서 일체 귀신들은 공양하소서.
이 공덕이 모두에게 두루 미쳐서
저희와 중생들이 모두 다 함께 불도를 이루어지이다.
　　汝等鬼神衆 我今施汝供 此食徧十方 一切鬼神共
　　願以此功德 普及於一切 我等與衆生 皆共成佛道

[말을 마치면 손가락을 7번 튕기고 두려움 없음(시무외인)을 베풀어 행한 다음 음식을 깨끗한 땅에 쏟고 모든 귀신이 그것을 먹는다고 관상한다.]
　　(言已彈指七下 行無畏施 然後以食瀉淨地上想諸鬼神食之)

17. 시식관상 施食觀想

[최육재 직방의 질문에 답하다]
[答崔育材職方所問]

최육재(崔育材)는 『석씨요람(釋氏要覽)』과 『산정지관(刪定止觀)』[42] 서문에 공덕주(功德主) 최육재가 보이나 자세한 것은 알 수 없다. 직방(職方)은 벼슬 이름인데 주례(周禮) 천관(天官)의 하나로 천하 구주(九州)의 지도(地圖)를 맡고 사방의 조공(朝貢)을 주관했음.

同前
천축사문 준식 술

먼저 대강의 뜻을 간략히 서술하고 다음으로 관상(觀想)에 대해 말하겠습니다. 먼저 대강의 뜻을 서술하겠습니다. 음식은 물질[또는 빛깔, 色], 향기[香], 맛[味], 촉감[觸], 현상[또는 모양, 法]의 다섯 가지 티끌[五塵]을 갖추고 있으니 (육진 중에) 오직 소리[聲]만 뺀 것입니다. 오진(五塵) 중에서는 미진(味塵)이 주가 되고, 맛은 색에 의지해 머물며 또한 색을 대상으로 삼아서 볼 수 있는 것입니다. 『대품(大品)』에서는 "물질 안에 맛의 모양이 없다면 범부들이 마땅히 집착하지 않을 것이나, 물질 중에는 모양을 떠나는 것이 없다."고 하였습니다. 이승(二乘)은 응하지 않으나 (집착을) 여의면 곧 이것은 맛도 아니고 물질이 드러남을 여읜 것도 아닌 중도(中道)의 법계이니 무슨 법인들 갖추어지지 않겠습니까. 그러므로 하나의 색은 모든 색을 갖추고 있고, 성(聲)·향(香) 등도 모든 티끌을 갖추고 있으며, 모든 법과 모든 마음은 마음에서 느끼는 대로의 생각이니 어떤 법을 베푼들 나타나지 않겠습니까.

先略述大意 次作觀想 先述大意者 飮食具色香味觸法五塵 唯缺聲耳 於五塵中 味塵爲主 味依色住 亦可觀色爲境 大品云 色中無味相 凡夫不應著 色中無離相 二乘不應 離卽是非味非離顯色 中道法界 何法不備 是故一色具一切

---

42) 『釋氏要覽』(T54, 257b); 『刪定止觀』.

色 亦具聲香等一切諸塵 及一切法一切心隨感而施何法不現

『대품(大品)』에서 인용한 구문은 찾지 못하였으나, 『대품반야경』에 모든 유정이 육진(六塵)에 집착하고 있다는 말씀은 있다. "모든 유정들은 온밤을 내내 늘 모든 모양을 행하고 있으니, 곧 남자의 모양에 집착하고, 혹은 여자의 모양에 집착하고, 혹은 빛깔의 모양에 집착하고, 혹은 소리의 모양에 집착하고, 혹은 냄새의 모양에 집착하고, 혹은 맛의 모양에 집착하고, 혹은 감촉의 모양에 집착하고, 혹은 법의 모양에 집착하고, 혹은 그 밖에 모든 나의 모양과 법의 모양에 집착한다."[43]

정명[유마힐]이 경에서 말씀하셨습니다. "비유하자면 마치 여러 천신이 함께 보배로 된 그릇에 (음식을) 먹는다고 해도 그 복덕에 따라서 밥의 빛깔에 차이가 있다."[44] 『지관대의(止觀大意)』에서는 오묘한 경계에 대해 "하나하나의 티끌 속에 모든 티끌이 있고, 하나하나의 티끌 속에 모든 마음이 있으며, 하나하나의 마음속에 모든 국토가 있다."[45]고 하였고, 『석론(釋論)』에서는 "보살은 색을 꾸짖고 색을 있는 그대로의 모습으로 보나니 (그러한) 색이 피안에 이르면 이것을 색의 중도(中道)를 본다고 한다."라고 하였습니다. 만일 색을 분별한다면 갖가지 모양을 갖추게 되니 곧 이것은 세속의 진리[俗諦]로 색을 보는 것입니다. 세속은 곧 공한 것이니 이렇게 색을 보면 참된 진리[眞諦]요 또한 삼제(三諦)로 색을 보는 것입니다. 이미 색이 곧 법계이고, 있는 그대로의 모습[實相]이고, 중도(中道)인 세 가지 진리[三諦]를 깨달았다면, 마땅히 색이 곧 다라니임을 깨닫게 됩니다. 마땅히 베푸는 음식의 색과 맛이 곧 다라니의 본체[體]임을 알아야 합니다.

---

43) 玄奘譯, 『大般若波羅蜜多經』卷518(T7, 648a), "諸有情類於長夜中常行諸相 謂執男相 或執女相 或執色相 或執聲相 或執香相 或執味相 或執觸相 或執法相 或執諸餘我相法相 我爲如是諸有情故 應趣無上正等菩提."
44) 鳩摩羅什譯, 『維摩詰所說經』卷上 (T14, 538c27-28).
45) 湛然述, 『止觀大意』(T46, 460a28-460b01).

淨名經云 譬如諸天 共寶器食 隨其福德 飯色有異 止觀大意鈔境云 ——塵中
一切塵 ——塵中一切心 ——心中一切刹等云云 釋論云菩薩呵色見色實相
到色彼岸卽是見色中道 若分別色 具種種相 卽是見色俗諦 俗卽是空 卽是見
色眞諦 亦是見色三諦 旣了色卽是法界 卽是實相 卽是中道三諦等 卽應了色
卽是陀羅尼 當知所施飮食色之與味 卽陀羅尼體也

삼제(三諦)는 모든 현상에 대한 세 가지 진리의 표현인데, ① 공제(空 諦)는 모든 현상에는 불변하는 실체가 없다는 진리, ② 가제(假諦)는 모든 현상은 여러 인연의 일시적인 화합으로 존재한다는 진리, ③ 중제(中諦)는 공(空)이나 가(假)의 어느 한쪽에 치우치지 않은 진리를 삼제라고 하며, 공(空)과 가(假)는 둘이 아니라는 진리이다.

한 그릇의 음식에서 한량없는 음식이 나온다는 것 등은 곧 다라 니를 사용한 것입니다. 경전에서는 이 다라니의 이름을 '무량위덕 자재광명승묘력'이라고 하였습니다. 이 (다라니는) 다시 세 가지 덕을 뜻[義]으로 삼는데, 한량없는 위엄과 덕망으로 자재하게 해탈케 하는 덕, 광명과 반야의 덕, 뛰어나고 오묘한 법신의 덕입니다. 역(力)은 힘의 작용을 총괄한 것입니다. 법신(法身)의 뛰어나고 오묘한 작용을 말미암지[由] 않는다면 어찌 한 그릇의 밥으로 저 거대한 억만 수의 티끌과 모래처럼 많은 무리를 채워줄 수 있겠습니까.

一食出無量食等 卽陀羅尼用也 經云此陀羅尼名無量威德自在光明勝妙力 此
復以三德爲義無量威德自在解脫德也 光明般若德也 勝妙法身德也 力是總結
力用也 自非法身勝妙之用安能一湌充彼巨億萬數塵沙之衆乎

(최육재가) 물으셨습니다. 내가 곧 다라니라면 무슨 까닭에 다시 주(呪)를 필요로 하는 것입니까. 답합니다. 실제로 그러합니다. 모든 붓다와 성인께서는 이 하나의 티끌 속에 법계가 들어있다고 증 명하셨으니, 때문에 자재한 힘으로 성품에 칭합할 수 있는데 무엇을 기다려 다시 주(呪)를 사용하겠습니까. 정명[유마힐]은 발우 하나의 '향기로운 밥'을 가지고도 3만 2천 명을 두루 배부르게 함에 부족함이 없었는데, 어찌 주(呪)를 빌렸겠습니까. 삼승(三乘)과 현성(賢

聖)이 이 밥을 먹고 모두 올바른 지위[正位]에 들어갔으며, 어떤 이는 도(道)를 늘리고 삶[生]을 줄였으니 그 향기가 곧 사라졌습니다. 어찌 모든 법을 갖춘 것이 아니겠습니까.

問若我卽是陀羅尼者 何故更須呪乎 答實爾諸佛聖人證此一塵法界 故能以自在之力稱性 而用何俟更呪 淨名取一鉢香飯 徧飽三萬二千無所乏少 豈藉呪乎 三乘賢聖食此飯者 悉入正位 或增道損生 其香乃消 豈非具一切法也

'향기로운 밥'은 중향국 향적불의 향반으로『유마힐경』「향적품」에 '그때 향적여래가 여러 향기 있는 발우에 향기로운 밥을 가득 채워 보살과 함께'46)라고 하였다. 정위(正位)는 열반을 증득하는 지위. 성문(聲聞)이 무위열반(無爲涅槃)을 증득하는 것을 정위에 든다고 하며, 곧 소승의 열반을 지칭하기도 한다. '어떤 이는 도(道)를 늘리고 삶[生]을 줄였으니 그 향기가 곧 사라졌습니다.' (유마힐의 향적반을 받고 몸에서 향기가 나자) 아난이 유마힐에게 물었다. '이 향기는 얼마나 오래갑니까?' 유마힐이 답했다. '이 밥이 소화될 때까지입니다.' '이 밥은 어느 때나 소화됩니까?' '이 밥은 7일 낮 7일 밤 동안 머물러 있습니다. 그런 뒤에야 소화가 되어서 말한 대로 따릅니다. 가령 성문의 행을 하는 자는 이 밥을 먹어도 도를 얻지 못한 탓에 끝내 소화하지 못합니다. 설사 이 밥을 먹더라도 중간에 그만둔 자는 소화하지 못합니다. 새롭게 대도를 행해서 이 밥을 먹어도 법인(法忍)을 얻지 못하면 역시 소화하지 못합니다. 만약 법인을 얻어서 이 밥을 먹는다면, 일생보처(一生補處)에 이르러야 비로소 소화됩니다. 비유하면 아난이여, 아혼타(阿昏陀)라는 약은 그 향기가 방 하나에 가득한데, 모두 꿀의 향기를 띠고 있습니다. 이 약은 온갖 독이 다 소멸해야만 그 약 기운도 비로소 고갈됩니다. 이 밥도 이처럼 즉시 소화되는 것이 아니라, 모든 더러움의 덕이 다 없어져야만 밥의 기운도 소멸합니다.'라고 하였다.47)

다만 중생은 진리에 어둡고 이미 현상[事]에 미혹하니, 또한 법 가

---

46) 『維摩詰經』「香積品」, "於是香積如來以衆香鉢盛滿香飯, 與化菩薩."
47) 支謙譯, 『佛說維摩詰經』卷下(T14, 533b05-08).

운데에서 자재함에 장애가 되어 스스로 속박합니다. 물이 얼음이 된다고 해서 어찌 물의 작용을 탓하겠습니까. 그러므로 성인이 빙편으로 비밀스럽게 설하신 이 법의 이름이 다라니입니다. 이를테면 그 주(呪)를 염송하여 주문의 구절과 색(色)·미(味)·법(法)의 성품이 상응하면 귀신이 음식을 볼 때 한량없게 할 수 있습니다. 경에서 "어떤 사람이 한 근의 돌 즙[石汁]을 천 근의 구리로 변화시켜 금이 되게 하는 것과 같다."48)고 하셨으니, 사물과 성품이 서로 감응했기 때문입니다.

> 但衆生在迷於理 旣惑於事 亦礙於自在法中而自桎梏 如水爲冰安責水用 故聖人方便密說此法名陀羅尼 令誦以呪之 呪句與色味法性相應 能令鬼神見食無量 經云 如人得一斤石汁變千斤銅爲金 物性相感故也

(최육재가) 물으셨습니다. 『시식정명(施食正名)』에서는 "육도(六道)에는 각각 저절로 되는 힘이 있다"라고 하였는데, 오직 아귀만은 음식을 변화시켜야 하는 것은 어째서입니까. 바로 그 음식을 베풀면 (아귀가) 스스로 변화시키도록 내버려 두지 않고 왜 주(呪)를 빌리는 것입니까. 답합니다. 아귀에는 다양한 종류가 있으니 반드시 한결같은 것은 아니며, 대략 세 종류가 나옵니다. 첫째 재물이 없는 아귀이니 복덕이 없어 음식을 얻지 못하기 때문이고, 둘째 재물이 적은 아귀이니 청정하고 오묘한 음식을 조금 얻기 때문이며, 셋째 재물이 많은 아귀이니 청정하고 오묘한 음식을 많이 얻기 때문입니다. 이 세 가지 종류에 다시 각각 세 가지가 있습니다. 첫째 재물이 없는 아귀의 세 가지는 첫째 불타는 입[炬口]의 아귀로 불이 횃불처럼 활활 타올라 항상 입에서 나오는 것을 말하고, 둘째 바늘 같은 목구멍[針咽]의 아귀로 배는 산처럼 큰데 목구멍은 바늘구멍만한 것을 말합니다. 지금의 경전 가운데 바로 이 두 가지는 모든 (경전에서도) 언급되고 있습니다. 셋째 냄새나는 입[臭口]의 아귀로 입안에서 썩어서 풍기는 고약한 냄새가 나는데 자신의 악함으로 고통을 받는

---

48) 龍樹造 鳩摩羅什譯, 『大智度論』권47(T25, 401a27).

것입니다. 둘째 재물이 적은 아귀 또한 세 가지가 있습니다. 첫째 바늘 같은 털[針毛]로 (몸이) 바늘처럼 날카로워서 곧 스스로 찌르게 되는 것이고, 둘째 냄새나는 털[臭毛]로 털이 날카롭기가 마치 가시와 같아서 스스로 뽑으면 고통을 받게 되는 것이며, 셋째 큰 혹[大癭]이 난 아귀로 목구멍에 큰 혹이 늘어져 있어서 스스로 터뜨리면 고름을 먹게 되는 것입니다. 셋째 재물이 많은 아귀의 세 가지란 첫째 버린 것을 얻는[得棄] 아귀로 언제나 제사를 지낼 때 버려진 음식을 얻는 까닭이고, 둘째 남긴 것을 얻는[得失] 아귀로 언제나 거리에 남겨진 음식을 얻는 까닭이며, 셋째 세력(勢力)이 있는 아귀로 야차(夜叉)와 나찰(羅刹), 비사사(毗舍闍)49) 등으로 받는 부귀와 즐거움은 인간이나 천상과 유사합니다.50)

問 施食正名中云 六道各有自爾之力 唯鬼能變食者何 不直施其食任其自變 何假呪乎 答 鬼有多種 不必一例 略出三類 一者無財鬼 由無福德 不得飲食故 二者少財鬼 少得淨玅飲食故 三者多財鬼 多得淨玅飲食所51) 此三類復各有三種 初無財鬼三者 一炬口鬼 謂火炬52)炎熾常從口出 二者針咽鬼 謂腹大如山咽如針孔 今經中正爲此二種傍兼一切 三臭口鬼 謂口中腐臭自惡受苦 二少財鬼亦三種 一針毛鬼毛 如針利行便自刺 二臭毛鬼 毛利如刺自拔受苦 三大癭鬼 咽垂大癭自決啖膿 三多財鬼三種者 一得棄鬼 謂常得祭祀所棄食故 二得失鬼 謂常得巷陌所遺食故 三勢力鬼 謂夜叉羅刹毗舍闍等所受富樂 類於人天

그러나 악도의 포섭의 대상[所攝]이라고 말하는 것으로 변식(變食)의 주체가 되는 것은 바로 세 번째 재물이 많은 아귀 중의 세 종류의 아귀입니다. 또 세 가지 중에서 앞의 둘은 열등하고 뒤의 하나는 뛰어나며, 또 다만 자기의 부류에만 미칠 뿐 널리 제도될 수는 없습니다. 지금 주(呪)의 힘으로 변화시킨 것은 아홉 종류의 아귀 가운데에 평등하여 모두 훌륭하고 오묘한 음식을 차별 없이 얻게

---

49) 毗舍闍: ⓢ piśāca의 음사로, 사람과 오곡의 정기를 먹는다고 한다.
50) 衆賢造 玄奘譯, 『阿毘達磨順正理論』卷31(T29).
51) '所'는 문맥상 '故'의 오기로 보임.
52) '炬'는 '炬'의 오기로 보임.

합니다. 또 주(呪)로 (가지한) 음식을 법식(法食)이라 부르니 법이 먹는 것을 따라 들어가는 깃입니다. 마치 좋은 약을 복용하면 중병에서도 나을 수 있고 몸이 건강해지며 즐거움을 받는 것과 같습니다. 경전에서는 "아귀의 몸을 버리면 천상에 태어날 수 있다."고 하셨으니 곧 이러한 뜻입니다.

但爲惡道所攝所言 能變食者 卽是第三多財中三種鬼也 又三中前二則劣 後一爲勝 亦只能及於自類 不能有所廣濟 今呪力所變 能令九種鬼中平等 皆得上妙飮食無有差別 又呪食者 名爲法食 法隨食入 如服良藥 能差重病 身康受樂 經云捨餓鬼身得生天上卽此意也

두 번째는 관상(觀想)하는 것53)입니다. (시식을) 행하는 사람이 이미 모든 법이 법계 아님이 없고 하나와 많음이 걸림 없는 것임을 깨달았으니, 거듭 다라니의 불가사의한 힘을 믿고 시식하는 곳에 이르러 침착하게 섭니다. 먼저 자비로운 마음으로 저들 굶주리고 목마른 이들을 가엾게 여기는 마음을 일으킵니다. 내가 지금 크게 베풀고자 함에 먼저 그 장소가 드넓고 엄숙하고 깨끗하며 그 땅이 평평하고 반듯한, 하나의 베푸는 장소(시식 도량)를 만들어 한량없는 아귀의 무리를 수용할 수 있다고 관상합니다. 그다음 음식을 담는 그릇이 내가 염송하는 주(呪)의 힘을 따라 마가다국의 큰 곡(斛, 용량)의 양으로 (그릇) 안에 감미로운 음식이 채워지는데 천상의 감로와 같으며, 한 그릇이 한량없는 그릇이 되고 그것이 시식하는 도량에 가득하며 (법계에) 두루 미치도록 채워집니다. 하나하나의 아귀 앞에 모두 나의 몸이 있어서 주(呪)를 염송하고 손가락을 튕기며 자비로운 마음으로 팔을 펴서 그릇을 나누어 줌에 뜻대로 만족한다고 관상합니다.

(그다음) 주(呪)를 (염송하는) 소리가 널리 모든 곳에 들리고, 손가락 튕기는 소리에 어둡고 가라앉은 곳에 있는 모든 아귀가 놀라 깨어

---

53) 준식이 최육재의 질문에 답하는 이 글을 쓰면서 첫머리에 먼저 대강의 뜻을 간략히 서술하고 다음으로 관상(觀想)에 대해 말하겠다고 하였다.

나 사방으로부터 옴에 장애 됨이 없으니 (각자) 눈앞에 있는 음식을 받는다고 관상합니다. 관상하는 마음을 명료하게 하여 마치 눈으로 보는 것과 똑같아야 합니다. 그런 다음 이렇게 관상하는 마음 그대로[不移] 그들을 위해 하나하나 설법해주거나 붓다의 명호를 부르거나 축원 등을 뜻에 따라 하고 마치면 물러납니다.

第二作觀想者 行人旣了諸法無非法界一多無礙 復信陀羅尼力不可思議 至施食處 安祥而立 先起慈心 憫彼飢渴 我今將欲大施 先想其處廣博嚴淨 其地平正 作一施場 能容受無量餓鬼之衆 次想食器 隨我呪力 如摩伽陀國 大斛之量 滿中甘美飮食 如天甘露 一器爲無量器 滿其施場 羃塞周徧 一一鬼前 皆有我身 誦呪彈指 慈心展臂 授器施與 隨意滿足 想呪之聲 普聞一切 彈指之聲 驚覺幽沈之處 一切餓鬼 從四方來 無所障礙 現前受食 令想心明了 猶同眼見 然後不移此想心 一一爲其說法 或稱佛號 或呪願等 隨意作竟而退

(최육재가) 물었습니다. 위와 같은 관상은 어느 곳에 있는 글에 의하여 하는 것입니까. 답합니다. 이 경전은 비록 글이 간략하여 의거할 나머지 주(呪)의 부분, 인을 맺는 것[印契], 관상(觀想)하는 것은 설하지 않았지만, 주(呪)의 구절마다 따르되 한 생각으로 어긋나거나 틀리게 해서는 안 됩니다. 이러한 주(呪)는 또한 손으로 그릇을 어루만지며 주(呪)를 7번(反) 하고, 주를 하고 나서 손가락을 7번 튕기게 하는데 온전하게 하지 않으면 작법(作法)이 아닙니다. 이에 관상(觀想)을 더하면 그 공(功)에 더욱 도움이 됩니다.

물었습니다. 이 방법[路]으로 베푸는 것을 순서대로 관상(觀想)한다면 어떤 곳에 의해서 해야 합니까. 답합니다. 천태의 삼종관법(三種觀法) 중에서 역사관(歷事觀)에 의지해 (관상을) 합니다. 이미 말했듯 겪은 일은 그 일의 모양을 따라 관상(觀想)을 세울 수 있기 때문입니다. 무상(無常)한 과정을 곧[令] 천태가 삼보에 향과 꽃을 써서 관상(觀想)으로 공양하는 것에 의하면 큰 뜻은 같습니다.

問如上觀想據何處文作 答此經雖文略 不說據餘呪部印契觀想 隨呪句句 而作不可一念差舛 此呪亦令以手按器呪之七反 呪已彈指七下 非全不作法 今加觀想 彌益其功 問作此路布次第觀想準何處作 答準天台三種觀中歷事觀作

既云歷事隨彼事相而設觀想故無常科今準天台供養三寶運香華觀想 大旨一同也

역사관(歷事觀)은 탁사관(托事觀)이라고도 하며, 3종 관법(觀法)의 하나로 무슨 사물이나 대상으로 하여 관념을 고요하게 하는 것이다. 예를 들면, 왕사성 기사굴산 등을 마음에 떠올리고 이것을 관하는 것 등이다. '천태가 삼보에 향과 꽃을 써서 관상(觀想)으로 공양하는 것'은 천태의 『금광명참법』에서는 "일심으로 시방에 상주하시는 모든 삼보께 정례합니다. 대중들이 각각 호궤하고 엄숙히 향과 꽃을 들어 여법하게 공양합니다. [마음으로 공양을 마치고 나서 입으로 이 말을 한다.] 향과 꽃의 구름이 시방의 세계에 두루 채우게 하소서."54)

또 남악 선사께서 음식을 관하는 게송[食觀偈]에서 말씀하셨습니다. "이 음식의 색과 향은 전단향의 바람과 같아서 일시에 널리 시방세계에 스며드니, 범부나 성인이나 각각 훌륭한 맛을 얻어서 감득하도다. 육도에서 향기를 맡는 이는 음식에서 보리심을 내니 육바라밀이 생겨나게 하네." 이 세 줄[三行]의 글을 자세히 살펴보십시오. 이러한 관법을 어찌 의심하겠습니까. 또 정명[유마힐]이 경전에서 말씀하셨습니다. "한 끼의 밥으로 모두에게 베푸니, 여러 붓다와 온갖 성현께 공양 올린 다음에야 먹을 수 있다."55) 이것이 어찌 음식을 관하는 것이 아니겠습니까.

又南嶽禪師食觀偈云 此食色香如栴檀風 一時普熏十方世界 凡聖有感各得上味 六道聞香發菩提心 於食能生六波羅蜜 及以三行請詳 此觀何竢致疑 又淨名經云 以一食施一切 供養諸佛 及衆賢聖 然後可食 豈非食觀

물으셨습니다. 음식을 변화시키는 것은 주(呪)의 힘에 의한 것인데 무엇을 써서 관(觀)하는 것입니까. 답합니다. 주(呪)를 도와서 더욱 그 맛이 좋게 한다고 관하는 것입니다. 또 주(呪)는 타력(他力)이

---

54) 灌頂 纂, 『國淸百錄』卷1(T46, 796a13-14), "一心頂禮十方常住一切三寶 是諸衆等各各互跪 嚴持香華如法供養 心默供養訖 口說是言 願此香華雲 遍滿十方界."
55) 鳩摩羅什譯, 『維摩詰所說經』卷上(T14, 540b07-08).

지만 관(觀)은 자력(自力)입니다. 다만 주는 관(觀)이 없으니, 비유하자면 눈이 보이지 않는 사람이 사람을 시켜 크게 베푸는 모임을 여는 것과 같습니다. 단지 다른 사람이 말로 하는 것을 믿는 것이지 음식을 얻었는지 얻지 못했는지 등을 스스로는 끝내 보지 못합니다. 만일 관상(觀想)을 더한다면 눈으로 볼 수 있는 사람이 사람을 시켜 크게 베푸는 모임을 여는 것과 같아서 하나하나 눈으로 보고, 다른 사람의 말과 주(呪)를 통하지 않더라도 가령[如使] 사람이 눈으로 보는 것처럼 관(觀)하게 됩니다.

> 問 變食由呪力何用觀乎 答 觀扶於呪 彌益其美 又呪是佗力觀是自力 但呪而無觀 譬如盲者 使人作大施會 但信佗語云 得食不得食等 自終不見 若加觀想 如有目者 使人作大施會 一一眼見 不由佗語呪 如使人觀如眼見 金剛般若云 若菩薩心住於法而行布施如人入闇則無所見若不住法而行布施如人有目日光明照見種種色今無觀者只作事行如人入闇也觀稱法界無住卽是無住行施 其福譬如十方虛空不可思量也凡作一切佛事乃至獻一華一香皆能作觀者不滯生死一一流入薩婆若海中少戒少施皆成佛果良由玆矣

『금강반야바라밀경』에서 말씀하셨습니다. "만일 보살이 마음을 법에 머무르는 마음으로 보시를 한다면 마치 사람이 어두운 곳에 들어가면 아무것도 보지 못하는 것과 같고, 만일 법에 머무르지 않고 보시를 한다면 마치 사람이 가진 눈으로 태양이 밝게 비추듯 갖가지 색을 보는 것과 같다."[56] 이에 관상함이 없다는 것은 다만 시식[事]할 때 사람이 어두운 곳에 들어가는 것과 같습니다. 관하되 머무르는 마음이 없이 법계에 칭합하면 바로 머무르는 마음이 없이 보시하는 것이니, 그 복이 비유하건대 시방의 허공을 생각으로는 헤아릴 수 없는 것과 같습니다. 무릇 모든 불사(佛事)를 행하거나 나아가 한 송이의 꽃 한 줄기의 향을 바치더라도 모두 관법을 행하는 사람은 생사에 구애되지 않고, 하나하나 살바야(薩婆若)의 바다에 흘러 들어가 적은 지계와 적은 보시로도 모두 붓다의 과위를 이루게

---

56) 鳩摩羅什譯, 『金剛般若波羅蜜經』(T08, 750b29-750c03).

되니 진실로 이것[관법]을 말미암은 것입니다.

> 金剛般若云 若菩薩心住於法而行布施 如人入闇 則無所見 若不住法而行布施 如人有目 日光明照 見種種色 今無觀者 只作事行 如人入闇也 觀稱法界無住 卽是無住行施 其福譬如十方虛空不可思量也 凡作一切佛事 乃至獻一華一香 皆能作觀者 不滯生死 一一流入 薩婆若海中 少戒少施 皆成佛果 良由茲矣

살바야(薩婆若)는 범어 sarvajña. 일체지(一切智)라고 번역하며, 줄여서는 살운(薩雲·薩云)이라고도 한다. 불과(佛果)에서 일체법을 증득하는 지혜. 살바야해(薩婆若海)라 함은 이 지혜의 넓은 것을 바다에 비유한 것이다.

18. 개제수재결의송(병서) 改祭修齋決疑頌(幷序)
제사를 고쳐서 재를 닦는 것에 대한 의혹을 푸는 게송(병서)

同前
천축사문 준식 술

근래에 많이들 제사를 고쳐서 앞다투어 재의 복을 닦으며 고기를 끊고 살생을 멈추어 올바른 믿음으로 염불하는 것을 보았는데 매우 보기 드문 일이다. 그 사이에는 손해와 이익을 알지 못하여 어떤 사람은 망령되이 헐뜯는 마음을 내어서 곧 세속의 제사가 우선이라고 말하기도 하고, 어떤 사람은 재계(齋戒)는 급한 일에서 구할 수 없고 나물밥을 보고 염불하는 것이라고 말하기도 한다. 나는 다만 선한 일과 악한 일의 인연을 내세에 누가 받게 될 것인가 하는 마음가짐으로 듣는다. 그리하여 선근이 깊지 못한 자들이 여기에 미혹되어 혼란을 당해 초심에서 많이들 물러날 것이기에 지금 경전을 인용해서 증명하여 의혹을 끊어주겠다. 아울러 게송을 지은 것은 쉽게 기억해서 지니게 하려는 것이니, 이 진실한 말에 의지하고 삿된 말은 믿지 말라. 그러나 세상 사람들이 의심하고 염려하는 까닭이 한량없으니, 지금은 다만 중요한 것을 간략히 하여 열 개의 게송으로 쓰겠다.

近見多改祭祀 競修齋福 斷肉止殺 正信念佛 甚爲希有 其間或未知損益者 妄生破毀 便言在俗祭祀爲先 或云齋戒 不能救急 見蔬食念佛 我但持心聞善惡因緣來世誰受 於是善根未深者 被斯惑亂 多退初心 今爲斷疑 引經明證 并作偈頌 令易憶持 依此誠言 莫信邪說 然世人疑慮是故無量 今但從要略書十頌

첫 번째 의심, 귀신은 존재하나 재앙을 끼치거나 복을 주는 귀신은 없다는 것인가.

[해설] 경전에서는 육도(六道)에서 귀신이 그중 한 곳에 산다고 설하셨는데, 어째서 귀신이 없다고 의심하는가. 『장아함경』에서 말씀하셨다. "모든 사람이 사는 집, 큰길과 골목, 길거리, 푸줏간, 상점들 및 온갖 산에 있는 무덤에는 모두 귀신이 존재한다. 다만 사람을 이롭게 하거나 해치지는 못한다."57) 『비유경』에서 말씀하셨다. "천하의 귀신들은 사람을 살릴 수도 없고 죽일 수도 없으며 또한 사람을 부귀하게 하거나 빈궁하게 할 수도 없다. 다만 사람이 쇠약해질 때를 따르니, 괴이하게 여겨 숭배하고 제사 지내 주기를 바라면서 만일 복을 구하면 반드시 결정코 없어지겠다고 한다. 세속에서는 헛되이 속이고 미혹되는 것임을 알지 못하고 살생하여 악업을 짓는다." 게송으로 말하겠다.

귀신은 존재하는 곳을 따라
세상 사람들을 알랑거리며 속이니,
제사를 지내더라도 복은 전혀 없고
헛되이 살생하는 업의 원인만 늘어가네.

第一疑有鬼無鬼能禍能福耶
釋曰 經說六道鬼居其一 何疑無鬼耶 阿含經云 一切所居舍宅 街巷道陌屠坊市肆 及諸山冢 皆有鬼神 但不能利害於人 譬喻經云 天下鬼神 不能活人 不

---

57) 佛陀耶舍譯 竺佛念譯, 『長阿含經』권20(T01, 135ab), "一切人民所居舍宅 皆有鬼神無有空者 一切街巷四衢道中 屠兒市肆及丘塚間 皆有鬼神無有空者 凡諸鬼神皆隨所依卽以爲名."

能殺人 亦不能令人富貴貧窮 但隨人衰劣 而作怪祟 希望祭祀 若求福必定無
也 世俗不知 空被誑惑 殺生造惡 頌曰
鬼神隨處有 謟誑世間人 祭祀都無福 空增殺業因

『장아함경』의 비유는 모든 사람이 사는 집에는 빈틈없이 귀신이 가득 차 있다. 모든 큰 길, 작은 길, 뒷골목, 사거리와 백정의 장터 및 묘지에도 빈틈없이 귀신이 가득 차 있다. 무릇 귀신들은 다 의지하는 곳을 따라 곧 이름이 지어진다. 또 『비유경』의 이 구절은 찾을 수 없고, 『법원주림』이나 『제경요집』에서 인용한 동일한 부분은 확인할 수 있다. "또 『시방비유경』에서 말하였다. '천상이나 천하의 귀신들은 당장 닥치거나 앞으로 다가올 사람의 수명과 죄복(罪福)을 잘 알고 있다. 그렇지만 사람을 살려낼 수도 없고 죽일 수도 없으며, 또 사람들을 부귀(富貴)하게 하거나 빈천(貧賤)하게 할 수도 없다. 다만 남을 시켜서 악을 짓거나 살생을 범하게 할 뿐이다. 사람이 쇠모(衰耗)해질 때를 틈타서 그를 혼란스럽게 만들고 그에게 재앙과 복을 이야기해서 그 사람이 그에게 와서 제사를 지내게 할 뿐이다.' [그러므로 부질없이 귀신에게 제사를 지내면서 현세의 복을 구하려고 해도 그 힘을 얻기 어렵다는 사실을 알아야 한다.]58)

두 번째 의심, 지금의 세상 사람들이 병환으로 제사를 지내고 평안함을 얻는 것을 보는데 어찌 복이 없다고 말할 수 있겠는가.

[해설] 세상 사람들의 가난과 재앙, 복은 모두 인과에 속하는 것이니 귀신의 능력으로 할 수 있는 것이 아니라 이는 귀신이 복이 된 것이다. 대개 삿된 믿음에서 불러온 것이고 아첨으로 구하여 얻은 것이다. 『변정론』에서는 "오래된 귀신이 새로운 귀신을 가르쳐서 기이함을 나타내어 음식을 구하였다. 처음에는 두 집에 가게 되었다. (새로운 귀신이) 디딜방아 위의 연자매를 돌렸는데 그 집은 붓다를 섬겼으므로 이런 기이함을 믿지 않고 함께 말하기를 '좋은 신

---

58) 道世撰, 『諸經要集』권19(T54, 181c), "又十方譬喩經云 天上天下 鬼神知人壽命罪福 當至未至 不能活人不能殺人 不能使人富貴貧賤 但欲使人作惡犯殺 因人衰耗而狂亂之 語其禍福 令人向欲得設祠祀耳 故知空祭鬼神欲求現福難可得力也."

께서 우리를 돕는구나.' 하고 종일 수 곡(斛)의 쌀과 보리를 방아를 찧고 연자매를 돌렸으나 전혀 음식을 얻지는 못했다. 나중에 삿된 것을 믿는 집에 들어가 흰 개를 공중에 다니게 하였더니 그 집에서 크게 기이하게 여겨 개를 잡아서 먹을 것을 베푸니 이로 인해 배부르게 되었다." 마땅히 알라. 붓다를 믿으면 기이한 것을 믿을 필요가 없다. 설령 기이한 일을 보더라도 다만 오로지 붓다를 생각하면 그 기이함은 저절로 사라진다. 게송으로 말하겠다.

천신과 용신이 보호해 주는 것을 바르게 믿는다면
삿된 신이 어찌할 수 있겠는가.
다만 알지니 언제나 붓다를 생각하면
재앙과 기이함은 저절로 점차 없어진다네.

第二疑現見世人病患祭祀獲安何言無福耶
釋曰 世人貧窮災福皆屬因果 非鬼能爲是鬼爲福 蓋從邪信所招詔求而得 辨正論云 舊鬼敎新鬼興怪求食 初往二家 轉磨上碓 其家事佛 不信是怪 俱云善神助我 盡日舂磨數斛米麥都不得食 後入邪信之家 令白狗上空中而行 其家大怪 殺狗設食 因茲得飽 當知信佛不要信怪 設使見怪 但專念佛 其怪自息 頌曰

正信天龍護 邪神豈奈何 但知常念佛 災怪自消磨

『변정론』의 내용을 간략히 요약해서 요점만 취하였는데, 이 부분의 번역본을 인용하면 다음과 같다.

"오래된 귀신은 지혜가 많아서 괴이함을 나타내어 배불리 먹었고, 새 귀신[新鬼]은 아는 것이 없기에 불가(佛家)에 들어와서 점차 연마(硏磨)하였다. 『편략(遍略)』에 '새 귀신이 음식을 얻지 못하여 형체가 수척하였다. 갑자기 옛 친구를 만났는데 그는 죽은 지 여러 해가 되어 형체가 살찌고 건강하였다. 서로서로 안부를 물은 다음에 그 귀신에게 사는 방법을 물으니 오래된 귀신이 「사람들을 위하여 괴상한 짓을 하면 사람들이 반드시 크게 놀라 그로 인하여 음식을 가져 오네. 그래서 이렇게 살찌고 건강하네」 하니, 새 귀신이 문득 붓다를 섬기는 집에 들어가니 그 집은 정진하여 항상 착한 업을 닦았다. 그 집 서쪽에 맷돌이 있기에 귀신이 가서 미니 그 집 주인이 크게 기뻐하며 자제에게 신칙하여「우리 집이 지극히 가난하기에 착한 신이 가는 것을 돕는다」하고 연자방아를 급히 굴려서 보리를 찧기를 저물도록 하니 수십 곡(斛)의 보리를 찧었다. 새 귀신이 먹을 것은 얻지 못하고 피곤만 심하였기에 그 집을 떠나가서 다시 어떤 집에 이르러서 방아에 올라가 찧으니 그 집은 바로 믿는 집이었기에 서로 기뻐하면서「어제는 아무개 집의 맷돌이 굴더니 이제는 우리의 방아를 돕는다」하고 더 곡식을 찧어 여종에게 키질하게 해서 날이 저물 때까지 하니 50여 곡(斛)의 쌀을 얻었다. 새 귀신은 이같이 피곤하기만 하고 또 먹을 것은 얻지 못했기에 마음속으로 분한 생각이 나서 스스로 참을 수 없었다. 그래서 그날 밤에 다시 오래된 귀신을 만나 원망과 책망을 펴니 오래된 귀신이「그대가 스스로 생각지 못한 것이다. 그 두 집은 붓다를 받들고 바로 믿으니 그들의 마음을 움직이기 어렵다. 그러나 마음 씀이 한결같이 지극하면 또한 감동이 철저할 것이니 명계(冥界)에 있는 우리가 바로 그편에 해당한다. 이제 가서 문 앞에 죽간(竹竿)을 세우고 노끈을 끊고 입에 물대는 집을 찾아서 그곳에 가서 괴상한 짓을 하자」하였다. 새 귀신이 그 말대로 한 집에 이르니 문에 죽간이 있고, 여자들이 창문 앞에서 함께 먹는 것이 보였다. 뜰 가운데 흰 개가 한 마리 있기에 새 귀신이 그 개를 공중에서 다니게 하니 그 집에서 놀라고 두려워하여「태어난 후로 이런 괴이한 일은 보지 못했다」하고 점치는 데 가서 물으니, 점치는 이가「이는 객귀(客鬼)가 먹을 것을 찾는 것이니 그 개를 잡아서 떡과 과일을 만들어 뜰 가운데서 제사 지내면 다른 탈이 없을 것이오」하기에 그 점치는 이의 말같이 하였더니 새 귀신이 드디어 먹을 것을 얻고, 뒤에는 항상 배불렀다'라고 하였다."59)

세 번째 의심, 일가권속이 죽은 뒤에 제사를 지낼 때 얻은 음식은 먹을 수 없는 것인가.

---

59) 法琳撰,『辯正論』권7(T52, 538b).

[해설] 만일 아귀에 떨어지더라도 제사를 지낼 때 어떤 이는 음식을 먹을 수 있지만, 만일 염구(焰口)의 아귀에 있다면 비록 제사를 지내더라도 먹을 수는 없다. 『중아함경』에서 말씀하셨다. "만일 죽은 사람을 위하여 제사를 지내 (음식을) 보시하면, 만일 죽어서 아귀도에 들어간 이는 음식을 얻을 수 있지만, 만일 그 밖의 곳에 태어나면 반드시 음식을 얻을 수 있는 것은 아니다." 육도의 온갖 중생[萬品]이 받는 과보가 다르다. 부모가 돌아가신다고 해서 어찌 모두 귀신이 되겠는가. 세상 사람들은 한결같이 제사 지내는 것이 매우 이치에 맞지 않는 것임을 알지 못한다. 게송으로 말하겠다.

사람이 죽으면 지난 업을 따라 육도를 오르내림이 다르니,
어떻게 순전히 제사만 지내겠는가.
반드시 세상 사람이 어리석다고 말하리라.

第三疑 家眷死後 祭祀得食 不得食耶
釋曰 若墮餓鬼 祭祀之時 或有得食 若在焰口之鬼 雖祭亦不得食 阿含經云 若爲死人 布施祭祀者 若死入餓鬼中得食 若生餘處 必不得食也 六道萬品 受報差殊 父母死亡 豈皆作鬼 世人不識 一向祭祀 甚無理也 頌曰
人死隨前業 升沈六道殊 如何純祭祀 須道世人愚

네 번째 의심, 제사 지내는 법은 광범위하게 있다. 『예경』에서는 "천자는 7묘, 제후는 5묘, 대부와 경사와 서인은 모두 함께 제사를 올린다"[60]라고 하였고, 원구(圓丘)와 방택(方澤)에서 하늘과 땅의 신명(神明)에 (제사를 올리는 것이) 나라의 늘 변하지 않는 규칙[常典]인데 어찌하여 제사를 끊으라고 권하여 나라의 풍속을 크게 상하게 할 것인가.

[해설] 제사는 그 세속의 법전[俗典]에 나오고, 제사를 끊는 것은 불경(佛經)에 의한다. 속전(俗典)에서는 죽이고 해치는 것을 피하지 않지만, 불경에서는 오직 자비를 숭상하여, 남의 생명을 해치면 과

---

60) 『예기』 「王制」, "天子七廟 三昭三穆與太祖之廟而七 諸侯五廟 二昭二穆與太祖之廟而五 大夫三廟 一昭一穆與太祖之廟而三 士一廟 庶人祭於寢."

보로 삼악도에 있게 되지만, 자비를 실천하면 과보로 온갖 덕을 이루게 된다. (자비는) 선으로 악을 고치고 얕은 것을 깊은 것으로 이끄는 것이니 붓다께서 중생을 제도하심에 그렇게 하지 않음이 없으셨다. 오늘날 사람들이 이미 불교를 믿는다면 반드시 붓다의 자비를 닦아야지 도리어 중생을 죽이면 붓다의 제자라고 불러서는 안 된다. 더구나 시대의 풍속[時俗]이 조상에 제사를 지내는 것뿐만 아니라 신을 받들지 않음이 없으니 실제로 이를 음사(淫祀)라고 한다. 밝은 덕은 닦지 않고 오직 살생만 일삼으니 슬픔이 깊어서 간략히 말하지만, 말로는 이루 다 하기 어렵다. 따라서 옛날 양나라 무제는 칙령으로 온 세상에 제사를 끊어 살생을 멈추게 했으니 불교를 숭상하고 따른 것이다. 어찌 오늘뿐이겠는가. 다행히도 재복(齋福)을 때마침 앞다투어 닦으니 산 자와 죽은 이를 이롭게 하기에 충분하고, 또 만물의 목숨[物命]이 다치는 것을 면하게 되니, 어찌 힘들여 애쓰며 제사의 규범[典經]을 고집하겠는가. 게송으로 말하겠다.

   소를 잡아 약제(禴祭) 지내는 것을 부끄러워하니
   제물[黍稷]은 본래 향기로운 것이 아니라네.
   재를 (닦으며) 진언을 염송하고 덕을 밝히니
   어찌 수고로이 『예경(禮經)』을 고집하겠는가.

第四疑 祭祀之法廣在 禮經 天子七廟 諸侯五廟 大夫卿士至於庶人 皆同祭祀 圓丘方澤上下神明 國之常典 云何勸令斷祭奈太傷國風乎
釋曰 祭祀出其俗典 斷祭據其佛經 俗典則未逃殺害 佛經則唯尚慈悲 殺害則報在三塗 慈悲則果成萬德 以善改惡 導淺令深 佛度衆生 無不皆爾 今人旣信佛教 須修佛慈 不可更殺衆生稱佛弟子 況復時俗不獨祭先 靡神不宗 實謂淫祀 不修明德 唯事殺生可悲之深略談難盡 故昔梁武帝 敕天下斷祭止殺 蓋遵佛教 豈獨今日也 幸有齋福正好競修 足可利於存亡 亦免傷於物命 何勞苦執祀典經乎 頌曰
   刹[61] 牛慚禴祭 黍稷本非馨 齋誦真明德 何勞執禮經

---

61) '刹'은 '殺'의 오기로 보임. 『주역』「기제괘(旣濟卦) 구오(九五)의 "동쪽 이웃 마을에서 소를 잡아 성대히 제사 지내는 것이 서쪽 이웃 마을에서 때에 맞추어 검소하게 제사 지내고 복을 받는 것만 못하다.[東隣殺牛 不如西隣之禴祭 實受其福]"고 하였는데, 제사 때 소를 잡았음을 알 수 있다.

『예기』 「왕제(王制)」에 "천자는 7묘를 두니, 3소·3목과 태조의 묘를 합하여 7묘이다. 제후는 5묘를 두니, 2소·2목과 태조의 묘를 합하여 5묘이다. 대부는 3묘를 두니, 1소·1목과 태조의 묘를 합하여 3묘이다. 사는 1묘이며, 서인은 정침(正寢)에서 제사 지낸다."라고 하였다.

원구(圓丘)는 천자가 하늘에 제를 드리는 둥근 제천단(祭天壇)인데, 예로부터 '천원지방(天圓地方)'이라 하여 하늘에 제를 지내는 단은 둥글게, 땅에 제사 지내는 단은 모나게 쌓았다. 우리나라에서 국왕이 정결한 곳에 제천단을 쌓고 기원과 감사의 제를 드리는 것은 고려 때부터 있었던 의식이다. 이 같은 제도는 조선 시대에도 계승되어 『태조실록』에 "태조 7년(1398) 4월에 가뭄이 심하게 들자 종묘(宗廟), 사직(社稷), 원단(圓壇)과 여러 용추(龍湫)에 비를 빌었다"라는 기록이 있다. 방택(方澤)은 지단(地壇)을 말한다. 정방형(正方形)으로 만들기 때문에 방택이라고 한다. 『주례(周禮)』의 '하지(夏至)에 택중(澤中)의 방구(方丘)에서 땅에 제사한다'라고 한 것에 연유한 말이다. '신을 받들지 않음이 없으니(靡神不宗)'는 『시경』 「대아 운한(雲漢)」에 "위아래에 제사하며 예물을 올리고 땅에 묻는 등, 신을 높이지 않음이 없었다(上下奠瘞 靡神不宗)"라고 하였다.

음사(淫祀)는 예제(禮制)에 합당하지 않은 제사이거나 마땅히 제사를 지내지 않아야 할 제사이다. 『예기(禮記)』 「곡례 하(曲禮下)」에, "제사를 지내지 않아야 하는데, 제사를 지내는 것을 음사(淫祀)라고 한다."라고 하였는데, 손희단(孫希旦)의 집해(集解)에, "음(淫)은 지나치다는 의미이다. 혹은 그 신(神)이 사전(祀典)에 기록되어 있지 않았는데도 제사를 지내는 사례로 송 양공(宋襄公)이 차휴사(次睢社)에 제사를 지내기도 하며, 혹은 분수를 무시하고 참람하게 제사를 지내는 사례로 노계씨(魯季氏)가 태산(泰山)에 제사를 지내기도 하였는데, 이는 모두 음사다"라고 하였다.

약제(禴祭)는 여름 제사는 약(禴)이라고 하고, 봄 제사는 사(祠), 가을 제사는 상(嘗), 겨울 제사는 증(烝)이라고 한다. 또 약제를 박제(薄祭)라 하여 검소하게 지내는 제사를 지칭하기도 한다.

다섯 번째 의심, 제사를 지내는 집과 저 무당들은 어떤 죄의 과보를 받게 되는가.

[해설] 비니율(毗尼律)에서 말씀하셨다. 가류타이(迦留陀夷)가 아라한의 과위를 증득하고도 바라문의 부인에게 죽임을 당한 까닭은 과거에 일찍이 제사를 주관하는 사람[祭主]이었는데 지금의 묘사(廟祀)가 바로 이것이다. (그때) 5백 명의 상인이 있었는데, 다 같이 양 한 마리를 도살하여 함께 (사당으로) 와서 죽인 양으로 제사를 지내고 소원을 빌었다. 그리고 나서 다 함께 지옥에 떨어졌고, 여러 생에 걸쳐 언제나 그 5백 명은 양에 의해 죽임을 당하였다. 또 그 일로 인하여 [가류타이를 죽인 일] 그 부인은 파사익왕(波斯匿王)에게 죽임을 당하였고, 5백 명도 하나의 목숨처럼 다 같이 죽였다. 아울러 그 제사를 주관하던 이[祀主, 가류타이]도 지금 성인의 과위를 증득하였으나 과보를 받는 일이 아직 끝나지 않았는데, 하물며 한 사람이 많은 만물의 목숨을 죽이는 것이랴.

또 진(晉)나라 때 파구현(巴丘縣)의 무당은 성이 서(舒)요, 이름이 례(禮)였다. 다른 사람들을 위해 제사를 지내 주다가 죽어서 열쇄[뜨거움이 심한] 지옥에 떨어졌다. 온몸이 불에 타서 문드러지듯 하다가 다시 살아 돌아왔다고 스스로 말하였다.

또 『보장경(寶藏經)』에서 제사 지내는 과보에 대해 널리 설하였으나 갖추어 인용할 수는 없다. 게송으로 말하겠다.

다른 사람을 죽이는 것은 도리어 자신을 죽이는 것이니
그림자와 메아리가 형상과 소리를 따르듯 하네.
귀신이 배부르더라도 도무지 복이 없으면
헛되이 불구덩이에 떨어짐을 초래하도다.

第五疑 祭祀之家及彼師巫 得何罪報耶
釋曰 如毗尼律中說 迦雷62)陀夷 身證羅漢 被婆羅門婦殺之因 過去曾爲祭主 今廟祀是也 有五百商人 共宰一羊 同來乞願殺羊祭祀已 俱墮地獄 世世已來 常被羊殺其五百人 亦因彼婦被波斯匿王所殺 且五百人共殺一命 幷其祀主

---

62) '雷'는 '留'의 오기로 보임.

今證聖果 受報未盡 何況一人殺多物命 又晉時巴丘縣有師巫姓舒名禮爲人祭
祀死墮熱殺地獄擧體焦爛還魂自說又寶藏經廣說祭祀之報不能備引頌曰
殺佗還自殺 影響逐形聲 鬼飽都無福 空招墮火坑

사무(師巫)는 귀신을 섬겨 길흉을 점치고 굿을 하는 것을 직업으로 하는 사람을 칭한다. 가류타이(迦留陀夷)는 범어로는 klodyin, 번역하여 추흑(麤黑) · 흑요(黑曜) · 흑광(黑光) · 흑상(黑上)이라고 한다. 부처님의 제자로서 그 살갗이 검고 빛났기 때문에 이같이 이름하였다. 나쁜 짓을 많이 한 비구인데 부처님께서는 그의 나쁜 짓에 따라 여러 가지 계율을 제정하셨다.

'성인의 과위를 증득하였으나 과보를 받는 일이 아직 끝나지 않았는데'하는 일화는 법원주림에 보인다. "또 비나야율(鼻奈耶律)에서 말한 것과 같다. 옛날 부처님께서 세상에 계실 때였다. 사위국(舍衛國)에 어떤 바라문(婆羅門)이 있었는데, 항상 가류타이(迦留陀夷) 나한(羅漢) 비구에게 공양하였다. 그 바라문의 오직 하나뿐인 아들이 장성하여 아내를 맞이했다. 그때 바라문은 임종할 무렵이 되어 그 아들에게 유언(遺言)하였다. '내가 죽은 뒤에도 너는 존자(尊者) 가류타이를 잘 보살펴 내가 오늘날까지 했던 것처럼 하여 조금도 모자라는 것이 없게 하라.' 부모가 죽고 난 뒤에 그 아들은 부모의 유언을 받들어 다시 가류타이를 공양(供養)하되, 마치 부모가 살아 계시던 날과 조금도 다름이 없게 하였다. 그 뒤 어느 때에 바라문의 아들이 출행(出行)하여 집에 있지 못하게 되자 그 아내에게 공양을 부탁하고 떠났다. 그날에 문득 5백 명의 도적 떼가 있었는데, 그중 한 도적의 얼굴이 매우 단정(端正)하였다. 그의 아내는 멀리서 이 도적을 보고 사람을 시켜 그를 불러오게 하여 그와 함께 정(情)을 통하였다. 가류타이는 예전처럼 자주 그 집에 갔는데, 그 부인은 이 사문(沙門)이 그 일을 누설할까 두려워한 나머지 뒤에 이 도적과 공모하여 방편(方便)을 써서 가류타이를 죽여버렸다. 바사닉왕은 존자 가류타이가 도적에게 피살되었다는 말을 들었다. 왕은 존자와의 옛정을 생각하여 화를 내고 또 고민하다가 즉시 바라문의 가족을 죽이고, 아울러 그의 측근에 살고 있던 18여 가구 남짓한 집의 사람들까지도 모두 죽였으며, 또 5백 명의 도적들을 잡아 그들의 손발을 끊어버리고 모두 구덩이 속으로 던져 버렸다. 비구들이 그 사실을 보고 나서 붓다께 아뢰었다. '가류타이는 본래 무슨 악한 업을 지었기에 바라문의 아내에게 죽임을 당했습니까?' 붓다께서 비구들에게 말씀하셨다. '가류타이는 지난 과거생(過去生)에 큰 천사(天祀)의 주인이 되었었다. 그때 5백 명의 사람들이 있었는데, 양(羊) 한 마리를 끌고 와서 네 발을 끊어 천사에 가져다 올리고는 함께 소원을 빌었다. 그 천사의 주인은 염소를 얻고 난 뒤에 곧바로 잡아먹었다. 그는 그 염소를 죽인 것으로 인해 지옥에 떨어져서 한량없이 많은 고통을 받았다. 옛날 그 천사의 주인은 바로 지금의 저 가류타이이다. 그가 비록 아라한이 되기는 했으나 남은 재앙이 아직 다 끝나지 않아 지금 이런 과보를 받는 것이다. 그때 그 염소는 지금 저 바라문의 아내이고, 그때 염소의 네 발을 끊은 5백 사람은 지금 바로 저 왕에게 손과 발이 잘린 5백 명의 도적 떼이니라.' 부처님께서 비구에게 또 말씀하셨다. '만약 어떤 사람이든 살해(殺害)하는 일이 있으면, 그가 받을 과보는 끝내 없어지지 않느니라.'"[63]

'서례의 이야기'는 진(晋)나라 파구현(巴丘縣)의 무당 서례(舒禮)는 영창(永昌) 원년(322)에 병으로 죽었다. 토지신(土地神)은 그를 데리고 태산(太山)으로 갔다. 속인들은 그 무당을 도인(道人)이라 생각했다. 토지신은 그를 데리고 어떤 복사(福舍)의 문 앞을 지나다가 그 문지기에게 물었다. "이것은 어떤 사람의 집인가?" 문지기는 대답하였다. "이것은 도인의 집입니다." 토지신은 말하였다. "이 사람도 도인이다." 토지신은 곧 서례를 데리고 그 문으로 들어갔다. 수천 간의 기와집이 있는데 다 대발을 쳤으며 평상에 남녀들이 각기 따로 있었다. 경을 외우는 이도 있었고 게송을 노래하는 이도 있었으며, 음식은 저절로 생기는 등, 그 즐거움은 말할 수 없었다. 그때 서례의 문서와 이름은 이미 태산에 도달했으나 몸이 아직 오지 않았으므로 태산에서는 토지신을 추궁했다. 토지신은 대답하였다. "길에서 수천 간의 기와집을 보고 문지기에게 물었더니 문지기가 그것은 도인의

---

63) 道世撰, 『法苑珠林』卷73(T53, 840ab).

집이라 하여 곧 서례를 거기에 부탁해 두었다." 이리하여 토지신을 보내어 다시 서례를 붙들어 오게 했다. 서례는 아직 두루 다 구경하지 못했는데, 어떤 사람이 손은 여덟이요 눈은 넷이며 금방망이를 들고 쫓아와 때리려 했다. 서례는 황급히 문으로 나왔으나 토지신은 이미 문 앞에서 기다리고 있다가 서례를 붙들어 태산으로 보냈다. 태산부군(府君)은 서례에게 물었다. "너는 세상에 있을 때 무슨 일을 했는가?" 서례는 대답하였다. "3만 6천의 신(神)을 섬기면서 사람들을 위해 제사를 지낼 때에는 소나 돼지·염소·닭 등을 죽였습니다." 부군은 말하였다. "네 죄는 번철에 올려놓아야 하겠다." 부군은 곧 사람을 시켜 그를 잡아 번철에 놓으라 했다. 소머리에 사람의 몸을 한 자가 쇠작살을 들고 서례를 찍어 번철 위에 놓았다. 서례는 불에 타는 몸을 뒤척거리면서 차라리 죽으려 했으나 죽지도 않고 한밤을 지냈다. 이튿날 부군은 주부(主簿)에게 물었다. "서례가 아직 죽지 않았느냐?" "아주 그 목숨을 빼앗기 위해 장부를 조사해 보았더니 남은 수명이 아직 8년입니다." 부군은 말하였다. "적어 오너라." 소머리 사람은 다시 쇠작살로 서례를 찍어 번철 밖에 내다 놓았다. 부군은 말하였다. "이제 그대를 돌려보낼 것이니, 남은 목숨을 다 마치고 다시는 살생하여 제사 지내지 말라." 서례는 갑자기 다시 살아나 끝내 다시는 부당한 짓은 하지 않았다.[64]

여섯 번째 의심, 지금 만일 제사를 고친다면 예로부터 지금까지 과보의 증험이 있는가.
[해설] 이 일은 증험하여 느낀 일이 하나가 아니니 이에 간략히 인용하겠다.
진(晋)나라 때 장응(張應)이라는 사람이 있었는데, 본래 속신(俗神)을 섬겨 북을 치고 춤을 추어 음사(淫祀)를 지냈다. 함화(咸和) 8년(333)에 아내가 병에 걸렸는데 기도하고 제사 지내느라 가산이 바닥나다 없어졌다. 아내가 말하였다. "지금 병이 날로 위중해져 가는데

---

64) 道世撰, 『法苑珠林』卷62(T53, 756ab: ABC, K1406 v39, p.934ab 번역 인용).

귀신에게 빌어도 아무런 이익이 없으니 불사(佛事)를 지어서 빌어봅시다." 장응이 곧 그것을 허락하고는, 승려 담개(曇鎧)에게 청하니 다음날 마땅히 재(齋)를 베풀라고 하였다. (장응이) 밤에 꿈을 꾸었는데 신인(神人)이 장응에게 (집이) 일찍이 엄숙하고 깨끗하지 못하다고 꾸짖자 그것을 보고 담개가 그 뒤를 따르면서 말하였다. "이제야 마음을 내서 하고자 하니 그를 너무 나무라지 마십시오." (장응은) 잠에서 깨어나 며칠 밤을 불을 들고 자리를 마련하였다. 이 일로 인하여 신(神)을 버리고 붓다를 섬기자 그의 아내의 병이 나았다. 나중에 장응은 죽어서 확탕지옥에 떨어졌는데 이전에 제사를 고친 일로 인하여 선신(善神)이 와서 구해주었으니 마침내 벗어날 수 있게 되어 다시 살아 돌아왔다고 스스로 말하였다.

第六疑 今若改祭 自古已來 還有報驗耶
釋曰 此事感驗非一 今爲略引 晉有張應 本事俗神 鼓舞淫祀 咸和八年 妻病 禱祭罄竭 妻曰 今病日困 求鬼無益 乞作佛事 應便許之 請僧曇鎧 明當設齋 夜夢神人 責應不早嚴淨 見鎧隨後曰 始欲發心 未可責之 眠覺連夜 秉火設座 因玆廢神事佛 其妻病愈 後張應身死 墮鑊湯地獄 因前改祭 善神來救 遂得解脫 還魂自說

속신을 버리고 붓다를 섬기자 병이 나은 이야기는 법원주림에 보인다. 진(晋)나라 장응(張應)은 역양(歷陽) 사람으로서 본래 속신(俗神)을 섬겨 북을 치고 춤을 추어 음사(淫祀)를 지냈다. 함화(咸和) 8년(333)에 무호(蕪湖)로 이사해서 살 때 그 아내가 병에 걸렸다. 장응은 갖가지로 기도하기에 가산이 거의 없어졌다. 그 아내는 불가(佛家)의 제자로서 장응에게 말하였다. "지금 내 병은 날로 위중해 가는데 귀신에게 기도하나 아무 보람이 없습니다. 불사(佛事)를 지어 보십시다." 장응은 승낙하고 곧 절에 가서 축담개(竺曇盖) 스님을 뵈었다. 담개는 말하였다. "붓다는 병을 고치는 약과 같은데 약을 보고도 먹지 않으면 보는 것만으로는 이익이 없는 것입니다." 장응이 불사를 지으려 하자 담개는 그 이튿날로 날을 잡아 주었다. 장응은 집에 돌아와 밤에 꿈을 꾸었다. 키가 1길[丈] 남짓한 어떤 사람이 남쪽문으로 들어오면서 말하였다. "그대 집은 이처럼 더러운 것이 낭자하다." 담개는 그 뒤를 따르면서 말하였다. "이제 막 마음을 내었는데 너무 나무라지 마십시오." 장응이 푹 자고 깨어나니 그 꿈이 환했다. 그리하여 높은 자리와 귀자모(鬼子母) 자리를 만들었다. 이튿날 담개가 그 집에 갔을 때 장응은 담개에게 꿈 이야기를 자세히 하고 5계를 받았다. 그리고 귀신의 상(像)을 모두 없애고 복의 공양을 크게 베풀자, 아내의 병이 조금 쉬더니 이내 완전히 나았다. 함강(咸康) 2년(336)에 장응은 마구(馬溝)에 가서 소금을 사서 가지고 돌아와 무호의 갯가에서 자다가 꿈을 꾸었다. 즉 어떤 세 사람이 강철 갈고리로 장응을 끌어당겼다. 장응은 말하였다. "나는 부처님의 제자다." 그러나 그들은 놓지 않고 끌어당기면서 말하였다. "종이 주인을 배반하고 달아난 지 이미 오래되었다." 장응은 몹시 당황해 말하였다. "나를 놓아주면 너희들에게 술 한 되를 주리라." 비로소 놓아주면서 말하였다. "다만 뒷사람이 다시 너를 잡아갈까 두려울 뿐이다." 장응은 잠을 깨자 배가 아프면서 설사가 심해 온 집안이 다 큰 어려움을 겪었다. 장응은 담개와 함께 오랫동안 걱정을 하였으나 병은 더욱 심했다. 사람을 보내 담개를 청했으나 마침 담개는 없었다. 장응은 기절했다가 며칠 만에 깨어나 그동안 겪은 일을 이야기했다. 즉 몇 사람이 강철 갈고리로 그를 끌어당겨 북쪽으로 가서 어떤 언덕에 내려놓았다. 그 언덕 밑에는 물이 끓는 솥과 칼 등 무서운 기구들이 있었다. 장응은 곧 거기가 지옥임을 알고 스님의 이름을 부르려 했으나 담개라는 이름을 잊어버리고 다만 말하였다. "스승님, 저를 구해 주십시오." 그리고 또 부처님도 불렀다. 조금 있다가 어떤 사람이 서쪽에서 왔다. 키는 1길이 넘는데 금강저(金剛杵)를 들고 저들을 치려 하면서 물었다. "이분은 부처님 제자인데 왜 여기까지 들어오게 했느냐?" 저들은 다 황급히 흩어지고 이 사람은 장응을 데리고 가면서 말하였다. "너는 목숨이 이미 다했다. 오래 살지 못할 것이다. 잠깐 집에 돌아가 3비(備)를 외우고 또 화상(和尙)의 이름을 불러라. 3일 뒤에는 목숨을 마치고 천상에 날 것이다." 장응은 깨어나자 마음이 슬퍼졌다. 3일 동안 재를 베풀고 게송을 외우며 사람을 보내어 담개의 이름을 적어 왔다. 그날이 되어 점심을 마치고는 부처님께 예배하고 게송으로 찬탄한 뒤에 집 사람들에게 하직을 고했다. 그리고 목욕하고 새 옷을 갈아입은 뒤에 자는 듯이 갔다.[65]

또 『안씨가훈(顏氏家訓)』에는 양(梁)나라 때 강릉(江陵)의 유씨(劉氏)는 뱀장어로 국을 끓여서 파는 것을 업으로 삼았는데, 나중에 한 아이를 낳으니 머리는 뱀장어요 목부터 아래가 비로소 사람의 몸일 뿐이었다.[66] 또 왕극(王克)이 영가(永嘉)의 군수(郡守)로 있을 때 어떤 사람이 양을 보내와서 손님을 모아 잔치를 하려고 하였다. 그런데 양을 묶은 줄이 풀리자 어떤 손님에게 와서는 먼저 무릎을 꿇고 두 번 절을 한 다음 바로 옷속으로 들어갔다. 이 손님은 끝내 그 일을 말하지 않았고 굳이 살려주자는 요청도 하지 않았다. 잠시 후 그 양을 도살하여 고기로 만들어 먼저 그 손님에게 돌렸다. 고기 한 점을 입에 넣자 곧 살가죽 안에서 두루 돌아다니며 온몸에 퍼지니 몹시 아프고 괴로워하며 비명을 지르면서 그제야 곧 그 일을 말하였다. (그 손님은) 결국 양의 울음소리를 내고는 죽었다.[67]

又顏氏家訓云 梁世江陵劉氏 以賣鱓羹爲業 後生一兒 頭是鱓自頸已下方爲人耳 又王克爲永嘉郡守 有人餉羊 集賓欲讌 而羊繩解 來投一客 先跪兩拜 便入衣中 此客竟不言之 固無救請 須臾宰羊爲肉 先行至客 一臠入口 便下皮肉周行 徧體痛楚 號叫方便說之 遂作羊鳴而死

『안씨가훈(顏氏家訓)』은 제(北齊)의 안지추(顏之推)가 지은 가훈(家訓)을 적은 책. 두 권으로 되어있다. 내용은 입신치가(立身治家)의 법과 잘못된 시속(時俗)의 변정(辯正)을 말하여 자손에게 훈계한 것이다.

양(梁)나라 효원[孝元, 552~554]이 강주(江州, 지금의 江西省 九江市 일대의 옛 지명)에 있을 때 어떤 사람이 망채현(望蔡縣)의 현령(縣令)이 되었는

---

65) 道世撰, 『法苑珠林』卷62(T53, 756bc: ABC, K1406 v39, p.934c02-935a02.
66) 法琳撰, 『辯正論』卷7(T52, 540c01-02).
67) 法琳撰, 『辯正論』卷7(T52, 540b15-17).

데, 유경궁(劉敬躬)의 난을 겪으며 현(縣)의 관아가 불에 타자 사찰에 의탁하여 머물고 있었다. 백성들이 소와 술을 가지고 와서 예를 올리자 현령은 소를 사찰 기둥에 매어두었다. 불상을 치우고는 상을 펴서 자리를 마련하고 법당 위에서 손님을 맞이하느라 미처 (소를) 잡지 못한 사이에 소가 풀려났는데 곧장 섬돌 앞까지 와서 절을 하였다. 현령이 크게 웃으면서 그 소를 잡으라고 좌우에 명하였다. (술을) 마시고 (고기를) 먹어서 취기가 오르고 배가 부르자 곧 처마 밑에 드러누웠다. 점차 술이 깨자 몸이 가려운 것을 느껴서 긁으니 두드러기가 일어났고, 그로 인해 분명 문둥병이 되었고 10년가량을 앓다가 죽었다.68)

梁孝元在江州有人 爲望蔡縣令 經劉敬躬亂 縣廨被焚 寄寺而住 民將牛酒作禮 縣令以牛繫刹柱 屛除佛像 鋪設牀座 於堂上接賓 未殺之頃牛解 徑來至階而拜 縣令大笑 命左右宰之 飮噉醉飽 便臥簷下 稍醒而覺體痒 爬搔癮胗 因爾成白癩病 經十許年死

또 양(梁)나라 때 어떤 사람이 늘 계란 흰자를 이겨서 머리를 감았는데[和沐], 머릿결에 광택이 나게 해준다고 말하며 머리 감을 때마다 2, 30개씩을 깨뜨려서 썼다. 죽을 때 머리카락 속에서 수천 마리의 병아리가 삐약거리는 소리만 들렸다. 몹시 아프고 괴로워하다가 병이 위중해져서 죽었다.69)

또 『안씨가훈』에서 말하였다. 제(齊)나라 때 한 집안이 있었는데, 매우 호사스러워 직접 잡은 소가 아니면 먹어도 맛이 없다고 하였다. 30세가량 되었을 때 병이 위중하였는데, 소가 오는 것이 크게 보이며 온몸이 마치 칼로 찌르는 듯하여 비명을 지르다가 죽었다.70) 강릉(江陵) 사람 고위(高偉)는 나를 따라 제나라[北齊]에 들어와, 몇 년간 유주(幽州, 지금의 北京, 天津과 河北省 일대를 일컫던 옛 지명)의 물

---

68) 『안씨가훈』; 志磐撰, 『佛祖統紀』卷37(T49, 352a18-352a23).
69) 『안씨가훈』; 法琳撰, 『辯正論』卷7(T52, 540b23-540c01).
70) 法琳撰, 『辯正論』권7(T52, 540b22)에도 실려있다.

웅덩이에서 물고기를 잡았다. 뒤에 병이 들자 늘 물고기 떼가 자신을 물어뜯는 환영을 보다가 죽었다.71)

又梁世有人 常以雞卵白和沐 云使髮光 每沐輒破二三十枚 臨死 髮中但聞啾啾 數千雞雛聲 楚痛篤病而死 又顏氏家訓云 齊國有一家甚豪侈 非手殺牛 則噉之不美 年三十許 病篤 大見牛來 舉體如被刀刺 叫呼而終 江陵高偉 隨吾入齊 凡數年 向幽州淀中捕魚 後病 每見羣魚齧之而死

또 송(宋)나라의 진안거(陳安居)의 부모는 붓다의 가르침을 믿었으므로 아침저녁으로 재계하고 (경전을) 염송하였다. 그의 백부가 섬기는 신이 있었는데, 신의 화상(畵像)이 집에 가득하였다. 나중에 백부가 죽어 자손이 없이 대가 끊어지게 되자 (진안거의) 아버지가 안거에게 백부의 집을 잇도록 하였다. (안거가) 곧 음사(淫祀)를 버리니 그 집의 신이 마침내 안거에게 재앙을 내렸다. (안거는) 3년 동안 병이 깊어졌으나 뜻을 다잡고 돌이키지 않으며 언제나 맹세하여 말하였다. "만일 나에게 생명을 죽여 제사를 지내게 한다면 차라리 사느니 스스로 저미고 사지를 베어버릴지언정 마침내 생명을 죽이지 않을 것이다." 안거가 죽자 (명부의) 부군(府君)이 탄식하여 말하기를 "이 사람은 붓다를 섬기던 큰 덕망이 있는 사람이다. 수명이 마땅히 93세이니라." 마침내 (안거를) 풀어주어 돌아가게 하였다. 그 백부는 (생명을) 죽이고 해쳐서 제사를 지내고 백성들을 속였으니 그 죄로 의당 삼악도[苦]에 떨어졌다.72) 이러한 예가 한둘이 아니니 다 쓸 수도 없다. 게송으로 말하겠다.

  삿됨을 돌이켜 바른 믿음을 낼지니
  풀 냄새를 맡으면 전단향이 나네.
  어려움을 만나도 반드시 견고해야 할지니
  진안거[安居]는 뜻대로 (견고함을) 붙잡았도다.
  又宋有陳安居 父母信釋敎 旦夕齋誦 有伯事神 神影滿宅 後伯死絶嗣 父令安

---

71) 『안씨가훈』; 道世撰, 『法苑珠林』卷73(T53, 841c).
72) 道世撰, 『法苑珠林』卷62(T53, 756c-757c).

居紹伯家舍 便廢淫祀其神遂禍安居 三年篤病 執志不迴 常誓曰 若使我殺生
祭祀 寧生自劓割四體 終不殺命 安居身亡 府君歎曰 此人事佛大德人也 壽當
九十三歲 遂放令還 其伯殺害祭祀 欺誑百姓 罪宜墮苦 此例非一 不能盡書
頌曰
迴邪生正信 臭艸出栴檀 逢難須堅固 安居志好攀

    일곱 번째 의심, 제사를 고친 후에 갑자기 재앙을 당하면 이미 신을 버렸는데 누구에게 구호해줄 것을 청해야 하는가.
  [해설] 다만 매일 일심으로 관세음보살을 칭념하면 모든 재난과 병으로 인한 고통, 감옥, 도적, 물·불·바람·천둥, 범과 이리와 독사, 해충과 약과 저주로도 모두 해치지 못할 것이다. 『청관음경(請觀音經)』에서는 "붓다께서 모든 훌륭한 천·용·약차와 모든 위엄있고 용맹한 신장(神將)들에게 관세음보살의 명호를 받아 지니는 사람을 밤낮으로 지키고 보호하도록 명하셨다. 온갖 악한 귀신도 오히려 악한 눈으로 그 사람을 보지도 못하게 하셨는데 더군다나 해칠 수 있으랴."라고 하셨다. 양(梁)나라 때 승융(僧融)이라는 이름의 사문이 있었는데 한 집안을 위해 신(神)의 화상[影]을 헐어 버리고 오계를 받도록 권유하였다. 그 귀신 병사들을 거느린 귀신의 장수[鬼將]가 와서 승융을 꾸짖자 승융은 오로지 관세음보살만을 칭념하였다. 한 번 부르는 소리가 미처 끊어지기도 전에 갑자기 신인(神人)이 나타나 금강저로 그 귀신 무리를 겨누니 일시에 흩어져 달아났다. (귀신 병사들이) 몸에는 갑옷과 투구[甲胄]73)를 입었는데 변화하여 잿가루가 되어 버렸다. 또 승융은 일찍이 두 사람의 부부에게 권유하여 계를 받도록 하였다. 나중에 도적들에게 결박되었을 때 남편은 마침내 도망하여 몸을 피했으나 그 아내는 옥에 갇히고 말았다. 승융은 지극한 마음으로 관세음보살을 부를 뿐 다른 방법은 없다고 가르쳐주었다.

---

73) 갑주(甲胄)는 갑옷과 투구. 보통 갑주(甲冑)로 표기하는데, 『조선왕조실록』「성종실록」 성종 6년 을미(1475) 5월 14일(임술) 기사에 용례가 보임.

부인이 그 말을 따르자 감응하여 가추(枷杻)와 삼목(三木)이 저절로 풀리고 감옥의 문이 저절로 열렸다.74) 이러한 인연으로 어려움에서 벗어난 일이 한둘이 아니니 모두 서술할 수 없다. 게송으로 말하겠다.

오로지 보살의 명호만을 지송하니
팔부의 신장이 그대의 몸을 보호하네.
위급하고 어려운 일에도 부르는 소리를 따라 감응하시니
다만 그것을 믿지 않는 사람은 제외하노라.

第七疑 改祭之後 忽遇災禍 旣已捨神 求誰救護耶
釋曰 但每日一心稱念觀世音菩薩 一切災難 一切病痛 牢獄賊盜 水火風雷 虎狼毒蛇 蟲藥呪詛 皆不能害 請觀音經中 佛敕諸大天龍藥叉 一切咸猛神將 晝夜守護受持觀世音菩薩名者 諸惡鬼神 尙不能以惡眼視之 況復加害 梁朝有沙門名僧融 爲一家毀除神影勸受五戒 被其鬼將領鬼兵來責融 融專念觀音一聲未絕 忽見神人 以金剛杵 擬其鬼衆 一時走散 身上甲冑 化爲灰粉 又僧融曾勸夫婦二人受戒 後爲賊所累夫遂逃避其婦繫獄融敎至心稱觀世音更無餘法婦人依語感枷杻三木自然釋脫獄門自開因是免難其事非一不可備論頌曰
專持菩薩號 八部護君身 急難隨聲應 唯除不信人

가추(枷杻)는 예전에, 죄인의 목에 씌우던 나무칼과 손목에 채우던 수갑을 아울러 이르던 것이고, 삼목(三木)은 죄인(罪人)의 목·손·발에 각각(各各) 채우던 세 형구(刑具). 칼, 수갑(手匣), 차꼬를 이른다.

여덟 번째 의심, 예로부터 내려오면서 생명을 죽여서 제사를 지내어 가시게 된 죄업은 어떤 공덕을 지어야 소멸할 수 있겠는가.
[해설] 다만 각자 (경전을) 베껴 쓰고 공양하라.『금광명경』에서는 이 공덕을 돌이켜서 저들 원수에게 주면 앞으로 대면할 일이 없게 된다고 하였다. 예를 들면 장거도(張居道)가 살생하다가 갑자기 원수에게 끌려가게 되었을 때 명부의 관문에서 이 경전을 베껴 쓰도록 허락받자 원수가 풀어주었고 장거도는 풀려나 돌아왔다. 다만

---

74) 道世撰,『法苑珠林』卷62(T53, 757c20-758a07).

속죄하는 마음으로 경문을 집안에 모셔두고 공양하였으며, 매일 이 경전의 제목과 명목(名目) 및 삼보의 이름을 부지런히 힘써 불렀더니 자연히 집안의 권속이 평안해지고 재화와 포백(布帛)이 점점 늘어났다. 모든 천인과 용이 다 와서 집을 보호해 주었고, 모든 재앙과 횡액과 삿된 귀신이 다 감히 해치지 못하였다.75) 청하건대 이 말을 지극히 믿는다면 마침내 헛되지 않으리라. 게송으로 말하겠다.

법보는 진실로 훌륭한 약이나 중생이 스스로 맛보지 않네.
베껴 쓰고 지송하고 공양하면 대대로 천당에 오르게 되리라.

第八疑 自來殺生祭祀 所有罪業 作何功德 而得消滅耶
釋曰 但各書寫供養 金光明經 迴此功德 與彼怨家 將來無對 如張居道殺生 忽被怨家取去冥關許寫此經 怨家解脫 居道放還 但將所贖經文安家中供養 每日精勤 稱此經題名目及三寶名 自然家中 眷屬安穩 財帛增多 一切天龍 皆來護宅 一切災橫 邪鬼悉不敢害 請至信此言 終不虛也 頌曰
法寶眞良藥 衆生自不嘗 書持并供養 世世上天堂

아홉 번째 의심, 무릇 재(齋)의 복을 닦고 경전을 독송한 (공덕을) 마땅히 집의 어떤 신명(神明)에게 회향해야 하며 대체로 몇 분이 계시는가.

[해설] 천·용·선신·염라·명부의 관리·산과 강, 국경과 마을의 온갖 신명(神明), 집안의 토지신, 집을 보호하는 선신(善神)과 아울러 선대(先代)의 망령(亡靈)과 삼악도에 떨어진 자에게 회향한다. 이들 이외에 그 나머지 집안에 뒤섞여 있는 잡귀신은 제외하니 모두 그 일이 필요하지도 않고 또 회향할 필요도 없다. 이들은 모두 그대의 집에서 섬기는 이들이 아니니 올바르지 못하게 아첨한다고 지칭한다. 간절히 이 말을 믿어라. 게송으로 말하겠다.
복을 지어서 언제나 천인과 용, 착한 귀신에게 베풀어 회향하면
범접하기 어려운 위엄의 빛이 항상 덮어서 보호하여

---

75) 曇無讖譯, 『金光明經』卷4(T16, 358b02-358c20).

그대가 재난을 겪을 때 벗어나게 하리라.
　　第九疑 凡修齋福 幷讀誦經典 當迴向家宅何等神明 凡有幾位耶
　　釋曰 迴向天龍善神閻羅冥官山川 境邑一切神明 家中土地神 護宅善神 幷先
　　代亡靈 墮在惡道者 除此以外其餘家中雜雜鬼神 幷不須事之 亦不須迴向 此
　　等皆非汝家所事 悉名邪諂 切信此言 頌曰
　　作福常迴施 天龍善鬼神 威光常覆護 使汝免災迍

　열 번째 의심, 이미 제사를 허락하지 않았다. 만일 일가권속이 사망하거나 아귀의 세계에 떨어지게 되면 어떻게 그 음식을 베풀어야 하는가.
　[해설] 경전에 방법이 있다. 지금 마땅히 널리 (방법을) 보일 것이니 각자 따르고 실천하기를 청한다. 이와 같이 음식을 베풀면 얻는 복이 한량이 없으니, 마치 백천 구지(俱胝) 의 모든 붓다께 공양하는 것과 똑같은 것이다. 매일 깨끗한 그릇을 가져다가 깨끗한 밥 한 그릇을 담는다. 다만 도자기와 철기는 제외하니 사용해서는 안 되며, 경전에서는 구리로 만든 그릇이 가장 좋다고 하였다. 그 그릇이 아주 클 필요는 없으니 곧 이것은 발우 그릇에 속하는 것이다. 매일 저녁 무렵이 되면 깨끗한 물을 그 밥 위에 부어 가득 채운다. 왼손으로 그것을 받들고 오른손 검지손가락을 그릇 안에서 들어 올린다. 주(呪) 7편을 염송하고 나서 손가락을 7번 튕기고, 밥을 가지고 깨끗한 땅에 기울여서 비운다. 복숭아와 자두나무 밑에 가까이 기울여 비워서는 안 된다. 마치고 나서 이렇게 말한다. "제가 지금 모든 아귀와 풀에 의지하고 나무에 붙어 있는 외로운 혼령과 머물러 남아있는 혼백, 우월하거나 열등한 귀신들에게 청정한 법식을 널리 베풉니다. 막힘이 없고 걸림이 없으니 뜻대로 배불리 채우소서." 또는 삼보의 이름 등이나 경전 안에 있는 주(呪)를 더할 수도 있다. 이렇게 법식을 베푸는 것은 집안의 돌아가신 권속들이 음식을 얻게 할 뿐 아니라 널리 모든 아귀를 배불리 채우게 하니 그 이익이 매우 깊다. 승려이건 속인이건 남자이건 여자이건 이러한 방

법으로 모두 실천할 것을 널리 권한다. 게송으로 말하겠다.
　귀신의 세계[鬼道]는 언제나 굶주리고 목마르니
　마땅히 불쌍하게 여기는 마음을 내어서
　입안에 (들어갈) 음식을 덜어주니
　붓다께서 복밭이 매우 깊다고 칭찬하시네.
　第十疑 旣不許祭祀 或家眷死亡 墮在鬼趣 云何施其飮食耶
　釋曰 經有方法 今當普示 請各依行 如此施食 得福無量 如供養百千俱胝諸佛
　功德正等 每日將淨器 盛一器淨飯 唯除瓷器及鐵器不得用 經中銅器最上 其
　器不須至大 卽是盂器之屬也 每日至暮時 以淨水灌其飯上令滿 以左手擎之
　以右手舉頭指於器中 誦呪七徧已 彈指七下 將飯傾於淨地 不得近桃李樹下
　傾 已而作是言 我今普施 一切餓鬼 依艸附木 孤魂滯魄 勝劣鬼神 淸淨法食
　無遮無礙 隨意飽滿 或能更爲稱三寶名等其呪如經中此施法食不獨令家先眷
　屬得食普令一切餓鬼飽滿利益甚深普勸若僧若俗若男若女盡行此法頌曰
　鬼道常飢渴 當生憐憫心 能蠲口中食 佛讚福田深

19. 시식수지 施食須知
시식을 할 때 마땅히 알아야 할 것[주의사항]

설천사문 인악 술
雪川沙門 仁岳 述

정각[淨覺, 992-1064]은 북송(北宋) 때 천태학 승려로 삽천[절강성 오흥현 (吳興縣)] 사람이다. 속성은 강(姜)이고 이름은 인악(仁岳)이며 자(字)는 적정(寂靜), 자호(自號)는 잠부(潛夫)이고 정각(淨覺)이라는 호를 하사 받았다. 일찍이 사명지례(四明知禮)를 10여 년간 스승으로 모셨고, 그 깊은 뜻을 궁구하였다. 산가(山家)파와 산외(山外)파의 논쟁이 점점 격렬해지자 사(師)는 지례(知禮)를 도와 산외파의 무리에 대항하여 많은 힘을 발휘하였다. 후에 병으로 인하여 조용한 방에서 고요히 앉아서 참선하다가 마치 꿈에서 깨어나는 듯 지금까지 배운 것이 잘못되었음을 깨닫고 마침내 준식(遵式)의 문하에 의탁하였다. 지례(知禮)와 더불어 서로 논쟁하였고 스스로 일파를 이루었는데 세상에서는 잡전파(雜傳派) 또는 후산외파(後山外派)의 태두라고 불렀다. 소경사(昭慶寺), 석벽사(石壁寺), 영지사(靈芝寺), 혜안사(慧安寺), 청수사(淸修寺) 등 제사(諸寺)의 주지를 맡았고, 영가(永嘉)현의 정토결사(淨社)를 10년간 주도하였으며, 크게 법의 교화를 펼쳤다. 후에 고향으로 돌아와 상부사(祥符寺)에 머물렀다. 만년에는 오로지 정업(淨業)에 뜻을 두었고, 세 손가락을 불태워 붓다께 공양하였으며, 계율의 규범을 엄격하게 지켰다. 치평(治平) 원년 편안히 앉아서 시적(示寂)하였으니 세수 73세였다. 저서에는 『대론절문(大論節文)』12권, 『능엄집해(楞嚴集解)』10권, 『능엄문구훈문기(楞嚴文句熏聞記)』5권, 『능엄문구발진초(楞嚴文句發軫鈔)』2권, 『미타경소(彌陀經疏)』, 『미타경소지귀(彌陀經疏指歸)』, 『금강반야경소(金剛般若經疏)』, 『십간서(十諫書)』, 『잡록명의(雜錄名義)』 등 대략 55권이 있다.76)

불교에서 귀신에게 음식을 베풀게 된 유래는 세 가지가 있다. 첫째 『열반경』「범행품」에서 말씀하신 것이다. 붓다께서 넓은 벌판에 있는 마을을 다니셨는데 광야(曠野)라고 부르는 한 귀신이 있었다. 순전히 피와 고기만 먹었고 많은 중생을 죽였으며 또 그 마을에서 하루에 한 명씩 잡아먹었다. 붓다께서 그때 (광야를) 위해 법의 중요한 부분을 설해주고 그에게 살생을 금하는 계율을 받게 하셨다. 이날 마을에 한 장자가 있었는데 죽을 차례가 되어 귀신에게 보내졌다. 그 귀신이 그 장자를 받고 나서 붓다께 보시하였더니 붓다께서 수장자(手長者)라는 이름을 지어주셨다. 귀신이 붓다께 아뢰었다. "저와 권속들은 오직 피와 고기만을 바라고 살아왔는데 이제는 계를 받았으니 마땅히 어떻게 몸을 보존해야 합니까?" 붓다께서 말씀하셨다. "지금부터 마땅히 성문제자들에게 명하여 그들이 수행하는 곳마다 모두 그대에게 음식을 베풀도록 할 것이다." 이러한 인연으로 모든 비구에게 이와 같은 계율이 제정되었다. (붓다께서는) "만일 머무는 곳이 있으면서도 베풀지 않는다면, 마땅히 알라. 이

---

76) 『佛祖統紀』卷21, 『釋門正統』卷5; 『불광대사전』, 4713.

러한 무리는 나의 제자가 아니며 곧 천마의 무리와 권속이다"라고 하셨다.77)

釋敎施鬼神食者 緣起有三 一者涅槃經梵行品云 佛游曠野聚落 有一鬼神卽名曠野 純食血肉 多殺衆生 復於其聚落 日食一人 佛於爾時 爲說法要 令彼受不殺戒 是日村中有一長者 當死送與鬼神 其神得已卽以施佛 佛爲立字名 手長者 鬼白佛言 我及眷屬 唯仰血肉 以自存活 今已受戒 當何資身 佛言從今 當敕聲聞弟子 隨有修行之處 悉施汝食 以是因緣 爲諸比丘制如是戒 若有住處 不能施者 當知是 輩非我弟子 卽是天魔徒黨眷屬

둘째 『기귀전』「수재궤칙(受齋戒軌)」에서 말씀하신 것이다. 가리디모(呵利帝母)는 전생의 일로 인하여 왕사성(王舍城)에 있는 아이들을 잡아먹겠다고 발원하였다. 그 여인은 잘못된 소원으로 인하여 마침내 약차(藥叉)의 몸을 받게 되었고 5백 명의 아이를 낳았는데, 날마다 왕사성에 있는 남자아이와 여자아이를 잡아먹으니 여러 사람이 붓다께 (그 일을) 아뢰었다. 붓다께서 그녀의 어린 아들을 감추시니 다음날 귀신의 어미가 (아들을) 두루 찾아다니다가 붓다가 계신 곳에 이르러서야 비로소 찾게 되었다. 붓다께서 그녀에게 말씀하셨다. "그대는 아이가 5백 명이나 있으면서 한 아이도 오히려 가엾게 여기는데, 하물며 다만 한두 명만 있는 다른 사람들은 어떠하랴." 말씀을 마치시고 붓다께서는 곧 그녀를 교화하여 오계(五戒)를 받게 하셨다. (가리디모는) 그로 인하여 붓다께 간청하여 말하였다. "저와 아이들 5백 명은 이제 무엇을 먹어야 하겠습니까?" 붓다께서 말씀하셨다. "내가 필추[비구]들에게 명령하여 머무는 곳마다 매일매일 음식을 마련하여 그대가 배불리 먹게 하겠다." 그러므로 서방에 있는 모든 사찰에서는 늘 문옥(門屋)이 있는 곳이나 식당과 주방 근처에 가리디모의 형상을 새겨 놓거나 그림으로 그렸다. 한 아이를 안고 무릎 아래에는 다섯이나 세 명의 아이를 두어 그 형상을 표현하였는데, 날마다 그 앞에 공양할 음식을 많이 차려놓는다. 그

---

77) 曇無讖譯, 『大般涅槃經』卷18(T12, 460c01-460c22).

가리디모는 곧 사천왕의 대중으로 매우 왕성한 세력이 있다. 만일 질병이 있거나 자식이 없는 사람이 다 대접하고 빌면 모두 소원을 이루게 된다. 자세한 내용은 율장에서 설하는 것과 같다.78)

二者 寄歸傳受齋戒軌則章云 阿利帝母 先身因事 發願食王城所有兒 女因其邪願 遂受藥叉之身 生五百子 日飡王城男女 諸人白佛 佛爲藏其稚子 明日鬼母 徧覓至於佛所方得 佛告之日 汝子五百 一尚見憐 況餘人但一二 而已佛卽化之 令受五戒 因請佛曰 我子五百 今何食焉 佛言 我令苾蒭等 隨所住處 日日設食 令汝充飡 故西方諸寺 每於門屋處或在食厨 邊塑畫母形 抱一兒子於膝下或五或三 以表其像 每日於前 盛陳供食 其母乃四天王部衆大豐勢力若有疾病或無了79)息咸饗禱焉皆隨所願廣如律說三者按焰口經云(此經兩譯一實叉難陀譯名救面然二不空譯名救拔焰口)

문옥(門屋)은 관아나 사원 입구의 지붕이 있고 기둥만 있고 벽체가 없는 일주문을 의미한다는 설이 있다.

셋째 『염구경』에서 말씀하신 것이다. [이 경은 두 가지 번역본이 있다. 첫째는 실차난타가 번역한 『불설구면연아귀다라니신주경(佛說求面然餓鬼陀羅尼神呪經)』이고 둘째는 불공(不空)이 번역한 『불설구발염구아귀다라니경(佛說救拔焰口餓鬼陀羅尼經)』이다.]

붓다께서 니구율나(尼拘律那) 승가람(僧伽藍)에 계실 때였다. 그때 아난이 혼자 조용한 곳에서 받은 법에 대해 생각하고 있었는데 그날 밤이 되자 염구(焰口)라고 부르는 한 아귀가 나타나 아난에게 말하였다. "앞으로 사흘 후면 그대는 목숨이 다하여 아귀도에 태어날 것입니다." 아난은 이 말을 듣고 마음에 두려움이 생겨서 아귀에게 물었다. "어떤 방편을 행해야 이 고통을 면할 수 있겠는가?" 아귀가 말했다. "그대가 내일 백천 나유타 항하의 모래 수만큼 많은 아귀와 바라문선(婆羅門仙) 등에게 보시하되, 마가다국에서 사용하는 용량(斛)으로 각각 1곡(斛)의 음식을 보시하고, 아울러 나를 위해 삼보께 공양을 올려준다면 그대는 수명이 늘어나게 되고 나는 고통에서

---

78) 義淨撰, 『南海寄歸內法傳』卷1(T54, 209b06-19).
79) '了'는 '子'의 오기로 보임.

벗어나 천상에 태어날 수 있게 됩니다." 아난이 이 일을 붓다께 아뢰었다. "제가 지금 어떻게 아귀와 선인에게 줄 얼마간의 음식을 잘 갖출 수 있겠습니까." 붓다께서 말씀하셨다. "무량위덕자재광명승묘력이라고 부르는 다라니가 있다. 만일 염송한다면 아귀들과 선인들에게 훌륭하고 오묘한 음식을 충분히 만족하게 줄 수 있고 모두 마가다국의 49곡(斛)을 얻게 될 것이다." 나아가 또 말씀하셨다. "만일 선남자 선여인이 오래 살고 복덕이 늘어나는 영화로움을 구하여 속히 보시바라밀을 원만히 구족하고자 한다면 매일 이른 새벽이나 아무 장애가 없는 모든 때에 깨끗한 그릇 하나를 가져다가 깨끗한 물을 담고, 약간의 마실 미숫가루와 온갖 떡과 밥 등을 놓고 오른손으로 그릇을 만지면서 주(呪) 7편을 외워 가지(加持)하고 나서 손가락을 7번 튕기고 깨끗한 땅 위에 팔을 뻗어 그것을 쏟아라." [불공의 번역본에는 주(呪)를 염송하고 나서 사여래(四如來)의 명호를 부르게 하였는데, 실차난타의 번역본에는 없다. '감로다라니(甘露陀羅尼)'라고 하는 물을 베푸는 주(呪)가 있는데, 마땅히 물 한 움큼을 가져다가 또한 주(呪) 7편을 염송하고 공중에 그 물을 흩어서 뿌리면 한 방울이 10곡(斛)의 감로로 변하여 모든 아귀가 다 배불리 채우게 된다. 두 가지 경전은 주(呪)의 말씀이 나란히 되어있다. 삽천(霅川)은 이 글에서 두 가지 주(呪)를 나열하였다. 지금의 이『시식통람』에서는 이미 앞에서 두 경전을 인용하여 모든 주를 이미 갖추었기 때문에 여기서는 생략하여 뺐다.]80)

三者按焰口經云(此經兩譯 一實叉難陀譯名救面然 二不空譯名救拔焰口) 佛在尼拘律那僧伽籃 爾時 阿難獨居靜室念所受法 卽於其夜見一餓鬼名曰焰口 白阿難言 卻後三日 汝命將盡 生餓鬼中 阿難聞此心生惶怖 問餓鬼言 行何方便得免此苦 鬼曰 汝於明日 若能布施百千那由陀恒河沙數餓鬼幷婆羅門仙等 以摩伽陀國所用之斛 各施一斛飮食 及爲我供養三寶 汝得增壽 令我離苦 得生天上 阿難以事白佛 我今云何能辨若干餓鬼仙人飮食 佛言有陀羅尼名無量威德自在光明勝妙力 若有誦者 卽能充足餓鬼及仙上妙飮食 皆得摩伽陀國七

---

80) 이 주석은『시식통람』을 엮은 종효(宗曉)가 써넣은 것으로 보임.

七斛食 乃至云若有善男子善女人 欲求長壽福德增榮 速能滿足檀波羅蜜 每於晨朝及一切時悉無障礙 取一淨器盛以淨水 置少飲麨及諸餅飯等 以右手按器 誦呪七徧加持已 彈指七下 於淨地上展臂瀉之(不空譯 呪後令稱四如來名 實叉譯則無 而有施水呪名甘露陀羅尼 當取水一掬 亦誦呪七徧 散於空中其水 一滴變成十斛甘露 一切餓鬼悉得飽滿 兩經呪詞併列之然 雪川此文列二呪 今此施食通覽 既引二經於前 諸呪已具故 於此中略去)

가려서 말한다면 기록된 시식의 유래는 세 가지가 서로 다르다. 이것은 곧 훌륭한 방편의 자취를 보여서 후세의 청정한 행[梵行]을 닦는 자들이 의지하여 그것을 실천하도록 한 것이다. 반드시 알아야 할 두 가지 뜻이 있다. 첫째는 붓다께서 계율로 베풀게 하셨으니, 어기면 죄를 얻게 된다. 출가 제자는 날마다 광야귀신과 귀자모 같은 무리를 위해 반드시 베풀어야 한다. [지금의 생반(生飯)을 내는 것이 이것임]

둘째는 붓다께서 명령으로 베풀게 하신 것으로 따르면 복을 얻는다. 이것은 재가인에게 가르치신 것이니 지극한 마음으로 염구(焰口)와 바라문선(婆羅門仙)과 같은 이를 위한 것이니 잘 구분해야 한다. [지금의 곡(斛)을 베푸는 것이 이것임] 혹여 죽은 사람을 위해서 음식으로 육도(六道)에 제사 지내는 것을 경전[教文]에서는 보지 못하였다. 형계(荊溪) 선사께서 말씀하셨다. "이것은 양나라 무제가 강동(江東) 사람들이 음사(淫祀)를 많이 지내는 것을 보고 비슷한 불법(佛法)의 방편을 써서 마땅히 그것을 대신한 것이다."81) 『바사론』에서는 "만일 제사로 인한 것이라면 오직 귀신만 받을 수 있다. 묻는다. 뛰어난 귀신을 위한 것인가 열등한 귀신을 위한 것인가. 답한다. 뛰어남도 아니요, 열등함도 아니다. 만일 뛰어난 귀신을 위한 것이라면 천인들이 마땅히 받을 것이고, 열등한 귀신을 위한 것이라면 지옥에서 마땅히 받을 것이다. 그 귀신의 세계[鬼道]에도 저절로 그러한 힘이 있기 때문이다"82)라고 하였다.

---

81) 湛然述, 『法華文句記』卷4中(T34, 224c26-27).

議曰所錄施食因起三種不同 斯乃善權示迹 俾後世修梵行者 依而行之 須知二意 一者佛戒令施 違則得罪 出家弟子 日日須施 如爲曠野鬼神 幷鬼子母之類[今出生飯者是] 二者佛敎令施 順則得福 此敎在家之人 至心所辨 如爲焰口及婆羅門仙(今之施斛者是) 或有爲亡人以食祭六道者未見敎文 荊溪禪師云 此是梁武帝 見江東人多淫祀 以相似佛法權宜替之 按婆沙論云 若因祭祀唯鬼神得 問爲勝耶爲劣耶 答非勝非劣 若勝天人應得 若劣地獄應得 以其鬼道有自爾之力故

형계(荊溪) 선사의 법명은 담연(湛然, 711~782]이고 형계는 출신지이다. 묘락 대사(妙樂大師)라고도 하고, 시호는 원통존자(圓通尊者)이다. 많은 주석으로 천태 지의(天台智顗) 선사의 주장을 보완하려고 노력했으므로 후에 기주 법사(記注法師)로 칭하기도 한다. 영가 대사의 동문으로 알려진 좌계 현랑(左溪玄朗)을 이어 천태종 제5조가 되었다.

이제 광야귀신과 귀자모에게 음식을 베푸는 것 또한 뛰어나지도 열등하지도 않은 무리에게 제사 지내는 것과 동일한 것임이 더 분명해졌다. 이미 저절로 그러한 힘이 있기 때문이다. 경전에는 가지(加持)하는 법이 없다.『아함경』에서 말씀하신 것과 같이 귀신은 적은 것을 변화시켜 많아지게 할 수 있다는 것이 곧 그 일이다.『염구경』에서 주(呪)를 외우는 것은 아귀의 세계가 열악하고 악업이 매우 무거우므로 반드시 법의 힘을 빌려서 장애를 제거하고 훌륭한 맛으로 변화시키게 하는 것과 같다. 내가 보니 요즘 승가람과 속인의 집에서는 재(齋)를 지낸 다음에 생반(生飯)을 내놓아 곁에 있는 사람이 깨끗한 그릇에 거두어 가져가서 땅 위나 내와 못 사이에 뿌리게 하여 다만 조개나 물고기, 날짐승과 길짐승의 족속만 먹게 한다. 또 아난이 아귀와 바라문선 대중에게 음식을 베푸는 그림이 있다. 그림의 아래에는 염구(焰口)를 구제하는 주(呪)와 7여래의 명호가 전하여 베껴져 쓰여있는데, 음식을 공양하는 것이 이미 이어져 온 것이다. 오랫동안 때때로 출가한 무리가 모두 붓다께서 본래 광

---

82) 湛然述,『法華文句記』卷4中(T34, 224c22-25), 형계담연은 "『婆沙雜揵度』中云"이라고 하였음.

야귀신과 귀자모의 일로 그들을 위해서 제정하신 것임을 기억하지 못한다.

> 今更明之施曠野鬼神鬼子母食 亦同祭祀非勝非劣之類也 旣有自爾之力故 經中無加持之法 如阿含經云鬼能變少爲多卽其事焉 若焰口經 令誦呪者 以餓鬼趣劣 惡業至重 須假法力 除障及變成上味故 余觀今時僧伽藍俗舍 齋次出生食 令傍人取斂 安淨器 散陸地上 或川澤間 唯飼鱗介飛走之族 復有畫阿難施餓鬼食幷婆羅門仙衆 傳寫救焰口呪七如來名於圖之下 以食供養而已相承旣久往往出家之流 都忘佛制本爲曠野鬼神鬼子母之事也

이제 사부대중에게 청하건대 무릇 출생식(出生食)은 승려들이 내놓으면 모두 한곳에 모아서 먼저 대중 스님의 자리 끝에 두거나 혹은 청정한 곳에 탁자 하나를 두고 그 위에 물 한 그릇을 담고 향을 피워 그들에게[광야와 귀자모] 공양한다. [『기귀전』에서는 서쪽 지방에서 시주가 스님들을 청하여 공양을 하는 날, 처음에는 성승(聖僧)의 공양을 가져다 두고 다음으로 스님들의 음식을 나눈다. 또 (스님들) 줄 끝에는 한 그릇의 음식을 두어 가리디모가 공양하도록 한다[83]라고 하였다. 이에 의하면 사람마다 각자 스스로 내놓을 필요는 없다. 지금은 이 땅의 통상적인 의례를 따르기 때문에 각자 내놓는 것이다.]

> 今請四衆凡出生食 僧旣出已 幷著一處 先安衆僧座末 或淸淨處 置一卓子上 盛水一器焚香供養之[寄歸傳云 西方施主請僧齋日 初置聖僧供 次行僧食 復於行末安食一盤 以供呵利帝母 據此不須人人各自出生 今順此土常儀故 各出生也]

공양[齋]을 마치면 방법을 아는 자가 음식과 물을 가져다가 주(呪)를 외우고 손가락을 튕기며 (4여래의) 명호를 부르고, 이른바 가리디모와 광야귀신, 염구 등의 모든 아귀를 관상한다. 정결한 곳으로 나아가 음식을 땅에 흩어서 뿌리고 공중에 물을 뿌린다. 그러나 그 음식을 날짐승이나 길짐승 등의 무리에게 주어 그들이 먹는 것도

---

83) 義淨撰, 『南海寄歸內法傳』卷1(T54, 209b04-06).

무방하다. 어떤 이는 묻는다. 광야귀신과 귀자모 등에게 음식을 베
푸는데 지금 염구(焰口)의 주(呪)를 사용하는 것은 무엇 때문인가.
대답하여 말한다. 귀신은 이미 저절로 그러한 힘이 있다. 업을 따
라 나타내는 것이니 얼마나 얻을 수 있겠는가. 만일 주(呪)의 법으
로 조금이라도 돕는 것이라면 붓다께 공양 올릴 때도 오히려 진언
을 사용하여 공양이 두루 미치게 하는데 하물며 이것이 어두운 삼
악도[幽塗]에서 어찌 은밀한 이익이 없겠는가.

齋畢知法者 取食與水 誦呪彈指呼名 運想所謂阿利帝母曠野鬼神焰口等一切
餓鬼 就淨潔處 散食於地 洒水於空 然其食不妨與飛走等類噉之 或問施曠野
鬼神鬼子母等食 今用焰口呪者何耶 對曰鬼神旣有自爾之力 循業所現能得幾
何 儻以呪法則微助 其徧供佛 尚用眞言 況此幽塗 豈無密益

묻는다. 생반(生飯) 내놓은 것을 가지고 염구(焰口) 등에게 베풀게
하였는데 그 일이 옳은 것인가? 답한다. 경문에서 이미 매일 이른
아침이나 아무런 장애가 없는 모든 때를 말씀하셨는데 어찌 밤에만
수고로이 곡(斛)의 음식을 바야흐로 아귀에게 베푸는 것인가. 이는
골고루 한 끼의 적은 음식을 나누어 세 종류[광야, 귀자모, 아귀]의
굶주림과 허기를 채우는 것이다. 베푸는 것이 매우 적을지라도 그
이익은 더욱 많다. 성인의 말씀이 헛되지 않으니 간절히 의심하지
말라. 또 어떤 이가 말하기를 만일 쌀과 밀가루에 속하는 것이라면
바야흐로 내놓을 수 있지만, 채소와 과일과 같은 종류는 먹지 않는
다고 하였다. 나는 그렇지 않다고 말할 것이다. 『춘추좌씨전』에서
는 "참으로 명백한 믿음이 있다면 산골 도랑이나 늪가에 난 풀, 개
구리밥, 흰쑥, 수초와 같은 (변변치 못한) 나물로도 귀신에게 올릴 수
있다."라고 하였다. 어째서 갑자기 음식[物]의 종류로써 그것에 방해
가 된다고 하는가. 과거에는 고산(孤山)의 「출생도기(出生圖紀)」가 있
었고, 천축[天竺, 준식]의 「시식정명(施食正名)」이 있었다. 「출생도기」
는 오로지 가리디모를 훈계한 것을 보였고, 「시식정명」은 오직 (시
식을) 권유하는 데 뜻을 두었다. 지금은 종합해서 중심이 되는 요긴

한 것을 모았으니 아울러 통달할 수 있다면, 바라는 바는 재가인과 출가인이 우러러 붓다께서 제정하신 것을 따르고 언제나 법식의 은혜를 실천하는 것이다.

問 將出生食 令施焰口等 其事得否 答經文既云 每日晨朝及一切時悉無障礙 何獨夜勞斛食方施餓鬼 是則均一飡之少分充三類之飢虛 所施甚微 厥利尤博 聖言不妄 切莫疑心 或有云 若是米麵之屬 方可出生 若蔬果者物類則不食也 余謂不爾 左傳云 苟有明信 澗溪沼沚之毛 蘋蘩蘊藻之菜 可薦於鬼神 那忽以物類而爲其妨耶 昔孤山有出生圖紀天竺有施食正名圖紀則專示誡呵正名則唯存勸意今總撮樞要庶可兼通所冀在家出家仰遵佛制常行法食之惠也。那忽以物類而爲其妨耶 昔孤山有出生圖紀天竺有施食正名 圖紀則專示誡呵 正名則唯存勸意 今總撮樞要 庶可兼通 所冀在家出家 仰遵佛制常行法食之惠也

『춘추좌씨전(春秋左氏傳)』의 이야기는 「은공(隱公)」 3년에 나오는 구절이다. 갖춘 문장은 "진실로 마음이 광명하고 신의가 있으면 시내나 못에서 자라는 수초(水草)와 부평이나 마름 같은 채소와 광주리나 솥 같은 용기와 웅덩이나 길에 고인 물이라도 모두 귀신에게 제물로 바칠 수 있고 왕공에게 올릴 수 있다."[84]이다.

20. 시아귀식문 施餓鬼食文
[아귀에게 음식을 베푸는 글]

문충공 소식
文忠公 蘇軾

소식(蘇軾, 1036-1101)은 북송의 시인이자 정치가, 자는 자첨(子瞻)이고, 호는 동파거사(東坡居士)이다. 당송팔대가(唐宋八大家)의 한 사람이다.

귀신의 세계에는 굶주린 이가 많다. 마음이 어진 사람은 마땅히

---

84) 『春秋左氏傳』 「隱公」3年, "苟有明信, 澗溪沼沚之毛, 蘋蘩蘊藻之菜, 筐筥錡釜之器, 潢汙行潦之水, 可薦於鬼神, 可羞於王公."

그들을 구제할 것을 생각하여 주석이나 철로 된 것을 용량을 재는 그릇[斛斗]으로 삼아 한두 되[升]의 양을 받게 하는 것이 적당하다. 새벽마다 불을 때서 지은 깨끗한 밥을 가져다가 곡(斛)에 가득 채우고 뚜껑을 덮어서 깨끗한 곳에 둔다. 밤새도록 거듭 김을 올려 뜨겁게 한 것을 가져다가 걸러서 깨끗한 물이 되게 한다. 한 잔이라도 술과 고기를 먹지 않을 수 있다면 진실로 매우 훌륭하다고 할 수 있으나 그렇게 할 수 없으니 마땅히 깨끗한 물로 입을 헹구고 '구업을 맑히는 진언[淨口業眞言]' 7편을 외운다. 향을 피우고 축원하여 말한다. "붓다의 제자 아무개[某甲]는 밤새 갖춘 곡(斛)의 음식과 깨끗한 물을 모든 귀신에게 바칩니다." 또 『반야심경』 3편[卷]을 외우고 '지옥을 깨뜨리는 게송[破地獄偈]' 3편을 하고 또 축원으로 말한다.

"이 밥과 이 물이, 붓다의 자비의 힘을 받들어 이어받은 아무개[某甲]의 복의 힘과 서원의 힘으로 적은 것은 변화시켜 많아지게 하고, 거친 것은 변화시켜 곱게 하며, 더러운 것은 변화시켜 깨끗해지게 하소서. 모든 붓다의 제자가 이 물과 밥을 먹으면 단박에 굶주림과 목마름이 없어지고 모든 장애가 소멸되며 고통을 떠나 즐거움을 얻고 마침내 붓다를 이루어지이다."

말을 마치면 물을 움켜쥐고, 밥은 3분의 1은 지붕 위[屋上]에 흩어서 두고 남은 것은 가난한 사람들이 먹게 해도 무방하다. 물은 곧 그곳에 흩어서 뿌린다. 요컨대 평등하고 자비로운 마음과 구함이 없는 마음만 있을 뿐이다.

鬼趣多餓 仁者當念濟之 宜以錫或鐵爲斛斗 受一二升量 每晨取炊熟淨飯 滿斛蓋覆著淨處 至夜重餾令熱取透幷淨水 一盞能不食酒肉固大善不能 當以淨水漱口 誦淨口業眞言七徧 燒香呪願云 奉佛弟子(某甲) 夜具斛食淨水 供養一切鬼神 又誦般若心經三卷 破地獄偈三徧 便呪願云 願此飯此水承佛慈力下承(某甲) 福力願力 變少爲多 變粗爲細 變垢爲淨 願諸佛子 食此水飯 頓除飢渴 諸障消滅 離苦得樂 究竟成佛 言已以水掬 飯三分之一 散置屋上 餘者不妨以食貧人 水卽散洒之 要在發平等慈悲無求心耳

21. 시식방생문 施食放生文

현량 진순유
賢良 陳舜俞

현량(賢良)은 ① 경학(經學)에 밝고 덕행(德行)이 뛰어난 사람. ② 한(漢) 나라 때에 실시된 관리 등용 방법으로 일명 현량방정과(賢良方正科)라고도 하였다. 전국 각 군으로부터 어질고 선량한 인재를 천거하게 하여 이들에게 책문(策問)을 시험하여 성적이 우수한 자를 선발하였다.
진순유(陳舜俞, ?~1074)는 송나라 때 사람으로, 자는 영거(令擧), 호주(湖州) 오정(烏程) 사람이다. 일찍이 벼슬을 버리고 수주(秀州) 백우촌(白牛村)에 은거하여 자호를 백우거사(白牛居士)라고 하였다. 나중에 다시 출사하여 왕안석(王安石)의 청묘법(靑苗法)을 반대하며 상소하여 탄핵하였다가 좌천되었는데, 여산(廬山) 남쪽에 귀양살이하면서 소 두 마리를 길러 때때로 유환(劉煥)과 함께 타고 다녔다.[85]

생각해 보면, 하나의 사바세계에는 티끌 수만큼 많은 국토가 있고, 일천 개의 마을에는 만억의 가람이 있으며, 가람에는 한 명의 사문이 있다. 붓다의 탄신일에 여러 훌륭한 승려들이 모여서 한 그릇의 음식으로 아귀와 물과 육지와 허공의 (중생을) 불러서 마음껏 단식(摶食)을 먹인다. 여러 축생인 날짐승과 길짐승, 물고기와 조개의 무리를 풀어주어 본래 있던 곳으로 돌려보내고 그들을 위해 법을 설해주며 청정한 계율을 베풀어 불사(佛事)를 짓는다. 그때 대중의 모임 가운데서 한 거사를 만났는데 사문이 "음식을 모아서 먹이는 것은 진실로 그대가 인색하고 탐내는 마음이 생기는 것을 취해서 내는 것이다. 진실로 그대가 (남을) 죽이고 해친다면 저 아귀들은 인색하고 탐냈기 때문이고 저 축생들은 죽이고 해쳤기 때문이니 마땅히 저들처럼 살생하여 저들을 따라 (삼악도에) 떨어져서는 안 된

---

85) 『宋史』卷331 張問列傳 附 陳舜兪.

다"라고 말했다고 하였다. 그때 그 사문이 거사에게 일러 말하였다. "그대가 이렇게 나고 죽는 것을 취하거나 버리는 마음이 없다면, 모든 모양(相)을 나와 견주는 것이 허망한 것이니 진실로 불사를 짓는 것이다. 어째서인가. 만일 변화한 사람(化人)과 변화한 아귀와 모든 축생의 부류가 변화한 것이라면 베푼 음식을 먹이고 놓아서 살게 하더라도 모든 세간의 나고 죽는 것을 취하거나 버리는 마음은 이러한 모양을 떠나지 않는다. 실제로는 먹지 않으나 적은 양의 음식을 변화시켜 셀 수 없는 음식이 되니 모든 아귀가 먹지 못함이 없다. 실제로는 태어남이 없으나 다함 없이 태어나니 모든 축생이 태어나지 못함이 없다. 어떻게 생각하는가. 모든 취하고 버림이 취하고 버림이 아닌 까닭이요, 모든 생사는 생사가 아닌 까닭이다. 아직 법을 알지 못하는데 어찌 하물며 모든 해탈을 말할 수 있겠는가. 아직 계율을 알지 못하는데 어찌 하물며 모든 설하신 (계율을) 지킬 수 있겠는가? 그때 사문이 말을 마치고 나자 모든 아귀와 물과 육지와 허공의 중생들이 모두 배불리 채웠고, 모든 축생인 날짐승과 길짐승, 물고기와 조개의 무리가 다 속박이나 장애가 없이 마음대로 하게 되었다. 이에 그것을 써서 기록하였다.

惟一沙界中微塵國土 一千聚落萬億伽藍 於伽藍中有一沙門 以佛誕辰 集諸善侶 以一盂食 召彼餓鬼水陸空等 隨意摶食 聚諸畜生羽毛鱗甲類 釋復本處 及爲說法 施淸淨戒 而作佛事 時衆會中 見一居士 謂沙門言 聚食於食 真汝慳貪 取生於生 真汝殺害 彼餓鬼等 以慳貪故 彼畜生等 以殺害故 不應殺彼 而隨彼墮 時彼沙門謂居士言汝無以此取捨生死虛妄諸相較我真實所作佛事所以者何若有化人及化餓鬼諸畜生類化以食施及令放生一切世間取捨生死不離是相以實不食變少分食作無數食一切餓鬼無不能食以實不生令無盡生一切畜生無不能生於意云何一切取捨非取捨故一切生死非生死故尚不見法何況能說及諸解脫者尚不見戒何況能持及諸說者爾時沙門作是語已一切餓鬼水陸空等皆得飽滿一切畜生羽毛鱗甲類皆得自在於是作記以書之

단식(搏食·團食·段食)은 밥·국수·나물·기름·장 따위와 같이 형체가 있는 음식으로 씹어 먹는 음식을 칭한다.

22. 최학사 시식감험 崔學士 施食感驗

『이견지(夷堅志)』에 보인다.
見夷堅志

이견지(夷堅志)는 송(宋) 나라 용재(容齋) 홍매(洪邁)가 지은 필기(筆記)고, 본래 420권이었으나 206권만 현존한다. 고금의 전문(傳聞)을 수집해서 엮은 것으로, 내용은 신선(神仙)과 괴이(怪異)한 고사 및 기문(奇聞), 잡록(雜錄)을 기록한 것이 많다. 시민의 생활상이나 일사(佚事)를 기록한 것이 많아 참고 가치가 높다. 정지(正志)가 10집(集)에 각 20권, 지지(支志)가 10집에 각 10권, 3지(志)가 10집에 각 10권, 4지(志)가 갑·을 2집에 20권이다.[86]

최공도(崔公度)의 자(字)는 백이(伯易)이다. 어려서부터 음식 베풀기를 좋아하여 음식을 베풀 때마다 높고 뛰어난[尊勝] 누런 번[黃旛]을 음식 위에 두루 꽂고 한밤중을 따르는 것을 예절로 삼았는데 큰 까닭이 있는 것은 아니었다. 아직 관직을 그만두지 않았을 적에 날마다 가까운 이들의 집에서 밥을 맛보았는데, 밤이 지나서야 비로소 돌아오는 길에 채하(蔡河)의 물길을 따라 주막의 깃발[帘]이 있었다. 미처 말에서 내리기도 전에 (말을) 잘못 건드려서 (말이) 놀라서 달아났고 최공도는 땅에 떨어졌다. 혼미하여 취한 듯 꿈꾸는 듯 알지 못하는 사이에 한 부인이 보였는데 와서 "이분은 최학사입니다. 빨리 머리의 두건을 풀어 그의 머리를 감싸세요"라고 말하였다. 또 그녀의 제자들을 불러 말하였다. "이분은 곧 음식을 베풀어 주시는 최학사이다. 지금 어려움에 처하였으니 구해드리지 않을 수 없다." 금세 10여 명이 대답하고는 전부 왔는데 모두 부인이었다. 몸을 두드리고 주물러주어 최공도를 깨웠더니 점차 깨어났고, 마침내 말에 타도록 권하여 집으로 돌려보냈다. 사람들은 그제야 최공도가 말에

---

86) 『四庫全書總目提要』卷142, 子部52 小說家類3; 『擊經室外集』卷3 四庫未收書提要』

서 떨어졌다는 소식을 들었다. 그러나 깊은 밤중에 어떤 사람이 있어서 머리를 싸매주었는지 괴이하였다. 최공도는 어렴풋이 그것을 말할 수는 있어도 그녀가 누구인지는 미루어 짐작할 수 없었다. 곧 그 두건을 풀어서 살펴보았더니 두 개의 붉은 무늬가 있는 비단에 피가 참혹하게 물들어 있는 가운데 실제로 종이 부스러기가 있었는데 모두 (최공도가 시식할 때) 누런 번[黃旛]으로 꽂은 것이었다. 손에서 재가 날아가 버리고서야 비로소 귀신의 물건임을 알았다.

崔公度字伯易 自少好施食 每施時常以尊勝黃旛 徧插食上 率以夜半爲節 非有大故 未嘗廢爲舘職 日嘗飯於親故家 至終夕方歸道 沿蔡河有酒家帘 未下馬過觸之驚逸崔墜地 迷而不知似醉夢間 見一婦人至曰 此崔學士也 急解帕巾裹其首 又招其徒曰 此乃施食崔學士 今有難不可不救 俄有十餘人應聲 倂來皆婦人也 與之按摩崔覺稍甦 卒勉上馬送歸家 人方聞其墜馬 但怪暮夜安得有人裹頭 崔彷彿能道之 亦不測其何人 及解其帕視之 乃二紅縑 有血慘色 中實碎帋 皆所插黃旛也 應手灰飛方知是鬼物耳

최공도(崔公度: ?~1097)는 북송(北宋) 때의 시인으로 자(字)는 백이(伯易)이고 강소성[江苏] 고우(高郵) 사람으로 최희보(崔希甫)의 손자이다. 말을 더듬었고 많은 책을 두루 읽었으며 눈으로 한 번 보면 잊지 않았다. 구양수(歐陽脩)가 그가 지은 『감산부(感山賦)』를 얻어서 한기(韓琦)에게 보였더니, 한기가 영종(英宗)에게 올려 국자직강(國子直講)에 제수되었으나 나아가지 않았다. 왕안석(王安石)이 국정을 맡아 다스릴 때『희녕계고일법백리론(熙寧稽古一法百利論)』을 바쳤고, 왕안석이 불러들여 함께 이야기를 나누었다. 임금과 대면하여 정사에 대한 의견을 상주하였고, 광록승(光祿丞)에 발탁되었으며, 양무현(陽武縣)을 맡았고 얼마 후에 어사(御史)로 천거되었다. 그 후 예부낭중(禮部郎中)에 임명되었고, 영(潁)·윤(潤)·선(宣)·통(通)의 네 개의 주(州)를 다스렸으며, 사직하고 임종하였다.

'채하(蔡河)'는 가상현(嘉祥縣) 낭산(狼山)의 마을을 흐르는 하천이다.
'렴(帘)'은 옛날 상점에서 간판 대신으로 단 깃발인데, 여기서는 주막의 표시를 위해 올린 깃발이다.

23. 사대부 시식문 士大夫施食文

회계군왕 사호
會稽郡王 史浩

사호(史浩, 1106~1194)는 남송 효종대의 재상이며 충신이었다. 자는 직옹(直翁), 시호는 충정(忠定), 작위는 월왕(越王)이다. 1106년 휘종 숭녕(崇寧) 4년 때 북송 명주(明州) 은현(鄞縣)에서 태어난 인물이다. 39세가 된 고종 소흥 14년(1144년) 과거에 진사로 급제하였고, 이후 대리사직, 기거랑, 한림학사, 추밀원 편수관을 지냈다. 고종 때 진회에 의해 억울하게 죽었던 악비의 신원 확인 및 회복을 주장하였고 효종이 그 말에 찬성하며 우승상에 승진하게 되었다. 금나라의 해릉양왕이 남송을 침공할 당시 태자였던 효종이, 사호와 논의 하나도 없이, 자신이 직접 군대를 이끌고 나가 막겠다고 건의하다 고종의 역린을 건들게 되자, 효종에게 조언과 간언해 준 일화도 있다. 앞서 올린 태자 자신의 건의가 성급함으로 고종의 심기를 거스른 것을 사죄하면서, 태자의 단독 출정 대신 고종과 효종이 함께 출정하는 내용으로 변경하도록 조언하였다. 효종은 해릉양왕의 침공을 격퇴하는 데 큰 공을 세웠고, 고종의 후임으로 황제 자리에 오르게 된다. 10여 년 뒤 사호 자신도 재상으로 승진한다. 임기는 1년에 불과했다. 광종이 즉위한 뒤 사호는 태사(太師)로 진위되었고, 1194년에 88세의 나이로 사망하였다. 사후 사호는 회계군왕(會稽郡王)으로 추봉 되었고 영종이 즉위한 뒤 문혜(文惠)라는 시호를 받았다. 1221년에는 작위가 월왕(越王)이 되었고 충정(忠定)이라는 시호를 받았다.

나의 이 음식은 장사하여 팔기 위한 것이 아니요, 직업으로 하는 것이 아니며, 논밭을 갈아 농사짓기 위함도 아니요, 승려나 도사(緇黃)가 보시받는 것을 위한 것도 아니다. 어느 곳에서 와서 어느 곳에서 얻는 것인가. 마땅히 알라. 이것은 곧 하늘과 땅이 생겨나게 한 귀신이 보호하고 도운 공덕이요, 임금과 재상과 조상들이 만들어 길러주신 것이고[化育] 남겨주신 은덕이다. 아마도 하늘과 땅이 귀신을 발생하지 않아서 보호하고 돕지 않는다면 음양(陰陽)이 고르지 못해서[愆伏] 가뭄과 침수가 빈번해진다. 이에 임금과 재상이 만들어 길러주시지 않았다면 정벌과 주살로[征誅] 곤욕을 치렀을 것이고 도적에게 창고에 있는 양식을 빼앗겼을 것이다. 조상을 계승하지 못하고 남겨주시지 않았다면 내가 어찌 있을 수 있었겠는가. 이 한 자 한 치[尺寸]의 땅 또한 어찌 내 몸으로 얻을 수 있으며 이 흙에서 나는 것을 먹을 수 있었겠는가. 이 네 가지 음식의 근본을 알지 못하면 안 된다.

> 我此飮食 不爲商販 不爲工作 不爲農耕 不爲緇黃之受施 何所從來 何所從得 當知此乃天地鬼神發生護助之功 君相祖先化育卑遺之德 蓋天地不發生鬼神不護助 則陰陽愆伏旱澇頻 仍君相不化育 則征誅困迫盜賊敓穀廩粟 不繼祖先不卑遺 則吾安得有 此尺寸之土 又安得有吾身而食此土哉 此四者飮食之根本不可不知也

더군다나 음식은 바야흐로 싹을 틔우고 나서 비로소 수확할[歲] 논밭을 갈고, 김을 매어 이에 모종을 거두어 수확하며, 벼를 키질하여 쭉정이를 날려버리고, 연자방아로 곡식을 찧는다. 이에 쌀은 절구와 공이로 쌀겨와 쭉정이를 제거하고 모래와 자갈을 골라내 깨끗하게 해야 비로소 부엌에 오를 수 있게 된다. 사내아이 종[僮僕]이 땔나무를 해서 이바지하고 계집종[婢]이 부지런히 불을 때서 밥을 지어주어야 비로소 그릇에 오를 수 있게 된다. 아아! 이 음식이 내 앞에 이르기까지 얼마나 많은 사람이 힘들였는지 알지 못하였구나. 이러한 까닭에 내가 한 번 배불리 먹는 것임을. 일찍이 하늘과 땅, 귀신, 임금과 재상, 조상의 공덕에 보답할 생각을 하지 못하였다. 또 일찍이 아랫사람들의 노고를 생각하지 못하였다. 지금 이러한 마음을 일으켜 널리 부끄러움과 감사의 마음을 진술하겠다.

> 又況食方萌蘖畢 歲始成耕耨 乃苗收穫 乃稻簸揚 乃穀磨礲 乃米於是白杵去糠粃 淘汰蠲砂礫 始得以登庖 僮僕供樵蘇 婢媵勤炊爨 始得以登器 嗚呼 此食之至吾前 不知作勞者幾何人耶 是故吾之一飽 未嘗不思報天地鬼神君相祖

先之功德 又未嘗不思念下人之勞苦 今擧斯心 普伸愧謝

오늘부터 중국인이든 이민족이든 제한을 두지 않고 함께 풍요로움에 올라 굶주림에 지치거나 굶어 죽으며 굶주린 얼굴빛에 근심하고 탄식하는 사람이 없게 하소서.

그런 뒤에 이 청척(淸滌)과 향긋한 밥으로 천거하여 감히 산과 내, 언덕과 골짜기, 도시와 마을, 마을 가까이에 있는 들과 언덕의 제사 지내는 이가 있거나 없는 위령(威靈)과 지각이 있거나 없는 혼백에게 고하나니 이 말을 들으시고 정성을 다한 제사를 흠향하시기 바랍니다. 혹은 쓱 하고 마시기 전에 온화하고 점잖게 차려놓은 곳에 나아가시길 바랍니다. 짐작하건대 배불리 채워서 미혹의 나루터를 떠나고, 정직하고 총명하게 영원히 성인의 길에 의지하기를 바랍니다. ○○년 ○○월 ○○일 삼가 고합니다.

願從今日 不限華夷 同躋豐樂 無有飢羸莩餓菜色愁歎之人 然後以此淸滌香秔之薦 敢用 致告山川陵谷城邑郊墟 有祀無祀之威靈 有知無知之魂魄 冀聞斯語享于克誠 或嘗飮以求前宜雍容而就列 斟酌飽滿求離迷津 正直聰明 永依聖道 某年月日謹告

청척(淸滌)은 『상변통고』권23 「祭禮」의 '제사에 사용하는 물품[祭用物品]'에서 "물을 청척이라 한다."라고 하였고, 그 소(疏)에서 "옛날 제사에 물을 술 대신 썼는데 그것을 현주(玄酒)라 했다. 청척이라 한 것은 맑고 깨끗함을 말함이다"라고 하였다.

우리 유가에서는 음식이 있으면 반드시 제(祭)를 하는데, 불교의 시식과 같은 의미이다. 그러나 불교에서는 글이 있어서 세상에 이미 성행하고 있는데, 우리 유가에서는 이러한 방법을 혹은 모두 사용하지 않으니 어찌 글로 표현해낸 것이 없겠는가. 내가 비록 그 빠진 것을 보충하였으나 사람들이 반드시 믿을 것이라고는 감히 바라지 못하겠다. 훗날 (학식과 덕망이 높은) 군자가 있어 밥 먹을 순간에도 어기지 않고 이 일을 따른다면, 마땅히 여기에서 얻을 것이 있을 것이다.

정봉(鄭峯)의 참된 은자(眞隱) 사호(史浩) 쓰다.

吾儒飮食必祭 與浮圖施食同義 然浮圖有文世已盛行 吾儒此法或未盡用 豈
爲無文以表出之耶 余雖以是補其遺 蓋不敢覬人之必信 後有君子 從事於終
食無違者 當有取於斯焉 鄭峯眞隱史浩書

'음식이 있으면 반드시 제(祭)를 하는데'는 『상변통고』 권4 「통례(通禮)」의 '음식이 있으면 반드시 제함[飮食必祭]'의 소(疏)에서 "제(祭)는 종류별로 음식을 조금씩 덜어내어 두(豆) 사이의 바닥에 놓아 이로써 선대의 음식 만든 사람에게 보답하는 것이다"라고 하였다. 참된 은자(眞隱)는 사호(史浩)의 호이다. 진은거사(眞隱居士)라고 불렸다.

24. 수륙대재 영적기 水陸大齋靈跡記

동천추관 양악
東川推官 楊鍔

추관(推官)은 당대(唐代)에 절도사 · 관찰사에 소속되어 형옥(刑獄)을 관장했으며 청대(淸代)까지 계속 이어졌는데, 죄인을 추국(推鞫)할 때 신문하는 관원이다. 양악(楊鍔)은 양악(楊諤)이라고도 하며, 자(字)는 정신(正臣)이고 동천재주[東川梓州, 지금의 사천(四川) 면양(綿陽) 삼대(三台)] 사람이다. 경우(景祐) 원년(1034)에 진사(進士)가 되었고, 대체로 송나라 진종(眞宗) 때부터 송나라 신종(神宗)의 재위 기간(998-1085) 동안 살았다. 시인으로 명성이 풍부하였고, 일찍이 노주(瀘州)의 군사추관(軍事推官)을 지냈다. 양악의 중국 불교사에서의 공헌은 종색(宗賾) 등의 말에 따르면 '선인이 한 말을 근본으로 서술하였다고 밝힌 옛 규범'을 『천지명양수륙의문(天地冥陽水陸儀文)』 3권으로 편제(編制)하였다.[87]

대 양무제가 어진 정치로 백성을 다스리니 청명한 시대요, 도를

---

87) 侯沖(2010), 「楊鍔『水陸儀』考」, 『新世紀宗教研究』제9권 제1기, p.3.

따르고 백성을 이롭게 하니[道利] 천하[寰中]에 전쟁이 영원히 멈추었다. 오직 불교의 이치만 숭상하여 잠자는 처소마저 난출하였고, 풀로 만든 신을 신고 갈포로 만든 두건을 썼으며, 삼베옷을 입고 왕골로 만든 자리에 앉고, 정밀하게 몸과 마음을 깨끗이 하여[齋戒] 지켰다.

중생을 구제하였고, 가엾이 여기는 마음으로 네 가지 은혜를 생각하였으며, 마음은 세 가지 존재를 의거하였다. 밤낮으로 향을 피우고 염송하기를 잠시도 멈추는 때가 없었는데, 마침내 성현이 다 함께 나라를 돕고 있다는 것을 느꼈다. 문득 한밤중 꿈에 한 고승이 (나타났는데) 정신은 맑고 용모는 예스러우며 눈같이 흰 이마에 긴 눈썹이었다. 황제 앞으로 와서 "육도의 사생들이 한량없는 고통을 받고 있습니다. 세상에는 수륙재가 있으니 널리 크게 그윽한 재를 베풀고 중생들을 두루 구제하시어 저승과 이승[幽顯]에 이로움과 즐거움을 주십시오. 모든 공덕 가운데 가장 뛰어나고 훌륭한 일이니 마땅히 음식을 베푸십시오."라고 고하였다. 황제가 이미 각오하고 이른 아침에 조정에 올라 몸소 보전(寶殿)에 임하여서는 곧 꿈에서 본 수륙(水陸)의 일을 먼저 대신들과 여러 사문[승례]에게 물어보았지만 모두 아는 이가 없었다.

大梁武帝治化淸時 道利寰中兵戈永息 唯崇佛理 寢處優閒 芒履葛巾 布被莞蓆 精持齋戒 濟卹含生 悲念四恩 心緣三有 晝夜焚誦 靡暫停時 遂感聖賢 同扶邦國 忽於中夜 夢一高僧 神淸貌古 雪頂厖眉 前白帝言 六道四生 受苦無量 世有水陸 廣大冥齋 普濟含生 利樂幽顯 諸功德中 最爲殊勝 宜以羞設 帝旣覺悟 詰旦升朝 躬臨寶殿 卽以夢水陸之事 首問大臣及諸沙門 悉無知者

'도를 따르고 백성을 이롭게 하니[道利]'라는 것은 『묵자한고』(2)에서 "지금 천하의 군자가 진실로 장차 「하늘의 밝은」 도(道)를 따르며 백성을 이롭게 하고자 한다면, 인의(仁義)의 근본을 철저히 살펴 하늘의 뜻을 따르지 않아서는 안 된다"[88]라는 것을 참고하면 된다.

---

88) 『墨子閒詁』(2)에서 "今天下之君子 中實將欲遵道利民 本察仁義之本 天之意 不可不愼也."

'네 가지 은혜(四恩)'는 ① 부모·국왕·중생·삼보의 은혜. ② 부모·사장(師長)·국왕·시주(施主)의 은혜'를 칭하기도 한다. 마음은 세 가지 존재[三有, trayo-bhava]는 유(有)는 존재한다는 뜻으로 ① 욕유(欲有)는 탐욕이 들끓는 욕계의 생존. ② 색유(色有)는 탐욕에서는 벗어났으나 아직 형상에 얽매여 있는 색계의 생존, ③ 무색유(無色有)는 형상의 속박에서 완전히 벗어난 무색계의 생존을 의미한다.

오직 지공(志公)만이 아뢰어 말하였다. "다만 폐하께서 널리 경전의 가르침에서 찾아보십시오. 반드시 그 내력[인연]이 있을 것입니다." 황제가 그 말에 따라 곧 사람을 보내 대장경론(大藏經論)을 맞이해와서는 법운전(法雲殿)에 두고 여러 날 동안 펼쳐 보고 자못 수륙재를 하게 된 까닭을 궁구하였는데, 아난이 초면귀왕을 만나 그로 인해 이 땅에 평등한 곡(斛)의 음식을 건립한 데 이르러서는 자세히 살펴보고 곧 의문(儀文)을 만들기 시작하여 3년 만에 완성하였다. 그 사이에서 얻은 일[아난과 초면귀왕의 일화]과 비슷한 것이 11개의 경론89)에서 모두 나왔다. 그 의문(儀文)을 모두 갖추고 나니 마음에서 오히려 의혹이 생겼다. 첫째는 성인의 뜻이 두루 미치지 못하였을까 염려한 것이었고, 둘째는 범부의 뜻으로 합당하지 못할까 두려워한 것이었다. 마침내 이른 아침[再嚴] 광내(廣內)에 특별히 도량을 건립하고 한밤중까지 굽어보다가 직접 법석에 나아가 무릎을 꿇고 공경하는 마음을 다하여 손으로 의문(儀文)을 받들었다. 가까이서 모시는 신하[侍臣]를 돌아보고는 등불과 촛불을 모두 꺼서 어둡게 하라고 말하였다.

唯志公奏曰 但乞陛下廣尋經敎 必有因緣 帝依奏 卽遣迎大藏經論 置于法雲殿 積日披覽 頗究端由 及詳阿難遇焦面鬼王 因地建立平等斛食 乃創製儀文 三年乃就 其間所得事類 具出一十一本經論 其文旣備 心猶有疑 一慮聖意周周 二恐凡情未愜 遂乃再嚴廣內 特建道場 俯及夜分 親臨法席 跪膝致敬 手捧儀文 顧謂侍臣息除燈燭 悉令暗冥

89) 『天地冥陽水陸雜文』 "楊諤云 梁武 齋儀相應者 則有華嚴 寶積經 涅槃經 大明神呪經 圓覺 十輪經 佛頂經 面然經 施甘露經 蘇悉地經."

'이른 아침[再嚴]'은 『임하필기(林下筆記)』31권에 "날이 밝기 전 사각(四刻)에 한 번 북을 치는 것이 일엄(一嚴)이고, 이각에 두 번 북을 치는 것이 재엄(再嚴)이고, 일각에 세 번 북을 치는 것이 삼엄이다"라고 한 것을 참고하여 여기서 말하는 재엄(再嚴)을 이른 아침으로 번역하였다.

'광내(廣內)'는 고대 제왕이 서적을 비치해 둔 장소이다. 『한서(漢書)』「예문지(藝文志)」에, "이때 장서(藏書)의 계책을 건의하였다"라고 하였는데, 안사고(顔師古)의 주에, "유흠(劉歆)의 『칠략(七略)』에, '외부에는 태상(太常)·태사(太史)·박사(博士)의 장(藏)이 있고, 내부에는 연각(延閣)·광내(廣內)·비실(秘室)의 부(府)가 있다.'"라고 하였다.

황제는 곧 경건하고 정성스럽게 향을 사르고 그 꿈에서 감득한 것을 이야기하며 발원하였다. "이 재문(齋文)을 지은 것이 만일 이치가 성인과 범부에게 들어맞고 아울러 저승과 이승[幽顯]에 이익된다면, 원하건대 절을 올리고 일어날 때 도량의 등불과 촛불이 사르지 않아도 저절로 밝아지게 하시고, 혹여 체재와 방식이 두루 미치지 못하거나 아무런 이익이 없다면 등불과 촛불이 멈추어서 모두 어두워 밝아지지 않게 하소서." 말을 마치고 오체투지로 예를 올리고 나니 등불과 촛불이 모두 밝아졌다. 양무제가 그것을 보고 매우 기뻐하는 표정으로 이 재(齋)를 도모하고자 하여 곧 지공(志公)을 불러서 물었다. "마땅히 어느 곳으로 나아가야 합니까?" 지공이 아뢰었다. "마땅히 깊은 산 그윽한 골짜기에서 음식을 베푸는 것[羞設]이 가장 뛰어날 것입니다. 빈도가 가만히 보니 윤주(潤州)의 택심사[澤心寺, 곧 금산사(金山寺)의 옛 이름이대의 강 위에 한 봉우리가 있고 수면이 아주 길며[千里] 못과 달이 서로 비추고 구름이 하늘에서 사방으로 드리워 신령이 모일 만하고 경계가 저승과 이승[幽顯]에 통하는 곳입니다."

때는 천감(天監) 4년(505) 2월 15일, 밤에 황제가 승우율사(僧祐律師)를 불러서 널리 알리는 글[宣文]을 고하도록 하고, 봉황을 새긴 큰

배[鳳舸]를 띄워 몸소 법회에 임하였다. 수륙대재를 일으키자 유명계에 넉넉한 이익을 주었고 널리 만물을 도왔다. 이후로 진(陳)나라와 수(隋)나라 두 시대에는 그 의문이 묻혀서 잊혀졌다.

> 帝乃虔誠焚香 發願敍其感夢 撰此齋文 儻若理契聖凡 利兼幽顯 願禮拜起處 道場燈燭 不熱[90]自明 或體式未周 利益無狀 所止燈燭 悉暗不明 言訖 投地作禮 禮已 燈燭盡明 帝睹之 神情大悅 於是欲營此齋 乃召志公以問 當就何處 志公曰 宜以深山幽谷中羞設最奇 貧道竊睹潤州澤心寺(卽金山寺舊名也)
> 江上一峯 水面千里 潭月雙照 雲天四垂 堪會神靈 境通幽顯
> 時天監四年二月十五日 夜帝召僧祐律師宣文 鳳舸親臨法會 興于水陸大齋 饒益幽冥 普資群彙 自後陳隋兩朝 其文埋墜

· 빈도(貧道)는 '덕(德)이 적다'라는 뜻으로, 승려(僧侶)나 도사(導師)가 자기(自己)를 낮추어 이르는 일인칭(一人稱) 대명사(代名詞)이다.

당나라 함형[咸亨, 670-673] 연간에 이르렀을 때였다. 존경할만한 어떤 스님이 음부(陰府)에 잡혀서 태산부군(泰山府君)이 있는 곳에 이르게 되었다. 가혹한 형벌을 가하려 할 때 재빨리 아뢰어 말하였다. "아무개[某]는 서경(西京) 법해사(法海寺) 영(英) 선사의 제자입니다." 부군은 듣고 나서 이에 죄를 더하지 않고[加罪] 곧 빨리 가서 영공(英公)을 데리고 오라고 보냈다. 영공이 문득 잠자며 꿈꾸는 듯 태산부군의 처소에 이르자 부군이 물었다. "존경할만한 이 스님이 제자입니까?" 영공이 대답하였다. "그렇습니다." 그때 존경할만한 스님은 마침내 죄를 면해주어 돌아올 수 있었다. 태산부군은 이에 영공에게 명하여 가르침을 펼치게 하고 일을 마치자 다시 돌려보냈다. 그 후 열흘이 지나 영공이 홀로 방장에 앉아 있는데 의관이 매우 훌륭하고 발은 땅에 닿지 않는 이인(異人)이라는 사람이 나타나 (영공의) 앞에 와서 아뢰었다. "제자는 지난번 태산부군의 처소에서 우연히 선사를 뵈었습니다. 스승께서는 건져서 구원해 주시는 자비가 있다고 알고 있으므로 와서 알현하는 것입니다. 적지만 간곡한

---

90) '爇'은 '蓺'의 오기로 보임.

정성으로 말하는 것을 들어주십시오. 세상에는 수륙대재라는 것이 있는데 유명계의 중생에게[幽品] 이익을 줄 수 있다고 합니다. 만일 저희 스승이 아니라면 일으켜 설립할 수 없을 것입니다." 영 선사가 말하였다. "마땅히 어떻게 마련해야 합니까?" 이인이 말하였다. "그 법식(法式)과 재(齋)의 의문(儀文)은 양나라 무제께서 집성한 것으로 지금 대각사(大覺寺)에 있는 오나라 승려 의제(義濟)가 그것을 얻었는데, 오랫동안 상자 속에 두어서 거의 좀이 슬어 훼손되려 하고 있습니다. 스승께서 가셔서 가져오시어 나루터와 다리를 만들어 진실로 감옥에서 풀어주신다면 감히 보답을 알지 못하겠습니까." 영 공이 그것을 허락하였다.

至大唐咸享中 有僧可宗爲陰府所攝 至泰山府君所 將加楚毒 遂亟告曰 某是西京法海寺英禪師之弟子也 府君聞已 乃不加罪 卽遣捷疾往取英公 英公忽如夢寐 至府君所 府君問曰 可宗是師弟子否 英公曰 然 時可宗遂得免罪以歸 府君乃命英公演法事已 復遣送還 後過旬日 英公獨坐方丈 見一異人巍然冠冕 足不履地 前來告曰 弟子向於府君所 偶見禪師 知師拯救之慈 故來奉謁 有少悰悒 願聽所言 世有水陸大齋 可以利沾幽品 若非吾師 無能興設 英曰當何營辨 異人曰 其法式齋文 是梁武帝所集 今大覺寺有吳僧義濟得之 久寘巾箱 殆欲隳蠹 願師往取 爲作津梁 苟釋縲牢 敢不知報 英公許之

'이인(異人)'은 진나라 시황의 부친인 장양왕(BC281~BC247)의 휘(諱)이다. 성은 영(嬴), 이름은 이인(異人), 이후 화양부인(華陽婦人)의 후사가 되며 자초(子楚)라는 이름을 하사받았다. 전국시대(戰國時代) 말 진(秦)의 군주(재위, BC 250~247)로 진시황(秦始皇)의 부친이다.

(영 선사)가 대각사에 찾아가 의제(義濟)를 찾아뵈니 과연 그 의문을 얻을 수 있었다. 마침내 날을 정해 산 북쪽에 있는 사찰에서 법식에 따라 거룩하게 받들어 (수륙도량을) 설치하여 마쳤다. 다시 이인(異人)과 그 일행 십여 무리가 다시 나타나 모두 와서 감사하며 말하였다. "제자는 진나라 장양왕입니다." 또 그 무리를 가리키며 말하였다. "이들은 범휴(范睢)·양후(穰侯)·백기(白起)·왕전(王翦)·장의(張儀)·진진(陳軫) 등으로 모두 진나라의 신하입니다. 다 자신이

지은 죄[本罪]로 죄를 입어[坐] 오랫동안 음사(陰司)에 처해 있었는데, 깊은 밤처럼 어두컴컴하여 의지할 곳도 말할 곳도 없었습니다. 이제 저희 스승께서 재를 베풀어 주심을 입고 아울러 죄업을 참회하여 제자와 아주 많은 이들이 모두 훌륭한 힘을 받들어 장차 인간 세상에 나게 될 것입니다. (태어나는) 시대가 다르고 나라가 다를까 염려되어서 부득이하게 다시 뵙고 이렇게 와서 감사 인사를 드리는 것입니다. 지금 많지 않은 물건이 제자의 묘지 아래에 있습니다. 그것을 바치고 싶습니다. 제자의 묘지는 통화문(通化門) 바깥에 있는 것입니다."

尋詣大覺寺訪其義濟 果得其文 遂剋日於山北寺依法崇奉 修設旣畢 復見異人與徒屬十數輩咸來謝曰 弟子卽秦莊襄王也 又指其屬曰 此范睢穰侯白起王翦張儀陳軫等 皆其臣也 咸坐本罪 久處陰司 大夜冥冥 無所依告 今蒙吾師設齋 幷爲懺罪 弟子甚衆 皆承善力 將生人間 恐世異國殊 不得再見 故來相謝 今有少物在弟子墓下 願以爲贈 弟子之墓 在通化門外者是也

음사(陰司)는 죄업을 짓고 매우 심한 괴로움의 세계에 난 중생이나 그런 중생의 세계 또는 그런 생존을 칭한다. 남섬부주의 땅 밑, 철위산의 바깥 변두리 어두운 곳에 있다고 하며, 팔대 지옥, 팔한 지옥 따위의 136종이 있다.

영공이 말하였다. "제가 듣기로는 서한(西漢) 적미(赤眉)가 난을 일으켰을 때 무덤이 모두 열리고 들추어졌는데, 이 물건이 어찌 남아 있겠습니까?" 장양왕이 말하였다. "제자의 장례 때 그 물건을 깊이 감추어 사람들이 보지 못하게 하였습니다." 영공이 말하였다. "다만 빈도는 만족할 줄 아는 것을 귀하게 여기니, 비록 진귀한 보물이 있다 한들 무슨 소용이 있겠습니까. 왕과 여러분께서는[等] 이 이전부터의 각자 전생의 인연을 깨닫고 영원히 업의 세계에서 떠나 맑은 선도(善道)에 오르시기를 바랍니다. 이 빈도가 기원하는 바입니다." 말을 마치자 (그들은) 사라졌다. 영공은 그 일로 인하여 더욱 정밀하고 견고하게 하여 마침내 오나라 승려와 함께 항상 이 재를 설립하였으니, 그 신령한 감응과 기이한 응험을 거의 이루 다 기록할 수 없을 만큼 지질로 퍼져서 세상에 전해졌으며, 무릇 복과 덕의 종자를 심는 무리가 그것을 실천하여 따르지 않는 이가 없었다.

때 황송(皇宋) 희녕(熙寧) 4년(1071) 2월 1일 동천 양악 자(字) 정신 삼가 기록하다.

英公曰 我聞西漢赤眉作亂 塚墓悉已開發 此物豈可存耶 裏王曰 弟子葬時 深藏其物 人所不見矣 英公曰 但貧道貴於知足 雖有珍寶 亦何用也 願王等從此已往 各悟夙因 永離業界 清升善道 此貧道之所祝也 言訖而隱 英公既因其事 彌加精固 遂與吳僧常設此齋 其靈感異應 殆不可勝紀 自爾流傳於天下 凡植福種德之徒 莫不遵行之

時皇宋熙寧四年二月一日東川楊鍔字正臣謹記

적미(赤眉)는 서한(西漢) 말엽의 유적(流賊)인 적미병(赤眉兵)의 약칭이다. 왕망(王莽)이 한(漢)나라를 찬탈하자 이를 항거하기 위해 낭야인(琅琊人) 번숭(樊崇)이 일으킨 군사인데, 이들이 왕망의 군사와 섞일까 염려하여 눈썹에 붉은색을 칠하였기 때문에 적미라 하였다. 이들은 드디어 유분자(劉盆子)를 세워 황제로 삼았으나, 뒤에 광무황제(光武皇帝)에게 패망되고 말았다.[91]

평강부(平江府) 영암산(靈巖山) 수봉사(秀峯寺) 주지로 법을 전해 받고 자의를 하사받은[賜紫] 각해 대사 법종이 이 영험한 자취와 기이한 일을 보고 비석을 세웠다. 옛날 진강부(鎭江府) 금산(金山) 용유사(龍游寺)에 있었는데, 궁사(宮祠)로 바뀌고 또 불태워짐으로 인하여 남아있는 것이 없다. 세상에 전해지지 못할까 염려하여 마침내 고본(古本)에 의하여 장인에게 명해 바로 이 산의 돌에 새겨서 긴 세월 동안[萬世] 신령한 감응을 보이는 것이다.

때 황송(皇宋) 선화(宣和) 7년(1125) 6월 보름 삼가 적다.

平江府靈巖山秀峯寺住持傳法賜紫覺海大師法宗 睹此靈跡異事碑碣 舊在鎭江府金山龍游寺 因改宮祠 又復遭燕 故無所存 恐世不傳 遂依古本 命工刊石當山 以示萬世靈感云爾 時皇宋宣和七年六月望日謹題

---

91) 『後漢書』卷11,「劉盆子傳」, 赤眉.

'자의를 하사받은[賜紫]'에서 '자(紫)'는 자의(紫衣)를 말하는 것으로, 계급이 높은 자에게 임금이 내려주는 것이다.

25. 수륙연기 水陸緣起

장로 사문 종색
長蘆 沙門 宗賾

종색(宗賾)은 송나라 때 정토종과 운문종(雲門宗) 승려로 양양(襄陽) 출신으로, 속성(俗姓)은 손(孫) 씨며, 시호는 자각대사(慈覺大師)다. 어릴 때 아버지를 잃고 어머니의 손에서 자랐다. 지절(志節)이 고매하여 일찍부터 유업(儒業)을 닦아 세전(世典)에 정통했다. 29살 때 진주(眞州) 장로사(長蘆寺) 원통법수(圓通法秀)에게 나가 머리를 깎고 구족계(具足戒)를 받은 뒤 광조응부(廣照應夫)에게 선지(禪旨)를 익혔다. 어느 날 대계(臺階)를 오르려다가 문득 깨침을 얻었다. "다리를 들어 벽돌 섬돌을 오르는데, 저 법이 분명하구나. 황양나무 가에서 껄껄 웃으니, 만 리 푸른 하늘에 달 하나 떴네: 擧足上甎階 分明這箇法 黃楊木畔笑呵呵 萬里靑天一輪月"이라고 게송(偈頌)을 지어 노래했다. 마침내 응부의 인가를 받았다.

원우(元祐) 연간에 장로사(長蘆寺)에 있으면서 어머니를 방장(方丈)의 동실(東室)에 모시고, 체발하고 출가하기를 권하면서 아미타불(阿彌陀佛)을 염송하도록 했다. 7년 뒤 어머니가 돌아가셨다. 스스로 어버이 은혜를 갚으려는 마음이 이미 다했다고 말하고, 『권효문(勸孝文)』 120편을 지어 세간(世間)과 출세간(出世間)의 효도에 대해 자세히 밝혔다. 원우(元祐) 4년(1089) 여산(廬山) 백련사(白蓮社)의 일을 본받아 연화승회(蓮華勝會)를 만들어 도속(道俗)에 염불호(念佛號)를 권하면서 정토(淨土)에 태어날 것을 발원(發願)하게 했다. 숭녕(崇寧) 연간에 대제(待制) 양외(楊畏)의 요청에 응해 처음으로 진정부(眞定府, 河北 正定) 홍제원(洪濟院)에서 홍법(弘法)했다.

『낙방문류(樂邦文類)』에 따르면 종색은 연사계조(蓮社繼祖) 오대법사

(五大法師)의 한 사람이다. 『선원청규(禪苑淸規)』 10권과 『위강집(葦江集)』, 『좌선잠(坐禪箴)』, 『염불참선구종지설(念佛參禪求宗旨說)』, 『연화승회록문(蓮華勝會錄文)』, 『염불회향발원문(念佛回向發願文)』, 『염불방퇴방편문(念佛防退方便文)』, 『관무량수불경서(觀無量壽佛經序)』, 『권염불송(勸念佛頌)』, 『서방정토송(西方淨土頌)』 등의 저서가 있다.

살펴보건대 수륙회는 위로는 법계의 제불, 여러 지위의 보살, 연각, 성문, 명왕, 팔부신중, 바라문선께 공양하고, 다음으로 범왕, 제석, 이십팔천, 허공이 다하도록 빛나는 모든 별자리의 별들, 모든 존귀한 신들께 공양하며, 아래로는 오악(五嶽), 강과 바다, 대지(大地), 용신(龍神), 지나간 옛날의 인륜(人倫), 아수라 대중, 명부의 관리와 권속, 지옥 중생, 죽은 이의 혼령[幽魂]과 머물러 남아있는 혼백[滯魄], 주인이 없고 의지할 곳 없는 모든 귀신의 무리, 법계의 축생들에게 공양하는 것이다. 육도(六道) 가운데에 있는 사성(四聖)과 육범(六凡)에게 공양이 널리 통하는 것은 모두 여래의 비밀하고 신묘한 주(呪)의 공덕을 받든 법식(法食)이기 때문이다. 밖으로는 몸의 자량이 되어 외모와 힘이 더욱 나아지고, 안으로는 정신의 자량이 되어 복덕과 지혜가 더욱 늘어난다. 이러한 까닭에 보리심을 내지 못한 자는 이 수륙의 훌륭한 모임으로 인해 보리심을 내고, 고통의 수레바퀴에서 벗어나지 못한 자는 이로 인해 물러남이 없는 지위를 얻으며, 불도를 이루지 못한 자는 이 수륙의 훌륭한 모임으로 인해 불도를 이룰 수 있게 된다.

詳夫水陸會者 上則供養 法界諸佛 諸位菩薩 緣覺聲聞 明王八部 婆羅門仙 次則供養 梵王帝釋 二十八天 盡空宿曜 一切尊神 下則供養 五嶽河海大地龍神 往古人倫 阿修羅衆 冥官眷屬 地獄衆生 幽魂滯魄 無主無依 諸鬼神衆 法界旁生 六道中有 四聖六凡 普通供養 俱承如來祕密神呪功德法食故 外則資身增長色力 內則資神增長福慧 由是未發菩提心者 因此水陸勝會 發菩提心 未脫苦輪者 因此得不退轉 未成佛道者 因此水陸勝會 得成佛道

명왕(明王)은 범어 'Vidyārāja', 붓다의 부촉으로 마장(魔障)의 항복을 받고 물리친다는 밀교 특유의 분노존(忿怒尊)으로, 불교 제존의 분류에서 여래, 보살 다음인 제3류를 말한다. 일반적으로 무서운 외모, 격한 자태의 분노형으로 다면광비(多面廣臂)한 것이 많고, 무기를 가지고 불꽃에 휩싸이며, 매우 강포하며 괴이한 모습으로 나타내는 것이 통례이다. 이십팔천(二十八天)은 욕계(欲界)의 육천(六天), 색계(色界)의 십팔천(十八天), 무색계(無色界) 사천(四天) 등 삼계(三界)의 제천(諸天)을 말한다.

곧 한 붓다께 공양을 올리고, 한 승려에게 공양[齋]을 베풀며, 한 가난한 이에게 (음식을) 베풀어 한 번 선(善)을 권유하더라도 오히려 무한한 공덕이 있는데, 하물며 시방의 삼보와 육도의 온갖 혼령에게 널리 통하는 공양을 하는 것이 어찌 자기 한 몸을 이롭게 하는 데 그치겠는가. 삼계를 뛰어넘을 뿐만 아니라 또한 은혜가 구족(九族)을 적시고, 저승과 이승[幽明]에 복을 더해주며, 중생을 평등하게 제도하여 다 함께 불도를 이루니 끝이 없고, 셀 수 없으며, 한량없고, 다함 없어 생각으로는 헤아릴 수 없으니 그 공덕이 큰 바다와 같다고 말할 만하다. 그런 까닭에 양자강과 회수[江淮], 강소성과 절강성[兩浙], 사천성과 광동성[川廣], 복건성에 수륙불사가 있었다. 지금이나 옛날이나 성행하였으니, 혹은 경사와 평안을 보존하면서도 수륙을 베풀지 않으면 사람들이 선하지 못하다고 여기고, 웃어른을 따르고 도우면서도 수륙을 베풀지 않으면 사람들이 효도하지 않는다고 여기며, 항렬이 낮거나 어린 사람을 구제하여 돌봐주면서도 수륙을 베풀지 않으면 사람들이 자애롭지 못하다고 여긴다. 이로 말미암아서 재물이 넉넉한 사람은 혼자 힘으로 (수륙재를) 마련하고, 가난한 사람은 재물을 함께 하여 (수륙재를) 설치하니 감응하는 일의 자취를 모두 진술할 수 없다.

今之供一佛齋一僧施一貧勸一善 尚有無限功德 何況普通供養十方三寶六道萬靈 豈止自利一身 獨超三界 亦乃恩霑九族 福被幽明 等濟羣生 同成佛道 可謂無央無數 無量無邊 不可思議 功德大海矣 所以江淮兩浙川廣福建水陸佛事 今古盛行 或保慶平安 而不設水陸 則人以爲不善 追資尊長 而不設水陸 則人以爲不孝 濟拔卑幼 而不設水陸 則人以爲不慈 由是富者獨力營辨 貧者

共財修設 感應事迹 不可具述

'구족(九族)'은 고조(高祖)·증조(曾祖)·소(祖)·부모(父母)·본인·아들·손자·증손·현손의 9대를 말하고, 일설에는 부족(父族) 넷, 모족(母族) 셋, 처족(妻族) 둘을 말하기도 한다. '강회(江淮)'는 중국의 양자강(揚子江)과 회수(淮水)를 말하며, '양절(兩浙)'은 원래 송의 노명(路名)으로, 오늘날 강소성(江蘇省)의 일부와 절강성(浙江省) 전역을 포괄하고 그 관서는 지금의 절강성 항주(杭州)에 있었다.

이 지방 사람들이 혹여 (수륙재의) 본말을 알지 못할까 염려되어 이제 뒤에서 수륙재의 유래[緣起]를 갖추겠다. 옛날 아난이 혼자 조용한 곳에 머무르고 있었는데, 한밤중에 면연(面然)이라고 부르는 한 아귀가 나타나 아난에게 아뢰었다. "그대는 사흘 후면 우리 아귀의 세계에 태어날 것입니다. 백천 나유타 항하의 모래 수처럼 많은 아귀와 백천의 바라문 선인에게 각각 한 말[斗]의 음식을 베풀고 아울러 저를 위해 삼보께 공양을 올려줄 수 있다면 그대의 수명은 늘어나고 저는 천상계에 태어날 것입니다." 아난이 부처님께 아뢰었다. "이 고통에서 면하도록 구해주소서." 세존께서 아난을 위해 '일체덕광무량위덕력대다라니(一切德光無量威德力大陀羅尼)'[『구면연아귀경』에 나오는 것이다)92)를 설해주셨다. 이것이 수륙의 유래[연기]이다. 최초의 근본에는 애당초 '수륙'이라는 이름조차 없었다.

恐此方之人 或未知本末 今具水陸緣起于後 昔者 阿難獨居靜處 於中夜時 見一餓鬼名曰面然 白阿難曰 汝後三日 生我趣中 能於百千那由佗恒河沙餓鬼 幷百千婆羅門仙 各施一斗飮食 幷爲我供養三寶 汝得增壽 我得生天 阿難白佛 求免斯苦 世尊爲說一切德光無量威德力大陀羅尼(出救面然餓鬼經) 此是水陸因緣 最初根本 然未有水陸之名也

양나라 천감(天監) 초 2월 15일 밤에 무제가 꿈을 꾸었는데, 한 신승(神僧)이 "육도의 사생(四生)들이 큰 괴로움을 받고 있는데 어찌

---

92) 실차난타의 『佛說救面然餓鬼陁羅尼神呪經』 지칭.

수륙대재를 하여 그들을 구제해주지 않습니까?"라고 하였다. 황제가 여러 사문을 향해 물었으나 아는 이가 없었는데, 오직 지공(志公)만이 황제에게 "널리 경전에서 찾아보면 반드시 연고[因緣]가 있을 것입니다." 권하니, 곧 (황제가) 장경을 가져와 법운전(法雲殿)에 두고 몸소 펼쳐 보고 의문(儀文)을 짓기 시작하여 3년 만에 완성하였다. [양악(楊鍔)이 "양 무제의 재의(齋儀)에 상응하는 것은 곧 『화엄경』, 『보적경』, 『열반경』, 『대명신주경』, 『대원각경』, 『십륜경』, 『불정경』, 『면연경』, 『시감로경』, 『소실지경』이다"라고 하였다.]

梁天監初 二月十五日 夜武帝夢 一神僧告曰 六道四生 受大苦惱 何不爲作水陸大齋 而救拔之 帝問沙門 咸無知者 唯志公勸帝 廣尋經典 必有因緣 乃取藏經 置法雲殿 躬自披覽 創造儀文 三年乃成[楊鍔云 梁武 齋儀相應者 則有華嚴經 寶積經 涅槃經 大明神呪經 大圓覺經 十輪經 佛頂經 面然經 施甘露水經 蘇悉地經]

황제가 도량을 건립하고는 밤중에 친히 의문을 받쳐 들고 등불과 촛불을 모두 끄고 붓다를 향해 아뢰었다. "만일 이 의문의 이치가 범부와 성인에게 들어맞고 아울러 수륙에 이익된다면, 원하건대 절을 올리고 일어날 때 꺼져있던 등불과 촛불이 사르지 않아도 저절로 밝아지게 하시고, 혹여 체재와 방식이 자세하지 못하거나 아무런 이익이 없다면 꺼져있던 등불과 촛불이 모두 처음처럼 어둡게 하소서." 오체투지로 한 번 절을 하고 처음에는 일어나니 등불과 촛불이 저절로 밝아졌고, 두 번째 절을 하니 궁전이 진동하였으며, 세 번째 절을 하니 하늘에서 꽃비가 내렸다. 천감 4년(505) 2월 15일, 금산사에서 의문(儀文)에 따라 (수륙회를) 설치하고 황제가 몸소 그 자리에 나아가 승우(僧祐) 율사에게 널리 알리는 글[宣文]을 고하도록 하였으니 이로움이 유명계를 적시고 은혜가 날짐승과 길짐승에게도 미쳤다고 말할 만하였다. 주나라와 수나라 두 시대에는 이 의문이 전해지지 않았다.

帝 建道場 於夜分時 執捧儀文 悉停燈燭 而白佛曰 若此儀文 理愜聖凡 利兼水陸 願禮拜起處 所止燈燭 不蓺自明 或體式未詳 利益無狀 所止燈燭 悉暗

如初 言訖 投地一禮 初起燈燭盡明 再禮 宮殿震動 三禮 諸天雨華 天監四年
二月十五日 於金山寺 依儀文修設 帝親臨地席 詔祐律師 宣文 可謂利洽幽明
澤 及飛走矣 周隋兩代 此文不傳

당나라 함형(咸亨) 연간에 이르렀을 때였다. 서경 법해사의 영 선사(英禪師)가 하루는 홀로 방장에 앉아 있었는데 의관이 매우 훌륭하고 발은 땅에 닿지 않는 이인(異人)이라는 사람이 영선사를 찾아 뵈러 왔다. 영선사에게 말씀드렸다. "제자가 알기로는 육도의 수륙재가 유명계에 이익을 줄 수 있다고 하는데, 양 무제께서 돌아가신 이후로는 행해지지 않고 있다가 지금 대각사에 있는 오나라 승려 의제(義濟)가 이 의문을 얻었다고 합니다. 오랫동안 상자 속에 있었으므로 거의 좀이 슬어 훼손되려 하고 있습니다. 저희 스승께서 가셔서 구해 오시어 2월 15일에 산 북쪽에 있는 절에서 법식대로 (수륙재를) 설치하여 진실로 감옥에서 풀어주시기를 바랍니다. 그런다면 감히 보답을 알지 못하겠습니까." 영선사가 그것을 허락하자 이인(異人)이 곧 떠났다. 영 선사가 대각사에 찾아가니 과연 오나라 승려 의제(義濟)가 있었고 이 의문을 얻을 수 있었다. 바로 돌아와 정해진 날짜에 산 북쪽에 있는 절에서 친히 참석하여 (수륙) 도량을 설치하고 마쳤다. 그날 저물녘에 지난번의 이인(異人)과 십여 명의 일행이 함께 와서 영 선사에게 감사하며 말하였다. "제자는 진나라 장양왕입니다." 또 그 무리를 가리키면서 말하였다. "이들은 범휴(范雎)·양후(穰侯)·백기(白起)·왕전(王翦)·장의(張儀)·진진(陳軫)으로 모두 진나라의 신하입니다. 다 자신이 지은 죄[本罪]로 음부(陰府)에 갇혀 있었는데 깊은 밤처럼 어두컴컴하여 구제되고 보호받을 수 없었습니다. 옛날 양나라 무제가 금산사에서 이 수륙재를 실행했을 때 앞 시대 주왕(紂王)의 신하들이 모두 고통을 면하게 되었는데, 제자도 그때 잠시 고통을 쉬었으나 옥사가 결정되지 않아 벗어나지는 못하였습니다. 이제 저희 스승께서 재를 베풀어 주심을 입어 제자와 이들 무리, 아울러 여러 나라 제후가 모두 훌륭하신 힘에 올라타 장차 인간계에 태어날 것입니다. (태어나는) 시대가 다르고 나라가 다를까 염려되어서 이렇게 와서 감사 인사를 드립니다." 말을 마치고는 마침내 사라졌다.

> 至唐咸享中 西京法海寺 英禪師 一日 方丈獨坐 有異人 衣冠甚偉 足不履地 來謁英公曰 弟子知有六道水陸齋 可以利益幽明 自梁武歿後 因循不行 今大覺寺 有吳僧 義濟 得此儀文 久在篋笥 殆欲蠹損 願吾師 往求以來 93) 月十五日 於山北寺 如法修設 苟釋狴牢 敢不知報 英公許之 異人乃去 英公尋詣大覺寺 果有吳僧義濟得儀文 以歸卽以所期日 於山北寺親臨道場 修設旣畢 其日曛暮 向者異人 與十數輩 來謝英公曰 弟子卽秦莊襄王也 又指其徒曰 此范睢穰侯白起王翦張儀陳軫 皆秦臣也 咸坐本罪 幽囚陰府 大夜冥冥 無能救護 昔梁武帝 於金山寺 設此齋時 前代紂王之臣 皆免所苦 弟子爾時 亦暫息苦 然以獄情未決 不得出離 今蒙吾師設齋 弟子與此輩 并列國諸侯衆等 皆乘善力 將生人間 慮世異國殊 故此來謝 言訖遂滅

이로부터 의문(儀文)이 천하에 널리 퍼져 큰 이익이 되었으니, [이것은 동천(東川) 양악(楊諤)의 수륙의문에 실렸음] 우리 왕조의 동천 양악이 옛 선인(先人)이 말씀하신 것을 근본으로 옛 규식을 서술하여 의문(儀文) 세 권을 만들었으니, 촉나라 땅에서 행해졌다. 가까운 옛날에는 안타깝게도 양자강과 회수(江淮)에서 사용한 것과 아울러 서울[京洛]에서 행해지던 것이 있는데, 모두 후대 사람들이 그 법을 드높여서 나루를 건네주는 것의 하나가 되는 데 이르렀다. 종색(宗賾)은 지난 소성(紹聖) 3년(1096) 여름 여러 대가(大家)가 모은 것을 수집하여 불필요한 것은 깎아 내고 필요한 것은 보충하였으며 자세히 교정하고 정리하여 새기니[勒] 4권이 되었다. 대략이나마 글을 완성하여 널리 사부대중에게 권하노니 가르침에 따라 닦고 드높여서 유정들을 이롭게 하고 모두 깨달음의 언덕에 이를지니라.

> 自是儀文 布行天下 作大利益(此是東川楊諤水陸儀所載) 本朝 東川楊諤祖述 舊規製儀文三卷 行於蜀中 最爲近古 然江淮所用 幷京洛所行 皆後人踵事增華 以崇其法 至於津濟一也 宗賾向於紹聖三年夏 因攄諸家所集 刪補詳定 勒爲四卷 粗爲完文 普勸四衆 依法崇修 利益有情 咸登覺岸

---

93) '二'자가 누락된 것으로 보임.

26. 수륙법상찬(병서) 水陸法像贊(幷序)

문충공 소식
文忠公 蘇軾

들었나이다. 정명[유마힐]의 발우는 수많은 사람의 입에 실컷 먹여 흡족하게 하였고, 보적(寶積)의 일산[蓋]은 대천세계를 두루 덮었다고 합니다. 만일 법계가 본래 마음으로 만든 것임을 안다면 비록 범부라도 모두 이러한 이치를 갖출 것입니다. 옛날 양나라 무 황제는 수륙도량을 16명으로 시작하여 삼천세계에 다 하였으니, 좁게 베풀었으나 널리 베푼 것입니다. 현상[事]에 의하면 이치가 상세하니, 시대에 따라 점차 늘어나 나중에 생긴 것임을 알지 못합니다. 만일 하나, 둘 다 세어보면 비록 (숫자가) 천만에 이르더라도 (법계에) 두루 미치지 못합니다. 다만 우리 촉(蜀) 땅의 사람들은 옛 법식을 상당히 보존하고 있습니다. 그 (수륙재의) 상(像)을 설치하는 것을 보면 오히려 예로부터 전해 내려오는 법이 있는데, 경건하게 세 때로 나누어 상하로 8위(位)씩 불러서 청합니다. 다만 자비로운 마음 위에 한 생각을 일으킬 수 있다면 자연히 아래를 굽어보고 위를 우러러 보는[俛仰] 사이에 온 세상[四海]을 어루만질 수 있을 것입니다. 소식(蘇軾)이 공경하며 발원하는 마음은 그림 그리는 일을 빈틈없이 갖추는 것입니다. 대단월(大檀越) 장후(張侯)가 예법과 음악으로 공경을 다한다는 일을 듣고는 함께 훌륭한 인연을 맺어 법운사(法雲寺)의 법용 선사(法涌禪師)에게 청하여 훌륭한 의문[善本]을 잘 가려서 그(장후의) 무리와 이 수륙회를 마련하였습니다. 영원히 걸림 없는 베풂을 위해 아무도 깎아 낼 수 없는 의문(儀文)을 함께 지키며, 소식(蘇軾)은 머리가 손에 닿도록 조아립니다. 각각의 찬을 지은 것이 무릇 16편입니다.

蓋聞 淨名之缽 屬饜萬口 寶積之蓋 徧覆大千 若知法界 本造於心 則雖凡夫 皆具此理 在昔梁武皇帝 始作水陸道場 以一十六名 盡三千界 用狹而施博 事約而理詳 後生莫知隨世增廣 若使一二而悉數 雖至千萬而靡周 唯我蜀人 頗

存古法 觀其像設 猶有典刑 虔召請於三時分 上下者八位 但能起一念於慈悲
之上 自然撫四海於俛仰之間 軾敬發願心 具嚴繪事 而大檀越張侯 致敬禮樂
聞其事共結勝緣 請法雲寺 法涌禪師 善本善擇 其徒修營此會 永爲無礙之施
同守不刊之儀 軾拜手稽首 各爲之贊 凡十有六篇

'보적(寶積)의 일산[蓋]은 대천세계를 두루 덮었다'라고 하는 것은 『유마경』에 등장한다. "그때 비야리성에 장자의 아들 보적(寶積)이라는 젊은이가 있었다. 그는 5백 명의 장자의 아들과 함께 저마다 7보(寶)로 꾸민 일산(日傘)을 받쳐 들고, 붓다께서 계신 곳을 찾아와서 붓다의 발아래 엎드려 예배하고 들고 온 일산을 모두 붓다께 공양하였다. 붓다께서는 그 위신의 힘으로 일산들을 합쳐 하나로 만들었고, 그것으로 삼천대천세계를 모두 덮었다. 그리하여 이 세계의 드넓은 모습이 그 안에 모두 나타났다." 하는 구절에서 나온다. 또 '그림 그리는 일'은 『논어』 팔일(八佾)의 "그림을 그리는 일은 흰 비단을 마련하는 것보다 뒤에 하는 것이다[繪事後素]"라는 말에서 따온 것으로 보이고, '깎아 낼 수 없는 의문(儀文: 不刊之儀)'이라는 것은 아무도 간삭(刊削)하지 못할 의문(儀文)이라는 뜻으로, 유흠(劉歆)의 「답양웅서(答揚雄書)」에 "해와 달이 매달린 것처럼 간행되지 않을 글이다.[是懸諸日月, 不刊之書也]"라고 한 것이 참고된다.

상당 8위 上堂八位

제1 불타야중 第一 佛陀耶衆

이를 붓다라고 말하면 이것은 현상[事]과 이치[理]에 장애되고
이를 붓다가 아니라고 말하면 이것은 단멸상(斷滅相)이다.
현상[事]과 이치[理]가 이미 원융하고, 단멸 또한 공하나니
붓다는 마치 태양 속에 계신 것처럼 저절로 눈앞에 나타나시네.
謂此爲佛 是事理障 謂此非佛 是斷滅相
事理旣融 斷滅亦空 佛自現前 如日之中

단멸이란 인과가 끊어져 상속하는 이치가 없는 것이다.

제2 달마야중 第二 達摩耶衆

뜻[意]을 근본으로 삼으면 이것을 법의 경계[法塵]라고 하고
붓다를 본체로 삼으면 이것을 법신(法身)이라고 한다.
바람이 그치고 물결이 고요하면 따로 물이라 할 것이 없지만
놓으면 강과 하천이 되고 모이면 연못이 되네.
以意爲根 是謂法塵 以佛爲體 是謂法身
風止浪靜 非別有水 放爲江河 匯爲沼沚

법진(法塵)은 6진(塵)의 하나. 온갖 법으로서 의근(意根)의 대경이 되어 정식(情識)을 물들게 하는 것. 12처(處)에는 법처(法處)라 하고, 18계(界)에는 법계(法界)라 한다. 근(根)과 경(境)을 서로 상대해 말할 적에는 법경(法境)이라 한다.

제3 승가야중 第三 僧伽耶衆

붓다도 억지로 붙인 이름이요 법 또한 참된 것이 아니니
신령하게 그것을 밝히는 것은 그 사람에게 달려있네.94)
생각건대 불법승은 셋도 아니요, 하나도 아니니
구름이 비 내리는 것과 같고, 물이 해를 나타내는 것과 같도다.
佛旣强名 法亦非眞 神而明之 存乎其人
惟佛法僧 非三非一 如雲出雨 如水現日

제4 대보살중 第四 大菩薩衆

신령한 지혜는 일정한 방향이 없고 해탈은 걸림이 없으니
무슨 인연으로 크게 자재함을 얻었는가.
장애가 다하고 원력을 이루어 자연으로 돌아갔으나

---

94) 『周易』「繫辭上」에 "紀而裁之, 存乎變; 推而行之, 存乎通; 神而明之, 存乎其人."라고 한 데서 나온 말. 진정으로 어떤 사물의 오묘한 구석을 터득하려고 하는 것은 각자의 깨달음에 달렸다는 뜻이다.

아주 먼 과거로부터 죽은 이가 다시 살아 있네.
神智無方 解脫無礙 以何因緣 得大自在
障盡願滿 反于自然 無始以來 亡者復存

제5 대벽지불중 第五 大辟支佛衆

붓다가 안 계신 곳에 나타나 이승(二乘)을 닦으니
해가 질 때 기름불로 등불을 삼는 것과 같네.
나는 이승(二乘)이 병에 따라 약을 주신다고 말하나니
벽지불 곧 크고 원만한 깨달음에 공경히 예배합니다.
現無佛處 修第二乘 如日入時 膏火爲燈
我說二乘 如應病藥 敬禮辟支 卽大圓覺

제6 대아라한중 第六 大阿羅漢衆

존귀하여[大] 알 수는 없으나 산은 선(綫)을 따라 옮기고
작게는 틈이 없는 데에 들어가며 물병으로 몸을 씻는다.
나는 비록 할 수 없으나 이 공양을 베풀 수 있으니
모든 법이 이러한 오묘한 작용을 갖추었음을 알라.
大不可知 山隨綫移 小入無間 澡身軍持
我雖不能 能設此供 知一切法 具此妙用

군지(軍持)는 ⓢkuṇḍkā의 음역으로, 군지(君持)·군지(君遲)·군지(軍遲)·군정(軍挺)·군치가(捃稚迦) 등으로도 표기하며, 물병·정병 등으로 번역한다. 이는 범천과 천수관음 등이 지니는 물건이며, 대승의 비구가 항상 지니는 18물(十八物) 중 하나이다. 물을 가득 채워 휴대하기 편리한 용기이며, 기름·소금·석밀 등 갖가지 것을 담는 데 사용한다. 용도가 같지 않아 부르는 말 또한 세족병(洗足瓶)·조수병(澡水瓶)·정병(淨瓶)·부정병(不淨瓶) 등으로 차이가 있다.

제7 오통신선중 第七 五通神仙衆

그 누가 나는 신선이라고 말하였나,
세상과 맞지 않아 세속을 떠났도다.
'맑게 정신이 엉기니 만물에 질병이 없네.'
같은 것이 되는가 다른 것인가, 본래부터 같지 않으니
나는 남이 없는 것이[無生] 맞다고 하지만,
오래 사는 것이 으뜸이라 하네.
孰云飛仙 高擧違世 湛然神凝 物不疵癘
爲同爲異 本自無同 契我無生 長生之宗

'맑게 정신이 엉기니 만물에 질병이 없네'라는 것은 『장자』「소요유(逍遙遊)」에 "그 정신이 엉기면 만물에 재앙이 없게 하고 해의 곡식이 풍년들게 한다."95)라고 하는 데서 의미가 보인다.

제8 호법천룡중 第八 護法天龍衆

외도가 법을 무너뜨리려 하면 마치 칼로 바람을 베는 듯
무너뜨리는 자가 이미 허망하니 보호하는 자 또한 공하네.
위대하도다, 용신이여. 위엄이 있으나 성내지 아니하고
두 팔 두 다리가 있음을 보여
붓다께서 당하는 모욕을 막아내네.
外道壞法 如刀截風 壞者旣妄 護者亦空
偉玆龍神 威而不怒 示有四支 佛之禦侮

---

95) 『장자』「逍遙遊」, "其神凝, 使物不疵癘, 而年穀熟."

하당 8위 下堂八位

제1 관료이종중 第一 官僚吏從衆

지극히 어려운 것이 군주이고, 지극히 근심하는 것이 신하이니
중생을 위한 까닭에 관리의 몸을 나타내었네.
어려운 일은 쉽게 하고 근심을 즐거움으로 삼으니
즐거움은 모든 사람과 함께 하고 재앙은 온갖 악을 등지네.
至難者君 至憂者臣 以衆生故 現宰官身
以難爲易 以憂爲樂 樂兼萬人 禍倍衆惡

제2 삼계제천중 第二 三界諸天衆

고통이 지극하면 수행하고 즐거움이 지극하면 떠도나니[윤회]
재앙과 복이 끝이 없어 얽히고설켜 서로 구하네.
마침내 욕계와 색계를 뛰어넘어 비상비비상처에 이르더라도
한 생각에 진실로 더없이 훌륭한 마음 내는 것만 못하도다.
苦極則修 樂極則流 禍福無窮 糾纏相求
遂超欲色 至非非相 不如一念 眞發無上

비상비비상처(非想非非想處)는 비유상비무상처(非有想非無想處)라고도 하며 무색계의 네 번째 하늘이다. 이 하늘은 3계(界)의 맨 위에 있으므로 유정천(有頂天)이라고도 한다. 이 하늘에 나는 이는 하지(下地)와 같은 거친 생각이 없으므로 비상(非想) 또는 비유상(非有想)이라 한다. 그러나 세밀한 생각이 없지 아니하므로 비비상(非非想) 또는 비무상(非無想)이라 한다. 비유이므로 외도들은 진열반처(眞涅槃處)라 하고, 비무상이므로 불교에서는 이것도 생사를 되풀이하는 곳이라 하고 있다.

제3 아수라왕중 第三 阿修羅王衆

올바른 기억[正念]과 맑은 생각으로 곧 날아다니게 되었으나

아주 조금이라도 차이가 있으면 마침내 전쟁에 빠지네.
이것을[전쟁] 도리로 삼아 가슴이 뚫리고 머리가 떨어지니
이들이 참된 작가(作家)라면 사자후를 하게 되리라.
正念淳想 則爲飛行 毫釐之差 遂墮戰爭
以此爲道 穴胸隕首 是眞作家 當師子吼

작가(作家)는 종사(宗師) 또는 종장(宗匠)과 같은 말로 마치 대장장이가 쇠를 담금질하여 물건을 만들어 내는(作) 솜씨가 뛰어나듯이 '범부를 성인의 경지에 이르도록 잘 단련시켜 만들어 내는 사람'이라는 뜻이다.

제4 인도중 第四 人道衆

지옥과 천상의 궁전은 한순간의 생각 사이에 같아지고
열반과 생사는 같은 하나의 법의 성품이네.
'보배를 품고도 가난한 사람이라 불리니'
구멍을 뚫고도 뚫린 곳을 찾는구나.
오늘 밤이 어떤 밤인가 마땅히 붓다[大雄]를 뽑으리라.
地獄天宮 同一念頃 涅槃生死 同一法性
抱寶號窮 鑽穴索空 今夕何夕 當選大雄

'보배를 품고도 가난한 사람이라 불리니'는 『묘법연화경』「오백제자수기품」에 나오는 '의계주' 비유이다. "어떤 사람이 친구의 집을 찾아가 술이 만취되어 누웠는데, 그때 그 집 친구는 볼일이 있어 집을 나가면서 값도 모를 보배 구슬을 그의 옷 속에 넣어 두고 갔지만, 술에 취한 친구는 그것도 알지 못하고, 잠을 깨어 일어나 멀리 다른 나라에까지 이르렀습니다. 그곳에서 의식(衣食)을 찾느라 무척 많은 고생을 하면서 조그만 소득이 있어도 그것으로 만족하며 살았습니다. 그 후 얼마 지난 뒤에 친구가 그를 만나보고 말하였습니다. '졸장부야, 의식 때문에 퍽 구차하게 사는구나. 내가 옛날 네가 안락하고 5욕을 즐기도록, 어느 해 어느 달 어느 날 네가 찾아왔을 때, 값도 모를 보배 구슬을 너의 옷 속에 넣어 주었으니, 지금도 그대로

있을 것이다. 너는 그것도 모르고 의식을 구하기 위해 고생하고 번뇌하며 구차하게 살고 있으니, 참으로 어리석구나. 그대는 이제 이 보물로써 소용되는 것들을 사들인다면, 항상 뜻과 같이 되어 모자람이 없으리라.'"

제5 지옥도중 第五 地獄道衆

그대가 한 생각을 일으키니 업의 불길이 활활 타오르고
비인(非人)이 그대를 불에 태우거나 그대가 스스로 태우도다.
법계의 성품을 관찰하건대
일어났다 사라지는 것이 번개처럼 빠르네.
오직 마음으로 만들어 내는 것임을 안다면
이러한 지옥이 부서지리라.
汝一念起 業火熾然 非人燔汝 而汝自燔
觀法界性 起滅電速 唯知心造 是破地獄

제6 아귀도중 第六 餓鬼道衆

음식을 이야기해도 맛을 모르고 침을 흘리며 허망하게 삼키네.
참된 음식에는 불이 없으나 속이 비어 망령되이 보는구나.
맛이 좋은 것은 허망함에서 생겨났고
나쁜 맛도 환상으로 만들어진 것이니
환상인 줄을 알고 바로 떠나면 이미 배부르고 또한 편안하리라.
說食無味 涎流妄嚥 真食無火 中虛妄見
美從妄生 惡亦幻成 知幻卽離 既飽且寧

제7 방생도중 第七 旁生道衆

사람들이 알지 못하게 하려고 마음에 짐을 지니
이러한 생각을 이루지도 못했는데 뿔과 꼬리를 이미 갖추었네.
나의 도량에 모여서 한 번이라도 그것을 씻어낼지니

미래의 겁이 다하도록 부끄러움을 안다면 하지 말라.
欲人不知 心則有負 此念未成 角尾已具
集我道場 一洗濯之 盡未來劫 愧者勿爲

위 구문은 『백유경(百喩經)』권4 「쌀을 머금었다가 입을 째인 비유」를 참고하면 이 문장의 이해에 도움이 된다. "옛날 어떤 사람이 처가에 갔다가 쌀 찧는 것을 보고 거기에 가서 쌀을 훔쳐 한 입 넣었다. 아내가 와서 남편을 보자 함께 얘기를 나누려 하였다. 그러나 남편은 입 안에 쌀이 가득 있었으므로 전혀 대꾸하지 않았다. 그 아내 보기가 창피하여 뱉어버릴 수가 없었기 때문에 말하지 못하였다. 아내는 그가 말하지 않는 것을 이상하게 여겨 손으로 어루만져 보고는, 입 안에 종기가 난 것이라 생각해서 그 아버지에게 말하였다. '제 남편이 오자마자 갑자기 입 안에 종기가 생겨서 전혀 말하지 못합니다.' 그 아버지는 곧 의사를 불러 치료하게 하였다. 의사가 말하였다. '이 병은 매우 위중합니다. 칼로 째어야 나을 것입니다.' 그리고 곧 칼로 입을 째었다. 그러자 거기에서 쌀이 쏟아져 나와 그만 사실이 들통나고 말았다. 세상 사람들도 이와 같아서 온갖 악행을 저지르고 깨끗한 계율을 범하고서도 잘못을 숨긴 채 드러내는 것을 좋아하지 않다가 끝내 지옥이나 축생이나 아귀의 세계에 떨어지니, 마치 어리석은 사람이 사소한 창피 때문에 쌀을 토하지 않다가 칼로 입을 째어 그 잘못이 들통나고 만 것과 같다."96)

제8 육도외자중 第八 六道外者衆

비열함이 지극하고 어렴풋이 아득한 곳(眇冥)에서 방탕하다가
태(胎)로 나고 알로 나고 습한 곳에서 나며
변화나 업력을 따라서도 태어나지 못하니
나의 법음(法音)을 듣고 회오리치듯
번갯불처럼 움직여 뛰어넘으라.

---

96) 僧伽斯那 撰, 求那毘地 譯, 『百喩經』권4(T04, 554b14-24).

마치 꿈에서 깨어난 사람처럼 다시는 꿈에서 만나지 아니하리.
陋劣之極 蕩於眇冥 胎卵溼化 莫從而生
聞吾法音 飆超電動 如夢覺人 不復見夢

27. 수수륙장고골소 修水陸葬枯骨疏
수륙재를 마련하여 마른 뼈를 장사 지내 주는 소

同前
문충공 소식

　가만히 생각해 보니, 모든 붓다와 중생은 모두 크고 원만한 깨달음을 갖추고 있고, 천관(天官)과 지옥은 모두 한 티끌 속에 있습니다. 이 때문에 나쁜 생각이 조금이라도 싹트면 곧 고통의 바다에 빠지게 되고, 선근을 잠깐이라도 일으키면 이미 법신을 증득하게 됩니다. 중요한 것은 마음을 거두는 데 있으니 (마음을) 바꾸는 것은 손바닥 뒤집는 것과 같습니다. 가만히 보니 혜주(惠州) 태수(太守) 우승상[右丞] 의랑(議郞) 담군범(詹君範)과 재주(在州) 관리(官吏)가 조정의 제도와 의식[朝典]으로 관가의 돈을 갈라서 길가에 뼈를 드러내 놓고 있는 수백 구의 장례를 거행하였다고 합니다. 이미 그 (흩어진 뼈의) 모양을 갖추어 가려서 덮어주었으니 다시 그 혼식(魂識)이 평안히 지내게 되었고, 천양(泉壤)으로 돌아가 따로따로 다시 태어날 몸을 받게 되었습니다. 소식(蘇軾)이 눈으로 본 훌륭한 인연은 언제나 따라서 함께 기뻐할 일입니다. 붓다의 자비로운 큰 원력으로 저의 넓고 큰 평등심으로 석가모니께서 남기신 글을 따르고, 지장보살의 본래 서원을 닦으며, 초면귀왕이 가르친 법을 일으켜서 양나라 무제의 과목과 법식[科儀]으로 (수륙재를) 설치하였습니다. 엎드려 원하건대 모든 불자여, 이 훌륭한 인연에 올라타서 모든 고통의 세계에서 떠나고, 법수(法水)에 목욕하며, 죄와 허물이 본래 공함을 깨달으소서. 범음(梵音)으로 북돋우니 도량이 걸림 없음을 아시고, 삼보에 이미 귀의하였다면 삿된 마음을 일으키지 마십시오. 한 번 배부르고도 남으니 영원히 굶주림의 불길은 없을 것입니다. 계(戒)·정(定)·혜(慧)로 탐(貪)·진(瞋)·치(癡)를 없애니 남아있는 뼈에 미련을 두지 마시고 함께 청정한 국토[淨土]에서 자유롭게 거니소서. 삼가 삼보시여, 굽어살펴 증명해 주소서.

右伏以 諸佛衆生 皆具大圓覺 天官地獄 同在一塵中 是故惡念纔萌 便淪苦海 善根瞥起 已證法身 要在攝心 易同反掌 竊見 惠州太守右丞議郎詹君範 與在州官吏 擧行朝典 破官錢葬失所暴骨數百軀 旣掩覆其形骸 復安存其魂識 使歸泉壤別受後身 軾目睹勝緣 輒隨喜事 以佛慈悲大願力 以我廣大平等心 遵釋迦之遺文 修地藏之本願 起焦面之教法 設梁武之科儀 伏願諸佛子等 乘此良因 離諸苦趣 沐浴法水 悟罪垢之本空 鼓舞梵音 知道場之無礙 三歸已畢 莫起邪心 一飽之餘 永無飢火 以戒定慧 滅貪瞋癡 勿眷戀於殘骸 共逍遙於淨土 伏惟三寶俯賜證明

천양(泉壤)은 사람이 죽은 뒤에 그 혼이 가서 산다고 하는 세상이다.

28. 초입도량 서건수륙의 初入道場敍建水陸意
처음 도량에 들어가 수륙을 건립하는 뜻을 펴다.

출처: 양악의 『수륙의』
出楊鍔水陸儀

원래 무차수륙대재라는 것은 석가모니께서 베풀어 주신 가르침을 따르고 양나라 무제의 과목과 법식[科儀]를 받들어 세상의 크게 자비로운 사람 중에 공양을 올리는 것이다. 여기에서 보살행을 닦을 수 있고 여기에서 여래의 마음을 세울 수 있으니, 마땅히 외부의 조건을 물리쳐 끊고 올바른 기억[正念]을 바르게 지켜야 한다. 첫째 반드시 보리심을 내어 도량으로 삼아야 한다. 마땅히 이 마음은 본래 맑고 고요하여 모든 붓다와 더불어 같은 것임을 생각하라. 다만 번뇌에 가로막히고 애욕의 그물에 얽매여서 마침내 모든 붓다께서는 도를 이루셨고 우리는 미혹에 있게 되었다. 다만 오늘 이 시간에는 곧 반드시 보리심 낼 것을 각오해야 하니, 비유하자면 마치 연꽃이 진흙탕에서 처음 생겨나 꽃이 한 번 나올 때는 더러움이 붙을 수 없는 것같이 이러한 일[보리심을 내는]을 하는 까닭이니, 마땅히 보리심을 내어 도량으로 삼아야 한다.

原夫無遮水陸大齋者 遵釋迦文之垂教 奉梁武帝之科儀 世間大慈人中上供 於此可以修菩薩行 於此可以建如來心 宜當屛絶外緣 端持正念 第一 須發菩提心 以爲道場 當念此心本來湛寂 與諸佛同 但以煩惱所障 愛網所纏 遂使諸佛成道 我等在迷 只於今日今時 便須覺悟 發菩提心 譬如蓮華初生淤泥 華一出時 垢不能著 以是事故 當發菩提心以爲道場也

둘째 반드시 넓고 큰마음을 내어 법회로 삼아야 한다. 마땅히 이 마음은 스스로 분별함이 없어 허공과 더불어 같다고 생각하라. 다만 무명(無明)에 막혀서 나를 일깨우고자 하여도 장애하여 내가 원수나 친한 이를 생각하면 보게 되니, 마침내 여래께서는 멸도(滅度)에 드셨고 우리는 바야흐로 태어남을 받게 되었다. 다른 세계에 붓다가 계셔도 우리는 뵐 수 없으니 다만 오늘 이 시간에는 곧 반드시 잘못을 참회하고 마음을 깨끗이 하여 넓고 큰마음을 내야 한다. 예컨대 달은 하늘을 떠나지 않고 무릇 물이 있는 곳에는 그림자가 나타나지 않는 곳이 없는 것과 같이 이러한 이유[因緣]로 마땅히 넓고 큰 몸과 마음을 내어서 법회로 삼아야 한다.

第二 須發廣大心 以爲法會 當念此心 自無分別 與虛空等 徒以蔽於無明 礙於有欲起吾 我見生怨親想 遂使如來滅度 我方受生 佗界有佛 我不能見 只於今日今時 卽須懺洗 發廣大心 譬如月不離天 凡有水處 影無不現 以此因緣 當以廣大身心 而爲法會

셋째 반드시 큰 서원의 마음을 내어 공양으로 삼아야 한다. 마땅히 끝이 없는 중생이 아직 제도 받지 못했다면 내가 지금 제도하고, 모든 중생이 불과를 증득하지 못했다면 내가 지금 증득하게 하며, 육도(六道) 사생(四生)의 중생이 마땅히 그 나루를 건너게 하겠다고 생각하라. 시방 삼세에 두루하신 성현을 그 몸[當體]이 섬기게 하고, 다만 오늘 이 시간에 이와 같은 큰 서원의 마음이 두루 미치게 하여 공양으로 삼아야 한다. 법이 다함 없는 까닭에 공양 또한 다함이 없는 것이다.

第三 須發大願心 以爲供養 當念無邊衆生 未曾得度 我今當度 一切衆生 未得果證 我今令證 六道四生衆生 當津濟之 使周十方三世聖賢 當體事之 使徧 只於今日今時 發如是大願心 而爲供養 法無盡故 供養亦無盡也

넷째 반드시 대비심(大悲心)을 내어 법의 재물로 삼아야 한다. 마땅히 중생들이 온갖 악업을 지어서 악업으로 인해 악도에 옮겨 들어가는 것을 생각하라. 한 번 악도에 들어가면 잠깐 멈추어 쉬는 일이 없으니, 만일 어떤 사람이 나에게 모든 중생을 대신해서 온갖 괴로움을 받게 하려 한다면 나는 대답하지 아니하리라. 거듭 그 속에서 발심하도록 권하여 저들이 마음을 돌이켜 선(善)으로 나아가게 해야 한다. 다만 오늘 이 시간에 또 반드시 이러한 대비심을 일으켜 법시(法施)로 삼아 모든 중생에게 베풀어서 고통에서 떠나 즐거움을 얻도록 해야 한다. 이 네 가지의 큰마음을 굳게 낼 수 있다면 이 모임[수륙회]은 다른 모임과 같지 않음을 알게 될 것이다. 곧 여래의 가장 훌륭하고 막힘이 없으며 장애가 없는 큰 해탈문이다. 이러한 까닭에 내가 지금 수륙(水陸)과 명양(冥陽)을 위해 대재(大齋)를 설립하는 것이니 한량없고 다함이 없는 공덕이 모이게 된다.

이제 법회의 바른 인연에 들어가서 먼저 보시[檀那]를 도량에 모으고[合], 사람들과 법계의 저승과 이승[幽顯]의 신령하고 총명한 이들이[靈聰] 성인의 가르침에 의지하고, 네 가지 넓고 큰 몸과 마음을 가지게 한다. 진언 운운.

第四 須發大悲心 以爲法財 當念衆生造諸惡業 以惡業故 轉入惡道 一入惡道 無有休息 若人欲我代諸衆生 受諸苦惱 我則不答 復於其中 勸化發心 令彼迴心向善 只於今日今時 又須發起此大悲心 而爲法施 施一切衆生 離苦得樂也 旣能堅發此四種大心 則知此會不同佗會 乃是如來最勝無遮無礙大解脫門 是故我今修including水陸冥場97)大齋 以集無量無邊功德也 今則當入法會正緣 先爲檀那合道場 人及法界幽顯靈聰 依怙聖敎 敎四種廣大身心有 眞言云云

29. 선백소청상당팔위성중 宣白召請上堂八位聖衆
상당 8위의 성중을 청하여 아룀

同前
출처: 양악의 『수륙의』

들었나이다. 붓다[大雄]께서 출현하신 까닭에 중생을 보호해 주시고, 오묘한 법의 궤도를 의지하는 까닭에 모두가 (번뇌 또는 생사에서) 벗어나게 되었다고 합니다. 보기 드문 일을 하오니 큰 자비의 문을 여시어 사부대중에게 보이소서. 마치 코끼리의 왕[象王]이 머리를 돌려 한 가지 음성으로 연설하듯 보배 연꽃의 좌대에서 일어나지 않으시고도 사자후를 하여 널리 시방세계를 교화하소서. 언제나 옥호(玉毫)에서 광명을 놓아 육도를 두루 비추시니 자비가 구름처럼 법계에 넓게 깔리고, 중생들에게 감로수를 부어주시니 인간 중에서도 뭇 성인의 왕이시며 세상에서 가장 자비로운 아버지이십니다. 이 밤 제자 아무개[某]는 오랜 세월 동안 붓다의 크신 은혜 받은 것과 이번 생에 붓다의 바른 가르침 들은 것을 생각합니다. 다행히도 삼보께서 널리 덮어주셨으나, 아아! 육도에 정처 없이 흘러 다니며 물에 뜬 나무를 찾는 거북이처럼 붓다를 바라봅니다. 어찌 몸을 돌아보아 옷에 매어놓은 보배를 가질 수 있겠습니까. 자신도 모르게 몸을 버리고 몸을 받으면서 괴로움에서 괴로움으로 들어가니 이제 그들을 해탈의 길로 인도하여 방편의 문으로 나아가고자 합니다. 다만 붓다께서는 불쌍히 여기시어 저의 바람을 이루어 주소서. 이러한 까닭에 특별히 미묘한 나물로 만든 음식을 두루 늘어놓고, 보기 드문 향과 꽃을 삼가 정성스럽게 바칩니다. 따라서 제가 지금 시주의 정성스러움을 받들어 상당(上堂) 8위의 성중을 청하며 절하오니 삼가 먼 길을 강림하소서.

蓋聞 大雄出現 所以覆護衆生 玅法軌持 所以度脫一切 作希有事 開大慈門

---
97) 문맥상 '場'은 '陽'의 오기로 보임.

視于四衆 如象王迴 演乎一音 作師子吼 不起於寶蓮華座 普化十方 常放於玉
毫相光 徧照六道 布慈雲於法界 沃甘露於羣生 人中衆聖之王 世間大慈之父
于夜則有弟子某 惟念自從曠劫 受佛大恩 乃至今生聞佛正敎 幸三寶之普覆
嗟 六道之漂流 望佛如浮木之龜 何由可値顧身 有繫衣之寶 不自覺知 捨身受
身 從苦入苦 今欲導之 以解脫之路 進之以方便之門 唯佛哀憐 滿我志願 是
以特獻 微玅之蔬饌普陳 希有之香華虔懇 無過精誠有在以 故我今奉爲施主
慇懃 禮請上堂八位聖衆 伏惟迓降

옥호(玉毫)는 붓다의 두 눈썹 사이에 있는 희고 빛나는 가는 터럭으로, 그곳에서 광명을 뿜어내어 온 세상을 비춘다고 한다. '물에 뜬 나무를 찾는 거북이처럼'은 『대반열반경』「고귀덕왕보살품」의 "사람의 몸을 얻기 어려운 것이 우담발화 같은데 내가 지금 이미 얻었고, 여래를 만나기 어려운 것이 우담발화보다 더한데 내가 지금 이미 만났으며, 청정한 법보를 보고 듣는 것이 어려운데 내가 지금 이미 들었으니, 비유컨대 눈먼 거북이 바다에 떠다니는 나무의 구멍을 만난 것과 같다."에서 유래한다.[98] '옷에 매어놓은 보배를 가질 수' 있다고 하는 것은 『묘법연화경』「오백제자수기품」에 나오는 비유이다.

불타야중을 청합니다. 한마음으로 목숨 바쳐 귀의하며 절합니다. 참된 법성의 바다에 계시는 오묘한 보신(報身)과 화신(化身)을 청하나니, 온갖 덕을 장엄하여 갖추시고 넓은 시방에서 자재하시며 모든 이름과 모양을 초월하여 삼세(三世)의 차이점과 같은 점이 없음을 밝게 아십니다. 저들의[중생] 번뇌[塵勞]를 접하시고는 널리 중생들을 위하여 자비의 광명과 한량없는 비원(悲願)을 숨기거나 드러내시니, 큰 바다에 수미산이 솟구쳐 높다높고, 뭇별이 희고 밝은 달에 의지하여 반짝이듯 궁구하기 어렵습니다. 다함 없는 허공과 법계에 두루 하시고 모든 곳에 항상 머물러 계시는 불타야중께 예를

---

98) 曇無讖譯, 『大般涅槃經』「高貴德王菩隆品」권23(T4, 98c23-26), "人身難得如優曇花 我今已得 如來難値過優曇花 我今已値 淸淨法寶難得見聞 我今已聞 猶如盲龜値浮木孔."

올립니다. 오직 진여의 경계[本際]를 어기지 마시고 평등하게 자비를 끼쳐 부디 도량에 강림하셔서 공양을 받아주소서.

請佛陀耶衆
一心歸命禮 請眞法性海 妙報化身 擁萬德之莊嚴 廓十方而自在 超諸名相 了非三世之異同 接彼塵勞 普爲羣生 而隱顯慈光無量悲願 難窮 巍巍大海涌須彌 耿耿衆星依皎月 南無盡虛空徧法界 一切常住佛陀耶衆 惟願不違本際 平等慈熏 俯降道場 受予供養

진여의 경계, 곧 본제(本際)는 근본 구경의 맨 끝이라는 뜻으로 진여·열반의 다른 이름이다. 부강도량의 '부(俯)'자는 숙이다. 구부리다. 굽히다 등의 동사로도 쓰이나. '공문·서신, 존칭·존댓말'로 쓰일 때는 '부디 …해 주십시오. …주소서.' 등으로 번역하는 것이 자연스럽다.

달마야중을 청합니다. 한마음으로 목숨 바쳐 귀의하며 절합니다. 만 가지 모양이 본래 가진 성품인 천 가지 물결의 법의 바다를 청하나니, 비로자나불의 광대한 이치의 문을 열어서 실제(實際)로 깊숙하고 그윽한 보배창고를 비추십시오. 세 가지 수레에 중생을 싣고 함께 불타는 집의 고향을 뛰어넘고, 여덟 가지 가르침으로 (중생의) 근기에 응하여 제석천의 구슬로 된 그물에 모두 들어가며, 권교와 실교[權實]를 훤히 꿰뚫어 통발과 올가미를 보이십니다. 모두 가장 훌륭한 큰 복전이라고 부르니 이를 끝이 없는 참된 법보시라고 합니다. 다함 없는 허공과 법계에 두루 하시고 모든 곳에 항상 머물러 계시는 달마야중께 예를 올립니다.

請達摩耶衆
一心歸命禮 請性天萬像法海千波 開毗盧廣大之義門 照實際幽深之寶藏 三車載物 同超火宅之鄕 八敎應機 盡入帝珠之網 洞明權實 示有筌蹄 咸稱最上大福田 是謂無邊眞法施 南無 無盡虛空徧法界 一切常住達摩耶衆

실제(實際)는 진여법성(眞如法性), 이는 온갖 법의 끝이 되는 곳이므로 실제, 또 진여의 실리(實理)를 증득하여 그 궁극(窮極)에 이르므로 이렇게 이른다. '세 가지 수레[三車]'는 『법화경』「비유품」에서 말하는

'양거(羊車), 녹거(鹿車), 우거(牛車)'의 세 종 수레로 불교의 성문승, 연각승, 보살승을 의미한다. '불타는 집(火宅)'은 『법화경』 화택의 비유를 가리키며 이 세간을 비유한다. '여덟 가지 가르침[八敎]'이란 돈교·점교·비밀교·부정교와 장교·통교·별교·원교를 말한다. 돈교 등 사교는 교화의 형식(化儀)이니 마치 세상의 약 처방과 같고, 장교 등 사교는 교화의 내용(化法)이니 마치 약의 맛을 구별하는 것과 같다.'99) '권교와 실교[權實]'에서 권(權)은 방편(方便)의 가르침이라는 뜻으로 삼승(三乘)을 가리키고, 실(實)은 진실의 가르침이라는 뜻으로 일승(一乘)을 가리킨다. '통발과 올가미[筌蹄]'에서 전(筌)은 물고기를 잡는 기구, 제(蹄)는 토끼를 잡기 위한 기구이다. 물고기를 잡고 나면 전은 잊어버려야 하고, 토끼를 잡은 뒤에는 제를 잊어버려야 하듯이, 목적을 얻기 위해서 방편으로 사용했던 것은 목적을 달성한 뒤에는 아무런 의미가 없다는 말이다.'

승가야중을 청합니다. 한마음으로 목숨 바쳐 귀의하며 절합니다. 여섯 가지로 화합[六和]하는 청정한 (승가를) 청하나니, 한 성품을 원만히 밝히고 계율에 의지하여 몸을 장엄하며 자비와 인욕을 갖추어 중생을 거두고 바다가 기우는 듯한 말씀으로 뭇 성인의 법문을 오묘하게 펼치십니다. 달빛에 비친 선심(禪心)은 천 가지 근기의 바른 안목을 높이 드러내시고, 한 티끌에도 물들지 않고 갖가지 수행을 하십니다. 정수리의 원만한 삼매를 어기지 않으시고 감추어진 구슬로 몸을 밝히셔서 아홉 가지[枝]로 뻗은 신령한 풀을 걸치니 빼이납니다. 다함 없는 허공과 법계에 두루 하시고 일체에 항상 머물러 계시는 승가야중께 예를 올립니다.

請僧伽耶衆
一心歸命禮 請六和淸淨 一性圓明 依戒律以嚴身 具慈忍而攝物 海傾談辯 玅宣衆聖之法門 月映禪心 高露千機之正眼 一塵無染萬行 不違頂圓三昧 祕珠明身 挂九支靈艸秀 南無 無盡虛空徧法界 一切常住 僧伽耶衆

99) 諦觀錄, 『天台四敎儀』(T46, 774c17-19), "言八敎者 頓漸祕密不定藏通別圓 是名八敎 頓等四敎是化儀 如世藥方 藏等四敎名化法 如辨藥味."

육화(六和)는 여섯 가지로 화합한다는 의미인데, 승가는 원래 화합중이라고 의역한다. 이때 화합의 의미는 크게 두 가지가 있다. 첫째는 이화(理和)로 모두 적멸인 열반의 이치를 증득하는 것을 목적으로 한다는 뜻이고, 둘째는 사화(事和)로 일상사에 있어서 같은 것을 행한다는 뜻이다. 사화에 여섯 가지가 있는데 이를 육화경이라 한다. 차례대로 신화경(身和敬)은 같은 곳에 머물면서 예배 등을 함께하는 것이고, 구화경(口和敬)은 찬영(讚詠) 등을 함께하는 것으로 화합하는 언어를 사용하여 다툼이 없는 것이며, 의화경(意和敬)은 신심(信心) 등을 함께하며, 함께 기뻐하는 것이고, 계화경(戒和敬)은 계법(戒法)을 함께 닦는 것이며, 견화경(見和敬)은 견해 등을 함께하는 것이고, 이화경(利和敬)은 옷·음식 등의 이익을 함께하는 것 등이다.

'아홉 가지[枝]로 뻗은 신령한 풀을 걸치니'와 관련 설화는 『조당집』 권1에 나오는 제 3조(祖) 상나화수(商那和修) 존자의 일화이다. "상나화수(商那和修)는 상낙가(商諾迦)라고도 하는데, 인도에서 아홉 가지로 뻗는 자연생 풀이름이다. 마돌라국(摩突羅國) 사람이며, 종성은 비사다(毘舍多)요, 아버지의 이름은 임승(林勝)이고, 어머니의 이름은 교사야(憍奢耶)이다. 어머니의 태(胎) 속에서 6년 만에 태어나 얼마 안 가서 출가하니, 몸에 원래부터 걸치고 있던 옷이 저절로 9조(條)의 가사가 되었다. 아난대경희의 법을 받아 널리 많은 중생을 제도한 큰 등불이었다.

대보살중을 청합니다. 한마음으로 목숨 바쳐 귀의하며 절합니다. 큰 서원을 내시고 큰 깨달음[보리]을 간절히 생각하여 여섯 지위의 계위에 나아가신 (보살중을) 청하나니, 하나의 참된 (법계에는) 평등과 자비희사(慈悲喜捨)로 깨달아 비출 근기[중생]가 없음을 체득하셨고, 생사에 드나들되 육근과 육진[根塵]의 모습에 떨어지지 않으십니다. 보타(補陀)의 구름 빼어나고 도솔(兜率)의 바람 상쾌하며, 보배 꽃과 영락으로 함께 몸을 장엄하시고, 바다 같은 성품의 광명으로 언제나 중생들을 이롭게 하십니다. 다함 없는 허공과 법계에 두루 하시고 모든 곳에 항상 머물러 계시는 대보살마하살중께 예를 올립니다.

請大菩薩衆
一心歸命禮 請發弘誓願 慕大菩提 進六位之階差 體一眞之平等慈悲喜捨 了無覺照之機 出入死生 不墮根塵之相 補陀雲秀 兜率風淸 寶華瓔珞共嚴身 性海光明常利物 南無 無盡虛空徧法界 一切常住 大菩薩摩訶薩衆

여섯 지위[六位]는 『화엄경탐현기』 등에서 십신(十信) · 십주(十住) · 십행(十行) · 십회향(十廻向) · 십지(十地) · 불(佛)을 지칭한다. 불위는 인과가 원만한 구경위이다.[100] 자비희사(慈悲喜捨)는 사무량(四無量)인데 'Ⓢcatvāry apramāṇāni', 'Ⓟcatasso appamaññāyo'라고 한다. 사등(四等) · 사등심(四等心)이라고도 한다. 불보살이 한량없는 중생을 제도하기 위하여 중생을 고통에서 벗어나게 하고 안락을 주는 네 가지의 마음으로 자(慈 Ⓢmaitrī), 비(悲 Ⓢkaruṇā), 희(喜 Ⓢmuditā), 사(捨 Ⓢupekṣā) 등을 말한다. 『대지도론』에 "사무량심(四無量心)이란 자 · 비 · 희 · 사(慈悲喜捨)이다. 자(慈)는 중생을 사랑하는 것을 이름하는데, 항상 안온과 즐거움을 구하는 것으로 중생을 이롭게 한다. 비(悲)는 중생을 불쌍히 여기는 것을 이름하는데, 오도(五道) 가운데에서 여러 가지 육신의 고통과 마음의 괴로움을 떠맡는다. 희(喜)는 중생이 즐거움을 얻도록 함께 기뻐하는 것을 이름한다. 사(捨)는 세 가지 마음을 버리는 것을 이름하는데, 다만 중생을 생각하기를 증오하지도 않고 사랑하지도 않는 것이다."[101]라고 하였다. 근진(根塵)은 육근과 육진으로 근(根)은 감각기관의 눈, 귀, 코, 혀, 몸, 뜻의 6종류(六根)다. 진(塵)은 이들의 인식대상이 되는 색, 소리, 향기, 맛, 촉감, 법의 6종류(六塵)로 번뇌를 일으키는 외적 원인이 되므로 진이라 한다. '보타(補陀)'는 관세음보살이 거주하는 산 이름인 'potalaka'의 음역이고, '도솔(兜率)'은 'Ⓢ Tuṣita'의 음역어로 도솔타(兜率陀) 등으로 표기되며 상족(上足) · 묘족(妙足) · 선족(善足) · 지족(知足)이라고도 번역하는데 수미산 꼭대기로부터 12만 유순 위에 있는 하늘. 욕

---

100) 『花嚴經探玄記』(K47, 751bc 440a).
101) 『大智度論』卷20(T25, 208c), "四無量心者 慈悲喜捨 慈名愛念衆生 常求安隱樂事 以饒益之 悲名愍念衆生 受五道中 種種身苦心苦 喜名欲令衆生 從樂得歡喜 捨名捨三種心 但念衆生 不憎不愛."

계 6천 중에 제4천 미륵보살이 머물러 있는 천상의 정토를 지칭한다. '성해(性海)'는 변하지 않는 진리나 청정한 본성을 바다에 비유한 말로, 진리의 세계, 깨달음의 세계를 표현한다.

대벽지불중을 청합니다. 한마음으로 목숨 바쳐 귀의하며 절합니다. 인연으로 깨달으시고 세상과의 인연을 끊고 언제나 산림에서 홀로 머물고 계시는 (벽지불중을) 청하나니, 애당초 사슴 수레에 실어 나른 말씀에는 취할 것이 없어서 열두 가지 인연에서 번뇌를 벗어났고, 인각(麟角)으로 뛰어넘어 마흔네 가지 지혜에서 관법과 실천을 계발하시어 참된 공으로 은밀히 비추시고 오묘한 선정에서 홀로 원만하십니다. 비록 붓다가 없는 세상에 나오셨으나 다만 중승(中乘, 독각승)의 근기로 증득하셨습니다. 다함 없는 허공과 법계에 두루하시고 모든 곳에 항상 머물러 계시는 벽지가라중께 예를 올립니다.

請大辟支佛衆
一心歸命禮 請以緣而覺 絶世而修 常獨住於山林 初無取於言說 鹿車運載 脫塵勞於十二有支 麟角超升 發觀行於四十四智 眞空密照 玅定孤圓 雖於無佛世出興 唯以中乘根取證 南無 無盡虛空徧法界 一切常住 辟支迦羅衆

인각(麟角)은 독각(獨覺, pratyeka buddha)인데 독각에는 두 가지가 있다. 인각유(麟角喩) 독각과 부행(部行) 독각이다. 인각유 독각이란 반드시 백 대겁(百大劫) 동안 보리(菩提)의 자량(資糧)을 닦은 이라야 비로소 이루게 되는데 독신으로 동무가 없는 것이 마치 기린의 뿔과 같다 하여 이렇게 이름하며, 부행 독각이란 먼저 성문(聲聞)으로서 앞의 3과(果)를 이루고 제4과(果)를 얻은 때에 독각으로 된 이인데 동일하게 혼자 깨쳤으나 동무들이 있었기 때문에 부행이라 한다. 다 같이 부처님 없는 세상에 나서 남의 교화를 받지 않은 것은 같다.

'마흔네 가지 지혜'는 『아비달마발지론』에 "비구들이여, 나는 너희들을 위하여 사십사지(四十四智)에 대해서 설할 것이니, 너희들은 잘 듣고, 잘 생각하라. 무엇을 44지라고 하는가? 노사(老死)를 아는 지

(智)와 노사의 집(集)을 아는 지와 노사의 멸(滅)을 아는 지와 노사의 멸로 나아가는 것을 아는 지, 이와 마찬가지로 생(生)·유(有)·취(取)·애(愛)·수(受)·촉(觸)·육처(六處)·명색(名色)·식(識)·행(行)을 아는 지와 행의 집을 아는 지와 행의 멸을 아는 지와 행의 멸로 나아가는 것을 아는 지, 이것을 44지의 본질이라고 한다.102)

벽지가라(辟支迦羅)는 범어로는 pratyeka-buddha인데 벽지(辟支) 또는 벽지가라로 음역한 것으로 보인다. 『번역명의집』에는 "벽지가라는 홀로 산에 있는 것을 말한다. 이것을 번역하면 연각(緣覺)인데 12인연을 관찰하여 도리를 깨쳤기 때문이다. 또 번역하여 독각(獨覺)이라고도 하는데 붓다가 계시지 않는 세상에 나와서 스승 없이 스스로 깨달았기 때문이다"라고 하였다.103)

대아라한중을 청합니다. 한마음으로 목숨 바쳐 귀의하며 절합니다. 혜근(慧根)으로 멀리 벗어나시어 선정의 경계가 높고도 밝은 (대아라한중을) 청하나니, 속히 삼계의 고통의 수레바퀴에서 뛰어올라 오직 공의 오묘한 이치를 깊이 증득하셨습니다. 다음 생[後有]을 받지 않으시니, 마치 밝은 거울의 먼지를 없앤 듯하고, 신통을 구족하셨으니, 밝은 구슬에 형상을 나타내듯 하십니다. 지위는 네 과위[四果]로 나뉘고 명성은 시방의 인간과 천상에 가득하시니, 어쨌든 발우 하나에 의지하여도 수많은 집마다 감응할 수 있습니다. 다함 없는 허공과 법계에 두루 하시고 모든 곳에 항상 머물러 계시는 대아라한중께 예를 올립니다.

請大阿羅漢衆

一心歸命禮 請慧根迥脫 定境高明 速超三界之苦輪 深證單空之妙理 不受後有 如明鏡之絶塵 具足神通 似明珠之現像 位分四果 名滿十方人間天上 總歸

---

102) 迦多衍尼子造 玄奘譯, 『阿毘達磨發智論』卷10(T26, 968c), "吾當爲汝説四十四智事 汝應諦聽極善作意 云何四十四智事 謂知老死智 知老死集智 知老死滅智 知趣老死滅行智 如是知生有取愛受觸六處名色識行智 知行集智 知行滅智 知趣行滅行智 是名四十四智事."

103) 法雲編, 『翻譯名義集』권1(T54, 1060c), "辟支迦羅 孤山云 此翻緣覺 觀十二緣 而悟道故 亦翻獨覺 出無佛世 無師自悟故."

依一鉢 千家能感應 南無無盡虛空徧法界一切常住大阿羅漢衆

혜근(慧根)은 오근(五根)의 하나이다. 삼십칠도품 중에서 네 번째 행법으로 신(信)·정진(精進)·염(念)·정(定)·혜(慧)의 다섯 가지는 번뇌를 조복시키고 성도(聖道)를 이끌어 주는 작용이 있고, 또 일체 선법(善法)을 일으키는 근본이 되며, 또 무루의 성도에 들어가거나 그것을 발생시킬 수 있어 오근이라 한다. 먼저 신근(信根)은 삼보(三寶)·사제(四諦) 등의 도리를 믿는 것이다. 정진근(精進根)은 용맹하게 선법을 닦는 것이다. 염근(念根)이란 항상 정법(正法)을 기억하고 생각하는 것이다. 정근(定根)은 마음을 하나의 경계에 묶어 두고 산란되지 않게 하는 것이다. 혜근(慧根)은 선정 중에 관하는 지혜(觀智)가 일어나서 진리를 여실하게 아는 것이다. '네 과위[四果]'는 소승 증과(證果)의 4계위(階位)이다. 과(果)는 무루지(無漏智)가 생기는 지위로, 수다원과·사다함과·아나함과·아라한과이다. 본문 총귀(總歸)는 부사로 결국, 어쨌든, 아무튼, 아무래도 등으로 풀이하면 무난하다.

오통신선중을 청합니다. 한마음으로 목숨 바쳐 귀의하며 받들어 청합니다. 몸과 마음이 탐욕을 여의었고 공덕과 실천이 다른 사람보다 뛰어나며 안개와 노을이 청정한 곳을 연모하여 산과 바다의 아득한 사이에 머물고 계십니다. 바람에 나부끼듯 학을 타고 달과 이슬을 따르니 찬 빛에 무지개처럼 아름다운 치마 흩날리고, 하늘 높이 부는 바람 따라 향기가 흩어지니 오묘하여 번뇌가 없다[無漏]고 부릅니다. 다만 오래 살기를 취하여 화로에 용호(龍虎)를 나누어 신령한 단약(丹藥)을 보이고, 물결로 고래와 자라를 움직여 신비로운 전각에 오르십니다. 다함 없는 허공과 법계에 두루 하시고 모든 곳에 항상 머물러 계시는 오통신선중께 예를 올립니다.

請五通神仙衆
一心歸命奉請 身心離欲 德行過人 慕煙霞清淨之居 住山海杳冥之際 飄飄鶴馭隨月露 以光寒冉冉霓裳 逐天風而香散 玅稱無漏 獨取長生 火分龍虎見神丹 波動鯨鼇騰祕殿 南無無盡虛空徧法界 一切常住 五通神仙衆

'무지개처럼 아름다운 치마[霓裳]'는 무지개와 같이 아름다운 치마라는 뜻으로, 신선의 옷을 이르는 말이다. 단약(丹藥)은 용호단(龍虎丹), 금단(金丹)을 말한다. 용호는 수화(水火)·정기(精氣)·수은과 납[汞鉛]을 뜻하는 도교(道敎)의 용어이다. 『상촌집』에 "금 화로에 장생불사의 단약을 만들어(金爐鍊成龍虎丹)"라는 구절을 참고하였다.

호법천룡중을 청합니다. 한마음으로 목숨 바쳐 귀의하며 받들어 청합니다. 온갖 복덕을 쌓아 큰 위신력을 갖추셨고, 이미 해탈의 문에 올라 여래의 가르침을 공경하며 보호하시며, 의관은 빛을 받아 반짝이니 선한 힘으로 중생을 돕지 않음이 없습니다. 권속들을 장엄함에 어찌 번뇌를 좋아하고 탐착하겠습니까. 언제나 붓다의 모임에 참여하여 원수와 마군을 굴복시키려 보배 검을 높이 비추니 반야의 빛이 깃발[旌旗]에 비치어 금강의 불꽃이 높이 솟아납니다. 다함 없는 허공과 법계에 두루 하시고 모든 곳에 항상 머물러 계시며 해탈문에서 법을 보호하시는 천룡중께 예를 올립니다.

請護法天龍衆
一心歸命奉請 積諸福德 具大威神 已登解脫之門 敬護如來之敎 衣冠照映 莫非善力之資生 眷屬莊嚴 豈受塵勞之愛染 常參佛會 降伏怨魔 寶劒高輝 般若光旌旗 秀發金剛焰 南無 無盡虛空徧法界 一切常住 解脫門護法天龍衆

애염(愛染)은 산스크리트로 rāga. 5욕(欲)을 탐착(貪着)하여 번뇌에 물드는 것으로 번뇌를 말한다.

30. 하당 8위의 성인과 범부를 청하여 아룀
宣白召請下堂八位聖凡

원래 신묘한 도리는 멀리 있지 않아서 삼가 정성을 다해야 하고, 성인의 힘은 멀리 있지 않아서 기도하면 반드시 응함을 알아야 합니다. 혹은 손가락을 튕기는 아주 짧은 동안에 돌고서 돌아오니 잠간 사이이고, 혹은 비의 모양을 만들어 상서로운 빛깔과 함께 가벼운 구름에 뒤섞이기도 하며, 혹은 믿음의 재물을 말에 싣고 바람의 기세를 따라 휘날려 나부낍니다. 지금 빛깔이 화기애애하고 상서로운 구름이 자욱한데 어찌 감히 성인의 수레를 바라겠습니까. 진실로 범부들의 마음에 부합하시니 특별히 아뢰어 불러서 청합니다.

原夫 神道不遠虔懇 須知聖力非遙 禱祈必應 或彈指斯須之際 迴旋倏忽之間 或作雨形 瑞色共輕雲之混雜 或隨風勢 信財與馱馬之飄颻 今則豈色融融 祥雲靄靄 敢希聖駕 允副凡心 特伸邀請

'믿음의 재물[七聖財]'은 'ⓢsapta-dhanāni'로 불도를 이루는 성스러운 일곱 가지 법을 재물에 비유해서 일컫는 말. 정법을 믿어 지니는 신재(信財), 계율을 지키는 계재(戒財), 제 부끄러움을 알아 모든 악을 짓지 않는 참재(慚財), 좋은 법이 아닌 것은 남부끄러움을 내는 괴재(愧財), 바른 가르침을 들을 줄 아는 문재(聞財), 모든 물질에 대한 집착을 놓아 보시할 줄 아는 시재(施財), 마음을 거두어 산란치 않게 하여 모든 법을 비추어 볼 줄 아는 혜재(慧財) 등이 그것이다. '빛깔이 화기애애하고[融融]'는 평화스럽게 즐기는 모양, 화목하고 즐겁다, 화기애애하다 등의 의미로 풀이된다.

관료와 이종의 무리를 청합니다. [양악의 의문(儀文)에는 다만 불러서 청하는 (간단한) 명함만 있어서 각 권속과 나머지는 다른 글에서 보충하였다.]

한마음으로 법계 가운데에 두루 하신 예전과 지금의 모든 관료와 아전의 무리, 황제와 왕과 제왕 등의 군주, 여러 제후와 모든 벼슬아치를 온갖 종류의 무리로 나누어 각 권속을 받들어 청합니다. 백성[黎元]의 군주로써 관부(官府)의 의지처가 되시고, 백성을 도맡아 다스리는 것은 온 나라의 땅이 모두 왕의 백성에 속하기 때문입니다. 그러므로 양나라 무제의 의문(儀文)으로 관료의 욕위(縟位)를 세우고, 훌륭한 인연으로 오랫동안 뛰어난 과보를 구상하였습니다. 지금은 문무를 겸비한 재주에 둘러싸여 있고 재산이 많고 지위

가 높은 것을 둘 다 갖춘 신분을 만났으나, 구주(九州)와 온 천하를
모두 맡아 만들어 길러내는 중에 온 백성이 모두 지휘하는 깃발 위
에 들어가 주거나 빼앗는 것을 자기가 꾀하고 행동거지를 제멋대로
하니 이미 권세를 버릴 때가 되었습니다. 그러므로 형상은 죽었으
나 과보는 구르고 있으니 시름에 겨운 넋은 오랜 시간 동안 어디에
의지해야 합니까. 유명계[幽趣]는 아득하고 어두워서 몸을 깃들 곳이
없습니다. 이와 같은 관료와 아전[吏從]은 모두 원하건대 삼보의 힘
을 받들고 비밀의 말씀에 의지하여 도량에 내려오셔서 이 막음 없
고 광대한 공양을 받으소서. ['벽(辟)'은 필(必)과 익(益)의 반절로 임
금이다. '욕(褥)'은 이(而)와 축(蜀)의 반절로 담요이다.]

請官僚吏從衆[楊鍔儀文 祇有召請名街 至各及眷屬自餘 以餘文補之]
一心奉請 徧法界中 往古來今 一切官僚吏從衆 皇王帝主 百辟千官 萬類羣分
各及眷屬 黎元以君上 爲所依官府 以黎元爲統攝 由來率土盡屬王民 故梁武
之儀文 立官僚之褥位 善緣宿構勝報 今逢抱文武兼備之才 處富貴兩全之地
九州四海 皆歸化育之中 萬姓四民 盡入旌麾之上 與奪由己 擧動任情 旣勢去
以時來 故形亡而報轉愁冤黯黯長劫何依幽趣冥冥棲身無地 如是官僚吏從竝
願承三寶力仗秘密言降臨道場受此無遮廣大供養[辟必益切君也褥而蜀切氈
也]

'황제와 왕과 제왕'에서 황(皇)과 왕(王)은 왕도(王道)로 다스리는 것
을 말하고, 제(帝)와 패(伯)는 패도(霸道)로 다스리는 것을 말한다. 중
국 고대의 정치에 삼대(三代)는 순수한 왕도요, 한(漢)은 패도를 섞었
다고 한다. 소옹(邵雍)의 시에 "일월성신이 높이 떠서 밝게 빛나고,
황왕제패가 커다랗게 퍼졌네.[日月星辰高照耀, 皇王帝伯大鋪舒.]"라고 하
였다. '욕위(褥位)'는 깔자리, 즉 욕석(褥席)을 펴서 마련해 놓은 자리
이다. 구주(九州)는 중국의 별칭. 고대에 중국은 그 전역을 구주(九
州)로 나누었다. 송(宋)나라 육유(陸游)의 「시아(示兒)」에 "죽으면 만사
가 헛될 뿐임을 원래 알지만, 구주가 하나가 되는 것을 보지 못한
게 슬플 뿐이다[死去元知萬事空 但悲不見九州同]"라고 하였다. 만성사민
(萬姓四民)으로 만성(萬姓)은 온갖 성씨를 가진 모든 백성을 말하고,
사민(四民)은 사(士)·농(農)·공(工)·상(商) 네 가지 신분(身分)이나

계급(階級)의 백성(百姓), 즉 온 백성을 말한다. '반절'은 뜻글자인 한자의 음가를 알려주는 방식으로 위에서처럼 '辟必益切'은 '벽'자는 '필'자의 성모[초성]와 '익'자의 운모[중성+종성]를 나눠 합해 읽는다. 지금 우리의 한자 음가는 변화가 심해 그렇게 읽어도 정확하다고 할 수는 없다.

삼계의 제천중을 청합니다. 한마음으로 법계 가운데에 두루 하신 일체 모든 하늘의 대중인 욕계(欲界)·색계(色界)·무색계(無色界) 중의 천주(天主)와 천왕(天王) 각 권속을 청합니다. 전생의 인연[夙因]을 갚기 위해 육욕천(六欲天)에 거처하나 오계(五戒)와 십선(十善)을 닦아서 구천(九天)에 올라가 사선팔정(四禪八定)의 지위에 안주하십니다. 몸은 비록 유루(有漏)의 즐거움에 있으나 또한 끝없이 우뚝 솟은 궁전이 몸을 따라 밝게 빛나 광명이 몸을 비춥니다. 팔만 사천 겁 동안 장수하는 뛰어난 과보를 받다가 때가 되면 스물다섯 가지 존재에 세 들어서 윤회에 오르고 내리니 어찌 끝이 있겠습니까.
다섯 가지 시드는 모습이 나타나면 한 베개의 꿈이 남았는데, 갑자기 궁전 안에서 어둡고 아득한 경계로 문득 들어가게 됩니다. 이와 같은 천도(天道)의 대중이 모두 (오시기를) 바랍니다.

請三界諸天衆
一心奉請 徧法界中 一切諸天衆 欲界色界無色界中 天主天王 各及眷屬 報居六欲夙因 五戒十善之修 上升九天 安住八定四禪之位 身雖有漏樂 且無窮巍巍而宮殿隨身奕奕而光明照體八萬四千劫壽勝報時賒二十五有輪迴升沈何已五衰相現一枕夢殘俄從宮殿之中奄入杳冥之境如是 天道衆竝願

육욕천(六欲天)은 욕계육천(欲界六天)·6천(天)이라고도 부른다. 3계(界) 중 욕계에 딸린 6종의 하늘이다. 이 하늘 사람들은 모두 욕락이 있으므로 욕천(欲天)이라 한다. ① 4왕천(王天)은 수미산 제4층의 4면에 있는 지국천(동)·증장천(남)·광목천(서)·다문천(북)의 사천왕과 그에 딸린 천중들이다. ② 도리천(忉利天)은 33천이라 번역하는데, 수미산 꼭대기에 제석천을 중심으로 4방에 8천씩이 있다. ③ 야마천(夜摩天)은 선시천(善時天)·시분천(時分天)이라 번역하는데, 때를 따라 쾌락을 받으므로 이렇게 이른다. ④ 도솔천(兜率天)은 지족(知足)이라 번역하는데, 자기가 받는 5욕락에 만족한 마음을 내는 까닭이다. ⑤ 화락천(化樂天) 또는 낙변화천(樂變化天)이라 하는데, 5욕의 경계를 스스로 변화하여 즐긴다는 뜻이다. ⑥ 타화자재천(他化自在天)은 다른 이로 하여금 자유자재 5욕 경계를 변화케 한다. 이 육천 중 사왕천은 수미산 허리에 있고, 도리천은 수미산 꼭대기에 있으므로 지거천(地居天), 야마천 이상은 공중에 있으므로 공거천(空居天)이라 한다. 구천(九天)은 색계(色界) 사선천(四禪天)의 구천(九天)으로 곧 복생천(福生天)·복애천(福愛天)·광과천(廣果天)·무상천(無想天)·무번천(無煩天)·무열천(無熱天)·선견천(善見天)·선현천(善現天)·색구경천(色究竟天)이다. 사선팔정(四禪八定)은 색계의 사선(四禪)과 무색계의 사정(四定)을 합하여 일컫는 용어로 '초선정·이선정·삼선정·사선정·공무변처정·식무변처정·무소유처정·비상비비상처정'이다. '스물다섯 존재[二十五有]'의 유(有)는 존재(存在)란 뜻. 중생이 나서 변경하고 죽어 변경하는 미(迷)의 존재를 25종으로 나눈 것이다. ①4악취(지옥·아귀·축생·아수라), ②4주(동불바제·남염부주·서구야니·북울단월), ③6욕천(사왕천·도리천·야마천·도솔천·화락천·타화자재천), ④색계(초선천·범왕천·제2선천·제3선천·제4선천·무상천·5나함천), ⑤무색계(공무변처천·식무변처천·무소유처천·비상비비상처천)로 이를 줄여서 3계와 6도라 한다. '다섯 종의 시드는 모습[五衰相]'은 천인이 죽을 때 그 신체 등에 나타나는 다섯 가지 쇠락의 모습. 경론에 따라 다르지만, ① 머리에 쓰고 있는 화관이 시든다, ② 겨드랑이에 땀이 난다, ③ 옷이 더러워진다, ④ 몸의 위엄과 광채를 잃는다, ⑤ 본좌(本座)에 앉아 있는 것이 즐겁지 않다 등의 다섯 가지 시드는 모습이 나타난다고 한다.

아수라도의 대중을 청합니다. 한마음으로 법계 가운데에 두루 하신 모든 아수라 대중인 머리 셋에 팔이 여섯이고 오취(五趣)와 사생(四生)에 (들고나며) 바다 밑 산간에 계시는 각 권속을 받들어 청합니다. 예전에 선과 악을 닦아서 지금 받는 과보가 다른 것이니, 자신을 높여서 아랫사람을 업신여기는 마음을 힘입거나, 질투하고 시기하며 의심하는 행동을 하여서 오로지 거칠고 난폭하게 되었습니다. 마침내 성내는 모습을 받게 되어서 혹은 목에 여러 개의 머리를 두르거나 혹은 어깨에 대여섯 개[數]의 팔이 생겨나며, 몸은 마치 진한 푸른빛의 터럭이 난 것 같고, 금단(金丹)이 나타난 듯한 큰 몸은 높이가 수미산과 같습니다. 제석천과 더불어 전쟁하는 곳에서 하찮은 것만 보여주어도 연실[藕絲]이 나오는 구멍으로 도망쳐 들어가 버리니 비록 이길 수는 없으나 여래의 수레바퀴 아래에서 이미 투항하였습니다. 부디 가슴에 품은 분노를 거두시고 바라건대 악한 마음이 굴복하게 하소서. 이와 같은 수라부중이 모두 (오시기를) 바랍니다. ['전(澱)'의 발음은 '전(殿)'이다.]

請阿修羅道衆
一心奉請 偏法界中 一切阿修羅衆 三頭六臂 五趣四生 海底山間 各及眷屬 前修善惡 今報差殊 負貢高陵下之心 起嫉妒猜疑之行 旣專麤暴 遂受醜形 或項佩於多頭 或肩生於數臂 身如碧澱髮 似金丹現大身 而高等須彌山 示小質 而竄入藕絲竅 與帝釋戰處 雖莫能勝於如來輪下 因已歸降 冀收忿怒之胸懷 庶使惡心而調伏 如是修羅部衆竝願[澱音殿]

진한 푸른빛(碧澱)은 남전(藍澱)과 같은 말로 보인다. 남전(藍澱)은 남전(藍靛)과 동의어로 남색 또는 남색 염료를 의미한다. '연실[藕絲]이 나오는 구멍으로 도망쳐 들어가 버리니'라는 것은 『대방광불화엄경』의 "하늘과 아수라가 싸움하다가 아수라 무리가 모두 패하여 매우 두려워해 달아날 때는 네 군사가 연실[藕絲] 속에 다 들어가네."에 유래한다.[104]

인도(人道)의 대중을 청합니다. 한마음으로 법계 가운데에 두루 하신 모든 인도(人道)의 대중인 (신분이) 높거나 낮거나 귀하거나 천한 이와 중국(中國)이나 주위에 있는 다른 나라, 서로 다른 모양과

---

104) 佛馱跋陀羅譯, 『大方廣佛華嚴經』卷7(T09, 39b), "天阿脩羅鬪戰時 阿脩羅衆卽退散 心大恐怖而奔走 四兵悉入藕絲孔."

모습의 각 권속을 받들어 청합니다. 예전에 오계(五戒)를 실천하여 지금 아홉 가지 부류의 과보를 받았으니 이미 세상에 존재하는 것들 가운데서 가장 영묘하기 때문입니다. 삼재(三才)의 반열에 참여하여 혹은 다섯 가지 세계[五道]를 뛰어넘어 사선팔정[八定]에 이르거나 혹은 다섯 가지 욕망에 집착하여 삼악도에 떨어지기도 합니다. 모두 몸과 입으로 말미암아 반연한 것이니 마침내 (인도가 아닌) 다른 길에 오르고 내리게 되었습니다. 소리[聲]·향기[香]·맛[味]·촉감[觸]이 음탕하여 티끌처럼 수많은 세계가 교만하고 사치하니 모두 본래부터 가지고 있는 마음을 잃어버린 것입니다. 생각마다 언제나 망령된 생각을 두면 백 년을 잃기 쉽고, 소리와 빛깔이 본래 공하여 한바탕 꿈도 머무르기 어렵다는 것을 생각하지 않으면 모두 윤회의 경계에 들어가게 됩니다. 이와 같은 인도부중(人道部衆)이 모두 (오시기를) 바랍니다.

請人道衆
一心奉請 徧法界中 一切人道衆 尊卑貴賤 中國邊方 異狀殊形 各及眷屬 曩行五戒 今報九流 旣爲萬物之靈故 預三才之列 或超五道而至八定 或著五欲而墮三塗 竝由身口爲緣 遂致升沈異路 聲香味觸淫泆 驕奢塵塵 皆失於本心 念念常存於妄想百年易失 不思聲色之本空一夢難留 盡入輪廻之境界 如是人道部衆竝願

'아홉 가지 부류[九流]'는 한(漢)나라 때 분류된 제자백가(諸子百家)의 아홉 유파로 『한서』에서 분류한 유가(儒家)·도가(道家)·음양가(陰陽家)·법가(法家)·명가(名家)·묵가(墨家)·종횡가(縱橫家)·잡가(雜家)·농가(農家)의 아홉 학파를 지칭한다.105) 삼재(三才)는 천(天)·지(地)·인(人)이다. '다섯 가지 욕망[五欲]'은 재욕·색욕(色欲, 성욕)·음식욕·명예욕·수면욕(睡眠欲)을 이른다.

아귀도의 대중을 청합니다. 한마음으로 법계 가운데에 두루 하신 모든 아귀도의 대중인 그을린 얼굴[焦面], 불타는 입[火口], 큰 머

---

105) 班固,『漢書』「藝文志」.

리[巨首], 좁은 목구멍[微咽], 목마른 괴로움[渴惱], 바늘 같은 털[針毛]의 아귀 각 권속을 받들어 청합니다. 일곱 가지 감정[七情]에서 비롯하여 열 가지 악(惡)을 따르니 (아귀는) 아홉 가지 종류로 나뉘는데, 『아미달마순정이론』의 세 가지는 모두 유가종(瑜伽宗)에서 보입니다. 아난이 본 자는 면연(面然)이라 하고, 목련이 본 자의 이름은 화보(華報)입니다. 철위산 기슭에서 백억의 (아귀가) 얼마나 극에 달했는지를 논하고, 항하[殑伽河]의 물가에서 (아귀가) 항하의 모래만큼 많아서 다할 수 없음을 들추어냅니다. 목구멍이 바늘같이 가늘고 팔다리의 뼈마디가 불에 타서 온몸으로 비명을 지르면 수레가 부서지는 듯한 소리를 내지 않는 이가 없습니다. 배는 커서 패호(敗壺)의 모양과 같고, 감로나 마실 것을 원망해도 고통스러워 더 이상 원망하지 못합니다. 타는 듯한 괴로움에 바싹 졸이고, 몸의 힘은 굶주리고 허기지며, 몸뚱이는 더럽고 흉악합니다. 이와 같은 아귀부중의 모든 굶주리고 떠도는 중생이 모두 (오시기를) 바랍니다.

請餓鬼道衆
一心奉請 偏法界中 一切餓鬼道衆 焦面 火口 巨首 微咽 渴惱 針毛 各及眷屬
肇自七情來從十惡 九類分別 於正理論三般 總示於瑜伽宗 阿難見者 曰面然
目連睹之 名華報 鐵圍山畔論百億之何窮 殑伽河邊擧恒沙而不盡 莫不咽喉
針細肢節火然骨鳴 若破車之聲 腹大似敗壺之牀106) 怨甘漿之莫及痛 熱惱之
煎熬 色力飢虛 形骸醜惡 如是餓鬼部衆 一切飢渴衆生竝願

일곱 가지 감정[七情]은 사람이 가지고 있는 일곱 가지 감정으로, 기쁨[喜]·노여움[怒]·근심[憂]·두려움[懼]·사랑[愛]·미워함[憎]·욕망[欲]을 말한다.

화보(華報)에 대해 『잡보장경(雜寶藏經)』에서 말하였다. "어떤 귀신이 목건련에게 아뢰었다. '대덕(大德)님, 내 배는 크기가 독만 한데 목구멍과 손발은 가늘어 침(鍼)과 같아 음식을 마음대로 먹지 못합니다. 무엇 때문에 이런 고통을 받습니까?' 목건련이 대답하였다. '너는 전생에 촌장(村長)이 되어 권세를 믿고 음식을 저울에 달 때 남을 업신

---

106) 의미상 상(牀)은 상(狀)의 오기로 보임.

여기고 속여 남의 음식을 빼앗아 그를 주리게 하였으니, 그 때문에 그런 죄보를 받는 것이다. 그러나 그것은 아직 화보(華報)요, 지옥의 과보는 이 뒤에 있느니라.'"107) 패호(敗壺)는 투호를 하던 항아리를 일컫는 것으로 보인다. 몸체는 둥글고 큰데 입구는 좁다. 또 예전에 투호를 할 때 살 12개를 던져서 12개가 다 꽂히지 않았을 때 '패호(敗壺)'라고 하여 경기에서 지는 것이라고 하는데, 이 투호놀이 법은 『예기(禮記)』에 「투호」편이 들어있을 만큼 그 의례(儀禮)가 엄격하였다.

축생도의 대중을 청합니다. 한마음으로 법계 가운데에 두루 하시는 모든 축생도의 대중인 털 달린 짐승과 깃 달린 짐승, 물과 뭍의 축생과 새나 물고기, 새집이나 동굴에 사는 몸이 작은 미물들 각 권속을 받들어 청합니다. 같이 삼계에 살면서 함께 사생(四生)으로 있으니 티끌과 같고 모래와 같아서 이루 다 헤아릴 수 없습니다. 들판을 달려가고 하늘에 오르며 연못에 뛰어들어 태생(胎生)·난생(卵生)·습생(濕生)·화생(化生)으로 태어나고 산과 숲, 내와 못에 모여서 혹은 발이 많거나 발이 없고, 혹은 털이 납작하거나 털이 섞여 있으며, 혹은 지각(知覺)이 있거나 지각이 없고, 혹은 모양이 작거나 모양이 크기도 합니다. 하늘에서 내리는 서리에 (깃들어 살던) 나무를 빼앗기거나 갑자기 그물에 걸리기도 하여 구슬피 울부짖음에 갑자기 물결이 부질없이 뒤집혀도 통발과 어량(梁)을 펼쳐서 사로잡히는 일은 면하기 어렵습니다. 칼과 도마 위에서 넋을 잃고, 끓는 물과 뜨거운 불 가운데서도 원망이 끊어진 이와 같은 축생부중이 모두 (오시기를) 바랍니다. ['호(篙)'의 발음은 '호(戶)'이고 (뜻은) 물고기 잡는 도구에서 취한 것이다.]

請畜生道衆
一心奉請 徧法界中 一切畜生道衆 毛羣羽族 水陸108)飛沈 巢穴微軀 各及眷

---
107) 道世撰, 『法苑珠林』卷70(T53, 815c).
108) 의미상 陛는 陸의 오자로 보임.

屬 同居三界 共在四生 如塵若沙 不可勝數 莫不排空 走野升天躍淵 胎卵溼化之所生 山林川澤之所聚或多足而無足 或區毛而混毛 或有知而無知 或小質而大質 飛霜削木 遽罹羅網 以哀鳴急浪翻空 難免篐梁之張捕 怨絕刀砧之上冤飛湯火之中 如是畜生部衆 竝願[篐音戶取魚器]

'물결이 부질없이 뒤집혀도'라는 것은 그물에 걸린 물고기가 몸부림치니 사방으로 물결이 튀는 모습을 묘사한 듯하다. 어량(魚梁)은 물고기를 잡는 장치이다.

지옥도의 대중을 청합니다. 한마음으로 법계 가운데에 두루 하시는 모든 지옥도중인 오무간옥(五無間獄)과 열 가지 무거운 죄로 팔열지옥과 팔한지옥에 들어간 각 권속을 받들어 청합니다. 명칭을 지옥으로 나타냈지만 모두 니리(泥犁)라고 부릅니다. 쇠로 된 성은 높고도 넓어서 한량이 없고, 다함이 없으며, 죄를 다루는 도구는 매우 많아 놀라고 두려워할 만하고, 종류를 구분하여 오백 개의 칸막이를 갖추었습니다. 헛되이 생사를 받아 하루에도 팔만사천 번 가마솥에 삶아지고 화로에 타고 있는 숯에 태워져 몸이 짓무르고 뼈가 문드러지며, 칼나무[劍樹]와 칼산[刀山]이 가파르게 솟아있어 눈의 중심 바퀴에 칼이 꽂힙니다. 무겁게 다스리는 것보다는 뚜렷한 업을 따르는 것이니 돌을 스치고 겨자씨를 성에서 한 알씩 가져가더라도 어느 때에 멈추어 쉬겠습니까. 이와 같은 지옥부중의 모든 안팎으로 고통을 받는 중생들이 모두 (오시기를) 바랍니다. ['자(刺)'는 칠(七)과 역(逆)의 반절(反切)이고, '사(剚)'는 측(側)과 이(吏)의 반절이다.]

請地獄道衆
一心奉請 徧法界中 一切地獄道衆 五無間獄 十重罪入 八熱八寒 各及眷屬 名標地獄 總號泥犁 鐵城高廣則無量無邊 罪器彌多則可驚可怖 種類區分而具有五百隔子 枉受生死 而一日八萬四千 鑊湯爐炭之煎熬 糜軀爛骨 劍樹刀山之峻聳 眼剚心輪 輕治重而隨業昭彰 拂石芥城而何時休息 如是地獄部衆 一切內外受苦衆生竝願[刺七逆切剚側吏切]

오무간옥(五無間獄)은 '아비지옥(阿鼻地獄)'을 가리킨다. 법계(法界)의 유정중생(有情衆生)들이 지은 업에 따라 이 지옥에 떨어져 끊어짐과 간격이 없는[無間] '고보(苦報)'를 받기 때문에 붙여진 이름이다.
열 가지 무거운 죄[十重罪]는 십중금계(十重禁戒)를 범한 죄이다. 십중금계는 『범망경』하권에 수록되어 있다. 엄금하는 열 가지는 살생(殺戒), 도둑질(盜戒), 방탕한 성생활(淫戒), 거짓말(妄語戒), 술을 파는 행위(酤酒戒), 사부대중의 허물을 말하는 행위(說四衆過戒), 자신을 칭찬하고 남을 헐뜯는 행위(自讚毀他戒), 자신의 법과 재물을 보시하는데 인색하고 남이 보시하는 것을 헐뜯는 행위(慳惜加毀戒), 상대가 뉘우치고 용서를 구하는데도 화가 나서 받아주지 않는 행위(瞋心不受悔戒), 삼보를 비방하는 행위(謗三寶戒)이다.
'니리(泥犁)'는 'Ⓢniraya'의 음역어 니라야(尼囉耶, 泥囉耶, 泥犁耶, 尼梨耶)의 준말로 지옥을 말한다.
'눈의 중심 바퀴'는 눈동자를 말하는 듯하다. '돌을 스치고[拂石]' 하는 것은 불석겁 또는 반석겁(盤石劫)을 말한다. 둘레 40리 되는 돌을 천인이 무게 3수(銖) 되는 천의(天衣)로써 3년마다 한 번씩 스쳐 그 돌이 닳아 없어질 때까지의 기간이 1겁이다.
'겨자씨를 성에서 한 알씩 가져가더라도'라는 것은 개자겁(芥子劫)을 말한다. 둘레가 40리인 성 중에 개자를 가득 채워 놓고 장수천인(長壽天人)이 3년마다 한 알씩 가지고 가서 모두 없어질 때까지를 1겁이라 한다.

육도 바깥에 있는 대중을 청합니다. 한마음으로 법계 가운데에 두루 하시는 모든 육도(六道)의 바깥에 있는 대중을 청합니다. 혹은 삼계에서 잠깐 떨어졌거나 혹은 오취(五趣)에서 방금 오셨으니 이미 오르내리면서 두 기둥을 지났고, 마침내 오고 가며 중음(中陰)을 지나게 되었습니다. (중음은) 망연하게 형상을 본뜬 듯 멀고 아득하며 나타나지 않아 알 수 없으니[冥冥] 혹은 머리를 천궁으로 향하여 위로 올라가고, 혹은 머리가 지부(地府)를 따라가 아래로 떨어지며, 혹은 남북을 가로질러 달아나고, 혹은 동서의 천하고 더러워 견디지 못할 모습에 나아가 만족합니다. 이미 음식이나 감로와 마실 것은 보지도 못했는데, 바람을 마시고 이슬을 마신들 어찌[奚] 주린 배를 채우겠습니까. 본디 털끝만치라도 선을 행하고 악한 것으로부터 몸을 삼가는 일이 없었기에 이와 같은 과보를 받는 것입니다. 지금 원수나 친한 이들이 저승과 이승을 모두 도와서 구제하려 합니다. 이와 같은 육도 바깥에 있는 중음(中陰)의 중생이 모두 (오시기를) 바랍니다.

> 請六道外者衆
> 一心奉請 徧法界中 一切六道外者衆 或自三界而乍墮 或從五趣以方來 既涉升降之兩楹 遂歷去來之中陰 罔罔像像 杳杳冥冥 或上升而頭向天宮 或下墜而首歸地府 或橫趍於南北 或足向於東西陋劣匪堪形相 奚既飮食甘漿而莫覩 吸風飮露以充飢 素無毫善莊嚴 故受如斯果報 今則冤親等 濟幽顯咸資 如是六道外者中陰衆生竝願

두 기둥(兩楹)은 공자가 죽기 전 꿈에서 보았다는 두 기둥을 말하는 듯하다. 『예기주소(禮記註疏)』권7에 "'은나라 사람은 두 기둥 사이에 빈소를 마련하였다.……나는 은나라 사람이다. 내가 어젯밤 꿈에 두 기둥 사이에 앉아서 전헌을 받았다.……명왕이 나오지 않으니 천하에 누가 나를 높이겠는가. 내가 장차 죽을 것이다.'라고 하였는데, 7일 뒤에 과연 공자가 운명하였다"[109]라고 하고 있다.

장엄은 '선을 행하고 악한 것으로부터 몸을 삼가는 일'을 의미한다.

31. 수륙재의문 후서 水陸齋儀文後序

同前
출처: 양악의 『수륙의』

생각건대 소씨(蕭氏)가 건립한 막음이 없는 재[無遮齋]는 그 의례가 매우 간략하였다. 지금 행하는 것은 모두 후대의 사람들이 하던 일

---

[109] 『禮記註疏』卷7, "殷人殯於兩楹之間.……丘也殷人也. 予疇昔之夜, 夢坐奠於兩楹之間.……夫明王不興, 而天下其孰能宗予. 予殆將死也."

을 이어 더욱 발전시킨 것으로, 그 법을 드높여서 나루를 건네주는 것의 하나가 됨에 이르렀다. 가만히 생각해 보면 소무(蕭武)의 뜻은 모두 삼계의 밖으로 뛰어넘는 것이니, 이미 성인의 지위에 들어가신 분을 위로 8위(位)를 갖추고, 삼계 안에서 달리면서 고통의 수레바퀴[윤회]를 벗어나지 못한 분을 아래로 8위(位)를 갖추었다. 이미 성인의 지위에 들어갔다는 것은 공양을 올리지 않음이 없다는 것이고, 고통의 수레바퀴를 벗어나지 못했다는 것은 천거하여 빼내지 않음이 없다는 것이니, 이러한 까닭에 '막음이 없다[無遮]'라고 하는 것이다.

按蕭氏建無遮齋 其儀甚簡 今所行者 皆後人踵事增華 以崇其法 至於津濟一也 竊尋蕭意 蓋超三界之外 已入聖地者 上八位該焉 走三界之內 未出苦輪者 下八位備焉 已入聖地者 靡不供養 未出苦輪者 靡不薦拔 此所以爲無遮也

'소씨(蕭氏)'는 소무(蕭武) 즉 양무제를 지칭한다. 소연(蕭衍, 464~549)은 곧 남조 양나라 초대 황제(재위, 502~549)인데 남난릉(南蘭陵) 사람으로, 자는 숙달(叔達)이며, 소자는 연아(練兒)고, 묘호는 고조(高祖)다.

그러나 대지의 모든 근본은 여러 붓다와 같은 근원이라, 여러 붓다 여래는 본래 중생을 따로 둔 적이 없다. 다만 조건에 따라 일으키는 것[緣起]으로 망령됨[妄]과 참됨[眞]이 되니, 어두우면 어리석은 (자리에) 앉게 되고 여러 성인과는 멀어져서 서로 다른 길이 된다. 이 글은 올바른 가르침을 늘려서 널리 펴고 본래의 인연을 열어서 보여 거듭 밝힌 것이니, 그것을 깨쳐서 아는 근기는 해탈의 법으로 돌아간다는 취지이다. 법회에 참여하는 자들이 대지에는 한 중생도 없음을 분명하게 보아서 붓다를 이루지 못한 자들이 [법회를] 하고 나면 (붓다가) 될 수 있게 한다는 것이다. 무릇 재(齋)는 강과 산이 휘감아 두르고 수풀이 많지 않은 곳에 의지하는 것을 가장 좋은 곳으로 삼는다. 보름을 좋은 날로 삼는데, 예정된 날의 3일 전에 깨끗한 물을 붓다 앞에 둔다. 밤낮으로 주(呪)를 지송하고, 물이 감로로 변한다고 관상하여 (물을) 법식에 뿌리니 바로 삼장(三藏)이다.

然大地一切本 與諸佛同源 諸佛如來 自無衆生別處 但緣起爲妄眞 暗成愚坐 與諸聖隔爲異道 斯文者 敷演正敎 申明本緣開示 其覺悟之機 歸趣于解脫之 法 使參法會者 了見大地無有一物 不成佛者 然後爲得也 凡齋以控帶江山 依 據林薄爲勝地 月望爲佳日 先期三日 以淨水置佛前 晝夜持呪 想水成甘露 以 洒法食 卽三藏也

단(壇)에 임해서 펼치는 글[宣文]을 하며 그 불사(佛事)를 관장하는 것은 바로 법사(法師)이고, 음성으로 화답[屬和]하고 범패로 간간이 짓는 것은 바로 노래로 찬탄하는[歌讚] 것이며, 향로를 받들고 성인과 마주하여 그윽하게 원력을 운용하는 것은 바로 단월[시주]이다. 그러므로 단월은 반드시 부지런히 그 정성을 다해야 하니 정성을 다한 연후에야 그것을 감득할 수 있다. 법사는 반드시 그 높은 행실을 가려서 해야 하니 행실을 높인 연후에야 그 가르침을 높일 수 있고, 삼장(三藏)은 반드시 그 올바른 기억[正念]이 견고해야 하니 바르게 기억한 연후에야 그 주(呪)의 힘을 도울 수 있다. 가찬(歌讚)은 반드시 그것을 단정하고 진실하게 하여 엄숙해야 하니 단정하고 진실하게 한 연후에야 그 법회가 이루어질 수 있다. 일에 앞서 수륙재[齋] 하는 곳을 깨끗하게 하고 나면 모여서 편안히 앉는다. 마치 사모하듯 각자 경건히 하고 공손함을 다한다면 바야흐로 유정들이 넉넉한 이익을 받게 될 것이다. 혹은 조심하지 않아서 이로움이 없게 만들면 성현의 도움을 받지 못하게 되고, 또한 귀신의 질책이 있을 것이니 감히 대중에게 고하건대 그것을 경계하라.

臨壇宣文 典其佛事 卽法師也 以音聲屬和 梵唄間作 卽歌讚也 捧鑪對聖 冥 運願力 卽檀越也 故檀越必勤其精意 精意然後 能致其感 法師必選其高行 行 高然後 能尊其敎 三藏必堅其正念以 正念然後 能資其呪力 歌讚必嚴其端誠 以端誠然後 能成其法會 先事齋居 以致潔畢會宴坐 而如慕各盡虔恭 方蒙饒 益有情 或不謹便成無利 則弗爲聖賢所祐 且復有鬼神之譴 敢告大衆 其戒之 哉

32. 곡(斛) 앞에서 불러서 청하여 아룀 斛前召請啓白

들었나이다. 크고 원만한 거울(大圓鏡)의 본체는 갈아도 얇아지지 않고 검은 물을 들여도 검게 물들지 않으며, 여의주왕이 취해도 금함이 없고 아무리 써도 다함이 없다고 합니다. 어찌하겠습니까. 중생들은 어려서 집을 나온 약상(弱喪)처럼 오랜 겁 동안 육지가 물에 잠기듯 하고, 흑산(黑山) 아래에서 옷자락을 끌어 잡고 발을 동동 구르며, 황천 안에서 몸을 의탁하여 살더라도 지혜의 광명은 비치지 않고 굶주림의 불이 오랫동안 타오릅니다. 원돈(圓頓)의 가르침에 올라타고서야 쓰고 떫으며 나쁜 맛을 두루 맛보아 그치지 않았음을 들을 수 있게 됩니다. 삼라만상은 같은 종류끼리 모이고 만물은 무리를 지어 나누어 살고 있으며, 모두 어렵고 험난한 곳이 그들이 (어울리는) 무리입니다.

> 蓋聞 大圓鏡體 磨而不磷 涅而不淄 如意珠王 取之無禁 用之無竭 奈何衆生 弱喪永劫陸沈黑山下頓足牽衣 黃泉中 安身立命 慧光不燭 飢火長然 圓頓上乘 可得而聞 苦澁惡味 備嘗不已 方以類聚 物以羣分 其居也 皆艱難險阻之鄕 其黨也

'써도 다함이 없다'라는 것은 소식(蘇軾)의 「적벽부(赤壁賦)」에 "취해도 금함이 없고 써도 다함이 없다. 이는 조물자의 무진장한 것이다."110)라는 의미이다.

약상(弱喪)은 어려서 집을 떠나 오래도록 타향에서 편안하게 살다 보니 마침내 고향에 돌아갈 줄도 모르게 된 경우를 말한다. 『장자(莊子)』 제물론(齊物論)에 "삶만을 좋아하는 것이 미혹된 것이 아닌 줄 어찌 알랴. 그리고 죽음을 싫어하는 것 역시 어려서 집을 떠나 돌아갈 줄을 모르는 것이 아니라고 어떻게 단언할 수 있으랴."라고 하였다.111)

'육지가 물에 잠기듯(陸沈)'은 육지가 물에 잠긴다는 뜻으로 나라가

---

110) 蘇軾,「赤壁賦」, "取之無禁, 用之不竭. 是造物者之無盡藏也."
111) 『莊子』齊物論, "予惡乎知說生之非惑邪 予惡乎知惡死之非弱喪而不知歸者邪."

외적(外賊)에게 침입당해 매우 어지럽거나 망함을 비유하여 이르는 말. 남조(南朝) 송(宋)나라 유의경(劉義慶)의 『세설신어(世說新語)』 하권 하 「경저(輕詆)」에 "환공(桓公)이 개연히, '드디어 신주(神州)로 하여금 육침(陸沈)되게 하여 백 년 동안 폐허가 되게 하였으니, 왕이보(王夷甫) 등 사람들은 그 책임을 지지 않을 수 없다'"라고 하였다.112)
'만물은 무리를 지어 나누어'지는 것은 『주역(周易)』「계사전 상(繫辭傳上)」에서 "삼라만상은 같은 종류끼리 모이고, 만물은 무리를 지어 나누어지니, 이로부터 길함과 흉함이 생긴다."라고 하였다.113)

모두 질투하고 인색하며 탐욕이 많은 무리이니 진실로 귀신과 범, 용과 뱀처럼 두려워할 만하고, 마치 벼와 삼, 대나무와 갈대처럼 매우 많습니다. 법왕께서 남겨주신 시식의 인연에 의지하여 다행히도 시주가 여래의 가르침을 받들어 맑은 밤에 향기로운 음식을 갖추어서 벌여 놓았습니다. 생각건대 귀신은 저절로 그러한 힘으로 두루 미칠 수 있으니, 붓다와 조사들의 조건 없는 자비와 널리 거두어 주심에 의지하십시오. 제가 경전에서 설하신 것을 듣기로는 옛적 아난존자가 홀로 고요한 곳에 머물면서 받은 법에 대해 생각하고 있었는데 깊은 밤 면연(面然)이라고 부르는 한 아귀가 나타나 아난에게 아뢰었다고 합니다. "앞으로 사흘 후면 갑자기 목숨이 다하여 아귀도에 떨어져 저와 같은 무리가 될 것입니다." 아난이 이 말을 듣고 나서 두려운 마음이 일어 아귀에게 물었습니다. "만일 내가 죽은 후에 아귀도에 태어난다면, 어떤 방편을 행해야 면하여 벗어날 수 있겠습니까?"

> 盡嫉妒慳貪之衆 真鬼虎龍蛇之可畏 如稻麻竹葦之良多 賴法王留施食之緣 幸施主奉如來之敎 時於淸夜 具展香羞 惟鬼神自爾之力能周 仗佛祖無緣之 慈普攝 我聞經說 在昔阿難尊者 獨居靜處 念所受法 則於深夜 見一餓鬼 名 曰面然 白阿難言 卻後三日 卽便命終 當墮鬼趣 與我同類 阿難聞已 心生惶

---

112) 南宋 劉義慶,『世說新語』「輕詆」, "桓公慨然曰 遂使神州陸沈 百年丘墟 王夷甫諸人 不得不任其責."
113) 『周易』「繫辭傳上」, "方以類聚, 物以羣分, 吉凶生矣."

怖 問餓鬼言 若我死後 生餓鬼者 行何方便 可得免脫

도마죽위(稻麻竹葦)는 벼와 삼, 대와 갈대가 서로 엉기어 있다는 뜻으로, 많은 물건이 모여 서로 엉킨 모양을 비유적으로 이른다.

그때 아귀가 아난에게 말했습니다. "그대가 만일 백천 나유타 항하의 모래 수만큼 많은 아귀와 백천 바라문선 등에게 보시하되 마가다국에서 사용하는 용량(斛)으로 각각 1곡(斛)의 음식을 보시하면, 그대는 수명이 늘어나게 되고 저는 고통에서 벗어날 수 있을 것입니다." 아난은 이러한 공손하지 못한 말을 듣고는 몸의 털이 다 곤두서는 것 같았습니다. 곧 부처님이 계신 곳에 이르러 (면연의) 이 말을 세존께 모두 말씀드렸습니다. "저는 지금 어떻게 아귀와 선인에게 줄 얼마간의 음식을 잘 갖출 수 있겠습니까." 붓다께서는 곧 아난을 위해 '무량위덕자재광명승묘력진언'을 설해주시고는 만일 이 주(呪)를 염송한다면 적은 양의 음식을 변화시켜서 모든 아귀와 선인들 하나하나가 모두 배불리 채울 수 있게 할 수 있다고 하셨습니다. 아난은 가르침에 따라 실행하여 수명이 늘어나게 되었고 아귀는 천상계에 태어날 수 있게 되었습니다. 법문은 현재에 이익을 줄 뿐만 아니라, 먼 미래에까지 (이익이) 미치게 하려는 것입니다.

爾時 餓鬼白阿難言 汝若能布施 百千那由佗 恒河沙餓鬼 幷百千婆羅門仙等 以摩伽陀國之斛 各施一斛飮食 汝得增壽 我得離苦 阿難 聞此不順之語 身毛皆竪 卽至佛所 具述此言世尊 我今云何 能辦若干鬼仙等食 佛卽爲說無量威德自在光明勝妙力眞言 若誦此呪則 能變少飮食 令諸鬼仙一一 皆得飽滿 阿難 依敎行持 得延壽命 鬼得生天 法門不唯益於現在 亦欲遠被未來

아라한들이 결집하여 그 글이 삼장(三藏)을 이루었고, 이 땅에 전래되어 사람들이 지금까지 모두 그 은혜를 받았으니 위대하도다! 이렇게 널리 베풀어 중생을 제도하는 도리는 진실로 생각으로는 헤아릴 수 없는 것입니다. 이 밤 모든 청정하게 믿는 단나[시주]들이 특별히 어떤[某] 일을 위하여 곡(斛)의 음식을 일으켜 건립하였습니다. 이제 드실 때가 되었으니 이곳에 이르십시오. 공양물을 마땅히 벌여 놓고 불러서 오기를 바란다면 반드시 청해서 맞이한다는 뜻을 펼쳐야 합니다. [운운]

羅漢結集 成文三藏 傳來此土 人到于今 咸受其賜 大矣哉 是真不可思議 博施濟衆之道也 于夜蓋有 淸信檀那 特爲某事 興建斛食 今則 食時斯屆 供事當陳 欲召來儀 須伸迎請[云云]

33. 구양 문충공이 채석강에서 자다가 귀신 소리를 듣다
歐陽 文忠公 宿採石 聞鬼聲

문충공은 구양수(歐陽脩, 1007~1072)를 가리킨다. 중국 북송(北宋) 때의 문장가이자 정치가로, 자는 영숙(永叔), 호는 취옹(醉翁)이며 만년에는 육일거사(六一居士)라고 하였다. 당송팔대가(唐宋八大家)의 한 사람으로, 미문조인 서곤체(西崑體)를 개혁하고 당(唐)나라의 한유(韓愈)를 모범으로 하는 시문을 지었다. 운율과 격식을 중시하고 전고(典故)를 남용하는 변려문을 배격하고, 평이하고 간결한 고문(古文)의 부흥을 주도함으로써 중국 문학의 새로운 지평을 열었다는 평가를 받았다. 저서로 『구양문충공집(歐陽文忠公集)』· 『육일사(六一詞)』· 『육일시화(六一詩話)』 등이 있으며, 문충은 그의 시호이다.

구양 문충공이 언젠가 채석강에서 잘 때 밤을 가로질러 부르는 소리가 들려왔는데, "오고 가는 배 뒤쪽에 있습니다."라고 말하였다. 그가[또 다른 귀신] 응대하여 말하였다. "참정(參政)께서 여기에 자고 있어 갈 수가 없습니다." "재에 쓴 비용[齋料]을 가지고 돌아오십시오." 문충공이 묵묵히 생각에 잠겨있다가 배 뒤쪽으로 가니 (배가) 물가에 정박해 있었다. 또 아무도 없었으니 귀신임이 분명하였다. 오경[五鼓]이 되자 또 언덕 위에서 펄럭펄럭 빠르게 질주하는 소리가 들려왔다. 배 뒤쪽에 있는 자가 외치며 말하였다. "재에 쓴 비용[齋料]은 어찌 되었습니까?" 언덕 위에 있는 자가 가다가 대답하여 말하였다. "도량이 청정하지 못하여 아무것도 얻을 수 없었습니다." 문충공은 (집으로) 기이하게 여기며 돌아갔다. 그 일이 있고 나서 보름이 (지나) 금산사를 유람하다가 장로(長老)에게 (그 일을) 아뢰었더니 장로가 말하였다. "지난날 시주가 있어 절에 (재를) 설치했었습니다. 바야흐로 두 번째 법사(法事)를 할 때 그 아내와 젖먹이가 쉬고 있었는데 잠시 비릿한 바람이 불어 촛불을 꺼뜨렸고, 그때 모두 놀라서 기이하게 여겼습니다." "이것이 이 일임을 알지 못하겠습니까?" 문충공이 물었다. "그날이 채석장에 묵었던 밤입니다. 이 일로 검증되었습니다." [『이견지(夷堅志)』에 보인다.]

歐陽 文忠公 修嘗宿採石 渡夜聞呼聲曰 去來舟尾有 應之曰 參政宿此不可去 齋料幸攜歸 公默念 舟尾迫浦 且無人必鬼也 至五鼓 又聞岸上獵獵馳驟聲 舟尾者呼曰 齋料如何 岸上者 且行且答曰 道場不清淨 皆無所得 而歸公異 其事後半月 因游金山寺 以告長老 長老曰 昨有施主 在寺修設 方第二時法事 其妻乳臥 少頃鯉風滅燭 時皆驚異 不知是此否 公問 其日乃宿採石之夜 其事驗矣(見夷堅志)

참정(參政)은 송대의 벼슬 이름이다.

오고(五鼓)는 오경(五更)과 같은 말이다. 하룻밤을 다섯 부분으로 나누었을 때 맨 마지막 부분. 새벽 세 시에서 다섯 시 사이이다. 곧 닭이 울 무렵을 말한다. 『진서(晉書)』등유전(鄧攸傳)에, "둥둥 오경의 북소리가 울리니, 닭 울음소리에 하늘이 밝아 오는구나."[114]라는 말이 보인다.

34. 불인선사가 수륙에서 가지하여 감응한 영험
佛印禪師 加持水陸感驗

불인선사 요원은 누지불(樓至佛)의 화신이라고 세상에서 전한다. 나는 믿지 못하였었는데 나중에 스님의 『묘봉시집(妙峯詩集)』과 비

---

114) 『晉書』鄧攸傳, "絖如打五鼓 雞鳴天欲曙."

석에 새긴 글을 보니 과연 그러한 말이 있었다. 대략 스님이 언젠가 대각'련' 선사를 찾아뵌 적이 있었는데 (스님이) 오기 하루 전에 대각선사가 문득 누지여래께서 동이 틀 무렵이 되자 대중을 거느리고 마중을 나가시는 꿈을 꾸었다. 그리고 스님이 갑자기 찾아온 것이었다. 회련은 이로 인해 시를 지어 바쳤으니, (사람들이) 그를 지목하여 누지(樓至)라고 불렀다. 그리고 스님이 또 스스로 꿈을 꾼 적이 있는데, 본사 석가모니불께서 그에게 일러 "그대는 나의 제자이다. 곧 현겁의 천불 중에 가장 마지막인 누지여래가 이 사람이다"라고 말씀하셨다. 꿈에서 깨자 게송 하나를 지었다. "꿈을 꿀 때는 비록 누지불과 같다고 말하지만 깨고 나니 여전히 일개의 비구라. 석가에게 한 마디 전하리라. 천 길에서 벗을 만난다면 고리(高利)를 떼는 데서 또 고리를 떼게 되리라"라는 글귀이다. 또 스님이 금산에 머무실 때 그때 어떤 바다의 장사치[海賈]가 절에 와서 수륙재를 베풀었다. 이날 밤 마침 법사승(法事僧)이 볼 일을 따라 나가게 되어 스님이 부득이하게 스스로 총지(總持)를 행하게 되었다.

이 밤 강여울에 정박하는 어선이 있었는데, 깊은 밤 갑자기 언덕 위에서 말하는 소리가 들려왔다. "오늘 밤 금산의 수륙재는 매우 훌륭하겠구나. 누지여래께서 스스로 가지(加持)를 행하시다니." 어부는 이것이 귀신의 소리임을 깨닫고는 스님을 크게 존경하여 우러러보는 마음이 생겨났다. 이렇게 나타난 영험에 의해 사람들은 훌륭한 법이 뛰어난 것임을 알게 되었고, 귀신들이 기뻐하며 흠향한다는 것을 감응하게 되었다.

佛印禪師了元 世傳是樓至佛化身 余未之信 後閱師玅峯詩集 及師碑銘 果有其謂 蓋師嘗訪 大覺璉禪師 未至前一日 大覺忽夢 樓至如來 至遲明率衆迎候而師遽來璉公因作詩以贈目以樓至稱之而師又嘗自夢釋迦本師告之曰汝吾弟子乃賢劫千佛中最後樓至如來者是也夢覺遂成一偈有夢時雖說同樓至覺後依然箇比丘寄語釋迦千道伴遇抽頭處且抽頭之句又師住金山時有海賈到寺設水陸是夜適法事僧沿幹而出師不得已卽自行總持此夜有漁舟泊于江湍深夜忽聞岸上有聲曰今夜金山水陸甚勝乃樓至如來自行加持也漁人審是鬼聲於師大生敬仰據斯顯驗則知人勝法勝乃感鬼神懽悅歆享矣

불인 선사 요원(了元 1032~1098)은 송나라 때의 승려로. 강서(江西) 부량(浮梁) 사람으로, 속성(俗姓)은 임(林)씨고, 호가 불인(佛印)이라 불인요원(佛印了元)으로도 불린다. 자는 각로(覺老)다. 운문언공(雲門偃公)의 5세 법예(法裔)다. 2살 때 『논어(論語)』를 배우고, 성장하여 보적사(寶積寺) 일용(日用)을 따라 출가하여 구족계(具足戒)를 받은 뒤 여러 지방의 고승들을 방문했다. 19살 때 여산(廬山) 개선사(開先寺)에 들어가 선섬(善暹)의 법석(法席)에 서고, 또 원통(圓通)의 거눌(居訥)을 참알(參謁)했다. 서예에 뛰어났고, 시문(詩文)에도 능했는데, 특히 언변(言辯)이 뛰어났다. 28살 때 강주(江州) 승천사(承天寺) 주지로 있으면서 무릇 아홉 군데 도량(道場)을 다녔는데 도화(道化)가 그치지 않았다. 당시의 명사인 소식(蘇軾), 황산곡(黃山谷) 등과 모두 돈독하게 교유했으며, 장구(章句)로 서로 수작(酬酢)했다. 신종(神宗)이 그의 도풍(道風)을 흠모하여 특별히 고려마납(高麗磨衲)과 금발(金鉢)을 하사하고, 불인선사(佛印禪師)란 호를 내렸다. 원부(元符) 원년 1월에 입적했고, 세수(世壽) 67세, 법랍(法臘)은 52세다. 『어록(語錄)』이 전한다.

누지불(樓至佛)의 '누지'는 ⓢ 'Rudita'의 음사어로 '로자(盧遮)'라고도 한다. 현재현겁(現在賢劫)에 출현하는 천 분의 붓다 중 마지막 붓다이다. 처음의 네 분의 붓다는 구류손불(拘留孫佛)·구나함모니불(拘那含牟尼佛)·가섭불(迦葉佛)·석가모니불(釋迦牟尼佛)이고, 이어서 미륵보살이 성불하여 미륵불이 되며, 마지막 붓다가 누지불이다.

대각'련' 선사는 '회련(懷璉, 1009~1090)'이다. 송나라 때의 승려로 장주(漳州) 용계(龍溪) 사람이고, 속성(俗姓)은 진(陳)씨며, 자는 기지(器之)다. 시를 잘 지었다. 일찍이 명주(明州) 육왕산(育王山)에서 지냈다. 인종(仁宗) 황우(皇祐) 중에 부름을 받아 갔는데 황제의 뜻을 만족시켜 대각선사(大覺禪師)란 호를 하사받고 경사(京師) 정인원(淨因院)에 머물렀다. 당시의 고관대작과 명류(名流)들이 다투어 교유하려고 했다. 영종(英宗) 치평(治平) 연간에 돌아가기를 요청해 강을 건너 사명(四明)으로 들어갔는데, 군수(郡守)가 맞아 천동(天童)에 머물게 하고는 큰 누각을 지어 이름을 신규(宸奎)라 했다. 소식(蘇軾)이 비문(碑文)을 지었다.

'현겁(賢劫)'이란 현재의 주겁(住劫)을 가리킨다. 미래의 주겁은 성수겁(星宿劫), 과거의 주겁은 장엄겁(莊嚴劫)이라 한다. 현겁에는 구류손불(拘留孫佛), 구나함모니불(拘那含牟尼佛), 가섭불(迦葉佛), 석가모니불 등의 1천불이 출현하여 세상과 중생을 구제한다는 천불사상(千佛思想)에 의한다.

'고리(高利)를 떼는[抽頭]'는 (도박에서) 개평을 떼다, (넓은 의미로) 중개인이 중간에서 이익을 얻다, 커미션(commission)을 챙기다, 구전(口錢), 마진(margin), 수수료 등의 의미에서 나왔다. 한자 그대로 번역하면 '머리를 뽑다'인데 의미상 좀 거칠어 의미상으로도 꿈에서는 누지불이라고 했다가 현실로 돌아오면 비구의 몸이니 고리대금을 뜯기는 기분일 듯하여 중국어 번역을 택하였다.

총지(總持)는 ⓢ 'dhāraṇī'의 의역어. 다라니(陀羅尼)로 음사한다. 한량없는 불법을 총섭하고 억지(憶持)하여 잊어버리지 않는 염혜력(念慧力), 즉 일종의 기억술이다. 하나의 법이나 한 문장, 한 뜻을 기억함으로써 모든 법을 연상할 수 있어서 한량없는 불법을 총지하는 것이다. 전하여 많은 뜻을 함축하고 있는 짧은 구절을 다라니 또는 진언(眞言)이라 한다.

35. 지옥을 깨뜨리는 게송을 외워서 감응한 영험
誦破地獄偈感驗

『동파대전(東坡大全)』에서 말하였다. "만일 삼세의 일체 붓다를 알려는 이가 있다면 마땅히 법계의 성품 모든 것이 마음으로 된 줄을 관하라." 저자에 아내를 잃은 사람이 있었는데, 그 아내가 '파지옥게'를 구해달라는 꿈을 꾸었다. 꿈에서 깨어나 그것을 구하였으나 얻을 수가 없었다. 천복(薦福)에 대하여 질문하자 옛일을 잘 아는 노인[古老]이 "이 게송입니다"라고 말하였다. 마침내 집에서 (이 게송을) 행하여 지니고 외웠더니, 나중에 보배 옷을 입고 천관을 쓴 망자가 공중에 있는 것이 어렴풋이 보였는데 감사를 표하고는 사라졌다고 한다. 소식(蘇軾)은 불인(佛印) 선사에게 (이 이야기를) 들었는데, 불인선사는 범요부(范堯夫)에게 들었다고 하였다.

誦破地獄偈感驗
東坡大全云 若人欲了知 三世一切佛 應觀法界性 一切唯心造 市人喪妻者 夢其妻求破地獄偈 覺而求之 無有也 問薦福古老云 此偈是也 遂擧家持誦 後見亡者 寶衣天冠 縹緲空中 稱謝而去 軾聞之於佛印 佛印聞之於范堯夫

'문천복고노운(問薦福古老云)'은 천복에 대해 묻자, 고노가 대답했다라고 볼 수도 있고, 달리 볼 수도 있을 것 같다. 천복(薦福)도 천복(薦福)이 천복사(薦福寺)를 말하는 것인지, 말 그대로 천거하여 복을 빈다는 것인지, 아니면 고탑주(古塔主)라고 불리던 천복 승고[薦福承古, ?~1045]를 가리키는 것인지 명확하지 않다. 여러 가지 가능성은 있을 듯하다. 고노[古老]는 경험이 많고 옛일을 잘 알고 있는 늙은이라는 뜻으로 천복승고를 가리킬 수도 있다.

'범요부(范堯夫)'는 북송 중기의 명신 범순인(范純仁, 1027~1101)으로 요부는 그의 자이고 시호는 충선(忠宣)이며 명재상 범중엄의 아들이다. 1049년(인종 원년)에 진사시에 급제하고 벼슬이 상서복야(尙書僕射)에 이르렀다. 왕안석과 대립하였으며, 철종 때에 사마광과 함께 신법을 폐지하고 옛 정사를 회복하는 데 앞장섰으나, 뒤에 신법당(新法黨)의 장돈(章惇) 등에게 배척을 받아 영주(永州)로 좌천되었다. 범요부와 관련하여 '맥주(麥舟)의 기풍'이라는 고사가 있는데, 맥주의 기풍은 어려움에 놓인 사람들을 즐겨 구제하는 풍모를 말한다. 맥주(麥舟)는 보리를 운반하는 배인데, 송(宋)나라 범요부(范堯夫)가 보리 500곡(斛)을 배에 싣고 오다가, 단양(丹陽)에서 친구인 석만경(石曼卿)이 두 달 동안이나 상(喪)을 치르지 못했다는 말을 듣고는, 그 배에 실은 보리를 모두 석만경에게 내준 뒤에 자신은 단기(單騎)로 돌아왔다는 고사에서 나온 말이다.[115]

『화엄감응전』에 수공(垂拱) 3년(687) 화엄 법장 법사가 숭복사(崇福寺)에 가서 본 일이라고 하였다.

---

115) 『冷齋夜話』卷10.

華嚴感應傳云 垂拱三年 華嚴藏法師 往崇福寺見

'수공(垂拱)'은 당나라 측천무후(則天武后)의 연호로, 존속 기간은 685년에서 688년까지이다. 수공(垂拱)은 성군이 옷을 늘어뜨리고[垂衣] 팔짱을 낀 채[拱手] 아무 일을 하지 않으면서도 세상이 잘 다스려지게 하는 무위지치(無爲之治)를 뜻하는 말이다.

박진(薄塵) 율사가 말씀하셨다. "올여름에 현안방(賢安坊)의 곽신양(郭神亮)이라는 사람이 절에 들어와 나에게 절을 하고는 스스로 말했습니다. '홀연히 갑작스레 죽었는데 7일이 지나 근래에 다시 살아났습니다. 당시에 사자 3명이 쫓아서 평등왕(平等王)의 처소에 이르게 되었는데, 왕이 죄와 복 등의 일을 심문하고 나서 사자에게 어떤 사람[某]을 지옥으로 끌고 가게 하였습니다. 문득 한 스님을 만났는데「내가 그대를 고통에서 구제해주겠다. 그대는 마땅히 하나의 게송만을 받아 지니면 반드시 이 고통에서 벗어나리라」하시고는「만일 어떤 사람이 삼세의 일체 붓다를 알려면 등」의 게송을 말씀하셨습니다.' 곽신양이 황급히 바로 수십 편을 외우자 그와 함께 죄를 받은 자가 모두 (고통에서) 벗어나 면할 수 있게 되었다고 합니다. 마땅히 알지니 이것은 지옥을 깨뜨릴 수 있는 게송입니다." 법장스님이 말씀하셨다. "이 게송은 곧『화엄경』제4회 중에 있는 게송입니다." 박진 율사가 미덥지 못해 하니 이에 (법장이) "제19권을 보십시오"라고 하였다. 과연 각림보살(覺林菩薩)이 설한 게송이었다.

薦律師云 今夏有賢安坊 郭神亮 入寺禮拜 於余自言 頃忽暴亡 經于七日 近得再蘇 當時 有使者三人追 至平等王所 王勘問 罪福等事 令使者 引某至地獄 忽逢一僧云 我救汝苦 汝但當受持一偈 必脫此苦 偈曰 若人欲了知等 神亮倉皇而誦方數十徧 其與同罪者 竝得脫免 當知此偈 能破地獄也 藏師云 此偈乃華嚴經第四會中偈也 薦公未之信 乃請第十九卷看之 果然乃覺林菩薩所說偈也

'천율사(薦律師)'에서 천(薦)율사의 용례는 보이지 않는데,『대장일람집』권9와『석씨원류응화사적』권4에는 법장과 곽신양의 일화에 등

장하는 스님을 진(塵) 율사로 표기하고 있다. 또 14세기 초 일본의
담예(湛叡)가 『화엄경연의초』를 주석한 『화엄연의초찬석』권5에는
"현수대사가 대자은사에서 화엄을 강의하고 뒤에 대덕 성과 진 두
율사를 뵈었다."116)라고 하였는데, 이는 도성(道成)과 박진(薄塵) 두
율사를 말하는 것이다. 『화엄현담회현기』권38에도 이 일화가 실려
있는데 거기서는 "박진(薄塵)"이라고 표기하였다.

『찬영기(纂靈記)』에, 옛날 경조(京兆)에 왕씨 성을 가진 어떤 사람
이 있었는데[이름은 모름] 갑자기 죽은 지 3일 만에 다시 돌아왔다고
하였다.
纂靈記云 昔京兆有人姓王氏(失名) 暴死三日而再迴

'경조(京兆)'는 중국 섬서성(陝西省) 장안 일대를 관할하던 행정구역.
한(漢)나라 무제(武帝)가 처음 설치한 이래, 수(隋)·당(唐)·송(宋)·
금(金)·원(元)나라 초기까지 계속 존재하다가, 이후 봉천로(奉天路)로
개칭되었다. 경조는 천자(天子)가 계시는 땅이라는 뜻이다.

(죽어서) 갈 때 두 명의 사자에게 쫓겨 지옥에 다다르게 되었는데
우연히 스스로 지옥이라 일컫는 한 스님을 만나게 되었다. 곧 "약
인욕요지"의 사구게를 외우게 하였는데, 왕씨가 급하게 외워서 지
니니 그 소리가 닿는 곳마다 모든 죄인이 (고통을) 다 벗어버리게 되
었다. 왕씨가 이윽고 살아나 곧 발원하였다. "죽을 때까지 그것을
외우겠습니다." 또 도속(道俗)을 향해 이 일을 말해주고는 지송하도
록 권하였다. 그때 한 승려가 경전을 조사하고는 비로소 『화엄경』
의 게송임을 알게 되었다.
去時被二使者 追赴地獄 偶見一僧自稱是地獄 卽令誦若人欲了知 四句偈 王
急誦持 聲所至處 一切罪人 悉皆脫去 王旣蘇卽發願 終身誦之 復向道俗說此
事 以勸持誦 時有一僧 爲撿經 方知是華嚴偈也

---

116) 日本 湛叡, 『華嚴演義鈔纂釋』권5(T57, 365c28-29), "賢首於大慈恩寺講花嚴 後散講
謁大德成塵二律師."

36. 파지옥주를 외우고 감응한 영험
誦破地獄呪感驗

옛날 협석(峽石)에 서씨(徐氏) 성을 가진 조정의 벼슬아치가 있었다. [이름은 모름] 서 씨의 큰머느리[長婦]가 병으로 인해 갑자기 죽게 되었는데, 몸에는 왕의 복장이라 용모가 웅장하며 훌륭한 어떤 사람이 나타나 부인에게 머리를 조아리며 절을 하였다. (부인이) 어느 왕이냐고 묻자 답하여 말하였다. "저는 명부의 관리입니다. 그대가 집안의 크고 작은 일마다 '파지옥주'를 염송한 인연으로 명부에 있는 모든 죄인이 다 벗어날 수 있게 되었습니다. 그대에게 이러한 공덕이 있어서 제가 특별히 감사에 보답하고자 이렇게 왔습니다." 부인이 놀라서 말하였다. "신첩은 평범하고 천한 사람인데 어찌 왕께서 오셔서 보답한다고 하십니까." 왕이 말하였다. "그대가 비록 평범한 사람이지만 훗날 온 집안이 반드시 천상에 태어날 것입니다. 제가 그대를 위해 보답하는 것이니 이같이 그대는 지금 이후로도 마땅히 그 주(呪)를 잊지 마십시오."
주를 말하겠다. "옴 거라제야 스바하[唵 佉羅帝耶 薩訶]"

昔峽石有一朝士 姓徐氏[失名] 徐氏長婦 因病忽亡 乃見一人 身著王者之服 形貌雄偉 婦稽首拜 問爲誰王 答曰 吾是冥官 緣汝家中 大小每誦 破地獄呪 使冥中一切罪人 皆得解脫 汝有是功 我特來報謝 婦驚曰 妾是凡賤 豈當王者之至報謝 王曰 汝雖凡人 佗日擧家 必生天 是故 吾之爲報 若是汝今已後 當勿忘其呪也 呪曰 唵佉羅帝耶薩訶

협석(峽石)은 『수경주(水經註)』에 "하남(河南) 신안현(新安縣)은 동쪽에 천추정(千秋亭)이 있고 천추정 동쪽에 옹곡계(雍谷溪)가 있는데, 물줄기가 산을 굽이돌아 흐르고 돌길이 협곡에 막혔으므로 협석(峽石)이라는 칭호도 갖게 되었다."라고 하였다.

시식통람(마침)
施食通覽(終)

부록 附錄

『유가집요염구시식의(瑜伽集要焰口施食儀)』에서는 동쪽을 향해 서서 단(壇) 앞이나 혹은 깨끗한 땅 위, 돌 위에, 새것이면서 깨끗한 진흙으로 만든 동이, 또 우란분생대(于蘭盆生臺)라고 부르는 것에 (베푸는 음식을) 쏟으라고 하였다. 혹은 샘물, 강과 바다, 늘 흘러가는 물에도 할 수 있는데, 석류와 복숭아나무 아래에는 쏟지 말아야 하니 귀신들이 두려워해서 그것을 먹을 수 없다고 하였다.

> 瑜伽集要焰口施食儀云 面向東立 瀉於壇前 或淨地上 或於石上 或新淨瓦盆 亦名于蘭盆生臺 亦得 或泉池江海 長流水中 不得瀉於 石榴桃樹之下 鬼神懼怕 不得食之

『행사초(行事鈔)』에서는 중생식(衆生食)을 내놓을 때 혹은 밥을 먹기 전에 창(唱) 등을 하고 그것을[중생식] 내놓고 나서야 먹을 수 있고, 또 밥을 먹은 뒤에는 경론에 글이 없으니 뜻대로 안치하라고 밝혔다. 『열반경』에 광야귀신이 불살계(不殺戒)를 받게 하려고 (붓다께서) 광야귀신에게 "내가 지금 마땅히 성문제자들에게 명하여 붓다의 법을 따르는 곳에서는 모두 그대에게 음식을 베풀도록 하겠다. 만일 머무는 곳이 있으면서도 베풀지 않는 자가 있다면 곧 천마(天魔)의 무리요 나의 제자가 아니니라"라고 말씀하셨다. 『사분율(四分律)』에서는 승가람 안에 귀신의 사당[廟屋]을 세우라고 하였는데, 전하는 말로는 중국의 사찰에서는 귀묘(鬼廟)·가람신묘(伽藍神廟)·빈두로묘(賓頭盧廟)를 설치하여 매번 두 번의 식사 때가 되면 모든 사찰에서 세 곳에 음식을 보내는데 다른 비구들은 나오지 않는다고 하였다.

『애도니경(愛道尼經)』에서는 "손톱만한 것을 크게 나오게 해서 지금 죽은 사람들을 위해 음식을 베푸는 것이다"라고 하였고, 『중아함경』에 따르면 "만일 죽은 사람에게 제사를 지내 보시한다면 아귀에 태어난 자는 얻을 수 있지만 다른 곳에 (태어난 자는) 얻어먹지 못하나니 각자 살아가는 음식이 다르기 때문이다"라고 하였다. 『잡아함경』에서는 "이 일을 널리 밝히겠다. 만일 친족이 입처(入處) 아귀에 태어나지 못했다면 다만 마음으로 베푼 그 보시는 스스로 그 공덕을 얻게 될 것이다. 운운"이라고 하였다.

> 行事鈔云 明出衆生食 或在食前唱等 得已出之 或在食後 經論無文 隨情安置 涅槃 因曠野鬼 爲受不殺戒已 告鬼言 我今當勅 聲聞弟子 隨有佛法處 悉施汝食 若有住處 不能施者 卽是天魔徒黨 非我弟子 四分 僧伽藍中 立鬼神廟屋 傳云 中國僧寺 設鬼廟 伽藍神廟 賓頭盧廟 每至二食 皆僧家送三處食 餘比丘不出 愛道尼經 令出如指甲大 今有爲亡人設食者 依中含云 若死人布施 祭祀者 若生入處餓鬼中者得 餘處不得 由各有活命食故 雜含中 廣明此事 若親族不生入處中者 但施心施 其自得功德云云

『사분율(四分律)』에서는 승가람 안에 귀신의 사당[廟屋]을 세우라고 하는 것은 "비구들이 생각하되, '비구의 방도 청정한 땅으로 맺을 수 있을까?' 하고 붓다께 아뢰니, 붓다께서 말씀하셨다. '해도 좋다. 그러나 비구와 비구니를 비키게 하라. 식차마나·사미·사미니의 방도 역시 이와 같으며, 귀신의 집도 역시 이와 같이 청정한 땅으로 할 수 있다.'"117)

'입처(入處) 아귀'에 대해 『잡아함경』에 "아귀 세계 가운데에는 입처(入處) 아귀라는 한 곳이 있는데, 만일 그대 친족이 그 입처아귀 가운데 태어났으면 그대가 보시한 음식을 받을 수 있을 것이다."118)라고 하고 있다.

『잡아함경』에 '운운'하는 것은 "설사 보시한 음식을 받을 친족이 입처 아귀 세계에 태어나지 못했고, 또 다른 아는 친족으로서 입처 아귀 세계에 태어난 이가 없더라도, 믿는 마음으로 한 그 보시는 시주 자신이 그 복을 얻을 것이다. 그 시주의 보시는 믿음의 보시로서 그 시주는 보시한 공덕을 잃지 않기 때문이다."119)

---

117) 佛陀耶舍譯 竺佛念譯, 『四分律』卷43(T22, 874c), "比丘房應結作淨地不 白佛 佛言 應作除去比丘比丘尼 若式叉摩那沙彌沙彌尼房亦如是 若鬼神廟屋亦如是得作淨地."
118) 求那跋陀羅譯, 『雜阿含經』卷37(T02, 272b), "餓鬼趣中有一處 名爲入處餓鬼若汝親族生彼入處餓鬼中者 得彼施食."
119) 求那跋陀羅譯, 『雜阿含經』卷37(T02, 272b), "設使所爲施親族知識不生入處餓鬼趣中

『열반경』 운운에서부터 『잡아함경』운운까지는 『사분율산번보궐행사초』에서 인용한 듯하다. 동일한 문장이 보인다.120)

『불조통기(佛祖統紀)』에서는 생반(生飯)을 내는 것은 두 가지 이유가 있다고 하였다. 첫째 『열반경』에서는 광야귀신에게 베풀게 하셨고, 『비나야율』에서는 귀자모 등에게 베풀게 하셨다. 이들 무리는 본래 고기를 먹고 사람을 잡아먹었는데 붓다께서 교화하여 불살계(不殺戒)를 받게 하시고는 곧 제자들에게 가는 곳마다 음식을 베풀도록 당부하셨다. 지금의 재당[齋堂, 식사하는 곳]에서 각각 중생식(衆生食)을 내는 것이 이것인데, 이는 오직 출가한 자들만 행하는 것이다. 둘째 『염구경(燄口經)』에서는 아난이 인연이 된 것을 의탁하여 아귀에게 음식을 베풀게 하였다. 지금의 재당에서는 별도로 작은 곡(斛)을 갖추고 있는데 식사가 끝나면 대중이 작법(作法)을 하여 그것을 베푼다. 혹은 각자 작은 생곡(生斛, 생반대)을 갖추기도 하는데, 밤 동안 주(呪)를 하여 베푼다. 이는 도리를 아는[通道] 무리가 행하는 것이다.121)

> 佛祖統紀云 出生飯 此有二緣 一者 涅槃經 令施曠野鬼 毗奈那122)律 令施鬼子母等 此曹本食肉啖人 佛化之受戒不殺 乃囑弟子隨處施食 今齋堂各各出衆生食是也 此唯出家人行之 二者 燄口經 託阿難爲緣 令施餓鬼食 今齋堂別具小斛 於食畢衆作法施之 或各具小生斛 夜間呪施 此通道族行之

또 『불조통기』에서 말하였다. 육도곡(六道斛)은 『정명경(淨名經)』에서는 한 끼의 밥으로도 모두에게 베풀고 ['모두'라고 말한 것은 육도를 전부 거두는 것임] '모든 붓다와 온갖 성현에게 공양 올린 다음에야 먹을 수 있다'123)라고 하였고, 남악 혜사의 『수자의삼매

　　　復無諸餘知識生餓鬼者 且信施而自得其福 彼施者所作信施 而彼施者不失達嚫.
120) 道宣撰, 『四分律刪繁補闕行事鈔』(T40, 137a12-22).
121) 志磐撰, 『佛祖統紀』卷33(T49, 320b).
122) '那'는 '耶'의 오기로 보임.
123) 鳩摩羅什譯, 『維摩詰所說經』卷上(T14, 540b).

(隨自意三昧)』에서는 무릇 음식을 얻으면 마땅히 이렇게 말하라. "이 음식의 빛깔과 향과 맛을 위로는 시방불께 공양하고, 중간으로는 온갖 성현께 받들며, 아래로는 육도의 품류에까지 미칩니다. 평등한 보시는 차별이 없습니다"라고 하였다. ['차(差)'는 초(楚)와 의(宜)의 반절(反切)인데 가지런하지 않음] 천태의 「관심식법(觀心食法)」에서는 종을 쳐서 울리는 것을 듣고 난 뒤 일체삼보에게 공양을 올리고 다음으로 생반(生飯)을 내는데 육도에 베푸는 것을 일컫는 것이라고 하였다.124) 이것은 모두 십법계에 평등하게 공양하는 것이니 바로 지금의 사람들이 수륙재를 설치하여 육도에 공양을 베푸는 것이 명백한 증거이다.

又云 六道斛 淨名經云 以一食施一切[言一切則 全收六道] 供養諸佛及衆賢聖 然後可食 南岳隨自意三昧云 凡得食應云 此食色香味 上供十方佛 中奉諸聖賢 下及六道品 等施無差[楚宜反 不齊也] 別 天台觀心食法 鳴鐘後歛手供養一體三寶 次出生飯稱施六道 此皆等供十界 卽是今人施六道修水陸供之明證也

기술하여 말하겠다. 묘락(妙樂, 형계 담연)이 "세상 사람들이 육도에 베푸는 것은 양나라 무제가 강동(江東) 사람들이 음사(淫祀)를 [생명을 죽여서 삿된 귀신에게 제사 지내는 것] 많이 지내는 것을 보고 이에 비슷한 불법(佛法)의 방편을 써서 마땅히 그것을 대신한 것이다"라고 말씀하셨다. 이것은 아마도 형계가 한 번 가서 (보고) 악법(惡法)으로 제사 지내는 것에 대해 불법(佛法)으로 그것을 논하여 장차 천하의 살생을 그치게 하려고 한 것일 것이다. 그러므로 십계(十界) 등에 공양 올리는 뜻은 논하지 않았다. 『염구경(燄口經)』에서는 삼보는 곧 네 가지 성인[四聖]에게 공양 올리는 것이고, 바라문선은 곧 인간계[人道]에 공양하는 것이며, 염구 대중은 곧 아귀도에 공양하게 하는 것이다. 나머지 네 가지 세계[四道]는 비록 갖추고 있지는 않지만 대개 당시에는 근기에 나아감에 두루 하지 못했기 때문에 경에

---

124) 남악혜사와 천태의 글은 이 책 앞부분에 실려있음.

서는 그 뜻이 숨어 있으나 글이 간략한 것뿐이다.

述曰 妙樂云 世人設六道者 是梁武見江東多淫祀[殺生命祭邪鬼] 乃以相似
佛法 權宜替之 此蓋荊谿125) 一往以祭祀惡法對佛法論之 將以止天下之殺 故
未論十界等供之義 燄口經 令供養三寶卽是四聖 供婆羅門仙卽是人道 供燄
口衆卽是鬼道 餘四道雖不備 蓋是當時赴機未普 故經文隱略耳

대승(大乘)을 실천하는 사람이라면 법계를 원만히 관하여 마땅히 『정명경』가운데의 뜻에 의지해야 한다. 만일 자운 준식[慈雲]이 말한 것처럼 아귀도에서 음식을 얻는다면 나머지 오도(五道)에서는 음식을 얻지 못하는 것인가. 이와 같은 뜻은 또한 『바사론』에서도 쓰고 있다. "만일 제사로 인한 것이라면 오직 아귀만 받을 수 있고, 나머지 세계[趣]에서는 모두 얻을 수 없다." 이것은 인간 세상의 제사를 기준으로 말한 것뿐이다. 만일 출세간의 법에 의지한다면 평등한 마음을 써서 걸림 없는 공양을 베풀어야 하니, 마땅히 정명과 남악, 천태의 세 사람의 글을 우러러보면 이치는 어디에나 있을 것이다. 오늘날 작은 곡(斛)을 도모하는 것을 흩어서 뿌린다[散灑]고 말하는 것은 혹은 하나의 큰 곡(斛)이나 혹은 49곡(斛)에 이르는 것이나 육도의 중생에게는 모두 평등한 공양이기 때문이다. 어찌 믿지 않을 수 있겠는가.

若大乘行人 圓觀法界 則當依淨名經中義 若慈雲謂鬼道得食餘五道不得者
此等意亦是用婆娑論云 若因祭祀 唯鬼神得之 餘趣不可盡得 此是約人世祭
祀言之耳 若依出世法 用平等心修無礙供 則當仰觀淨名南岳天台三處之文
則理無不在 今有營小斛曰散灑者 或一巨斛者 或至四十九斛者 皆所以等供
六道群品也 可不信哉126)

[위의 몇 마디의 문장을 자세히 살펴보고 점검하면서 읽은 다음에 여기에 붙여서 기록한 것이다. 또 시식(施食)할 때 염송하는 비밀 의궤[祕軌]가 있으니 만일 베풀고자 하는 사람은 반드시 스승에게서

---

125) '谿'는 '溪'의 오기로 보임.
126) 志磐撰, 『佛祖統紀』권33(T49, 322a), 『불조통기』인용.

모든 진언과 신묘한 주(呪)를 받아야 한다. 또 경전과 스승에게 (진언과 신주를) 받지 않고 염송한다면 모든 붓다의 삼매야(三昧耶)에 어긋나는 일이니 삼가야 한다.]

右數節文 考閱之次 錄附于此 更有施食 念誦祕軌 若欲修者 須從師受 凡諸眞言神呪 亦未經師受而誦 則越諸佛三昧耶 可愼也夫]

발문 跋

석문(釋門)의 시식은 생각으로는 헤아리기 어려운 가르침이다. 주(呪)로써 14라는 수를 지니면 육도 사생(四生)의 무리에 다다를 수 있다고 말한다. 한 되 한 홉[升合] 한 그릇의 많지 않은 것을 4곡(斛) 9말[斗]의 양으로 변화시킬 수 있다고 말한다. 뱃속을 태우는 거대한 입의 굶주림으로도 달고 맛있는 음식으로 마침내 배가 부를 수 있다고 말한다. 어찌 생각으로 헤아리기 어려운 법이 아니겠는가. 이와 같이 생각하기 어려우나 믿고 실행하는 것으로 보여주지 않는다면 그것을 믿는 것은 더욱 어려울 것이다.

釋門施食 難思之法也 以呪持二七之數 而謂能格六道四生之類 以升合一器之微 而謂能變四斛九斗之量 以焦腹巨口之飢 而謂能致甘美實腹之飽 豈非難思之法耶 難思如是 而不示之以所可信行 則其信愈難矣

사명 종효 공(公)은 경전의 가르침을 두루 펼쳐 보고 참으로 시식하는 한 가지 법이 (중생을) 이롭게 하고 구제함이 더욱 많다는 것을 알게 되었다. 걱정스러운 것은 사람들이 대부분 그 유래를 알지 못하니, 비록 전적에 뚜렷하게 나타나지만 모여서 일가를 이루지는 못하였고, 곧 장차 범연하여 고찰하기 어려울까 염려하여 갖추어 수록하여 『시식통람(施食通覽)』을 만들었다. 멀게는 붓다의 입으로 몸소 펼치신 것에서부터, 가깝게는 여러 스승이 도운 것에서 이르기까지 가지(加持)의 울림과 영험이 실려있지 않은 곳이 없다. 하루는 스승님의 글을 보려고 가지고 와서 손을 씻고 마음을 가다듬어 그것을 읽었다. 일찍이 본 적이 없는 것이었는데, 생각해 보니 예전에 믿었던 것을 지금 더욱 믿게 되었다.

四明曉公 廣披經教 審知施食一法 利濟尤多 竊恐人多 不知所自 雖昭着典籍 非會成一家 則將泛然難考 於是備錄 以爲施食通覽 遠從佛口親宣 近自諸師 輔贊 以至加持響驗 靡所不載 一日携以見示師文 沐手齋心讀之得 未嘗見因念 向之所信者 今愈加信矣

사람들이 혹 믿지 못하는 자가 있다면 어찌 그 깊은 믿음을 깨우치지 못하겠는가. 마침내 집안의 재산을 희사하여 널리 유정들을 위해 장인에게 명하여 간행하였으니, 지금 행하는 것을 보는 자는 (시식이) 생겨난 유래[因依]를 알아 더욱 정진하고, 그것을 본 적이 없는 자는 신심(信心)을 개발하여 용맹하게 받들어 행하게 하려는 것이다. 이제부터 사람마다 시식(施食)을 즐겨한다면 삼악도와 여덟 가지 재난과 굶주림의 불길이 다 소멸하고 붓다의 원력에 올라타서 뛰어난 곳에 태어나 살아가게 될 것이니 그 이익이 어찌 넓지 않다고 하겠는가.

개희(開禧) 개원(改元) 을축년(1205) 설날 아침 개봉(開封, 카이펑, [허난(河南)성에 있는 도시 이름]) 지암(止菴) 임사문(林師文) 삼가 발문을 쓰다.

而人或未信者 豈可無以開其深信耶 遂捨家資 普爲有情 命工刊行 俾今見行者 知所因依轉加精進 其未嘗見者 開發信心 奉行勇猛 庶幾自此 人人樂於施食 則三途八難飢火悉滅 乘佛願力 勝處託生 其利豈不博哉
開禧改元 乙丑 歲旦 開封止菴林師文謹跋

'개희(開禧)'는 중국 남송(南宋)의 제4대 황제 영종(寧宗)의 세 번째 연호로, 1205~1207년에 해당한다.

'개원(改元)'은 연호를 바꾸는 것을 말한다. 여기서는 1636년에 후금이 국호를 청(淸)으로 고치고 연호를 숭덕(崇德)으로 바꾼 사실을 가리킨다.

'임사문(林師文)'에 대해 자세한 것은 알 수 없고, 『불조통기』에서 송나라 이병(李秉)이라는 사람에 대해 언급한 부분에서 그 일단을 찾아볼 수 있다. "송(宋) 이병(李秉)은 소흥(紹興)의 중관(中官, 환관)으로 어약원(御藥院)을 관할하였다. 처음에는 정자휘(淨慈輝)에게 선을 배워 깨달음을 얻었고 만년에는 『용서정토문(龍舒淨土文)』을 읽어 부처님 명호 외기를 일과로 하였다. 각장(閣長)인 원미(元美)와 전장(殿長)인 임사문(林師文) 등 수십 명과 더불어 전법사(傳法寺)에서 정토회(淨土會)를 결사하였다."127)

---

127) 『佛祖統紀』(T49, 290a).

몽산시식염송설법의
蒙山施食念誦說法儀

무릇 귀신에게 음식을 베풂에 단정하게 정성을 다해 염송해야 비로소 효험을 감득하게 된다. 지금의 몽산시식염송법은 두 가지로 나뉜다.

凡施鬼食 端在念誦誠意 方斯感驗 今以蒙山施食念誦法分二

1. 염송을 열어 보이는 법 — 念誦開示法

만일 설법을 열어서 보이게 되면, 마땅히 청정한 계율을 받은 스님을 청하여 중앙에 자리해야 비로소 시작할 수 있다. 같은 승당의 대중은 반드시 화음을 맞추어 염송하는 데 힘써야 하며, 각자 정성스러운 뜻으로 글자마다 분명히 하되 이렇게 여법하게 한다면 반드시 영묘한 감응(靈應)을 얻게 될 것이다.

若說法開示 當請清淨戒僧中座方可 而同堂大衆務必和音念誦 各具誠意 字字分明 惟得若此如法 必獲靈應

2. 의문을 따라 바르게 염송하는 법 二 隨文直念法

본래 사람이 많으면 조용한 것을 좋아하는 사람이 있고, 혹은 (염불의) 곡조를 부를 줄 모르는 사람이 있다. 앞뒤의 모든 찬(讚)을 (곡조로) 부를 필요는 없다. 다만 처음에는 「대비주(大悲咒)」, 『미타경(彌陀經)』을 더하고, 「몽산문(蒙山文)」의 모든 주(呪)는 여러 번 횟수(遍數)를 더한다. 모두 마땅히 의문(儀文)을 따라 온화하고 바르게 암송하며, 글자마다 분명하게 하는 것이 중요하다. 한 사람이든 여러 사람이든 다 그것을 시행할 수 있는데, 만약 억지로 찬(讚)을 부르는 등의 사항(等情)을 더하고자 한다면 도리어 산란해지고, 산란하게 염송하면 은연중에 이익이 없게 된다. 만일 이렇게 노성(老成)하고 성실하게 암송할 수 있다면 그 공덕은 매우 커서 생각으로는 헤아릴 수 없을 것이다.

自有人多好靜者 或不會唱腔調者 前後諸讚不必擧唱 但於起首加大悲咒 彌陀經 而蒙山文諸咒多加遍數 悉當隨文和緩直誦 字字分明爲要 一人多人皆可施之 若欲强加唱讚等情 反致散亂 散亂念誦 冥中無益 若能如此老實誠誦 其功較大不可思議

단에 들어가서 염송할 때 찻물을 입에 대서는 안 된다.

入壇念誦 茶水不得沾口

단에서 염송할 때, 찻물과 음식을 입에 넣어서는 안 된다. 만일 입에 넣는 것을 귀신이 보면 성을 낼 것이요, 극심한 배고픔[饑火]이 저절로 일어나 그 몸을 불태워서 고통을 받아 견디기 어렵게 되니 간절히 삼가고 삼가라! 그것을 조심하고 조심하라!

在壇念誦 茶水飮食不得入口 若有入口 鬼見生瞋 饑火自起 焚燒其身 受苦難堪 切忌切忌！愼之愼之！

몽산시식염송설법의의 차례표
蒙山施食念誦說法儀次第表

初 起首念誦儀式(염송을 시작하는 의식)
  − 양지찬, 대비주 3편, 염불하며 영전(靈前)에 이르러서 공양 올리고, 공양 올림을 마치면 염불하며 단(壇)으로 돌아옴.
  − 연지해회찬, 미타경, 왕생주, 미타불대원왕찬

二 正誦蒙山施食[文分六段 參六開示]
  「몽산시식」의 올바른 염송 [글은 6단락으로 나눈다. '6개시(開示)' 참조]
  1 − 나무본사석가모니불 3칭
     − '약인욕요지 운운' [유심게] 파지옥진언, 보소청진언, 해원결진언
       이상 1번 개시
  2 − 나무대방광불화엄경
     − 불보살의 모든 성호: 이상 2번 개시
  3 − 귀의삼보 삼결귀의: 이상 3번 개시
  4 − 참회게를 창함: 이상 4번 개시
  5 − 사홍서원을 창함: 이상 5번 개시
  6 − 지장멸정업진언, 관음멸업장진언, 개인후진언, 삼매야계진언
     − 변식진언, 감로수진언, 일자수륜주, 유해진언
     − 칠여래명호, 결원정시게, 시무차식진언, 보공양진언
     − 심경, 왕생주 21편
     − 보회향진언, 길상주: 이상 6번 개시

三 結願念佛回向(법회를 끝내며 염불을 회향함)
  − 사생등어보지결원게, 아미타불신금색찬게, 요집하며 염불
  − 관음세지청정해중, 일심귀명회향문
  − 육도군령찬 삼자귀

〈몽산시식염송설법의식〉을 크게 염송을 시작하는 의식, 본문을 바르게 염송하는 법, 결원 회향의 세 단락으로 나누고, 본문의 정송은 다시 6단락으로 나눠 1~6번이 열어서 보이는 방식으로 진행하는 차례를 표시해주고 있다. 위 차례에서 설명하는 개념을 간단히 보면,

영전(靈前)은 신이나 죽은 사람의 영혼을 모셔놓은 자리의 앞으로 우리 불교에서 보면 영단 앞이라고 볼 수 있다. 유심게는 "만일 어떤 사람이 삼세의 일체 붓다의 가르침을 알려면 마땅히 법계의 성품은 일체가 마음으로 된 줄을 관하라."[128]이다. 또 삼결(三結)은 견도(見道)에서 끊는 세 가지 번뇌인데, 첫째 유신견결(有身見結)로 오온(五蘊)의 일시적 화합에 지나지 않는 신체에 불변하는 자아가 있고, 또 오온은 자아의 소유라는 그릇된 견해, 둘째 계금취결(戒禁取結)로 그릇된 계율이나 금지 조항을 바른 것이라고 간주하여 거기에 집착하는 번뇌, 셋째 의결(疑結)로 바른 이치를 의심하는 번뇌이다. 이 세 가지 번뇌를 끊으면 수다원(須陀洹)의 경지에 이른다고 한다. 결원(結願)은 법회(法會)를 끝내거나 법회(法會)가 끝나는 날을 뜻한다. 염불하며 단으로 돌아와 '연지해회'를 창하며 찬탄한다.

"蓮池海會 彌陀如來 觀音勢至坐蓮臺 接引上金階 大誓弘開 普願離塵埃 南無蓮池海會菩薩摩訶薩: 연지해회의 아미타여래와 관음세지께서는 연화대에 앉으셔서 인도하여 금계에 오르시고 큰 서원을 크게 열어서 널리 티끌 세상을 떠나시기를 원하시는 연지해회의 보살마하살께 예경합니다."이다. 이어서 미타경과 왕생주를 염송한다.

염송을 마치고는 미타불대원왕을 찬탄한다. 창미타대찬이라고도 하는데 그 내용은 다음과 같다.

"彌陀佛大願王 慈悲喜捨難量:
아미타불 대 원왕의 자비희사는 헤아리기 어렵도다.
眉間常放白毫光 度衆生極樂邦:
항상 미간에서 백호광명 놓아 중생을 제도하여 극락에 나게 하며
八德池中蓮九品 七寶妙樹成行:
팔 공덕수 구품의 연화대에는 칠보의 묘한 나무 줄을 이루고
如來聖號若宣揚 接引往西方:
여래의 성호를 선양하면 이끌어 인도하여 서방에 가게 하시니
彌陀聖號若稱揚 同願往西方:

---

128) 實叉難陀 譯, 『大方廣佛華嚴經』권19(T10, 102b), "若人欲了知 三世一切佛 應觀法界性 一切唯心造."

아미타불 성호를 칭양하여 함께 서방에 가기를 발원합니다."
여섯 단계의 시식 염송을 마치고는 육도사생이 보배의 땅에 오르기를 원을 맺는 게송을 염송한다.
"四生登於寶地 三有托化蓮池:
사생이 보배의 땅에 오르고, 삼유는 연꽃 못에 화생하고
河沙餓鬼證三賢 萬類有情登十地:
항하사 아귀 삼현의 지위 오르고, 만류 유정은 십지에 오릅니다."
곧이어 아미타불찬게를 염송한다.
"阿彌陀佛身金色 相好光明無等倫:
아미타불 거룩하신 자금색의 찬란한 몸
단정하고 엄숙하여 비교될 이 따로 없고
白毫宛轉五須彌 紺目澄淸四大海:
눈썹 사이 밝은 흰털 수미산을 구르는 듯
검푸른 눈 맑은 동자 사대해의 상징인가.
光中化佛無數億 化菩薩中亦無邊:
광명 속에 나툰 모습 억만 무수 부처님들
화현하신 보살대중 그 수 또한 끝이 없네.
四十八願度衆生 九品含靈登彼岸:
사십팔원 큰 원으로 모든 중생 제도하사
구품대로 생명들을 피안으로 들게 했네."

위 찬탄게송 2수를 염송하고 나무서방극락세계 대자대비 아미타불 나무아미타불을 염불한다. 마지막으로 육도군령을 찬탄한다.
"六道群靈 脫生死鄕 少隨法水悟眞常 直下自承當 返照廻光 何地不樂 邦 南無超樂土菩薩摩訶薩: 육도의 군령은 생사의 고향을 벗어나서 조금이나마 법수를 따라 진상을 깨닫고 곧바로 스스로 이어서 마땅히 광명을 돌이켜 비추니 어느 땅에 낙방이 아니겠습니까. 초낙토 보살마하살께 예경합니다."

몽산시식의 요지 열 가지 준칙

몽산시식의 요지인 10가지 준칙을 먼저 보고 알라.
蒙山施食要意十則請先閱知

1. 시식의 연기
一 施食緣起

옛날 아난이 처음 불도(佛道)에 입문하였을 때 나이가 바야흐로 30여 세였다. 하루는 한적한 숲속에서 선정을 익히고 있었는데, 밤중에 갑자기 귀왕이 보였다. 몸이 불길로 가득하여 고통이 매우 심하여 감당하기 어려워했다. (아난이) 그에게 물었다. 귀왕은 이름이 '면연(面然)'이라고 하였다. (귀왕이) 또 "그대는 3일 안에 마땅히 우리 부류에 떨어지게 될 것입니다."라고 말했다.
昔阿難初入佛道 年方卅餘 一日閑林習定 夜半忽見鬼王 滿身火然 苦劇難堪 問之 鬼答名曰面然 復謂曰 汝三日之中當墮我類

아난이 놀라서 물었다. "무슨 방법을 써야 면할 수 있습니까?" 귀왕이 대답했다. "음식을 가지고 육도 군령(群靈)인 한량없는 아귀에게 두루 베풀어서 각자 배를 채우면 그대는 오래 살 수 있습니다."
阿難驚問 何方可免 鬼曰 能以飲食 徧施六道羣靈 無量餓鬼 各得飽滿 汝可益壽

그 말을 듣고 나서 (아난은) 이른 아침에 붓다께 나아가 (방법을) 구하였다. 붓다께서 말씀하셨다. "무량위덕자재광명여래주(無量威德自在光明如來呪)가 있으니 이 주(呪)를 외우면, 모든 음식을 변화시켜서 적은 것은 많아지게 하고, 거친 것은 오묘하게 만든다." 또 감로주(甘露呪)를 설하셨다. "만약 이 주(呪)를 외우면 물은 감로(甘露)로 변화하여 맑고 시원하며 맛이 훌륭하고 큰 바다와 같이 넓어지게 한다."
> 聞已 晨詣求佛 佛言有無量威德自在光明如來呪 誦此呪者 令諸飮食變少成
> 多 轉粗爲妙 復說甘露呪 若誦此呪 水變甘露 淸涼美味 廣如大海

아난이 그 말씀을 듣고 곧 깨끗한 밥과 깨끗한 물을 준비하여 경건하게 두 주(呪)를 외우니, 밥은 곧 7에서 7로 변화하고 대지에 두루 가득하였다. 물은 곧 감로가 되어 바다와 같이 끝없이 넓어졌으며, 이 밥과 이 물은 서로 두루하고 서로 융화하나 장애가 없었다.
> 阿難聞之 卽備淨飯淨水 虔誦二呪 飯則從七化七 遍滿大地 水則便成甘露 性
> 海汪洋 此飯此水 互遍互融而無障礙.

군령(群靈)이 접촉하여 그 음식을 먹으면 모두 6근(根)이 청정해지고 즉시 여러 고통에서 벗어나 선도(善道)에 태어날 수 있게 된다. 이로 말미암아 아난의 수명이 120세로 연장되었으니, 이것이 서천축[西竺, 인도] 시식의 시작이다.
> 羣靈觸之食之 皆得六根淸淨 卽脫衆苦 超生善道 由是阿難壽延百二十歲 此
> 西竺施食之肇始也

불교가 중국에 전해져 양(梁) 무제에 이르렀을 때 한 고승이 꿈에 나타나 "육도사생(六道四生)이 한량없는 고통을 받고 있으니 마땅히 수륙대재(水陸大齋)를 건립하여 그들을 널리 구제하시오"라고 하였다.
> 教流東震 及梁武帝夢高僧謂曰 六道四生 受苦無量 宜建水陸大齋以普濟之

양무제(梁武帝, 464-549)는 남북조 시대 양(梁)나라 초대 황제로 본명은 소연(蕭衍)으로 502년 4월 ~ 549년 6월까지 재위하였는데 불사를 많이 하였고, 달마대사와의 공덕 다소에 대한 문의가 유명하다. 육도사생(六道四生)의 육도(六道)란 천상·아수라·인간·축생·아귀·지옥을 말하고, 사생(四生)이란 태생·난생·습생·화생을 말한다.

아침에 신하들에게 질의하였으나 얼떨떨하여 대답이 없었다. 오직 지공(誌公)만이 불경(佛經)을 찾아볼 것을 권하였으니, 반드시 그 뜻이 있을 것이라고 하였다. 무제가 틈틈이 많은 대장경을 두루 보아 3년 만에 그 법식[儀]을 만들었다.
旦問羣臣 罔然無對 唯誌公勸尋佛經 必有其義 帝於餘暇 積覽大藏 三年成儀

지공(志公, 418-514) 남조(南朝) 때 선사로 보지(寶誌·保志·保誌) 또는 지공(誌公)·보공(寶公)이라고도 한다. 스님들의 호칭은 처음에 공(公)이라고 주로 불렸으나 후에 사(師), 법사로 불렸다. 양 무제가 달마와의 문답에서 달마의 뜻을 알아채지 못하고 보낸 뒤에 양나라 무제에게 "달마는 관음대사로서 폐하에게 붓다의 심인을 전하였다"라고 일러 준 일화가 전한다. 시호는 광제대사(廣濟大師)이다.

수륙대재는 두 주(呪)를 위주로 하여 현교(顯敎)와 밀교(密敎)의 모든 의문(儀文)을 모으고, 성인과 범부를 도리[理]로 합하여 음력 2월 보름날 금산사[金山]에 단을 건립하였다. 승우(僧祐)가 글을 낭독하였고, 그때 모든 망령[幽魂]이 구제[超拔]되었으니 아주 많았다. 이것이 중국[東土] 시식의 시초이다.
齋以二呪爲主 會集顯密諸文 理協聖凡 二月望日 於金山建壇 僧佑宣文 時諸幽魂 超拔良多 此東土施食之始也

당나라 때 두 인도의 승려[梵僧] 금강지(金剛智)와 불공(不空)이 염구(焰口) 의궤를 모아 오직 두 주(呪)를 근본으로 삼기 시작하였으며, 나중에 스님들이(諸師) 이어받아 현밀(顯密)의 여러 의문(儀文)의 수량이 점차 늘어났다. 또 다른 곳에서 집성한 의문(儀文)을 참고하여 서로 전수하여 이르렀다. 오늘날 가장 널리 선양된 것이 곧 지금의 염구시식(焰口施食)이다.
唐金剛智不空二梵僧 集焰口儀軌 始唯二呪爲本 嗣後諸師 遞增顯密諸文 幷參外集成儀 相傳至 今弘揚最廣 卽今焰口施食也

송나라 때에 부동(不動)이라는 인도 승려가 촉(蜀)의 몽산(蒙山)에 거처하며 이에 『구발염구아귀경(救拔焰口餓鬼經)』과 「수시식법(水施食法)」을 집성하였는데, 모두 두 주(呪)를 주되는 것으로 심있으며, 모든 밀교부(密敎部)의 (의문을) 모아 의문(儀文)을 만들었으니 「몽산시식의(蒙山施食儀)」라고 불렀다.

宋不動梵師 居蜀蒙山 爰集救拔焰口餓鬼經 水施食法 並以二呪爲主 集諸密部成文 稱曰蒙山施食儀

몽산시식을 편찬한 부동(不動)은 송나라 승려로 천축인으로 범어 이름은 아산피간지라(阿閦撤幹資羅)이다. 현교와 밀교 및 성상의 학에 두루 통하였다. 처음에 서하(西夏)의 호국사에 머물렀다. 전해진 밀교경전을 번역하였는데 사람들이 금강상사(金剛上師)라고 불렀다. 훗날은 사천의 몽산(오늘날 산현경山縣境)으로 옮겼다. 금강지의 유가시식의궤에 따라 그것을 거듭 번역하여 '유가염구(瑜伽燄口)'라고 하였다. 또 소규모의 시식법을 연행하여 '감로법'이라고 하거나 '몽산시식법'이라고 불렀다. 그의 제자 륵포(勒布)가 보안에 전했는데, 세 번 전해 위덕당에 이르렀다. 오늘날 역내에 유행하였다. 그 후 부동 스님과 제자들과 후예들은 모두 어떻게 되었는지 알 수 없다.

한 사람이든 많은 사람이든, 승방(僧坊)에서건 숲이나 들에서건[林野] 모두 그대로 좇아서 시행할 수 있다. 이후『선문일송(禪門日誦)』만과(晚課)에 편입되어 날마다 독송하는 것을 통상적인 규범으로 삼았다. 이로 말미암아 각 지방의 총림(叢林)과 크고 작은 암자에 머물면 만과(晚課)를 반드시 시행하였다. 오직 이렇게 시식(施食)하니 공덕이 중국[華夏]에 가득 차고, 고금(古今)이 함께 따르니 이로움에 치우침이 끝이 없다.

一人多人 僧坊林野 皆可遵施 自後禪門日誦 編入晚課 以爲日誦常規 由是各方叢林 大小庵居 晚課必施 唯此施食 功滿華夏 今古同遵 偏利無窮

광서(光緒) 27년(1901)에 동환노인(同還老人)이 천태산 석량교(石梁橋)에 있는 중방광사(中方廣寺)에서『능엄경』을 강의하였다. 석량교 아래에 폭포수가 떨어지는 용추(龍湫)가 있는데, 자주 귀신에 미혹되어 몸을 던져 목숨을 잃는 사람들이 있었다. 동환 노인이 밥과 반찬을 갖추어 놓고 저녁에 「몽산시식의(蒙山施食儀)」를 염송하고 아울러 그것을 열어 보였는데, 이로 말미암아 수년간 몸을 던지는 사람이 없었다.

光緒二十七年 同還老人 講楞嚴於天台石梁橋中方廣寺 以橋下有龍湫 屢有鬼迷捨身失命者 老人備飯菜 晚誦蒙山 幷開示之 由是數年無捨身者

광서(光緒)는 중국(中國) 청(淸)나라 덕종(德宗) 때의 연호(年號)로 서기(西紀) 1875년부터 1908년까지 재위하였다.

광서 33년(1907)에는 홍자(興慈)라고 하는 사람이 천태산 고명사(高明寺)에서 『금강경』을 강의하였는데, 저녁마다 깨끗한 밥과 물을 가져다가 동지(同志)들과 함께 산문 밖으로 나가 함께 「몽산시식의(蒙山施食儀)」를 염송하여 시식(施食)하기 시작하였다. 홍자(興慈)는 나중에도 이르는 곳마다 인연을 만나면 그것을 베풀었다.

三十三年 慈講金剛經於天台高明寺 於逐晚取淨飯水 與諸同志詣山門処 共念蒙山 以始施焉 慈後所至 遇緣則施之

홍자(興慈)는 민국(民國) 7년(1918) 상해[滬] 정토암(淨土庵)에서 『지장경』을 강의하는데, 그때 선신(善信)의 청으로 인해 추가로 바깥에도 좌석을 설치하여 (가르침을) 열어 보이기 시작하였다. (자(慈)는) 오직 스스로 부끄러워하고 덕이 없어서 마지못해서 할 뿐이었다. 이후로 각 지방의 불사(佛社)에서는 또한 그것을 모방하여 시행하였으나 다만 염불하는 것과 의식이 같지 않을 뿐이었다.

民國七年 講地藏經於滬淨土庵 時因善信請 始加外設座開示 唯自愧薄德 乃勉强耳 自後各方佛社 亦仿之而施者 但念式不一.

마지막의 '염불과 의식이 같지 않을 뿐이었다'라고 하는 것은, 이 글을 쓴 홍자 법사가 자신을 겸손히 낮추어 쓴 것으로 보인다.

민국(民國) 31년(1942) 법장(法藏)은 정토도량을 다시 세웠다. 낮에는 모여서 염불하여 청정한 업을 닦아 지녔으며, 저녁에는 시식(施食)하여 널리 죽은 사람의 넋[幽魂]을 제도하였다. 즉 「몽산시식의(蒙山施食儀)」를 6절로 나누고 6개시(開示)를 참고하였다.
　三十一年 法藏改立淨土道場 日集念佛修持淨業 晚以施食普濟幽魂 卽以蒙山文分六節 參六開示

뒤에도 대부분 이 책[本]을 번갈아 찾아서 다시 6번의 개시(開示)를 가지고 문장에 따라 차례를 만들고, 앞뒤의 주(呪)에 따라 모든 제목과 뜻을 안배하여 다시 그 글을 고쳐 썼다.
　後多遞索斯本 復將六番開示 隨章次第 逐呪前後 按諸題義 再繕其文

더하여 자리[법좌]에 임한 자들이 이 글에 따라 설법하니, 마침내 군령(群靈)들이 들어서 깨닫게 한즉 저승[幽]의 고통에서 벗어나게 하며, 대중이 들어서 깨달으니 염송하는 공덕이 더욱 크다. 이승과 저승[冥陽]에 모두 이익되니 널리 제도함에 다함이 없도다.
　俾臨座者依文說法 遂使羣靈聞解 卽超幽苦 大衆聆悟 誦功益大 冥陽均益 普濟無盡也

2. 단과 도량을 청정하게 결계함.
　二 淨結壇場

불전(佛殿)이나 승방[堂室], 산문 밖, 숲이나 들판, 깨끗하고 한적하여 고요한 곳만 있다면 모두 단(壇)을 지을 수 있다.
　佛殿堂室 山門外 林野間 唯取潔淨閑靜之處 皆可結壇

미리 청소하고 황색의 천이나 끈 혹은 다른 물건은 반드시 깨끗한 것으로 사용하여 단을 둘러싸야 하며, 잡인(雜人)이 안으로 들어오는 것을 막는다[絶].

預爲洒掃 或黃布 或繩 或別物 須潔淨者可用圍壇 以絶雜人入內耳

간략하게 하고 싶은 사람은 다만 불대(佛臺) 앞에 육도위(六道位)의 고혼단(孤魂壇)을 안치하고 그것을 (황색 천이나 끈 등으로) 둘러싼다. 행인(行人)이 들어가지 못하도록 막음으로써 귀신이 모여 삼보에 참배하는 데 아무런 지장이 없게 되니 법을 듣고 음식을 받아 쉽게 생사 초월함을 얻을 수 있게 된다.
如欲簡者 唯佛臺前安六道位之孤魂壇圍之 但遮行人不入 以便鬼神集此參拜 三寶 無諸隔礙 聞法受食 易獲超生也

범명(梵名)은 '만나라(曼拏羅, 만다라)'이니 이곳 말로는 '단(壇)'이라고 한다. 무릇 불사(佛事)의 도량을 건립하는 것은 모두 '단(壇)'이라고 부른다. 지금은 밀부(密部) 시식의 단이니, 단(壇)은 사는 것[生]이요 모이는 것[集]이다. 성현(聖賢)이 모이는 곳에 다함이 없는 공덕이 나오는 것이다.
梵名 曼拏羅 此云壇 凡建佛事道場 皆此名壇也 今爲密部施食之壇 壇 生也 集也 聖賢集會之處 出生無盡功德也

3. 법대(法臺) 위의 불상을 높이 받들어 모셔라.
三 法臺上佛像高供

중간 법대(法臺)의 불상은 더욱 높이고 더욱 공경하여 석가모니 불상을 봉안하는 것이 가장 적합하다. 없으면 미타(彌陀), 관음(觀音), 지장(地藏) 모두 봉안할 수 있다.
中間法臺佛像 逾高逾敬 最合宜奉釋迦佛像 無則或彌陀 或觀音 或地藏 皆可奉之

법사는 붓다의 뒤편에 앉되 머리를 붓다의 등과 나란히 하거나 불좌(佛座)와 나란히 하며, 붓다의 머리보다 높아서는 안 된다. 법사

가 붓다의 뒤에 숨어 있는 것은 붓다의 설법을 대신하는 것을 나타
내기 때문이다.
<small>而法師坐於佛後 頭與佛背 或佛座齊 不得高過佛頭 表法師隱在佛後 代佛說
法故也</small>

혹여 불전(佛殿)에 원래의 불상이 있으면 다시 법대(法臺)를 봉안
할 필요는 없으니, 법사는 불탁[佛桌] 곁에 앉아서 개시(開示)하면 된
다. 그 고혼단(孤魂壇)은 마땅히 불대(佛臺)의 아래까지 둘러싸서 사
람들이 지나다니지 못하도록 하는 것이 중요하다.
<small>或佛殿中原有佛像者 亦不須再奉法臺 則法師可坐佛桌傍開示可也 其孤魂壇
當圍至佛臺之下 以絶人經行爲要</small>

4. 고혼단은 불전보다 낮게 설치하라.
<small>四 孤魂壇於佛前低設</small>

고혼단은 한림단(寒林壇)이라고도 부르는데 법대(法臺) 앞의 처마
아래 또는 난간 안이나 천장[天井]에 모두 설립할 수 있다.
<small>孤魂壇 亦名寒林壇 在法臺前簷下 或檻內 或天井中 皆可設立</small>

다만, 끈이나 황색 천을 사용하여 불전(佛前)까지 둘러싸서 사람
들이 출입하지 못하도록 막아야 하니, 여기에 있는 모든 귀신이 (불
전에) 예배하고 법을 들으며 음식을 받게 함에 아무 지장이 없어야
비로소 큰 이익을 얻을 수 있다.
<small>但須用繩 或黃布圍至佛前 止人勿得出入 令諸鬼神於此 禮拜聞法受食 無諸
障礙 方得大益</small>

먼저 황색 종이[黃紙]에 「시방법계 육도군령의 자리(十方法界六道羣
靈之位)」라고 쓰고, 위쪽의 불상(佛像)을 마주 보도록 탁자 사이에 안
치한다. 그 탁자는 마땅히 (불대보다) 낮게 하여 군령(群靈)을 이 아래

에 나란히 있게 하는 것은 삼보께 예배하도록 하기 때문이다.
　先用黃紙 書十方法界六道羣靈之位 向上面對佛像安設於桌間 其桌宜低 以羣靈列在此下 禮拜三寶故也

5. 깨끗한 밥과 물, 반찬을 갖추어야 비로소 시식을 염송할 수 있다.
　五 備淨飯水菜方可念誦施食

　이 의문(儀文)을 염송하려면 반드시 깨끗한 밥과 깨끗한 물을 준비해야 비로소 시식할 수 있다. 이 두 가지가 없거나 깨끗한 음식이 아니라면 아무런 공덕 없이 헛되이 염송하는 것이다.
　欲誦此文 必備淨飯淨水 方成施食 無此二者 或不淨食 虛誦無功

　만일 채소를 사용하려면 반드시 익혀서 음식에 맛을 내는 것이 중요하다. 생채소를 공양하게 되면 모독하게 된다.
　如或用菜 必熟食得味爲要 生菜爲供 便成褻瀆

　경에서 "밥은 곡식(斛食)이 되고 물은 수시식(水施食)이라 한다"라고 하였고, 「시식보주(施食補註)」에서는 "마가다국의 곡(斛)은 1곡(斛)이 우리나라의 49말[斗]이 된다. 곡은 곡식의 용량을 헤아리는 데 쓰는 통[桶斛]이다. 밥(飯)은 음식이다"라고 하였다.
　經云 飯成斛食 水名水施食 施食補註云 摩伽陀國之斛 一斛爲我國四十九斗 斛 桶斛也 飯食也

　운서주굉(雲棲袾宏)의 『수설유가집요시식단의(修設瑜伽集要施食壇儀)』에 「시식보주(施食補註)」가 수록되어 있으나 여기서 인용한 문장은 본문에 있는 글이다.129)

---

129) "摩竭陀國之斛一斛有我國四十九斗 所謂斛食者乃桶斛也食飯也"(X59, 296b1-2).

주(呪)를 염송할 때는 마땅히 밥알마다 변하여 7알이 되고, 7알이 각각 변화하여 7알이 되며, 7곡(斛)이 각각 7곡(斛)이 되어 49곡(斛)이 된다고 관상(觀想)하라. 이렇게 49곡이 다함이 없이 변화하니 대지에 두루하고 가득하게 된다. 곡식(斛食)이 한량이 없으므로 (곡식이라고) 이름을 붙인 것이다.
　　誦呪時 當觀想每粒飯 變成七粒 七各變七 而成七斛 七斛各七 成四十九斛 如是七七 變化無盡 徧滿大地 無量斛食 故稱名也

말하자면 한 그릇의 밥[一食]이 한량없는 밥[無量食]으로 변한다는 것은 크기가 수미산과 같아서 그 양이 법계와 같다는 것이다. 비록 겁(劫)이 다한다고 하더라도 아무리 취해도 다함이 없고 아무리 써도 없어지지 않는다.
　　所謂一食變無量食 大如須彌 量同法界 縱令窮劫 取之不盡 用之無竭

널리 육도의 군령(羣靈)이 각각 49곡(斛)의 음식을 얻게 하고, 모두 충분히 배가 부르게 하였으니 지금 기뻐하고 난 뒤에는 반드시 정토에 왕생할 것이다.
　　普令六道羣靈 各獲七七斛之食 皆令飽滿 今既發歡悅後 必生淨土

오늘날 제방의 선림(禪林)에서는 쌀 7알을 사용해도 또한 옳다고 하니, 말하자면 7알이 시방에 두루하여 널리 사바세계[沙界]에 베푸는 것이라고 한다.
　　今諸方禪林用米七粒亦可, 所謂七粒徧十方, 普施周沙界.

어리석은 내 생각으로는 도리어 음식을 좀 더 많이 쓰면 가령 염송할 때 쉽게 관상(觀想)하게 된다.
　　據愚思之 還用飲食稍多 令誦時易成觀想

만약 관상(觀想)하여 맑게 정에 들어 염송하면 모든 음식이 반드시 수승하고 신묘한 작용을 이룰 것이다.

若觀想澄定而誦 一切飮食 必成殊勝妙用

만약 관상(觀想)을 이해하지 못하더라도 다만 정성스러운 마음으로 염송할 수 있다면 온전히 주(呪)의 힘에 기대어도 또한 반드시 영험할 것이다.
至若不解觀想 但能誠心誦去 全仗呪力 亦必靈驗

「백장청규」에서 "염구시식(焰口施食)에는 마땅히 5말[斗]130)의 쌀밥을 사용한다"라고 하였다. 깨끗한 큰 통에 담아야 하는데, 깨끗한 물과 깨끗한 반찬도 또한 마찬가지이다.
百丈淸規云 焰口施食 當用五斗米飯 盛以潔淨大桶 淨水淨菜亦然

『백장청규증의기』에 따르면, "오늘날 우리나라 법식에 의하면 1곡(斛)은 5말(斗)에 해당이 된다. 무릇 시식(施食)에는 마땅히 5말(斗)의 쌀밥을 사용해야 한다"라고 하였다.

이것을 세 개의 큰 통으로 만들어서 그 안에 관상(觀想)을 빌려서 맑히고 안정되게 하면 곧 수승하고 신묘한 법식(法食)이 되어서 시방의 군령(群靈)이 한량없는 이익을 얻게 된다.
是爲三大桶 而內藉觀想澄定 卽成勝妙法食 十方羣靈 獲益無量

염송을 마치면 셋으로 나누어서 하나는 물속에서 사는 동물[水族]에게 베풀고, 하나는 산과 들의 날짐승과 길짐승[禽獸] 및 모든 작은 벌레[微蟲]에게 베풀며, 하나는 모든 가난한 사람[窮人]에게 보시한다.
誦畢分爲三分 一施水族 一施山野禽獸 及諸微蟲 一施諸窮人

『백장청규증의기』에 "이 반찬과 밥을 가지고 셋으로 나누어 첫째, 물속에서 사는 동물에게 베푸니 곧 연못이나 큰 강과 바다에 방생한다. 둘째, 털이 난 무리[毛羣]에게 베푸니 곧 사는 곳이나 산과 들

---

130) 懷海 集編, 儀潤 證義, 『百丈淸規證義記』권5(X63, 417a20-21)에 따르면, "今據我國 一斛 當五斗 凡施食 應用五斗米飯."

이다. 셋째, 다른 지방에 베푸니 곧 구걸하여 먹고사는 사람이나 가
난으로 고생하는 사람이다"[131]라고 하였다.

그러나 음식의 많고 적음은 힘에 따라 할 수 있다. 지금은 부족
하나마[聊] 밥과 물, 반찬을 세 개의 큰 사발[碗]을 사용해서 육도위
(六道位) 앞에 공양하나 반찬 같은 것은 여러 사발이(에 담는 것이) 더
좋다. 모두 반드시 굽고 익혀서 맛을 내야 하며 청결하게 하는 것
이 중요하다.
然食多寡 亦可隨力 今則聊用飯水菜三大碗 供於六道位前 如菜多碗更好 總
須燒熟得味 淨潔爲要

6. 두 주(呪)는 시식의 근본
六 二呪爲施食本

대저 수륙재[水陸], 염구시식[焰口], 몽산시식[蒙山] 등은 다 같이 시
식하는데, 모두 두 주(呪)를 의지하여[因] 재체(齋體)를 이루니 곧 밀
부(密部) 유가(瑜伽)의 법문이다.
夫水陸焰口蒙山等 同是施食 悉因二呪 而成齋體 乃密部瑜伽法門也

첫째는 변식진언(變食眞言)이니 곧 무량위덕자재광명여래다라니
주(無量威德自在光明如來陀羅尼呪)이다. 이 주(呪)를 염송하면 한 그릇의
음식은 한량없는 음식으로 변화하고, 거친 음식은 미묘한 맛이 된
다. 평등하게 널리 육도의 군령(群靈)과 한량없는 아귀를 제도하는
까닭이다.
一變食眞言 卽無量威德自在光明如來陀羅尼呪 誦此呪者 變一食爲無量食
卽粗食而成妙味 平等普濟六道羣靈無量餓鬼故

---

131) 『百丈清規證義記』卷5(X63, 417a23-b2), "將此菜飯 分爲三分 一施水族 卽放生池 或
大河海 二施毛羣 卽放生所 或山野處 三施他方 卽乞丐流 或貧苦人."

둘째는 감로수진언(甘露水眞言)이다. 이 주(呪)를 염송할 때 이 물이 변화하여 청정한 감로법수(甘露法水)가 된다. 마치 큰 바다와 같아서 귀신이 이 물을 마시면 번뇌가 다 없어지고 널리 청량하고 이익되며 쾌락함을 얻게 되는 까닭이다.

二甘露水眞言 誦此呪時 變此水爲淸淨甘露法水 猶如大海 鬼神得此 頓除煩惱 普得淸凉 利益快樂故

또 변식주(變食呪)는 물을 변화시킬 수도 있고, 감로주(甘露呪) 또한 음식을 변화시킬 수 있으므로 수시식법(水施食法)이라고도 부른다.

又變食呪亦能變水 甘露呪亦能變食 亦名水施食法

물을 베풀면 반드시 밥을 베풀고, 밥을 베풀면 반드시 물을 얻으니 대개 이 두 주(呪)의 공덕의 힘은 헤아리기 어렵다. 이 밥과 이 물이 법계에 서로 두루 미치게 하고 원융하여 걸림 없게 하며 신묘한 작용이 평등하게 하니 널리 구제함에 자재하다.

以施水必施食 施食必得水 蓋此二呪功力難思 卽令此食此水 互徧法界 圓融無礙 妙用平等普濟自在

그러므로 우리는 무릇 음식으로써 성인(聖人)께 공양하고 범부에게 공양하며 모든 귀신에게 공양하고 아울러 가까운 혼령[親靈]에게 제사 지낸다. 반드시 두 주(呪)를 염송하여 모든 음식이 곧 미묘한 맛이 되게 하여 위로는 성현(聖賢)께 공양하여 뛰어난 복전(福田)을 얻고 아래로는 귀신에게 제사 지내어 고통을 떠나서 즐거움을 얻게 한다.

故吾人凡以飮食供聖供凡 供諸鬼神 並幷享親靈者 必誦二呪 使諸飮食卽成妙味 上供聖賢 獲勝福田 下享神鬼離苦得樂

진실로 육도의 범령(凡靈)에 복이 있는 귀신은 모든 음식이 본디 좋은 맛이 되는 것을 봄으로 말미암아 그 맛은 비록 좋아하나 탐착

(貪著)은 면하지 못하게 되니 세간을 벗어나는[出世] 법미(法味)가 아니기 때문이다.
 良由六道凡靈 有福神鬼 見諸飮食原成好味 其味雖好 不免貪著 非出世法味故也

복이 없는 모든 귀신은 음식과 물을 보면 곧 화염으로 변하니 음식을 먹으면 자신의 몸을 태워 한량없는 고통을 받게 된다.
 無福諸鬼 見飮食及水 卽變火燄 食燒己身 受苦無量

또 모든 천인[天]과 모든 신(神)은 복에 차등이 있어서 얻은 바의 음식에 그 맛의 정미하고 거침이 자연히 다르게 나뉘게 된다.
 又諸天諸神 福有差等 所得飮食 其味精粗自然逈別

모든 아귀 등은 악업(惡業)이 다 달라서 백천만 겁 동안 물이라는 이름도 들어보지 못하고, 뜻하지 않게 만일 물을 만나더라도 곧 불구덩이가 된다. 음식을 만나더라도 재[炭]로 변하며 고통을 받는 정도[輕重] 또한 제각기 다르다.
 諸餓鬼等惡業萬殊 百千萬劫不聞水名 偶若遇水 卽成火坑 逢食變炭 受苦輕重亦各有異

7. 시식하여 귀신을 구제하는 것은 마땅히 술·해시에 하라.
 七 施濟鬼神宜戌亥時

술시(戌時, 8시)는 십이시(十二時)의 열한째 시로 오후 7시부터 9시까지이고, 해시(亥時, 10시)는 십이시(十二時)의 열두째 시로 밤 9시부터 11시까지이다. 술해시(戌亥時)는 7시부터 11시까지라고 할 수 있다.

「시식의주(施食儀註)」에서는 "무릇 귀신에게 음식을 베풂에 술해(戌亥) 두 때에 하는 것이 적합하다. 만일 그 시간이 지나면 베풀어도 이익이 없다"라고 하였다. 그 귀신의 부류가 나타나 고통을 받는 것이 이때가 가장 치성[盛]하기 때문이다.

施食儀註云 凡施鬼食 宜在戌(20) 亥(22)二時 若過其時 施則無益 以其鬼類 出現 以及受苦 此時爲盛故

「시식의주(施食儀註)」에 두 때를 기준으로 음식을 베풀어라. 아귀가 음식을 먹으면 시주가 복을 얻게 된다. 만일 그때가 지나게 되면 정신만 피폐해지고 일에 이익이 없게 된다. 이것은 본래의 가르침에 나오는 것이다.132)

염송을 마치면 물과 밥 등을 가지고 깨끗한 곳이나 숨겨진 조용한 곳에[隱靜處]에 기울여 비워라. 지저분하고 더러운 곳이나 복숭아·버들·석류 등의 나무가 있는 곳에 기울여 비워서는 안 된다. 귀신들이 보면 두려워서 가까이하기 어렵게 한다.

若念誦畢 將水飯等傾於淨處隱靜處 不得傾於穢汚處 及有桃柳石榴等樹處 令鬼見怖難近也

또 보리심을 일으킨 자가 있으면 항상 한낮에 「대비주」와 『미타경』 등을 (시식할) 물과 음식 가운데에 염송하도록 하여 먼저 물과 음식이 청정해지게 한다.

或有發心者 每於日中念大悲咒 彌陀經等於水食中 先令水食清淨

술해(戌亥)시가 되어 물과 음식을 가지고 「몽산문」을 염송하면 그 공덕이 더욱 뛰어나고 복과 지혜가 크게 늘어난다.

至及戌亥時 持水食誦蒙山文 其功更勝 大增福慧

---

132) 『瑜伽焰口註集纂要儀軌』 권1(X59, 326a7-9)에서는 "準戌亥二時施之 餓鬼得食 施主獲福 如過其時 徒廢精神 於事無益 斯出本教(술해(戌亥))"라고 하였다.

8. 중앙의 자리에서 가르침을 열어 보임[開示]에는 오직 (청정한) 계율을 받은 스님만 청한다.
八 中座開示惟請戒僧

10칙(則) 중 제1칙 "염송을 열어 보이는 법"에서 '만일 설법을 열어서 보이게 되면, 마땅히 청정한 계율을 받은 스님을 청하여 중앙에 자리해야 비로소 시작할 수 있다'라고 하였다.

만약 계율을 받은 스님이 없다면 그 중앙의 자리[中座]에는 불상을 높이 받들어 모시고, 불상 뒤에 주사(主師)의 자리를 두지 않는다. 다만 대중이 다 같이 승당에 모여 의문(儀文)에 의하여 바로 염송하면, 효과[功效]가 매우 커서 생각으로는 헤아릴 수 없다.
若無戒僧 其中座但高供佛像 像後不設主師位 但集衆同堂依文直念 功效甚大 不可思議

「몽산시식」과 「염구시식」은 한 가지 법[同體]으로 시식(施食)하니 곧 유가밀법(瑜伽密法)이다. 더없이 존귀하고 더없이 중요하니 누가 가볍고 쉽다는 생각을 낼 수 있겠는가. 중좌(中座)에 올라 가르침을 열어서 보이고자[開示] 한다면 반드시 구족계를 받은 대승[大僧, 비구]이라야 비로소 가능하다.
蒙山與焰口同體施食 乃瑜伽密法 至尊至重 孰可生輕易想 欲升中座開示 必須具戒大僧方可

대승(大僧)은 사미(沙彌)가 십계(十戒)를 수지하면 소승(小僧)이라 하고 상대적으로 구족계(具足戒)를 수지하면 대승(大僧)이라고 부른다.

만일 비구니 또는 우바새 및 거사 등이 오로지 기쁜 마음으로 다 함께 승당에서 바로 염송할 수만 있다면 그 공덕이 비교적 커서 헤아리기 어렵다. 결코 중앙에 나아가 자리에 올라서 무거운 허물을 초래하지 말라.
若比丘尼 或優婆塞 及居士等 惟可隨喜同堂直念 其功較大難思 切勿就中升

座重招過咎

「유가시식의(瑜伽施食儀)」에는 『구발염구궤의경(救拔焰口軌儀經)』을 인용하여 "붓다께서 아난에게, 시식(施食)하는 법을 받고자 한다면 반드시 유가아사리법(瑜伽阿闍黎法)에 의지해야 하니 보리심을 일으켜 삼매야계(三昧耶戒)를 받고, 관정(灌頂)을 얻은 자라야 비로소 만다라단의 자리에 올라 전수할 수 있다. 만일 그렇지 않고 허락되지 않은 이가 번갈아서 든다면 설령 수행한다고 하더라도 스스로 재앙과 허물을 초래하고 법을 도둑질하는 죄를 짓게 되니 끝내 효과(功效)가 없으리라"133)라고 하였다.

瑜伽施食儀觀 引救拔焰口軌儀經云 佛告阿難 欲受施食之法 須依瑜伽阿闍黎法 發菩提心 受三昧耶戒 得入灌頂者 方可入曼陀羅壇升座傳授 若不爾者 遞不相許 設爾修行 自招殃咎 成盜法罪 終無功效

관정(灌頂)에 대해서는 『현우경』「정생왕품(頂生王品)」, 『대일경』「구연품(具緣品)」, 「비밀만다라품」, 「지송법칙품」, 『유희야경(蕤呬耶經)』「분별호마품(分別護摩品)」, 『소실지갈라경(蘇悉地羯囉經)』「본존관정품(本尊灌頂品)」, 『대일경소(大日經疏)』, 『화엄경탐현기(華嚴經探玄記)』 등 여러 경론에서 확인된다.

관정은 정수리에 물을 붓는 것으로 관정을 받는 자는 곧 일정한 지위에 오르게 되었음을 의미한다. 원래 고대 인도 제왕의 즉위나 태자(太子)를 세울 때 행하던 일종의 의식으로 국사(國師)가 4대해(大海)의 물을 정수리에 붓고 축복(祝福)을 표현했다. 구역 『화엄경』권27 「십지품」에, 보살이 10지(地) 중 제9지에서 제10지인 법운지(法雲地)에 들어갈 때 모든 붓다가 지혜의 물로 그 정수리에 붓고 법왕(法王)의 직(職)을 받는 것을 증명하며, 이것은 직(職)을 받는 관정을 한다[受職灌頂] 또는 직을 주는 관정을 한다[授職灌頂]고 일컬었다. 또 구역

---

133) 不空 譯, 『瑜伽集要救阿難陀羅尼焰口軌儀經』(T21, 469c16-23), "佛告阿難 若欲受持施食之法 須依瑜伽甚深三昧阿闍梨法 (若樂修行者 應從瑜伽阿闍梨學)發無上大菩提心 受三昧戒 入大曼拏羅得灌頂者 然許受之 受大毘盧遮那如來五智灌頂 紹阿闍梨位 方可傳教也 若不爾者 遞不相許 設爾修行 自招殃咎 成盜法罪 終無功效."

『화엄경』 권8 「보살십주품(菩薩十住品)」, 『보살영락본업경(菩薩瓔珞本業經)』권上 「현성명자품(賢聖名字品)」 등에 따르면 십주(十住)의 제10위를 관정주(灌頂住)라고 부른다. 또 『대사(大事)』(범어 Mahavastu], 석존의 사적과 본생 등을 기술함)에 의하면, 보살 10지(地)의 제10지는 관정지(灌頂地)라 부르고, 관정위(灌頂位)는 특히 10지 이상의 등각(等覺) 계위를 가리켜서 말한다. 밀교에서 행하는 관정은 모두 비밀관정[祕密灌頂, 약칭 밀관(密灌)]이라 부른다. 불교의 모든 종파 중에서 밀교는 특히 관정을 중요시하였다. 그 법을 잇는 작법은 스승이 5병(瓶)의 물[여래의 5지(智)를 상징함]을 제자의 정수리에 붓게 하여 붓다의 지위를 계승한다는 뜻을 나타낸다.

'관정작법'의 법식은 매우 많은데, 주요한 것으로 결연관정(結緣灌頂), 학법관정(學法灌頂), 전법관정(傳法灌頂)의 세 가지가 있다. ① 결연관정(結緣灌頂)은 승속이나 기근(機根)을 막론하고 널리 불연(佛緣)의 관정을 맺는 것이다. 받는 자는 단상(壇上)의 제존 불상에 꽃을 던져서 인연이 있는 붓다를 선택해 정하여[꽃을 던져 부처를 얻음[投華得佛]] 본존으로 삼는다. 그리고 붓다의 명호를 부르고 스승은 병의 물로 세 번 정수리에 부어주고 한 가지의 인[印, 인계]과 한 가지의 명[明, 다라니]을 준다. ② 학법관정(學法灌頂)은 수명관정(受明灌頂), 제자관정(弟子灌頂), 허가관정(許可灌頂)이라고도 부른다. 밀교를 배우고자 하는 제자에게 먼저 사람, 시간, 장소를 선정하여 모든 작법을 준비하게 하고, 거듭 인연 있는 존상의 의궤 다라니법을 준다. ③ 전법관정(傳法灌頂)은 전교관정(傳敎灌頂), 부법관정(付法灌頂), 아사리관정(阿闍梨灌頂)이라고도 부른다.

여법하게 수행하는 사람이 사람들의 스승이 되고자 하거나 아사리의 지위를 얻고자 한다면 대일여래(大日如來)의 의궤 다라니법을 수여한다. 이러한 종류의 관정은 진언(眞言)을 전하는 가장 깊은 비밀이다. 또한 인법관정(印法), 사업관정(事業), 이심관정(以心)의 세 가지로 나눌 수도 있다. ① 인법관정은 비인관정(祕印), 수인관정(手印), 이작업관정(離作業)이라고도 부른다. 제자가 정성스러운 마음으로 진언행(眞言行)을 구하나 재화가 부족하여 모든 필요한 것을 제대로 갖출 방법이 없으면, 이때 스승이 자비로운 마음으로 그 마음의 작용을 관하여 모든 작업을 생략하고 본존의 비인(祕印)을 전수하고 관정의식을 행하는 것이다. ② 사업관정(事業)은 작업관정(作業), 구지관정(具支)이라고 부른다. 제자는 관정(灌頂)하기 7일 전에 정성스러운 마음으로 예배하고 참회해야 하며, 스승 또한 7일간 지송한 후에 단을 설치하여 갖가지 향과 꽃, 과일 등을 공양하고 비인(祕印)을 전수한다. 이러한 종류의 관정은 재력이 풍족한 사람이어야 행할 수 있다. ③ 이심(以心)관정은 심수(心授)관정, 비밀(秘密)관정, 유기(瑜祇)관정이라 부른다. 스승과 제자 모두 삼매야계(三昧耶戒)를 성취한 경우에 사용한다. 즉 마음 밖에 따로 단장(壇場)을 설치하지 않고 아사리의 마음속에 만다라를 건립하여 마음의 단(壇)에 들어가 관정함으로써 전수하는 것이다. 또한 관정을 행하는 방을 관실(灌室)이라 하고 관정을 받아들이는 것을 수관(受灌)이라 한다. 만다라의 도량을 건립하고 관정의식을 행하는 것을 밀단관정(密壇灌頂)이라 한다.
관정할 때 전수하는 인계(印契)와 다라니를 관정인명(灌頂印明)이라고 한다. 밀교의 수계(受戒)는 모두 반드시 관정을 행하므로 진언삼매야계(真言三昧耶戒)를 받는다고 하고 수계관정(授戒灌頂)이라고 부른다. 또 관정을 할 때 만일 받는 사람이 관정을 함으로 말미암아 재앙과 장애를 소멸하고 실지(悉地)를 성취하려면 향과 꽃, 유목(乳木) 등 갖가지 공양물을 태우고, 호마법(護摩法)을 닦는데 이것이 곧 관정호마이다. 그 닦는 법의 횟수나 공양물의 종류는 여러 가지 있는데, 서로 같지 않다. 오늘날 일본의 동밀(東密)은 금강계의 수법(修法)이 끝난 후 초야[初夜, 저녁 7시~9시]와 후야[後夜, 새벽 1시~5시]의 중간에 이 수법(修法)을 함께 행하는데 중간호마(中間護摩)라고 부른다. 이밖에 물속의 어류를 이롭게 하려고 밀교에서는 관정번(灌頂幡)이나 탑파(塔婆)를 강이나 바다에 흘려보내는데 이러한 종류의 행사를 유관정(流灌頂) 또는 유수관정이라고 한다.

그러므로 만일 구족계를 수지한 대승(大僧)이 없다면 중좌(中座)를 두지 말라. 다만 대중이 다 함께 승당에 모여 의문(儀文)에 따라 바로 염송하고 주(呪)마다 여러 번 횟수를 더한다면 그 공덕은 생각하기 어려울 것이다.
是故若無具戒大僧 勿立中座 但集衆同堂依文直念 每呪加多遍數 功德難思

(앞에서) 말한 대중이 모여 기쁜 마음으로 하는 것은 출가자와 재가자, 나이가 많거나 적거나 귀하거나 천하거나 많은 사람이거나 적은 사람이거나 내지는 한 사람이라도 관계 없이[無論] 모두 같은 승당에서 조화로운 소리로 바로 염송할 수 있다. 만일 그렇게 한다면 각각 현생에서 복과 지혜가 더해지고 나중에는 반드시 부처가 될 것이다.
所言集衆隨喜者 無論出家在家 老幼貴賤 多人少人 乃至一人 俱可同堂和音直念 若爾各各現增福慧 後必成佛

9. 목탁소리와 염송하는 소리가 조화롭게 녹아들어서 서로 어울리게 한다.
九. 魚聲念聲和融相應

목탁[木魚]은 소리를 밝고 맑으며 조화롭고 부드럽게 내어서 따르고, 대중은 글자마다 분명하며 맑고 자연스럽게 염송한다. 만약 목탁과 염송하는 두 소리가 서로 어울려 조화롭게 녹아들면 모든 귀신이 듣자마자 분명히 깨닫고 기뻐하여 큰 이익을 얻게 한다.
木魚則聲聲明朗和緩而順 衆念則字字分明淸喨自然 若得魚念二聲相應和融 使諸鬼神 聞卽明了歡悅 便得大利

또 염송하는 사람은 글자의 음을 우물우물하여 분명하지 않게 하거나[含糊], 속된 가락[俗調]을 아우르거나, 헛되이 길게 발음하는 것이[拖空腔] 조금이라도 뒤섞여 어지럽게 해서는 안 된다. 귀신이 들으면 업신여기니 큰 이익을 잃게 된다.
又念者字音不可含糊 或兼俗調 或拖空腔 稍有雜亂 鬼神聞卽輕慢 便失大利

요컨대 염송하는 소리는 높지도 낮지도 않고 빠르지도 느리지도 않게 해서 여러 사람이 같은 소리로 노련하고 성실하게 염송해 간다면 마치 고르게 흐르는 물이 부딪치는 흔적이 없는 것과 같으니, 이렇게 하면 구절마다 그 속에서 나와 남이 골고루 이익을 얻게 되고, 이승의 사람[陽人]이 그 소리를 들으면 큰 선근을 심고 저승의 귀신[陰神]이 그 소리를 들으면 바로 생사를 초월할 수 있게 된다.
總之 念聲不高不低 不急不緩 異口同音 老實念去 如平流水而無激痕 是則句句之中自他均益 陽人聞之大種善根 陰神聽聲卽得超生

10. 현교와 밀교의 경전에서 주(呪)를 더하여 진실한 염송으로 정성껏 하라.
十 顯密經呪加多以實念爲誠

만약 시식(施食)하려면 먼저 「대비주」를 염송하여 단(壇)과 도량[場] 및 물과 음식을 청정하게 하고, 『미타경』 염송으로 정토에 왕생할 것을 감득하게 하며, 중간에 「몽산문」을 염송한다. 모든 주(呪)는 횟수를 반드시 더하도록 힘써야 하는데 최소한 7편 또는 21편이다.
若欲施食 先念大悲咒 令壇場及水食淸淨 彌陀經而感往生淨土 中間誦蒙山文 諸呪遍數務必加多 最少七遍 或廿一遍

다만 음식을 변화시키고 물을 변화시키는 두 주(呪)는 각각 49편 또는 108편을 채워서 한다. 그 모든 비밀주[密呪]는 염송할수록 더욱 신묘해지니 느끼는 영험은 반드시 깊어질 것이며, 마지막에는 염불로서 실증(實證)을 구해야 한다.
惟變食變水二呪 各滿四十九遍 或一百八遍 以其諸密呪 愈誦愈妙 感驗必深也 末後須加念佛以求實證

만약 앞뒤의 찬(讚)을 노래의 곡조를 사용해서 부르면 아는 사람은 그것을 부르고 알지 못하는 사람은 다만 노련하고 성실하게 조화로운 소리로 바로 염송하는 것이 옳다고 생각된다.[爲是] 그 정성스러움에 느끼는 감응이 더욱 넓고 크리라.

若前後唱讚用腔調者 會則唱之 不會唱者但以老實和音直念爲是 使其誠感更廣大也

서기 1985년 봄 천태관월 비구 홍자 삼가 쓰다.
公元一九八五年 春 天台觀月 比丘 興慈 謹識

홍자(興慈)는 청나라 말 민국 초의 승려로 절강성 천태 사람으로 자(字)는 관월(觀月), 호(號)는 천태관월(天台觀月)이다. 천태(天台)를 으뜸으로 받들었고, 정토(淨土)의 가르침을 펼쳤으며, 그 법연(法緣)이 널리 상해[滬], 항주[杭], 용강[甬江, 절강성에 있는 강 이름] 일대에 두루 미쳤다. 상해에 법장사(法藏寺)를 창건하여 오로지 교관(敎觀)을 넓혔으며, 매일 경전을 강론하고 염불하기를 수십 년을 하루같이 하였다. 사(師)는 계율을 엄격하게 지켰고, 성실하고 극진하게[篤實] 염불하였으며, 욕심 없이 마음이 깨끗한 것[淡泊]을 달갑게 여겨 지켰고 선(禪)과 정[淨, 정토]을 함께 닦으니 진실로 상해 제일의 존숙(尊宿)이라 할 것이다. 사(師)는 또한 교관(敎觀)을 배워 통달하였으며 수행(修行)과 학해(學解)에 함께 나아가 민국(民國) 2년(1912)에는 『이과합해(二課合解)』를 편집하여 저술하였는데 해설이 상세하여 매우 넓게 유통되었다. 또 『금강경이지소(金剛經易知疏)』가 세상에 전해지고 있다.

몽산시식염송설법의
蒙山施食念誦說法儀

1. 염송을 시작하는 의식
初起首念誦儀式

무릇 귀신에게 음식을 베푸는 것은 술해(戌亥)시 두 때가 가장 적당하다. 혹은 한 시간 일찍 해도 무방하다. 때가 되어 대종을 세 번[三下] 울리면 대중이 모두 모여 인경(引磬)을 치며 붓다께 경례하여 삼배한다. 동서(東西)로 마주 대하고 꼿꼿이 서서 유나(維那)가 곡조를 들면[선창하면] 대중이 다 함께 찬(讚)을 부른다.[唱]

凡施鬼食戌亥二時爲最宜 或早一小時亦不妨 時至鳴大鐘三下 大衆齊集 擊引磬禮佛三拜 東西對面站定 維那擧腔 衆同唱讚

인경(引磬)은 법기(法器)의 이름이다. 사발 모양의 작은 종으로 쇠로 되어있는데 채로 그것을 친다. 밑부분의 중앙에 끈을 꿰고 나무 자루를 붙여서 (손으로) 움켜쥐기에 편리하므로 수경(手磬)이라고도 부른다. 그것을 울려서 대중의 주의를 끌기 위한 기구이다.[134]

● 버들가지 청정한 물 삼천세계에 두루 뿌려 팔공덕수 공한 성품 인간과 천상 이롭게 하니, 아귀들은 바늘 같은 목구멍 면하고 죄와 허물없어지며 불길 변해 붉은 연꽃 되네.

楊枝淨水 徧灑三千 性空八德利人天 餓鬼免針咽 滅罪除愆 火燄化紅蓮

팔공덕수는 여덟 가지 공덕을 갖추고 있는 물. 여덟 가지 공덕은 경에 따라 같지 않음. ①『칭찬정토경』에는 고요하고 깨끗함. 차고 맑은 것. 맛이 단 것. 입에 부드러운 것. 윤택한 것. 편안하고 화평한 것. 기갈 등의 한량없는 근심을 없애주는 것. 여러 근(根)을 잘 길러주는 것이라 하였고, ②『구사론』에는 달고·차고·부드럽고·

---
134) 『敕修百丈淸規』卷上「尊祖章」'達磨忌條', 卷下「法器章」.

가볍고 · 깨끗하고 · 냄새가 없고 · 마실 때 목이 상하는 일이 없고 ·
마시고 나서 배탈나는 일이 없는 것이라 한다.

● 나무 청량지보살마하살 (3번 부름)
목탁을 울리며 다 같이 염송한다.
南無淸凉地菩薩摩訶薩 (三稱) 鳴魚同誦

● 나무 대비관세음보살 (3번 부름)
南無大悲觀世音菩薩(三稱)

[대비주]
● 나모라다나다라야야, 나막 알야 바로기데새바라야 모디사다바야, 마
하사다바야 마하가로니가야, 옴, 살바 바예수 다라나 가라야, 다사
명 나막 까리다바, 이맘 알야바로기데새바라 다바, 니라간타 나막
하리나야 마발다 이샤미, 살발타 사다남, 수반, 아예염, 살바 보다남
바바 말아 미수다감, 다냐타, 옴, 아로계, 아로가마디, 로가디가란데,
혜혜 하례, 마하 모디사다바, 사마라 사마라 하리나야, 구로 구로 갈
마 사다야 사다야, 도로 도로 미연데 마하미연데, 다라 다라 다린나
례새바라, 자라 자라 마라 미마라, 아마라 몰데, 예혜혜 로계새바라,
라아미사 미나사야, 나베사미사 미나사야, 모하자라미사 미나사야,
호로 호로 마라, 호로 하례, 바나마나바, 사라 사라 시리 시리 소로
소로, 못댜 못댜 모다야 모다야, 매다리야 니라간타, 가마사 날사남
바라하라나야 마낙 스바하, 싯다야 스바하, 마하싯다야 스바하, 싯
다유예새바라야 스바하, 니라간타야 스바하, 바라하목카 싱하목카야
스바하, 바나마 하따야 스바하, 자가라욕다야 스바하, 상카 섭나 네
모다나야 스바하, 마하 라구타 다라야 스바하, 바마 사간타 니샤 시
체다 가릿나 이나야 스바하, 먀가라 잘마 니바사나야 스바하, 나모
라다나다라야야, 나막 알야 바로기데새바라야 스바하[135]

---

135) 대비주 표기는 [새세계불학원 『정례신행의범』(9~11쪽)을 참조하였음.

南無喝囉怛那哆囉夜耶 南無阿唎耶 婆盧羯帝爍鉢囉耶 菩提薩埵婆耶 摩訶
薩埵婆耶 摩訶迦盧尼迦耶 唵 薩皤囉罰曳 數怛那怛寫 南無悉吉栗埵伊蒙阿
唎耶 婆盧吉帝室佛囉愣馱婆 南無那囉謹墀 醯利摩訶皤哆沙咩 薩婆阿他豆輸
朋 阿逝孕 薩婆薩哆那摩婆薩哆 那摩婆伽 摩罰特豆 怛姪唵 阿婆盧醯 盧迦
帝 迦羅帝 夷醯唎 摩訶菩提薩埵 薩婆薩婆 摩囉摩囉 摩醯摩醯唎馱孕 俱盧
俱盧羯蒙 度盧度盧罰闍耶帝 摩訶罰闍耶帝 陀囉陀囉 地唎尼 室佛囉耶 遮囉
遮囉 麼麼罰摩囉 穆帝隸 伊醯伊醯 室那室那 阿囉嘇佛囉舍利 罰沙罰嘇 佛
囉舍耶 呼嚧呼嚧摩囉 呼嚧呼嚧醯利 娑囉娑囉 悉唎悉唎 蘇嚧蘇嚧 菩提耶菩
提耶 菩馱耶菩馱耶 彌帝唎夜 那囉謹墀 地利瑟尼那 婆夜摩那 娑婆訶 悉陀
夜 娑婆訶 摩訶悉陀夜 娑婆訶 悉陀喻藝 室皤囉耶 娑婆訶 那囉謹墀 娑婆訶
摩囉那囉 娑婆訶 悉囉僧阿穆佉耶 娑婆訶 娑婆摩訶阿悉陀夜 娑婆訶 者吉囉
阿悉陀夜 娑婆訶 波陀摩羯悉陀夜 娑婆訶 那囉謹墀皤伽囉耶 娑婆訶
摩婆利勝羯囉夜 娑婆訶 南無喝囉怛那哆囉夜耶 南無阿唎耶 婆嚧吉帝娑皤
囉耶 娑婆訶

옴 실전도 만다라 밧다야 스바하136)
唵 悉殿都 漫多囉 跋陀耶 娑婆訶

● 나무 감로왕보살마하살 [3편] 南無甘露王菩薩摩訶薩 [三遍]

만약 영위(靈位)가 없으면 그대로 움직이지 말고 바로 〈연지대사
해회찬(蓮師海會讚)〉을 불러라. 의문(儀文)은 다음과 같다.
若無靈位就此不動, 卽唱蓮師海會讚, 如後文

영위는 신위처럼 혼령의 자리 위패를 말한다.
연지대사(蓮池袾宏, 1535-1615) 명나라 4대 고승, 속성은 심(沈)씨, 자
는 불혜(佛慧), 호는 연지(蓮池), 운서산(雲棲山)에 오래 주석하여 흔히
운서주굉이라 칭한다. 31세의 늦은 나이로 성천(性天) 리(理) 선사 문
하에 출가하여, 유암(柳庵)의 송암득보(松庵得寶)에게 참구하였고, 초
서(譙棲)에서 북소리를 듣고 깨달음을 얻었다. 융경(隆慶) 5년(1571)인
37세 때 운서산에 절을 짓고 머물렀다. 저서로 『禪關策進』・『緇門

---

136) 『고려대장경』에는 미수록, 『大正新修大藏經』(T20, 107c25).

崇行錄』·『自知錄』 등이 있다.

만약 영위(靈位)가 있으면 곧 부른다.
若有靈位卽唱

●서방극락세계 대자대비 아미타불 西方極樂世界 大慈大悲 阿彌陀佛

염불하면서 맞은 편에 합장하여 경례하고[聞訊] 위[불상]를 향해 합장하여 경례하고[聞訊] 가지런히 영전(靈前)에 이르러 (아미타불) 염불하는 것을 거두고 부른다.[擧唱]
念佛對面聞訊向上聞訊齊至靈前收佛擧唱

●나무 연지회보살마하살 (3번 부름) 南無蓮池會菩薩摩訶薩(三稱)
●나무 연지해회불보살 (3번 부름) 南無蓮池海會佛菩薩(三稱)

●불설아미타경 (1권) 佛說阿彌陀經 (一卷)

왕생주, 변식주, 감로주, 보공양주 각각 3편, 거찬[찬탄함]
往生咒 變食咒 甘露咒 普供養咒 各三遍 擧讚

●아미타불 더없는 의왕이여, 우뚝하신 금빛 상호[金相] 백호광명 비추시고 고통바다 배 되시어 구품 극락세계[蓮邦]에 건네주시니 다 함께 서방에 왕생하길 원하옵니다.
阿彌陀佛 無上醫王 巍巍金相放毫光 苦海作舟航 九品蓮邦 同願往西方

●서방정토에 태어나서 구품의 연화를 부모로 삼고 연꽃 피면 붓다 뵈옵고 생사 없음을 깨달아 불퇴전 보살들과 도반 되기를 원하옵니다.
願生西方淨土中 九品蓮花爲父母 花開見佛悟無生 不退菩薩爲伴侶

(나무아미타불) 염불하며 단(壇) 앞에 이르면 붓다 명호 부르는 것을 거둔다.
念佛至壇前收佛號

● 연꽃 연못[극락]에 바다처럼 모인 대중[海會] 아미타여래와 관음 세지보살이 연화대에 앉으시어 높은 곳으로 이끌어 주시네. 크신 서원 널리 여시어 티끌세상[塵埃, 진계] 여의기를 발원합니다.
蓮池海會 彌陀如來 觀音勢至坐蓮台 接引上階 大誓弘開 普願離塵埃

나무 연지회보살마하살 (3칭) 南無蓮池會菩薩摩訶薩 (三稱)
나무 연지해회불보살 (3칭)   南無蓮池海會佛菩薩 (三稱)

● 불설아미타경137) 佛說阿彌陀經

이와 같이 나는 들었습니다. 한때 붓다께서 사위국(舍衛國)의 기수급고독원(祇樹給孤獨園)에서 대비구승 1,250명과 함께 계셨는데 모두 대중들에게 알려진 대아라한(大阿羅漢)들이었습니다. 장로 사리불(舍利弗), 마하목건련(摩訶目乾連), 마하가섭(摩訶迦葉), 마하가전연(摩訶迦旃延), 마하구치라(摩訶拘絺羅), 이바다(離婆多), 주리반타가(周梨槃陀迦), 난타(難陀), 아난타(阿難陀), 라후라(羅睺羅), 교범바제(憍梵波提), 빈두로파라타(賓頭盧頗羅墮), 가류타이(迦留陀夷), 마하겁빈나(摩訶劫賓那), 박구라(薄俱羅), 아루루타(阿㝹樓陀) 이와 같은 등의 모든 대제자와 아울러 모든 보살마하살인 문수사리법왕자(文殊師利法王子), 아일다보살(阿逸陀菩薩), 건타하제보살(乾陀訶提菩薩), 상정진보살(常精進菩薩) 등 이와 같은 모든 대보살과 석제환인(釋提桓因) 등과 한량없는 모든 천인(天人) 대중과 함께 계셨습니다.
如是我聞 一時佛在舍衛國 祇樹給孤獨園 與大比丘僧 千二百五十人俱 皆是大阿羅漢 衆所知識：長老舍利弗 摩訶目犍連 摩訶迦葉 摩訶迦旃延 摩訶俱

---

137) 鳩摩羅什 譯, 『佛說阿彌陀經』(T12, 346b26-348b18).

絺羅 離婆多 周利槃陀伽 難陀 阿難陀 羅睺羅 喬梵波提 賓頭盧頗羅墮 迦留
陀夷 摩訶劫賓那 薄拘羅 阿那樓馱 如是等諸大弟子 並諸菩薩摩訶薩：文殊
師利法王子 阿逸多菩薩 乾陀訶提菩薩 常精進菩薩 與如是等諸大菩薩 及釋
提桓因等 無量諸天大衆俱

그때 붓다께서 장로 사리불에게 말씀하셨습니다.
"이곳으로부터 서쪽으로 10만 억 불국토를 지나면 극락(極樂)이라
고 하는 세계가 있다. 그 국토에 아미타(阿彌陀)라고 부르는 붓다가
계시는데, 지금도 설법하고 계신다. 사리불이여, 그 국토를 무슨 까
닭으로 극락(極樂)이라고 부르는지 아는가? 그 국토의 중생은 어떠
한 괴로움도 없으며 단지 모든 즐거움만 받기 때문에 극락(極樂)이
라고 한다. 또 사리불이여, 극락국토에는 일곱 겹으로 된 난간(欄楯)
과 일곱 겹으로 된 그물(羅網), 일곱 겹의 가로수(行樹)가 있는데, 모
두 네 가지 보배로 그 주위를 둘러싸고 있다. 이러한 까닭에 그 국
토의 이름을 극락이라고 하는 것이다.

爾時 佛告長老舍利弗 從是西方 過十萬億佛土 有世界名曰極樂 其土有佛 號
阿彌陀 今現在說法 舍利弗 彼土何故名爲極樂？其國衆生 無有衆苦 但受諸
樂 故名極樂 又舍利弗 極樂國土 七重欄楯 七重羅網 七重行樹 皆是四寶周
匝圍繞 是故彼國名爲極樂

또 사리불이여, 극락국토에는 7보로 된 연못이 있는데 8공덕수
(功德水)가 그 안에 가득 차 있다. 연못 바닥에는 순전히 금모래가
땅에 깔려 있고, 사방 가장자리의 계단 길은 금·은·유리(琉璃)·
파리(頗梨)를 합쳐서 이루어져 있다. 위에는 누각이 있는데 또한 금
·은·유리·파리·자거(硨磲)·붉은 구슬(赤珠)·마노(馬瑙)로 그것
을 장엄하게 꾸몄다. 연못 안에 있는 연꽃은 크기가 수레바퀴만 한
데, 푸른색에서는 푸른 빛이 나고 황색에서는 황색 빛이 나며 붉은
색에는 붉은빛이 나고 흰색에서는 흰빛이 났으며, 미묘하고도 향기
롭고 깨끗하다. 사리불이여, 극락국토는 이와 같은 공덕과 장엄(莊
嚴)을 이루고 있다.

又舍利弗 極樂國土 有七寶池 八功德水充滿其中 池底純以金沙布地 四邊階道 金 銀 琉璃 玻璃合成 上有樓閣 亦以金 銀 琉璃 玻璃 硨磲 赤珠 瑪瑙而嚴飾之 池中蓮華 大如車輪 青色青光 黃色黃光 赤色赤光 白色白光 微妙香潔 舍利弗 極樂國土 成就如是功德莊嚴

또 사리불이여, 그 불국토에는 항상 하늘의 음악 소리가 나고 땅은 황금으로 되어있으며, 밤낮으로 여섯 때에 하늘에서 만다라화(曼陀羅華)가 내린다. 그 국토의 중생은 항상 맑은 새벽에 각자 꽃바구니에 갖가지 오묘한 꽃을 담아서 다른 세계에 계신 10만 억 붓다께 공양 올리고 식사 때가 되면 곧 본국으로 돌아와 밥을 먹고 산책을 한다. 사리불이여, 극락국토는 이와 같은 공덕과 장엄을 이루고 있다.

又舍利弗 彼佛國土 常作天樂 黃金爲地 晝夜六時 雨天曼陀羅華 其土衆生 常以淸旦 各以衣裓 盛衆妙華 供養他方十萬億佛 卽以食時 還到本國 飯食經行 舍利弗 極樂國土 成就如是功德莊嚴

하늘의 음악 '소리'에 대한 언급이 없고, 다음 단락에서 가릉빈가와 같은 새들이 밤낮으로 소리를 낸다고 하였기 때문에 '하늘의 음악'이 아닌 '하늘의 즐거움'으로 번역하면 어떨까. 그러나 원효(元曉)의 『불설아미타경소』에서는 이 부분에 대해 "네 번째 문단에 다섯 가지 공덕이 있다. 첫째는 음악의 공덕이니 항상 하늘의 음악을 연주하기 때문이고, 둘째는 보배 땅의 공덕이니 황금으로 땅을 이루었기 때문이며, 셋째는 꽃비의 공덕이니 여섯 때에 꽃비를 내리기 때문이다"[138]라고 하고 있다.

또 〈불교기록문화유산 아카이브〉의 『불설아미타경소』 각주에 다음과 같은 내용이 있다. 지욱(智旭)은 "제천이 연주하는 미묘한 음악 소리는 항상 끊임이 없으므로, '항상 하늘의 음악을 연주한다'라고 한다[139]"라고 했다. 『아미타경통찬소』에서는 "허공에서 연주하는

---

138) 『佛說阿彌陀經疏』(H1, 564b10-b13), "第四文中 有五功德 一妓樂功德 常住天樂故 二寶地功德 黃金爲地故 三雨華功德 六時雨華故."
139) 『阿彌陀經要解』권1(T37, 368a), "諸天所作 微妙樂音 恒無間斷 故云常作天樂."

음악 소리는 법음을 연주하는 것인데, 저 국토의 사람이 (그 음악 소리를) 듣고 모두 선념을 낸다. 『관경』에서 '무량한 악기가 허공에 달려 있는데, 치지 않아도 스스로 울린다. 숲에나 깃발에나 모두 악기가 달려 있어, 모두 스스로 울린다. 중생의 생각에 따라 모두 법음을 연주하니, 인이든 천이든 (그 법음을) 듣는 자는 모두 깨달음을 얻고자 하는 생각(道意)을 내서, 어떤 이는 육도를 노래하고 어떤 이는 삼승을 찬탄한다'140)라고 하였다.

여섯 때[六時]에 대해 규기(窺基)는 "낮밤 여섯 때란, 낮과 밤에 각각 여섯 시가 있어, 모두 열두 시이다"141)라고 해서 육시(六時)를 열두 시로 보았다. 『아미타경요해』에는 '초일분·(중일분)·후일분을 '주삼시(晝三時)'라 한다. 초야분·중야분·후야분을 '야삼시(夜三時)'라 한다. 그러므로 '주야육시(晝夜六時)'라 한다. 그러나 저 국토의 붓다와 보살에게 저마다 신광이 있고 중생으로 태어난 자도 신광이 있어, 항시 밝아 어둡지 않기에, 일월의 광명에 가탁하지 않으니, 어찌 밤낮을 구분하겠는가. 혹자는 꽃 피고 새 울음을 보고 낮이라 하고, 꽃 지고 새 그침을 보고 밤이라 한다. 혹자는 실제로는 밤낮이 없으나, 우선 중국의 관습에 따라 낮밤을 가설할 뿐이라 한다"142)라고 해서 육시(六時)를 여섯 때로 설명하였다. 여기서는 『요해』의 설명에 근거하여 해석하였다.

또 사리불이여, 그 국토에는 언제나 갖가지 기묘한 여러 가지 색의 새들이 있는데, 백학(白鶴), 공작, 앵무, 사리(舍利), 가릉빈가, 공명(共命)이라는 새이다. 이 모든 새가 밤낮으로 여섯 때에 조화롭게 아름다운 소리를 내는데, 그 소리로 5근(根), 5력(力), 7보리분(菩提分), 8성도분(聖道分) 등 이와 같은 법을 설명해서 밝혀준다[演暢]. 그

---

140) 『阿彌陀經通贊疏』卷2(T37, 339c12-17).
141) 『阿彌陀經通贊疏』卷2(T37, 339c27-28).
142) 『阿彌陀經要解』卷1(T37, 368a28-b4), "初日分後日分 名晝三時 初夜分中夜分後夜分 名夜三時 故云晝夜六時 然彼土佛及菩薩 各有身光 衆生生者亦有身光 常明不闇 不假日月光明 安分晝夜 或以華開鳥鳴爲晝 華合鳥棲爲夜 或雖實無晝夜 且順此方常習 假說晝夜耳."

국토의 중생들이 이 소리를 듣고 나서 모두 붓다를 생각하고 가르침을 생각하고 승가를 생각한다. 사리불이여, 그대는 이 새들이 진실로 죄의 과보로 태어난 것이라고 말하지 말라. 왜냐하면 그 불국토에는 삼악도가 없기 때문이다. 사리불이여, 그 불국토에는 오히려 삼악도라는 이름조차 없는데, 하물며 실제로 있겠는가. 이 모든 새는 다 아미타불께서 법음을 널리 퍼뜨리게 하려고 변화하여 만든 것이다. 사리불이여, 그 불국토에 미풍이 불어 모든 보배 나무와 보배 그물을 흔들면 미묘한 소리를 내니, 비유하자면 마치 백천 가지 음악이 동시에 함께 소리를 내는 것(作)과 같다. 이 소리를 듣는 자는 자연히 모두가 붓다를 생각하고 가르침을 생각하고 승가를 생각하는 마음이 생긴다. 사리불이여, 그 불국토는 이와 같은 공덕과 장엄을 이루고 있다.

> 複次舍利弗 彼國常有種種奇妙雜色之鳥: 白鶴 孔雀 鸚鵡 舍利 迦陵頻伽 共命之鳥 是諸衆鳥 晝夜六時 出和雅音 其音演暢五根 五力 七菩提分 八聖道分 如是等法 其土衆生 聞是音已 皆悉念佛 念法 念僧 舍利弗 汝勿謂此鳥實是罪報所生 所以者何? 彼佛國土 無三惡道 舍利弗 其佛國土 尚無惡道之名 何況有實? 是諸衆鳥 皆是阿彌陀佛欲令法音宣流 變化所作 舍利弗 彼佛國土 微風吹動 諸寶行樹 及寶羅網 出微妙音 譬如百千種樂 同時俱作 聞是音者 自然皆生念佛 念法 念僧之心 舍利弗 其佛國土 成就如是功德莊嚴

사리불이여, 그대의 생각은 어떠한가. 저 붓다를 왜 아미타(阿彌陀)라고 부르겠는가. 사리불이여, 저 붓다의 광명이 한량이 없어서 시방의 국토를 비추어도 장애되는 것이 없다. 이 때문에 아미타라고 부르는 것이다. 또 사리불이여 저 붓다의 수명과 그 나라 사람들의 (수명이) 한량없고 끝이 없는 아승기겁(阿僧祇劫)이므로 아미타라고 부른다. 사리불이여, 아미타불은 성불하신 이래로 지금까지 10겁에 이르렀다. 또 사리불이여, 그 붓다에게는 한량없고 끝없는 성문 제자가 있는데 다 아라한이며 이는 수를 헤아려도 알 수 있는 것이 아니니, 모든 보살 대중 또한 이와 같다. 사리불이여, 그 불국토는 이와 같은 공덕과 장엄을 이루고 있다.

舍利弗 於汝意云何 彼佛何故號阿彌陀 舍利弗 彼佛光明無量 照十方國 無所障礙 是故號爲阿彌陀 又舍利弗 彼佛壽命 及其人民 無量無邊阿僧祇劫 故名阿彌陀 舍利弗 阿彌陀佛 成佛以來 於今十劫 又舍利弗 彼佛有無量無邊聲聞弟子 皆阿羅漢 非是算數之所能知 諸菩薩衆 亦復如是 舍利弗 彼佛國土 成就如是功德莊嚴

또 사리불이여, 극락국토의 중생으로 태어나는 사람은 모두 불퇴전[阿鞞跋致]이며, 그중 대부분이 일생보처(一生補處)이다. 그 수가 매우 많아서 수를 헤아려 알 수 있는 바가 아니니, 다만 한량없고 끝없는 아승기겁을 설해야 가능하다. 사리불이여, (이 말을) 들은 중생들은 마땅히 발원하여 저 국토에 태어날 것을 서원해야 한다. 왜냐하면 이와같이 가장 훌륭한 사람들이 모두 다 한곳에 모여 함께 할 수 있기 때문이다.

又舍利弗 極樂國土 衆生生者 皆是阿鞞跋致 其中多有一生補處 其數甚多 非是算數所能知之 但可以無量無邊阿僧祇說 舍利弗 衆生聞者 應當發願 願生彼國 所以者何? 得與如是諸上善人俱會一處

사리불이여, 적은 선근(善根)과 복덕과 인연으로는 그 국토에 태어날 수 없다. 사리불이여, 만일 어떤 선남자나 선여인이 아미타불에 대한 설법을 듣고 그 명호를 하루나 이틀, 사흘, 나흘, 닷새, 엿새, 이레 동안 한마음으로 흐트러지지 않게 간직한다면[執持] 그 사람이 임종할 때 아미타불과 모든 성중(聖衆)이 그 앞에 나타나 계실 것이다. 그 사람이 임종하려고 할 때 마음이 전도(顚倒)되지 않고 곧 아미타불의 극락국토에 왕생하게 될 것이다. 사리불이여, 내가 이러한 이익을 보았기 때문에 이 말로서 이야기하는 것이니, 만일 어떤 중생이 이 이야기를 듣는다면 마땅히 그 국토에 태어날 것을 발원해야 한다.

舍利弗 不可以少善根 福德 因緣 得生彼國 舍利弗 若有善男子 善女人 聞說阿彌陀佛 執持名號 若一日 若二日 若三日 若四日 若五日 若六日 若七日 一心不亂 其人臨命終時 阿彌陀佛與諸聖衆 現在其前 是人終時 心不顚倒 卽得往生阿彌陀佛極樂國土 舍利弗 我見是利 故說此言 若有衆生 聞是說者 應

當發願 生彼國土

사리불이여, 내가 지금 아미타불의 불가사의한 공덕의 이익을 찬탄한 것처럼 동방(東方)에도 또한 아촉비불(阿閦鞞佛), 수미상불(須彌相佛), 대수미불(大須彌佛), 수미광불(須彌光佛), 묘음불(妙音佛)이 계시니, 이와 같은 항하사 수의 모든 붓다가 각각 그 국토에서 넓고 긴 혀를(廣長舌相)를 내시어 삼천대천세계에 두루 미치도록 참되고 진실한 말씀으로 '그대 중생들은 마땅히 이 불가사의한 공덕을 칭찬하시는 모든 붓다께서 호념(護念)하시는 이 경(經)을 믿어야 한다'라고 하신다.

舍利弗 如我今者 讚歎阿彌陀佛不可思議功德之利 東方亦有阿閦鞞佛 須彌相佛 大須彌佛 須彌光佛 妙音佛 如是等恆河沙數諸佛 各於其國 出廣長舌相 遍覆三千大千世界 說誠實言 汝等衆生 當信是稱讚不可思議功德 一切諸佛所護念經

사리불이여, 남방(南方)세계에도 일월등불(日月燈佛), 명문광불(名聞光佛), 대염견불(大焰肩佛), 수미등불(須彌燈佛), 무량정진불(無量精進佛)이 계시니 이와 같은 항하사 수의 모든 붓다가 각각 그 국토에서 넓고 긴 혀를 내시어 삼천대천세계에 두루 미치도록 참되고 진실한 말씀으로 '그대 중생들은 마땅히 이 불가사의한 공덕을 칭찬하시는 모든 붓다께서 호념하시는 이 경을 믿어야 한다'라고 하신다.

舍利弗 南方世界有日月燈佛 名聞光佛 大焰肩佛 須彌燈佛 無量精進佛 如是等恆河沙數諸佛 各於其國 出廣長舌相 遍覆三千大千世界 說誠實言 汝等衆生 當信是稱讚不可思議功德 一切諸佛所護念經

사리불이여, 서방(西方)세계에도 무량수불(無量壽佛), 무량상불(無量相佛), 무량당불(無量幢佛), 대광불(大光佛), 대명불(大明佛), 보상불(寶相佛), 정광불(淨光佛) 이와 같은 항하사 수의 모든 붓다가 각각 그 국토에서 넓고 긴 혀를 내시어 삼천대천세계에 두루 미치도록 참되고 진실한 말씀으로 '그대 중생들은 마땅히 이 불가사의한 공덕을 칭찬하는 모든 붓다께서 호념하시는 이 경을 믿어야 한다'라고 하신다.

舍利弗 西方世界有無量壽佛 無量相佛 無量幢佛 大光佛 大明佛 寶相佛 淨光佛 如是等恆河沙數諸佛 各於其國 出廣長舌相 遍覆三千大千世界 說誠實言 汝等衆生 當信是稱讚不可思議功德 一切諸佛所護念經

사리불이여, 북방(北方)세계에도 염견불(焰肩佛), 최승음불(最勝音佛), 난저불(難沮佛), 일생불(日生佛), 망명불(網明佛) 이와 같은 항하사 수의 모든 붓다가 각각 그 국토에서 넓고 긴 혀를 내시어 삼천대천세계에 두루 미치도록 참되고 진실한 말씀으로 '그대 중생들은 마땅히 이 불가사의한 공덕을 칭찬하는 모든 붓다께서 호념하시는 이 경을 믿어야 한다'라고 하신다.

舍利弗 北方世界有焰肩佛 最勝音佛 難沮佛 日生佛 網明佛 如是等恆河沙數諸佛 各於其國 出廣長舌相 遍覆三千大千世界 說誠實言 汝等衆生 當信是稱讚不可思議功德 一切諸佛所護念經

사리불이여, 하방(下方)세계에도 사자불(師子佛), 명문불(名聞佛), 명광불(名光佛), 달마불(達摩佛), 법당불(法幢佛), 지법불(持法佛) 이와 같은 항하사 수의 모든 붓다가 각각 그 국토에서 넓고 긴 혀를 내시어 삼천대천세계를 두루 미치도록 참되고 진실한 말씀으로 '그대 중생들은 마땅히 이 불가사의한 공덕을 칭찬하는 모든 붓다께서 호념하시는 이 경을 믿어야 한다'라고 하신다.

舍利弗 下方世界有師子佛 名聞佛 名光佛 達摩佛 法幢佛 持法佛 如是等恆河沙數諸佛 各於其國 出廣長舌相 遍覆三千大千世界 說誠實言 汝等衆生 當信是稱讚不可思議功德 一切諸佛所護念經

사리불이여, 상방(上方)세계에도 범음불(梵音佛), 수왕불(宿王佛), 향상불(香上佛), 향광불(香光佛), 대염견불(大焰肩佛), 잡색보화엄신불(雜色寶華嚴身佛), 사라수왕불(娑羅樹王佛), 보화덕불(寶華德佛), 견일체의불(見一切義佛), 여수미산불(如須彌山佛) 이와 같은 항하사 수의 모든 붓다가 각각 그 국토에서 넓고 긴 혀를 내시어 삼천대천세계를 두루 미치도록 참되고 진실한 말씀으로 '그대 중생들은 마땅히 이 불가사의한 공덕을 칭찬하는 모든 붓다께서 호념하시는 이 경을 믿어야 한다'라고 하신다.

舍利弗 上方世界有梵音佛 宿王佛 香上佛 香光佛 大焰肩佛 雜色寶華嚴身佛 娑羅樹王佛 寶華德佛 見一切義佛 如須彌山佛 如是等恒河沙數諸佛 各於其國 出廣長舌相 遍覆三千大千世界 說誠實言 汝等衆生 當信是稱讚不可思議功德 一切諸佛所護念經

사리불이여, 그대의 생각은 어떠한가. 무슨 까닭으로 모든 붓다께서 호념하시는 경이라고 하였겠는가. 사리불이여, 만일 선남자 선여인이 듣고서 이 경을 수지하는 자와 모든 붓다의 명호를 듣는 자가 있다면, 이 모든 선남자 선여인은 다 일체 제불께서 호념하심이 되어 모두 아뇩다라삼먁삼보리에서 물러나지 않게 된다. 이런 까닭에 사리불이여, 그대들은 모두 마땅히 나의 말과 모든 붓다께서 설하신 것을 믿고 받아들여야 한다.

舍利弗 於汝意云何 何故名爲一切諸佛所護念經? 舍利弗 若有善男子 善女人 聞是經受持者 及聞諸佛名者 是諸善男子 善女人 皆爲一切諸佛之所護念 皆得不退轉於阿耨多羅三藐三菩提 是故舍利弗 汝等皆當信受我語 及諸佛所說

사리불이여, 만일 어떤 사람이 이미 발원하였거나 지금 발원하거나 앞으로 발원하여 아미타불의 국토에 태어나고자 한다면, 이 모든 사람 등은 모두 아뇩다라삼먁삼보리에서 물러나지 않게 되어 그 국토에 이미 태어났거나 지금 태어나거나 앞으로 태어날 것이다. 이런 까닭에 사리불이여, 모든 선남자 선여인이 만일 믿는다면 마땅히 그 국토에 태어나기를 발원해야 한다.

舍利弗 若有人已發願 今發願 當發願 欲生阿彌陀佛國者 是諸人等 皆得不退轉於阿耨多羅三藐三菩提 於彼國土 若已生 若今生 若當生 是故舍利弗 諸善男子 善女人 若有信者 應當發願 生彼國土

사리불이여, 내가 지금 모든 붓다의 불가사의한 공덕을 칭찬한 것처럼 저 모든 붓다께서도 또한 나의 불가사의한 공덕을 칭찬하시며 이렇게 말씀하신다. '석가모니불께서는 능히 매우 어렵고 희유한 일을 하신다. 사바국토(娑婆國土)에서 오탁악세(五濁惡世)인 겁탁(劫濁), 견탁(見濁), 번뇌탁(煩惱濁), 중생탁(衆生濁), 명탁(命濁) 가운데서 능히 아뇩다라삼먁삼보리를 얻으시고 모든 중생을 위하여 이 모든 세간이 믿기 힘든 법을 말씀하셨다.' 사리불이여, 마땅히 알라. 내가 오탁악세에서 이 어려운 일을 행하여 아뇩다라삼먁삼보리를 얻고 모든 세간을 위해 이 믿기 어려운 법을 설하니 이것은 매우 어려운 것이다."

舍利弗 如我今者 稱讚諸佛不可思議功德 彼諸佛等 亦稱讚我不可思議功德 而作是言 釋迦牟尼佛 能爲甚難希有之事 能於娑婆國土 五濁惡世 劫濁 見濁 煩惱濁 衆生濁 命濁中 得阿耨多羅三藐三菩提 爲諸衆生 說是一切世間難信之法 舍利弗 當知我於五濁惡世 行此難事 得阿耨多羅三藐三菩提 爲一切世間說此難信之法 是爲甚難

붓다께서 이 경을 말씀하시고 나자 사리불과 모든 비구와 모든 세간의 천인(天人), 아수라(阿修羅) 등이 붓다께서 하신 말씀을 듣고 기뻐하여 믿고 받아들였으며 예배하고 돌아갔습니다.

佛說此經已 舍利弗 及諸比丘 一切世間天人阿修羅等 聞佛所說 歡喜信受 作禮而去

불설아미타경 佛說阿彌陀經

● 발일체업장근본득생정토다라니
[모든 업장의 근본을 제거하여 정토에 태어날 수 있게 하는 다라니]
拔一切業障根本得生淨土陀羅尼

나무아미다바야 다타가다야 다지야타 아미리도바비 아미리다 신담 바비 아미리다 비가란데 아미리다 비가란다 가미니 가가나 기다가

리 스바하 [3편]
南無阿彌多婆耶 哆他伽多夜 哆地夜他 阿彌利都婆毗 阿彌利哆 悉耽婆毗 阿彌唎哆 毗迦蘭帝 阿彌唎哆 毗迦蘭多 伽彌膩 伽伽那 枳多迦利 娑婆訶 [三遍]

거찬[찬탄(讚)을 행함] 舉讚

● 아미타불 큰 원력의 왕이여, 자비희사 헤아리기 어렵고
미간에서 언제나 백호광명 비추시어
중생을 극락세계로 건네주십니다.
팔공덕수 연못 안에 구품연대 있고
칠보의 오묘한 나무 줄지어 있네.
여래의 성스러운 명호 널리 떨치면
영접하시어 서방에 왕생하리니
아미타불 성스러운 명호 칭양한다면
다 같은 발원으로 서방에 왕생하리.
彌陀佛大願王 慈悲喜舍難量 眉間常放白毫光 度衆生極樂邦 八德池中蓮九品 七寶妙樹成行 如來聖號若宣揚 接引往西方 彌陀聖號若稱揚 同願往西方

인경(引磬)을 치면 대중은 위를 [불상을] 향해 합장하여 경례하고[開訊] 각자 자리에 앉는다.
擊引磬, 大衆向上聞訊, 各依位坐

2. 몽산시식의 올바른 염송
二 正誦蒙山施食

시식문을 염송할 때 본래는 마땅히 서서 흐트러짐 없이 바르게 [到底] 염송해야 비로소 공경하는 것이 된다. 다만 시간이 길어짐으로 인하여 피곤하여 싫증이 나게 될까 두려워하므로 앉아서 염송하

는 것이다. 그러나 마땅히 가부좌를 하고 몸을 단정히 하여서 앉는 것이 중요하다. 혹여 가부좌를 할 수 없다면 곧 몸을 바르게 하고 앉아서 할 수도 있다. 만일 위의가 바르지 않으면 염송하여도 효과가 없다. 동서(東西)에 가지런히 앉아 유나(維那)가 곡조를 들면[선창하면] 대중이 다 함께 염송한다.

> 誦施食文 本宜立誦到底 方爲恭敬 只因時長 恐致疲倦 故而坐念 但當跏趺端身而坐爲要 或有不能跏趺 卽正身而坐亦可 若威儀不正 誦則無效東西坐齊 維那擧腔 大衆同念

나무 본사석가모니불 (3칭) 南無本師釋迦牟尼佛 三稱

3. 〈과목〉 몽산시식 전문을 12과목으로 나눔
科 蒙山施食全文分十二科

○과목 1. 게송으로 오직 마음임[唯心]을 보임
科 一偈示唯心

이 게송을 염송할 때 모든 성인과 범부의 마음, 선악(善惡), 모든 과보가 다 자신의 생각과 마음이 지어내는 것임을 관상(觀想)한다. 우리가 만일 이 이치를 깨달아 알 수 있다면 한마음으로 염송하여 곧 모든 지옥과 악도가 마땅히 없어진다고 생각(또는 염송)한다.

> 誦此偈時 觀想一切聖凡 人心善惡 一切果報 皆是自己當念心所造成 吾人若能了知此理 一心而誦者 則一切地獄惡道應念消滅

이 게송과 아래의 세 가지 주(呪)는 목탁을 울리면서 단숨에 다 함께 염송한다. [7편 또는 14편 또는 21편]

> 此偈及下三呪鳴魚一氣同誦 七遍或十四遍或卄一遍

● 만일 어떤 사람이 삼세의 일체 붓다를 알려면

마땅히 법계의 성품 모든 것이 마음으로 된 줄을 관하라.
若人欲了知 三世一切佛 應觀法界性 一切唯心造143)

○과목 2. 영원히 악도에서 떠남
若人欲了知 三世一切佛 應觀法界性 一切唯心造

지옥, 아귀, 축생을 삼악도라고 한다. 더없이 악한 세계[趣]이니 모두 탐진치 삼독의 마음으로 만들어 낸 악업으로 말미암는 것이다. 악업이 성숙하면 곧 삼악도에 떨어지게 되는데, 악도 안에서 받는 고통이 한량없기 때문이다.
地獄餓鬼畜生名三惡道 爲極惡之趣 皆由貪瞋癡三毒之心造成惡業 惡業成熟 卽墮三途惡道中 受苦無量故

● 파지옥진언 [지옥을 부수는 진언] 破地獄眞言

이 주(呪)를 염송할 때 주(呪) (염송하는) 소리가 붓다의 위엄의 빛[威光]을 따라 널리 시방에 두루 미쳐서 시방에 있는 지옥이 일시에 모두 부서지고 아울러 모든 육도의 잡아 가두는 것들이 다 부서져 없어져서 모든 고통과 괴로움이 쉬게 된다고 관상(觀想)한다. 취(趣)란 나아가 향한다[趣向]는 것이고, 악을 만든다는 것[造惡]은 반드시 지옥으로 향해 가서 고통을 받기 때문이다.
誦此呪時 觀想呪聲 隨佛威光普徧十方 十方所有地獄 一時俱破 幷諸六道拘禁 悉得破滅 息諸苦惱 趣者趣向 造惡者 必向地獄受苦故

옴 가라데야 스바하 唵伽囉帝耶娑婆訶

7편 또는 14편 또는 21편, 아래의 모든 주(呪)와 모든 성인의 명호, 모든 게송도 다 이것을 기준으로 한다.

---

143) 實叉難陀 譯,『大方廣佛華嚴經』권19(T10, 102a29-b01).

七遍, 或十四遍, 或卄一遍, 下諸呪諸聖號, 諸偈, 皆準此.

● 보소청진언[널리 불러서 청하는 진언] 普召請眞言

이 주(呪)를 염송할 때 시방의 육도와 삼악도의 모든 군령(群靈)이 붓다의 위엄의 빛[威光]을 이어서 (또는 받들어서) 일시에 다 함께 도량에 온다고 관상(觀想)한다.
誦此呪時, 觀想十方六道三途一切羣靈, 承佛威光　一時同來道場

나모 보보데리 가리다리 다타아다야
南無部部帝唎伽哩哆唎怛哆誐哆耶

● 해원결진언[원한 맺은 것을 풀어주는 진언] 解冤結眞言

이 주(呪)를 염송할 때 육도의 군령(群靈)이 붓다의 광명과 아울러 모든 주의 힘[呪力]을 받들어서 시작을 알 수 없는 먼 과거[無始]에 원한 맺은 것이 일시에 청정해진다고 관상(觀想)한다.
誦此呪時, 觀想六道羣靈, 各承佛光幷諸呪力, 無始冤結一時清淨

옴 삼다라 가다 스바하　唵三陀囉伽陀娑婆訶

● 법사가 무척으로 (가르침을) 열어서 보임 -1
法師 撫尺開示-1

무척(撫尺)은 척을 만진다는 뜻으로 장편 평서[評書, 민간 문예의 한 가지로 장편의 이야기를 쥘부채 등을 도구를 사용해 가며 강설하는 것], 고서[鼓書, 고사(鼓词)에 속하는 중국 민간 노래 이야기의 하나], 만담[相聲], 쌍황[雙簧, 설창 문예의 일종] 등에 사용되는 도구인데, 옛날 관청[衙門]에서도 사용하였고, 법당(法堂)을 엄숙하게 하고, 관리가 위엄을 높이고, 심문받는 자들을 벌벌 떨게 하는 데에도 사용하였다.144)

---

144) https://www.chinesewords.org/ 참조.

시방법계 육도의 군령(群靈)이여, 자세히 들으시오. 대저 진공(眞空)은 맑고 고요하여 원래는 세계중생이 없었습니다. 자신의 성품은 천연 그대로이니 어찌 모든 존재[諸法]에 과보가 있으리오. 다만 겨우 한 생각 미혹됨으로 인하여 곧 십계(十界)의 가지[條]로 나뉘고, 육진[色·聲·香·味·觸·法]을 쫓아 멀리 달려가니 만 가지 경계가 어지러울 따름입니다. 실체가 없으면서 존재하는 것[妙有]이 변화하여 환상과 같이 임시로 존재하는 것[幻有]이라 여겨서 (중생들이 있기 좋아하는) 9도(道)의 무명으로 마땅히 진공(眞空)을 잘 알지 못하고 [情迷] 공으로만 보아[頑空] 집착하여 사생[四生, 胎·卵·濕·化]의 번뇌[垢]에 얽히어 어지러이 생겨났습니다. 이 올라가고 가라앉는 것[升沈]으로 말미암아 나고 죽는 것이 다함 없으니 인간과 천상이 비록 즐거움이 끝이 없다 하더라도 복이 다하면 도리어 삼악도[三途]에 떨어지게 되어 극심한 고통에 오가며 들볶여도 구제하기가 쉽지 않습니다.

十方法界 六道群靈諦聽 夫眞空湛寂 原無世界衆生 自性天然 奚有果報諸法 只因才迷一念 則十界條分 長驅六塵 則萬境昏擾 變妙有而爲幻有 九道之無明 當情迷眞空而著頑空 四生之垢纏紛起 由是升沉不已 生死無窮 人天雖樂無央 福盡還墮三途 劇苦交煎 救拔匪易

위의 구도는 구유정거(九有情居)는 구중생거(九衆生居)·구거(九居)라고 한다. 유정(有情)들이 있기를 좋아하는 9종의 거처. ① 욕계의 인천(人天). 중생의 몸에 여러 가지가 있고 생각이 서로 다른 곳. ② 범중천(梵衆天). 몸은 서로 다르나 생각은 같은 곳. ③ 극광정천(極光淨天). 몸은 같으나 생각은 서로 다른 곳. ④ 변정천(遍淨天). 몸도 생각도 같은 곳. ⑤ 무상천(無想天). 생각도 없고, 그 대상도 없는 곳. ⑥ 공무변처(空無邊處). 끝없는 허공의 자재함을 좋아하는 중생이 사는 곳. ⑦ 식무변처(識無邊處). 생각을 여읜 곳. ⑧ 무소유처(無所有處). 적정(寂靜)하고 무상(無想)한 정(定)에 머무는 곳. ⑨ 비상비비상처(非想非非想處). 식처(識處)의 유상(有想)을 여의고 무소유처의 무상(無想)도 여읜 곳이다.

그 온갖 고통을 말하자니 참으로 마음이 슬프고 쓰라립니다. 이제 장차 시식의 훌륭한 인연으로 널리 티끌 세계[塵寰]의 죄 있는 무리를 구제하려 합니다. 이에 대중이 염송하는 게송에 의지하여 '유심법문(唯心法門)'을 곧바로 보여 자신의 마음으로 갖춘 것이고 만든 것임을 깨닫게 하니, 비유하자면 마치 맑은 거울이 (형상을) 머금을 수 있고 비출 수 있는 것과 같습니다. 선악(善惡)의 대갚음[報應]은 마땅히 스스로 받는 것이니 인과(因果)가 반복됨에 아주 적은 양[毫釐]이라도 어긋남이 없습니다. 그러나 뒤에 염송하는 주(呪)는 모든 [所有] 지옥을 빽빽하게 덮어서 두루 소멸시키고, 삼도팔난과 사생(四生)과 아홉 유정, 모든 잡아 가두는 것을 다 함께 풀어서 없앱니다.

言其衆苦 實可悲傷 今仗施食之勝緣 普濟塵寰之罪軰 於茲憑衆誦偈 直示唯心法門 令悟自心 所具所造 譬如明鏡 能舍能照 善惡報應 當自受之 因果循環 毫釐無爽 然後誦呪 密覆所有地獄遍消 八難三塗 四生九有 一切拘禁 悉共解除

삼도팔난(三塗八難)의 삼도는 화도(火塗:지옥)・혈도(血塗:축생)・도도(刀塗: 아귀)이고, 팔난은 붓다를 만나지 못하고, 정법을 듣지 못하는 것으로 곧 재지옥난(在地獄難)・재축생난(在畜生難)・재아귀난(在餓鬼難)・재장수천난(在長壽天難)・재북울단월주난(在北鬱單越洲難)・농맹음아(聾盲瘖瘂)・세지변총(世智辯聰)・불전불후(佛前佛後)를 언급한다. 처음 셋은 고통이 너무 심해서 법을 들을 수 없고, 다음 둘은 낙이 너무 많아서 법을 듣지 못하고, 세지변총은 세상 지혜가 너무 수승한 탓으로 분주하여 법을 듣지 못한다고 한다.

그 다음 보소청진언을 염송하여 시방의 육도에 있는 많은 중생[群衆]과 고금(古今)에 뜻밖의 재난[橫厄]과 가깝고 먼 모든 재난의 어려움을 당한 등의 무리에 이르기까지 널리 부릅니다. 이 주(呪)의 힘을 받들어 도량에 함께 오십시오. 기왕 도량에 오셨으니 이미 해탈을 얻었습니다. 어찌 시작을 알 수 없는 원결(寃結)이 엉겨 붙어 있으리오. 지금 만약 같은 곳 같은 자리에서 서로 만나 서로 원망할까 두려우니 다음으로 원결을 풀어주는 신령한 주(呪)를 염송합니다. 주(呪)의 힘은 생각하기 어려워 때에 따라 (원결이) 얼음 녹듯 풀리게 하니 바로 여기 편안한 곳에서 만날 것입니다. 틀림없이 함께 만나 함께 기뻐하고 여기에서 함께 삼보에 귀의하고, 함께 법음을 들으며, 함께 법식(法食)을 받고 함께 해탈할 수 있습니다. 그대 모든 군령(群靈)이여, 각자 지극하고 정성스러운 마음을 내어 몸을 세운 채 꿇어앉아[長跪] 합장하고 대중이 함께 염송하는 것을 따라 삼보를 청하여 맞이하십시오.

次誦普召請眞言 普召十方 六道羣衆 以及古今橫厄 諸災邇遙 被難等輩 承斯呪力 同來道場 旣來道場 已得解脫 奈有無始 寃結牽纏 今若共處共筵 恐致互見互恨 次誦解寃結神呪 呪力難思 應時冰釋 卽此所安所遇 必能同見同歡 由此同歸三寶 同聞法音 同受法食 同得解脫 汝等一切群靈 各發至誠 長跪合掌 隨衆同誦 迎請三寶

과목 3. 영청삼보[삼보를 청하여 맞이함]
科 三 迎請三寶

'삼보'를 염송할 때 육도의 군령(群靈)이 각각 한마음으로 몸을 세우고 꿇어앉아 합장하고 대중이 함께 소리 내는 것을 따라 성인의 명호를 칭양(稱揚)한다고 관상(觀想)한다. 함께 염송하는 청정한 대중은 반드시 정성스러운 마음으로 염송에 힘써야 비로소 응험(應驗)을 감득하게 된다. 다 함께 7편 또는 14편 또는 21편을 부른다.[唱] 목탁을 울리며 바르게 염송한다.

誦三寶時 觀想六道羣靈 各各一心長跪合掌 隨衆同音稱揚聖號 而淸衆同誦者, 務必志誠念誦 方感應驗 同唱七遍或十四遍或二十一遍 鳴魚直誦

나무 대방광불화엄경　　南無大方廣佛華嚴經
나무 상주 시방불　　　　南無常住十方佛

나무 상주 시방법 　　南無常住十方法
나무 상주 시방승 　　南無常住十方僧
나무 본사 석가모니불　南無本師釋迦牟尼佛
나무 대비 관세음보살　南無大悲觀世音菩薩
나무 명양구고 지장왕보살　南無冥陽救苦地藏王菩薩
나무 계교 아난다존자　南無啓敎阿難陀尊者

몽산시식에서는 삼보를 칭명하는 것을 가피를 구한다고 하고 있다. 이곳에서는 삼보를 맞이한다고 하고 있다. 칭명하여 삼보를 모시는 모습을 볼 수 있다.

● 법사가 무척으로 (가르침을) 열어서 보임 -2
　法師撫尺開示-2

지금까지 삼보를 청하여 맞이하였으니, 삼보는 큰 자비로 반드시 꼭[必定] 왕림[光臨]하셨습니다. 오직 그대들은 각자 지극한 마음을 갖추어 정성을 다해 귀의하십시오. 대저 삼보란 일천 번을 태어나도 만나 뵙기 어렵고, 일만 겁이 지나도 영접하기 어렵습니다. 귀의를 하면 복이 한량없이 더해지고, 예배하고 염불하면 항하사 수와 같은 죄가 소멸되니, 비유하자면 마치 효험이 좋은[靈丹] 신묘한 약이 온갖 병을 없애주는 것과 같습니다. 이런 까닭에 삼보는 더없이 높으시며[無上] 공덕이 넓고도 커서 생각으로는 헤아릴 수 없습니다. 중생이 정성을 다하면 불과(佛果)를 내는 종자를 심어서 [佛種] 보리[佛果]가 이로 말미암아 생겨납니다. 내가 지금 그대들을 위해 삼보의 크신 이름을 부르니[稱唱] 그대들은 나의 음성을 따라 삼보에 귀의하십시오.

上來迎請三寶 三寶弘慈必定光臨 惟汝等各具至心 投誠歸依 夫三寶者 千生罕遇 萬劫難逢 歸依者 福增無量 禮念者 罪滅河沙 譬如靈丹妙藥 百病蠲除 是故三寶無上 功德廣大 不可思議 衆生投誠 佛種菩提 由此生焉 我今爲汝 稱唱三寶宏名 汝等隨我音聲 歸依三寶

과목 4. 병선삼보[삼보를 굳게 지닐 것[秉]을 널리 알림]
科 四 秉宣三寶

삼귀의를 염송할 때, 육도의 군령(群靈)이 한마음으로 삼보에 귀의한다고 관상(觀想)한다. 인경(引磬)을 치면서 부른다[唱].
誦三歸時, 觀想六道羣靈, 一心歸依三寶 擊引磬和唱

귀의불 귀의법 귀의승 歸依佛 歸依法 歸依僧
붓다께 귀의하시오, 달마께 귀의하시오, 승가에 귀의하시오.

귀의불양족존 귀의법이욕존 귀의승중중존
歸依佛兩足尊 歸依法離欲尊 歸依僧衆中尊
양족이 구족하신 붓다께 귀의합니다.
욕망을 여의게 하는 달마께 귀의합니다.
무리 가운데 존귀하신 승가께 귀의합니다.

귀의불불타지옥 귀의법불타아귀 귀의승불타방생 [3편]
歸依佛不墮地獄 歸依法不墮餓鬼 歸依僧不墮傍生 [三遍]
붓다께 귀의하면 지옥에 빠지지 않고
달마에 귀의하면 아귀에 빠지지 않고
승가에 귀의하면 방생에 빠지지 않습니다.

귀의불경 귀의법경 귀의승경 [3편]
歸依佛竟 歸依法竟 歸依僧竟 [三遍]
붓다께 귀의했습니다. 달마께 귀의했습니다. 승가에 귀의했습니다.

● 법사가 무척으로 (가르침을) 열어서 보임 -3
法師撫尺開示-3

그대 육도의 군령(群靈)들은 이미 삼보에 귀의하여 불과(佛果)의

종자를 심고 감당해서 나아가 보리를 성취하였습니다. 그대들은 마
땅히 다시 한번 생각해야 합니다. 시작을 알 수 없을 때부터 몸[身]
과 입[口]과 뜻[意]의 삼업(三業)이 청정하지 못하여 탐내고[貪] 성내며
[瞋] 어리석은[癡] 삼독(三毒)이 치성하여 언제나[念念之間] 모든 악업 지
은 것이 다함이 없고 끝이 없습니다. 만일 부지런히 참회하지 않는
다면 어찌 저절로 사라져 없어지겠습니까. 따라서 이제 보현보살의
참회게에 의해서 그것을 보일 것이니 그대들은 삼보를 공손히 마주
하여 소리에 따라 (허물을) 드러내어[發露] 간절하고 지극한 정성으로
참회하여 불쌍히 여겨 거두어 주시길 청하십시오[求哀].

汝等六道群靈 既已歸依三寶 成就佛種 堪進菩提 汝等當復思惟 自從無始 身
口意三業不淨 貪瞋癡三毒熾然 念念之間 造諸惡業 無邊無際 若不勤求懺悔
豈自消亡 故今依普賢菩薩懺悔偈示之 汝等恭對三寶 隨音發露 懇切至誠 求
哀懺悔

○과목 5. 참회삼업[삼업을 참회함]
科 五 懺悔三業

참회게를 염송할 때 육도 군령(群靈)의 시작을 알 수 없는 때부터
지은 업장이 다 소멸하여 없어진다고 관상(觀想)한다. 인경(引磬)을
상하로 치고 염송[唱] 하거나 (인경과 염송을) 동시에 한다.

誦懺悔時 觀想六道羣靈 無始所造業障,皆得滅除
引磬上下唱和或同唱

'인경상하'는 인경으로 소리를 올렸다 내리는 것이 아닌가 한다.

지난날 지은 모든 악업은 모두 시작을 알 수 없는 탐냄·성냄·
어리석음으로 말미암아 행동과 말, 생각에서 생겨난 것이니 모든
업장을 다 참회합니다.[3편]

往昔所造諸惡業 皆由無始貪瞋癡 從身語意之所生 一切業障皆懺悔 [三遍]

● 법사가 무척으로 (가르침을) 열어서 보임 -4
　　法師撫尺開示-4

　　그대 육도의 군령(群靈)들이 이미 참회를 하였으니 죄업은 반드시 청정해질 것입니다. 다만 그대들은 시작을 알 수 없는 세월을 지나오면서 지은 업의 종류가 한량이 없습니다. 만일 오랫동안 부지런히 참회해야만 비로소 점차 다해 없앨 수 있는 것이라면, 또한 다시 죄는 마음으로부터 일어나고 죄를 참회하는 것도 마음을 따르니, 마음이 만약 사라질 때 무슨 죄가 있겠습니까. 반드시 때에 따라 경계에 따라 분별하는 (마음을) 내지 않아야 합니다. 죄의 근원이 사라지면 이것을 참된 참회[眞懺悔]라 합니다. 이미 부지런히 참회하였다면 마땅히 사홍서원(四弘誓願)을 토대로 삼아야[爲基] 합니다. 큰 겹치고 겹친 산에 오를 때는 마땅히 육바라밀[六度]을 닦아야 공훈(功勳)이 원만하게 이루어질 것입니다. 내가 지금 그대들을 위해 사홍서원의 게송을 자세히 설명하니[申說] 그대들은 몸을 세우고 꿇어앉아 삼가 삼존(三尊)을 마주하십시오. 나의 음성을 따라 뜻과 마음[志心]으로 발원하십시오.

　　汝等六道群靈 既能懺悔 罪必清淨 但汝等歷無始來 所造業種無量 若能久勤懺悔 方始漸次盡除 又復當知罪從心起 懺罪從心 心若滅時 何罪之有 必須隨時隨境 分別不生 罪根卽滅 是名眞懺悔也 既勤懺悔 當發四弘誓願以爲基 磊疊行山 應修六度 功勳而成滿 我今爲汝 申說四弘誓願之偈 汝等長跪虔對三尊 隨我音聲 志心發願

○과목 6. 사리서원 [현상[事]과 진리[理]의 서원]
　　科六 事理誓願

　　사원(事願)을 염송할 때, 육도의 군령(群靈)이 (염송하는) 소리를 듣고 모두 보살의 광대한 서원의 말을 한다고 관상(觀想)한다.
　　이원(理願)을 염송할 때, 육도의 군령(群靈)이 네 가지 광대한 서원

[四宏]을 문득 깨달아 모두 성품을 갖춘다고 관상(觀想)한다.
　誦事願時 想六道羣靈 聞聲俱發菩薩宏誓言
　誦理願時 想六道羣靈 頓悟四宏皆是性具

인경(引磬)을 치고 염송하거나 또는 (인경과 염송을) 동시에 한다.
　引磬唱和或同唱

중생을 다 건지오리다.
번뇌를 다 끊으오리다.
법문을 다 배우오리다.
불도를 다 이루오리다.
　衆生無邊誓願度 煩惱無盡誓願斷
　法門無量誓願學 佛道無上誓願成

이 네 구절은 사[事]의 사홍서원[四宏誓願]이다. 3편 한다.
　此四句事四宏誓願也 三遍

자성 중생 건지오리다.
자성 번뇌 끊으오리다.
자성 법문 배우오리다.
자성 불도 이루오리다.
　自性衆生誓願度 自性煩惱誓願斷
　自性法門誓願學 自性佛道誓願成

김호성은 『천수경의 새로운 연구』에서 "중생과 부처, 번뇌와 가르침이 모두 마음 밖의 존재가 아니라 마음[自性] 속의 것임을 인식하는 것은, 그들이 마음 밖에서는 부재[不在, 空]함을 의미한다. 이러한 차원의 사홍서원을 '자성문의 사홍서원'이라 부른다. '자성문의 사홍서원' 그 자체가 비록 윤문을 거치긴 했으되 『단경(壇經)』에서 나온 게송이다."라고 하여 이 이(理) 사홍서원을 선적(禪的)인 차원으로 이해하였다.[145]

이 네 구절은 이(理)의 사홍서원[四宏誓願]이다. 3편 한다.
此四句理四宏誓願也 三遍

● 법사가 무척으로 (가르침을) 열어서 보임 -5
法師撫尺開示-5

그대 육도의 군령(群靈)들은 이미 발원을 하였으니, 서원이 큰 바다와 같아 깊어서 다함이 없는 것을 마땅히 알아야 합니다. 높은 산에 오르는 것과 같이, 바야흐로 채워서 원만히 이루려면 반드시 육바라밀[六度]의 큰 덕행[大行]을 닦아야 합니다. 바야흐로 네 가지 큰 서원의 바다를 메워야 하는데, 서원의 바다를 메우고자 한다면 마땅히 자신을 이롭게 하고 남을 이롭게 하는 것이 시급한 일입니다. 자신을 이롭게 하려면 반드시 삼업을 청정하게 하여 실천하기 어려운 일을 능히 행하고 참기 어려운 것을 참을 수 있어야 하며, 겁이 지나도록 부지런히 힘써서[勤苦] 영원히 물러날 뜻이 없어야 합니다. 남을 이롭게 하려면 육바라밀을 부지런히 닦아 온갖 실천[萬行]에 모자람이 없어야 합니다. 널리 중생을 제도함에 수고로이 애써도 싫어할 줄 모르며 자신을 이롭게 함에도 정밀하게 되고, 남을 이롭게 함도 넓어지게 됩니다.

汝等六道群靈 既發願已 當知願如大海 深不可窮 行若高山 填方成滿 須修六度之大行 方填四弘之誓海 欲填誓海 急當自利利他 自利則必使三業清淨 難行能行 難忍能忍 歷劫勤苦 永無退志 利他則六度勤修 萬行無虧 廣度衆生 辛勞無厭 自利既精 利他則廣

육바라밀의 온갖 실천은 널리 원융(圓融)하게 교화하는 것이니 비유하자면 많은 어려움에서 구제하는 것과 같은 것입니다. 먼저 반드시 자신의 힘으로 가득 채워야 하니, 다른 사람을 이미 구제했다면 실천 또한 더욱 쉬워집니다. 지금 다시 생각해 보십시오. 그대

---

145) 김호성, 『천수경의 새로운 연구』, 민족사, 2006년, pp.84-85.

들이 겁을 지나오는 동안 지은 정해진 업도[定業] 오히려 아직 다 소멸하지 못하였슙니다. 그러므로 지금 다시 '지장보살멸정업진언'을 염송하여 바로 멸하여 없어지게 하십시오.

六度萬行 普化圓融 譬如救濟衆難 先須自力充盈 救人旣多 行且益易 今則復念 汝等歷劫以來 所造定業 猶未盡消 故今更誦地藏菩薩滅定業眞言 卽令滅盡

다음은 '관음보살멸업장신주'를 염송하여 빨리 얼음 녹듯 하게 하십시오. 또 옛날부터[夙] 인색하고 욕심낸 것[慳貪]으로 말미암아 지금 목구멍[咽喉]이 항상 폐쇄[鎖]됨에 이르렀으니 그러므로 '개인후진언'을 염송하여 바로 (목구멍이) 열리고 트여서 막힘없이 통하게 하여 청정한 법의 맛[法味]을 감당하여 흠향하십시오. 위로는 현교와 밀교[顯密]의 신령한 법[靈詮]에 의지하여 안과 밖의 모든 장애를 다 벗어난 연후에 나아가 '삼매야계(三昧耶戒)'를 구해야 합니다. 계행의 근본[戒根]을 온전히 청정하게 하면 구슬[明珠]이 맑고 윤택하게 밝은 것과 같아서 닦은 공덕을 다 얻고 원만하게 성취되게 됩니다.

次誦觀音菩薩滅業障神呪 速使冰消 復由夙造慳貪 致今咽喉常鎖 故誦開咽喉眞言 卽令開豁融通 堪享淸淨法味 上仗顯密之靈詮 盡解內外之諸障 然後進求三昧耶戒 使戒根以全淨 若明珠之朗潤 所修功德 悉獲圓成

삼매야계(三昧耶戒)는 삼마야계(三摩耶戒), 비밀삼매야계(祕密三昧耶戒), 불성삼매야계(佛性三昧耶戒), 비밀계(祕密戒), 삼세무장애지계(三世無障礙智戒), 무위계(無爲戒)라고도 한다. 간략히 삼계(三戒)라 부른다. 즉 삼삼평등(三三平等)의 이치에 머무는 것으로 본래 가지고 있는 청정한 보리심을 계체(戒體)로 삼고, 법계의 무량한 덕을 행상(行相)의 비밀진언계(祕密眞言戒)로 삼는다. 이 계(戒)는 능히 여래의 청정한 지혜를 성취할 수 있으며, 삼세제불이 이로 말미암아 보리를 증득하였다. 그러므로 또한 삼세무장애지계(三世無障礙智戒)라고 부르는 것이다. 그 계상(戒相)은 마땅히 정법을 버리지 않으며, 보리심을 떠나서 버리지 않으며, 모든 법을 간탐하지 않으며, 중생을 이롭게 하지 못하는 행을 하지 말아야 한다는 등의 사중금(四重禁)이다. 이 계는 밀교수행의 지침을 계승한 것이므로 진언행자(眞言行者)는 반드시 수지(受持)해야 하며, 단(壇)에 들어가 관정(灌頂)을 행하기 전에 먼저 이 계를 받아야만 비로소 단에 들어갈 수 있다. 삼매야는 본래 평등, 본서(本誓), 장애의 제거(除障), 경각(驚覺)의 네 가지 뜻을 갖추고 있기 때문에 이 계에도 네 가지 뜻이 있다. ① 평등함이니 행자가 처음 발심했을 때 삼삼평등의 이치를 알아서 불지삼매(佛地三昧)의 도에 안주하여 마음(心)과 부처[佛], 중생의 세 가지가 차별이 없음을 비추어 보는 것이다. ② 본서(本誓)는 세 가지가 평등한 이치를 인연으로 삼아 큰 서원을 일으켜 큰 대비(大悲)를 닦고 사무량심(四無量心), 사섭법(四攝法) 등을 실천하여 능히 중생을 이익되게 함에 영원히 멈추지 않는 것이다. ③ 장애를 제거함은 본서(本誓)를 일으켜 삼삼평등의 계체(戒體)를 얻었을 때, 능히 과거·현재·미래의 악업과 죄의 장애를 소멸하여 제거하는 것이다. ④ 경각(驚覺)은 스스로 놀라서 몸과 마음을 관찰하여 방일하고 게으른 것을 제지하는 것이다. 또한 이 계의 작법을 주는 것을 삼매야계의(三昧耶戒儀), 삼매야계작법(三昧耶戒作法)이라고 부른다. 도량을 곧 삼매야계장(三昧耶戒場), 삼매야계단(三昧耶戒壇)이라고 부른다.146)

그다음 음식을 변화시키는 비밀 말씀[密言]을 염송하십시오. 밥알마다 변하여 7알이 되고 7알이 다시 7알이 되어 49알이 다함 없으니 이른바 이 한 그릇의 밥[一食]에서 한량없는 밥이 나옵니다. 한량없는 밥이 모든 세계[趣]의 한 그릇의 밥이니, 하나가 한량없는 것이 되고 한량없는 것이 하나가 됩니다. 하나하나가 세상에 나옴에 거듭거듭 다함이 없으니 허공을 가득 채워 막고 법계에 두루 미쳐 널리 굶주림과 허기에서 구제하고 고통을 떠나 즐거움을 얻게 할 수 있습니다.

次誦變食之密言 每粒變七 七復成七 七七無盡 所謂卽此一食 出無量食 而無量食 咸趣一食 一爲無量 無量爲一 一一出生 重重無盡 充塞虛空 周徧法界

---

146) 『守護國界主陀羅尼經』권9, 『不空羂索神變眞言經』권15, 『大日經疏』9,11,16.

普濟飢虛 離苦得樂

그다음 물을 변화시키는 비밀 주(呪)를 염송하십시오. 평범한 물을 변화시켜 감로(甘露)가 되고, 성품의 바다[性海]가 되어 법계에 두루 하니 모든 군령(群靈)이 널리 맑고 시원하게 됩니다. 이 음식과 이 물이 서로 두루 미치고 서로 녹아들어 (주(呪)가) 더해진 것을 맛보면 육근(眼·耳·鼻·舌·身·意)이 청정해지니 보는 자나 듣는 자는 온갖 고통에서 벗어나게 됩니다. '일자수륜주(一字水輪呪)'는 이 음식과 이 물이 깨끗하고 지극히 오묘하도록 어우러지게[融] 하고, '유해진언'은 이 음식과 이 물의 본체가 새로워 깨끗하고 순수하게 합니다. 다시 '칠여래'의 크신 명호를 수지(受持)하면 (그 명호를) 듣자마자 바로 벗어나 마침내 연화대의 오묘한 본체[妙體]에 올라 또한 즐겁고 또한 영화로우니 그대 군령(群靈)들은 뜻과 마음으로 자세히 들으십시오.

次誦變水之密呪 變凡水而成甘露 爲性海以周法界 一切群靈 普得淸涼 此食此水 互徧互融 嘗之沾之 六根淸淨 見者聞者 衆苦解脫 一字水輪呪 此食此水 淨極妙融 乳海眞言 此食此水 體新潔白 更持七如來之洪名 卽聞卽脫 遂升蓮華台之妙體 且樂且榮 汝等群靈 志心諦聽

성해(性海)는 본성(本性) [또는 실성(實性)]의 바다를 가리키며, 이것은 진여의 이성(理性)이 깊고 넓기가 바다와 같음을 비유한 것이다. 또한 과해(果海)라고도 부른다. 곧 여래 법신(法身)의 경지이다. 「대당서역기서(大唐西域記序)」(T51, 867c)에 "성품의 바다[性海]에서 모든 의심을 깨쳤으며, 미혹의 나루터[迷津]에서 오묘한 깨달음을 얻었다."는 말이 있다.147)

---

147) 『華嚴五敎章』卷1, 「往生禮讚」.

○과목 7. 멸제죄업 [모든 죄업을 소멸함]
科七 滅諸罪業

●지장보살멸업장진언 [지장보살이 정해진 업을 소멸하는 진언]
地藏菩薩滅定業眞言

이 주(呪)를 염송할 때, 육도 군령(群靈)의 시작을 알 수 없는 정해진 업[定業]이 모두 다 부서져 없어진다고 관상(觀想)한다. 이하의 8주(呪)는 목탁을 울리며 바로 염송한다.
誦此呪時 觀想六道羣靈 無始定業悉皆破除 以下八呪鳴魚直念

옴 바라 마니다니 스바하 唵 缽囉末隣陀寧娑婆訶

●관세음보살멸업장진언 [관세음보살이 업장을 소멸하는 진언]
觀世音菩薩滅業障眞言

이 주(呪)를 염송할 때, 육도 군령(群靈)의 모든 업장이 모두 다 소멸된다고 관상(觀想)한다.
誦此呪時 觀想六道羣靈 一切業障悉皆消滅

옴 아로륵계 스바하 唵 阿嚕勒繼娑婆訶

●멸장애개인후진언 [장애를 없애 목구멍이 열리게 하는 진언]
滅障礙開咽喉眞言

이 주(呪)를 염송할 때, 모든 아귀의 바늘 같은 목구멍이 활짝 열리고, 업의 불길[業火]이 꺼져서 맑고 시원하며 쾌락하다고 관상(觀想)한다.
誦此呪時 觀想一切餓鬼 針咽大開 業火停燒 淸涼快樂

옴 보보디리 가다리 다타아다야 唵 步步底哩伽哆哩 怛哆誐哆耶

과목 8. 삼매야계를 줌
科八 授三昧耶戒

○삼매야계진언 三昧耶戒眞言

이 주(呪)를 염송할 때, 육도의 군령(群靈)이 다 함께 '금강광명삼매보계(金剛光明三昧寶戒)'를 받아 마음이 청정해지고 몸이 보살과 같아진다고 관상(觀想)한다.
誦此呪時 觀想六道羣靈 同受金剛光明三昧寶戒 心得淸淨 身如菩薩

옴 삼매야 살다 밤 唵三昧耶薩埵鑁

과목 9. 변화법미 [법의 맛으로 변화시킴]
科九 變化法味

○변식진언 [음식을 변화시키는 진언]
變食眞言

이 주(呪)를 염송할 때, 모든 음식이 하나에서 일곱으로 변하고, 일곱이 다시 일곱으로 변화하여 나아가 한량이 없어서 허공을 가득 채워 막아도 음식[物]을 주는 데 걸림 없으며, 이 법의 맛[法味]을 받고는 몸의 바탕이 원만해진다고 관상(觀想)하라.
誦此呪時 觀想諸食 從一變七 七復化七 乃至無量 充塞虛空 與物無礙 受此法味 身相圓滿

나모 살바 다타아다 바로기뎨
「옴 삼바라 삼바라 훔」 (49편 또는 108편)
南無薩嚩怛他誐哆 嚩嚕枳帝 唵 三跋囉 三跋囉 吽 (49遍 或108遍)

한 방울의 맑고 시원한 물 굶주림과 목마름 없애주고
튀겨서 관정문(灌頂門)에 뿌리면 모두 안락을 얻게 하네.
一滴淸凉水 能除飢與渴 彈灑灌頂門 悉令獲安樂

이 네 구절의 게송은 간혹 부르지 않을 수도 있다.
此四句偈或可不唱

○감로수진언 甘露水眞言

이 주(呪)를 염송할 때, 잔의 물이 변하여 감로법수(甘露法水)가 되어 넓고 큰 바다와 같아져서 물(水, 物)을 주는 데 걸림 없으며 이 법수(法水)에 젖어 영원히 청정하고 오묘한 즐거움을 얻게 된다고 관상(觀想)한다.
誦此呪時 觀想杯水變成甘露法水 廣大如海 與物無礙 沾此法水 永得淸淨妙樂

나모 소로바야 다타아다야 다냐타
「옴 소로소로 바라소로 바라소로 스바하」 (49편 또는 108편)
南無蘇嚕婆耶 怛他誐哆耶 怛姪他 唵 蘇嚕蘇嚕 缽囉蘇嚕 缽囉蘇嚕娑婆訶
(49遍或108遍)

○일자수륜진언 一字水輪眞言

이 주문을 염송할 때, 이 물이 더욱 청정해져서 오묘한 맛을 얻게 한다고 관상(觀想)한다.
誦此呪時 觀想此水 更得淸淨妙味

「옴 맘맘 맘맘맘」 唵 鋄鋄 鋄鋄鋄

'맘(鋄, wàn)'의 발음은 '만(晚, wǎn)'이다. '전(錢)'[148]을 잘못 쓴 것

---

[148] '鋄'을 '錢'으로 잘못 옮긴 것으로 보인다. 『蒙山施食念誦說法儀』(香港法喜蓮社, 1992년, p.63)에는 "鋄音晚, 誤作錢"으로 되어있다.

이다.
<small>鋄音晚, 譌作錢</small>

이는 물을 상징하는 밤자로 이 글자가 만으로 평음화되었고 이를 맘자를 다시 전자의 잘못이라고 밝히고 있다.

○유해진언 乳海眞言
이 주(呪)를 염송할 때 앞에 놓인 물이 마치 젖빛과 같아서 미묘하여 생각으로 헤아리기 어려우며 더욱이 넓고 커서 원융하여 막힘 없이 통한다고 관상(觀想)한다.
<small>誦此呪時 觀想前水 猶如乳色 微妙難思 更得廣大融通</small>

나모 사만다 못다남 「옴 밤」 南無三滿哆 沒駄喃 唵 鋄

과목 10. 명호를 들어서 얻는 이익
科十 聞名得益

○칠여래성호 七如來聖號

성호(聖號)를 염송할 때, 마땅히 붓다를 부르는 소리[佛聲]가 널리 법계에 두루 하여 시방의 육도 중생이 뜻과 마음으로 받아 듣고 한 번이라도 귀[耳根]를 거치면, 영원히 불과(佛果)의 종자를 심어 곧 악도(惡道)를 떠나 극락에 다시 나게 된다고 관상(觀想)한다.
<small>誦聖號時 應觀想佛聲普周法界 十方六道衆生 志心聽受 一歷耳根 永爲佛種 卽離惡道 轉生極樂</small>

이 '칠여래성호'는 목탁을 느리게 치면서 바로 염송한다.
<small>此七如來 慢魚直誦</small>

나무 다보여래 南無多寶如來

다보여래의 명호를 들으면 법성(法性)의 지혜와 재화와 보물을 다함 없이 받아 쓸 수 있다.
聞多寶名者能得法性智慧財寶受用無盡

나무 보승여래 南無寶勝如來

보승여래의 명호를 들으면 생사와 번뇌, 업의 불길을 끊고 더없는 법성(法性)의 지혜와 보배를 얻을 수 있다.
聞寶勝名者能斷生死煩惱業火卽得無上法性智寶

나무 묘색신여래 南無妙色身如來

묘색신여래의 명호를 들으면 상호가 단정하고 엄숙하여 삼계 제일이라 곧 『법화경』의 미묘하고 청정한 법신(法身)의 32가지 상(相)을 갖출 수 있다.
聞妙色身名者能得相好端嚴三界第一卽法華經微妙淨法身具相三十二是也

나무 광박신여래 南無廣博身如來

광박신여래의 명호를 들으면 업의 불길을 끄고 바늘 같은 목구멍이 막힘없이 환히 통하여 맑고 시원하며 장애 없는 몸을 얻을 수 있다.
聞廣博身名者能消業火針咽通達而得淸凉無礙之身

나무 이포외여래 南無離怖畏如來

이포외여래의 명호를 들으면 모든 두려움에서 떠나 언제나 청정하고 쾌락하게 된다.
聞離怖畏名者離諸怖畏常得淸淨快樂

나무 감로왕여래 南無甘露王如來

감로왕여래의 명호를 들으면 감로(甘露)의 법의 맛[法味]이 모든 몸과 마음에 흘러들어 영원히 쾌락함을 얻게 된다.
聞甘露王名者能得甘露法味灌諸身心永得快樂

나무 아미타여래 (방장) 南無阿彌陀如來(放掌)

방장(放掌)은 합장한 손을 그대로 내려서 엄지손가락을 맞대고, 오른손 위에 왼손을 포개놓는 것을 말한다.

아미타여래의 명호를 들으면 서방 극락정토에 왕생하여 연꽃[蓮華]으로 화생(化生)하며 물러나지 않는 지위[不退地]에 들어가게 된다.
聞阿彌陀名者往生西方極樂淨土蓮華化生入不退地

7편 또는 14편 또는 21편
七遍或十四遍或二十一遍

과목 11. 발원을 마무리하며 바르게 베풂
科 十一 結願正施

신묘한 주(呪)로 가지(加持)한 청정한 법식(法食)을
널리 항하사 수의 많은 불자(佛子)에게 베푸오니,
모두 배불리 채워 인색하고 욕심내는 마음 버리고
속히 어둠의 세상[幽冥] 벗어나 정토에 태어나고,
삼보께 귀의하고 보리심을 내었으니
끝내 더없이 훌륭한 도[無上道] 이루며,
공덕이 끝이 없어 미래가 다할 때까지
모든 불자와 법식(法食)을 함께하길 원하옵니다.
神呪加持淨法食 普施河沙衆佛子 願皆飽滿捨慳貪 速脫幽冥生淨土
歸依三寶發菩提 究竟得成無上道 功德無邊盡未來 一切佛子同法食

위 게송 셋째 구절 '願皆飽滿舍慳貪'의 '舍'자는 『蒙山施食念誦說法儀』149)에는 '捨'로 되어있다. 의미상 '捨'가 적합하다고 생각되나 호환되고 있다.

가지한 깨끗한 법식을 받는 존재가 위의 불자, 아래의 유정, 고혼의 삼처로 나눠져 있음을 알 수 있다. 이 세 곳의 존재를 위해 시식하는 양상은 한국불교 조선시대에 많이 행해진 것으로 보이는 사명일 시식에서 국혼, 승혼, 고혼을 위해 시식하는 현상과 비슷하다고 할 수 있을 것 같다.

신묘한 주(呪)로 법에 가지(加持)한 법과 베풀 음식을
널리 항하사 수의 많은 유정[중생]에게 베푸오니,
모두 배불리 채워 인색하고 욕심내는 마음 버리고
속히 어둠의 세상[幽冥] 벗어나 정토에 태어나고,
삼보께 귀의하고 보리심을 내었으니
끝내 더없이 훌륭한 도[無上道] 이루며,
공덕이 끝이 없어 미래가 다할 때까지
모든 유정과 법식(法食)을 함께하길 원하옵니다.
神呪加持法施食 普施河沙衆有情 願皆飽滿舍慳貪 速脫幽冥生淨土
歸依三寶發菩提 究竟得成無上道 功德無邊盡未來 一切有情同法食

신묘한 주(呪)로 가지(加持)한 감로수를
널리 항하사 수의 많은 고혼(孤魂)에게 베푸오니,
모두 배불리 채워 인색하고 욕심내는 마음 버리고
속히 어둠의 세상[幽冥] 벗어나 정토에 태어나고,
삼보께 귀의하고 보리심을 내었으니
끝내 더없이 훌륭한 도[無上道] 이루며,
공덕이 끝이 없어 미래가 다할 때까지
모든 고혼과 법식(法食)을 함께하길 원하옵니다. [3편]

---

149) 『蒙山施食念誦說法儀』(香港法喜蓮社, 1992년, p.64).

神呪加持甘露水 普施河沙衆狐魂 願皆飽滿舍慳貪 速脫幽冥生淨土
歸依三寶發菩提 究竟得成無上道 功德無邊盡未來 一切狐魂同法食
[三遍]

인경(引磬)을 치면서 염송한다.
引磬同念

그대 불자들이여, 제가 지금 베풀어 그대들에게 공양하오니
이 음식이 시방에 두루 미쳐서 모든 불자가 함께하소서.
汝等佛子衆 我今施汝供 此食徧十方 一切佛子共

이 공덕이 일체에 널리 골고루 퍼져
음식을 베푸는 이와 불자들이
다 함께 불도 이루기를 원하옵니다.
願以此功德 普及於一切 施食與佛子 皆共成佛道

국내 공덕회향게는 19세기 이후 6구절로 이뤄져 있으나 이곳을 비롯하여 많은 본에는 4구절로 이뤄져 있고, 또 3구가 국내본은 '아등여중생'이라고 한결같으나 '시식여불자: 시식을 한 이와 불자'라고 하여 구체적으로 드러내는 모습을 볼 수 있다.

그대 유정들이여, 제가 지금 베풀어 그대들에게 공양하오니
이 음식이 시방에 두루 미쳐서 모든 유정이 함께 하소서.
汝等有情衆 我今施汝供 此食徧十方 一切有情共

이 공덕이 일체에 널리 골고루 퍼져
음식을 베푸는 이와 유정들이
다 함께 불도 이루기를 원하옵니다.
願以此功德 普及於一切 施食與有情 皆共成佛道

그대 고혼들이여, 제가 지금 베풀어 그대들에게 공양하오니

이 음식이 시방에 두루 미쳐서 모든 고혼이 함께하소서.
汝等孤魂衆 我今施汝供 此食徧十方 一切孤魂共

이 공덕이 일체에 널리 골고루 퍼져
음식을 베푸는 이와 고혼들이
다 함께 불도 이루기를 원하옵니다.
願以此功德 普及於一切 施食與孤魂 皆共成佛道

●시무차식진언 [평등하게 음식을 베푸는 진언]
　施無遮食眞言

이 주(呪)를 염송할 때, 도량의 법식(法食)이 원융하고 막힘없이 통하여 멀고 가까운 원수거나 친한 이나 막아서 못 먹는 이 없이 육도의 모든 귀신[神]이 다 평등하게 얻는다고 관상(觀想)한다.
誦此呪時 觀想道場法食融通遐邇冤親悉無遮止 六道諸神皆獲平等

여기서 말하는 제신(諸神)은 앞에서 말한 불자(佛子), 유정(有情), 고혼(孤魂)을 말하는 것으로 보인다. 따라서 '제신'을 '귀신'이라고 번역하였다.

옴 목역능 스바하　唵 穆力陵 娑婆訶

●보공양진언 [널리 공양하는 진언]
　普供養眞言

이 주(呪)를 염송할 때, 지금까지 변화시킨 청정한 음식을 널리 시방의 육도중생에게 베풀되 멀거나 가깝거나 전부[一體], (신분이) 높거나 낮거나 공평하게, 노인이든 어린이든 귀하든 천하든 남김없이 하고, 원수거나 친한 이나 (힘이) 강하거나 약하거나 간격없이 한다고 관상(觀想)한다. 정명(淨名)이 "법을 베푸는 모임이란 앞도 없고 뒤도 없이 일시에 일체중생에게 공양하는 것이다."[150]라고 하였다.

誦此呪時 觀想上來所變淨食 普施十方六道衆生 遐邇一體 高下均平 老幼貴
賤無遺 冤親强弱靡間 淨名云 法施會者 無前無後 一時供養一切衆生

옴 아아나 삼바바 바아라 혹 唵 誐誐曩 三婆嚩 伐日囉 斛

● 『반야심경』 1권을 독송함
誦心經一卷

지금까지 시식(施食)한 공덕이 반야(般若)의 참된 공[眞空]의 무진장
(無盡藏)한 바다에 녹아든다고 관상(觀想)한다. 오래도록 『심경』이
반야의 핵심[精要]으로 여겨졌기 때문이다. 반야는 곧 지혜이니 만일
지혜가 없다면 어찌 곧바로 자기 본성을 깨달을[見性] 수 있으리오.
저들이 공덕을 헤아리고 집착[計著]하며 법에 대한 애착[法愛]을 실제
(實際)로 삼을까 염려하여 『반야심경』으로 그 마음의 허물을 씻어내
[蕩] 여래장(如來藏)의 바다에 녹아든다고 한 것이다.

> 觀想上來施食之功 融入般若眞空無盡藏海長由心經爲般若之精要 般若卽智
> 慧 若無智慧 奚能直下見性 恐彼計著功德法愛爲實際 故以般若心經蕩其心
> 垢 融入如來藏海

법애(法愛)는 이미 얻은 것을 최선(最善)의 법이라 하여 그것에 집
착하는 것을 말한다. 여래장(如來藏)의 바다에 녹아든다고 하는 것은
원효가 『금강삼매경론』에서 "여래에 들어갔다는 것은 이미 여래의
지혜에 부분적으로 들어갔기 때문이다. 여래장의 바다에 들어갔다
는 것은 본각(本覺)의 깊고 넓은 뜻에 들어갔기 때문이다[151]"라고
하였다.

반야바라밀다심경
관자재보살이 깊은 반야바라밀다를 수행하실 때, 오온이 다 자

---

150) 鳩摩羅什 譯, 『維摩詰所說經』卷上(T14, 543c08-09).
151) 元曉 述, 『金剛三昧經論』卷下(T34, 1001a). "入如來者 已入如來智之分故 入如來藏
海者 入於本覺深廣義故."

성이 공한 것을 비춰 보고 일체 (중생의) 고통과 액란을 건지셨다.
　사리자여, 색온은 공과 다르지 않고, 공은 색온과 다르지 않으니, 색온이 곧 공이요, 공이 곧 색온이다. 오온의 나머지 수온 상온 행온 식온도 또한 그와 같은 이치이다.
　사리자여, 여러 법[존재]의 공한 모습은 나지도 않고 소멸하지도 않으며, 더럽지도 않고 깨끗하지도 않으며, 늘어나지도 않고 줄어들지도 않는다.
　이런 까닭에 공에는 색온이 없고 수온 상온 행온 식온도 없으며, (인식기관인) 눈 귀 코 혀 몸 뜻도 없으며, (그 대상인) 빛깔 소리 냄새 맛 촉감 대상의 법도 없으며, (다섯 기관이 대상을 만나 일으키는 의식 세계인) 눈의 의식하는 인식세계인 안계가 없으며, (나머지 다섯 세계인) 내지 의식세계도 없으며, (윤회하는 세계인 12가지의 첫째인) 무명이 없고 무명이 다한다는 것도 없으며 내지 (마지막의) 노사도 없고 또한 노사가 다한다는 것도 없다. (네 가지 진리라는) 사성제도 없으며, 지혜도 없고 또한 얻음도 없다.
　얻음이 없는 까닭으로 말미암아 보디사뜨와는 반야바라밀다를 의지하는 까닭에 마음에 걸림이 없고 걸림이 없는 까닭에 두려워할 게 (따로) 없어 뒤집어진 꿈과 망상을 멀리 떠나 마침내 열반에 이른다. 삼세의 여러 붓다도 반야바라밀다를 의지하는 까닭에 아눗다라삼먁삼보디(위없는 정등정각)를 얻는다. 그러므로 알아야 한다. 반야바라밀다의 진언은 크고 신통한 진언이며, 크고 밝은 진언이며, 위없는 진언이며, 비교할 게 없는 것과 같은 진언으로 일체의 고통을 없애주며 참으로 실다워 헛되지 않다. 그런 까닭에 반야바라밀다의 진언을 연설한다. 곧 진언을 연설하였다. "아데 아데 바라아데 바라승아데 모디 스바하"[152]

般若波羅蜜多心經
觀自在菩薩 行深般若波羅蜜多時 照見五蘊皆空 度一切苦厄 舍利子 色不異

---

152) 飜譯 牛迎 李誠雲.

空 空不異色 色卽是空 空卽是色 受想行識 亦復如是 舍利子 是諸法空相 不
生不滅 不垢不淨 不增不減 是故空中無色 無受想行識 無眼耳鼻舌身意 無色
聲香味觸法 無眼界 乃至無意識界 無無明 亦無無明盡 乃至無老死 亦無老死
盡 無苦集滅道 無智亦無得 以無所得故 菩提薩埵 依般若波羅蜜多故 心無掛
礙 無掛礙故 無有恐怖 遠離顚倒夢想 究竟涅槃 三世諸佛 依般若波羅蜜多故
得阿耨多羅三藐三菩提 故知般若波羅蜜多 是大神咒 是大明咒 是無上咒 是
無等等咒 能除一切苦 眞實不虛 故說般若波羅蜜多咒 卽說咒曰: 揭諦揭諦
波羅揭諦 波羅僧揭諦 菩提薩婆訶

○왕생신주 [(극락에) 왕생하게 하는 신묘한 주(呪)] 21편
　　往生神呪 21遍

이 주(呪)를 염송할 때, 아미타불의 성스러운 대중[聖衆]이 빛을 비
추어 시방 육도의 군령(群靈)을 영접해 인도하여 곧 극락에 태어나
성인의 계위[聖階]에 올라 같아진다고[齊] 관상(觀想)한다.
　　誦此呪時 觀想彌陀聖衆 放光接引十方六道羣靈 卽生極樂 齊登聖階

나모 아미다바야 다타가다야 디지야타 아미리도바비 아미리다
싯담바비 아미리다 비가란제 아미리다 비가란다 가미니 가가나
깃다가리 스바하
　　南無阿彌多婆耶 哆他伽多夜 哆地夜他 阿彌利都婆毗 阿彌利哆 悉耽婆毗 阿
　　彌唎哆 毗迦蘭帝 阿彌唎哆 毗迦蘭多 伽彌膩 伽伽那 枳多迦利 娑婆訶

과목 12. 널리 회향하여 마무리함
　　科十二 普結回向

○보회향진언 [널리 회향하는 진언] 普回向眞言

지금까지 시식(施食)한 공덕으로 일체 유정[중생]이 모두 더없이
훌륭한 보리심을 내어 자신도 이롭게 하고 남도 이롭게 하여 빨리

극락에 태어나 다 함께 붓다의 가르침[佛乘]을 증득하고, 또 모든 유정이 선근이 없는 자는 종자를 심게 하고, 선근이 있는 자는 더 자라나게 하여 바라건대 윤회에 얽매이지[戀] 말고 모두 빨리 불도를 이루도록 회향한다.
上來施食功德 同向一切有情 皆發無上菩提之心 自利利他 早生極樂 同證佛乘 又諸有情 無善根者令種 有善根者增長 庶勿戀於輪迴 皆速成於佛道

인경(引磬)을 치면서 부른다.
引磬同唱

옴 사마라 사마라 미마나 사라 마하 자거라바 훔
唵 娑摩囉 娑摩囉 彌摩曩 薩哈囉 摩訶 咱哈囉 吽

○길상게 吉祥偈

이 게송은 시식한 공덕으로 삼보와 호법 제신이 언제나 좋은 일[吉祥]을 내리시길 바라는 것이다.
此偈願施食功德 以冀三寶及護法諸神常降吉祥

낮에도 길상하고 밤에도 길상하며
밤낮으로 여섯 때에 언제나 길상하게 하소서.
모든 때에 길상한 자를 모든 스승님께서
가엾이 여기시어 거두어 보살펴 주시길 원하옵니다.
願晝吉祥夜吉祥 晝夜六時恆吉祥 一切時中吉祥者 願諸上師哀攝受

낮에도 길상하고 밤에도 길상하며
밤낮으로 여섯 때에 언제나 길상하게 하소서.
모든 때에 길상한 자를 모든 삼보께서
가엾이 여기시어 거두어 보살펴 주시길 원하옵니다.
願晝吉祥夜吉祥 晝夜六時恆吉祥 一切時中吉祥者 願諸三寶哀攝受

낮에도 길상하고 밤에도 길상하며
밤낮으로 여섯 때에 언제나 길상하게 하소서.
모든 때에 길상한 자를
모든 호법선신께서 항상 옹호해 주시길 원하옵니다.
願晝吉祥夜吉祥 晝夜六時恒吉祥 一切時中吉祥者 願諸護法常擁護

● 법사 무척[일깨워] (가르침을) 열어서 보임 -6
法師撫尺開示-6

지금까지 시식(施食)의 법문을 널리 떨침에 그대 불자들은 깊고 미묘한[玄妙] 마음을 깨달아 다 함께 맑고 시원한 땅에 들어갔습니다. 게송으로는 온갖 법[萬法]이 오직 마음뿐임을[唯心] 보였고, 주(呪)로는 온갖 고통으로 잠긴 관문[關鑰]153)을 부수었습니다. 삼보에 귀의하여 미묘한 결과[보리]에 나아가니 고통의 굴레를 벗어나 해탈의 문에 돌아가도록 인도하였습니다. 굳게 사홍서원을 일으켜서 불도를 구하고 중생을 제도하며 부지런히 열반의 과(果)에 나아감에 먼저 참회한 힘으로 말미암아 서원이 한층 더 깊어졌습니다.

上來宣揚施食法門 汝等佛子 得悟玄妙之心 同入淸凉之地 偈示萬法唯心 呪破衆苦關鑰 歸依三寶 趣妙果 脫苦輪 導歸解脫之門 堅發四弘 求佛道 度衆生 勤向涅槃之果 先由懺悔之力 誓願轉深

또 정해진 업을 소멸한 공덕으로 근원이 비로소 청정해졌습니다. 그리고 난 뒤 나아가 삼매야계를 구하여 대승의 무작(無作) 계의 본체[戒體]를 원만히 이루었습니다. 모든 음식의 색과 향기, 맛을 변화시켜 서로 두루 미치고 서로 녹아들게 하였고, 이 물을 감로의 비로 변화시켜 널리 내리고 널리 적셨습니다. 또 칠여래의 명호를 듣고 바로 육도 세계의 괴로움에서 벗어났으며, 이와 같은 평등한

---

153) 『蒙山施食念誦說法儀』(香港法喜蓮社, 1992, p.73)에는 '鑰[쇠 륜]'가 '鑰[자물쇠 약]'으로 되어있다. 의미상 '鑰'이 적합하다고 보임.

법회는 귀하거나 천하거나 골고루 적시고 도량은 막는 것이 없어 원수거나 친한 이들이나 간격이 없었습니다.

更以減定業之功 根源方淨 然後進求三昧耶戒 大乘無作戒體圓成 變諸食色香味 互徧互融 化此水甘露雨 普降普潤 更聞七如來名 卽脫六道界苦 如是平等法會 貴賤均沾 無遮道場 怨親無間

무작계(無作戒)는 2종 계체(戒體)의 하나. 작계(作戒)는 계를 받을 때에 법답게 3업(業)을 동작하는 것으로 곧 보고 듣고 할 수 있는 업체(業體)를 말하고, 무작계는 이때 작계의 연(緣)에 의하여 몸 가운데 생기는 것으로 보고 들을 수 없는 업체를 말한다. 이 업체의 처음 생기는 연은 몸·입·뜻의 동작에 의하지만, 한번 생긴 뒤에는 그러한 동작에 의하지 않고 항상 상속하는 것이므로 무작(無作)이라 한다. 작계(作戒)는 몸·입의 동작이 쉬게 되면 함께 없어지지만, 무작계는 평생을 항상 상속하여 방비지악(防非止惡)하는 공능(功能)을 낸다.

이상의 경(經)과 주(呪)의 공덕은 다 『반야심경』의 참된 공[眞空]에 녹아 있으며 현교와 밀교의 모든 글[章]은 다 정토에 왕생함을 따르는 비밀한 법장(法藏)입니다. '보회향주'를 하여 법계의 중생이 모두 보리를 이루게 하였고, '길상게'를 불러서 대지(大地)의 유정[중생]이 언제나 뜻대로 되게 하였습니다. 오늘 그대가 인연을 만났으니 이미 훌륭합니다. 세간을 벗어나는[出世] 법문을 이미 들었으니 항상 자각하여 스스로 밝혀야 합니다. 마음에 미혹하고 경계에 미혹해서는 안 되니 한 번 명계(冥界)에 떨어지면 일만 겁이라도 돌이키기 어렵습니다. 그대는 이미 깨달아 알았으니 빨리 원만히 (명계에서) 뛰어오르기를 바랍니다. 저[아미타] 붓다께서 자비를 기울여 곧 벗어나게[解脫] 하시니 연꽃의 몸에 의탁하여 광명으로 몸을 채우고 항상 아미타불의 미묘한 음성[설법]을 들어 곧바로 무생법인을 깨닫게 됩니다. 그대들은 지극한 마음으로 대중의 조화로운 소리에 따라 염불을 회향하십시오.

以上經呪功德 咸融般若心經之眞空 顯密諸章 悉隨往生淨土之秘藏 普回向
呪 法界衆生 盡成菩提 唱吉祥偈 大地有情 常得如意 今汝遇緣旣勝 已聞出
世法門 常當自覺自明 不得迷心迷境 一落冥界 萬劫難同 汝旣領悟 早冀圓超
彼佛垂慈 卽令解脫 蓮花托體 光明滿身 常聞彌陀妙音 直悟無生法忍 汝等至
心 隨衆和音 念佛回向

무생법인(無生法忍)은 ① 불생 불멸하는 진여 법성을 인지(忍知)하고, 거기에 안주하여 움직이지 않는 것. 보살이 초지(初地)나 7·8·9지에서 얻는 깨달음. ② 희인(喜忍)·오인(悟忍)·신인(信忍)이라고 이름하는 위(位). 극락세계에 왕생하기로 결정된 것을 의심하지 않는 것. 이것은 생즉무생(生卽無生)의 왕생을 인득(忍得)한 것이므로 이같이 이름하고, 이 자리는 10신위(信位) 중에 있다.

4. 법회를 끝내며 염불을 회향함
(또는, 염불을 회향하며 법회를 마무리함)
三結願念佛回向

○ 결원생정토게[정토에 태어나는 원(願)을 매듭짓는 게송]
結願生淨土偈

대중은 일어나 바르게 서서 조화로운 소리로 다 함께 부른다.[唱]
大衆起立站定和音同唱

(태난습화) 사생(四生)은 보배 땅에 오르고 삼유[삼계의 중생]는 연을 심은 못에 의탁하여 화생(化生)하며, 항하사 수의 아귀들이 삼현(三賢)을 증득하고 온갖 종류의 유정들이 십지(十地)에 오르네.
　　四生登於寶地 三有托化蓮池 河沙餓鬼證三賢 萬類有情登十地

삼현(三賢)은 상좌부와 대승에 따라 구별이 있다. 대승은 보살 수행의 지위인 10주·10행·10회향 위(位)에 있는 보살을 말하고, 상좌부에서는 5정심위(停心位)·별상념주위(別相念住位)·총상념주위(總相

념주위(念住位)를 말한다. 이들은 성위(聖位)에 들어가기 위한 방편위(方便位)를 말한다.

십지(十地)는 보살이 수행하는 계위(階位)로 그 계위의 52위(位) 중, 제41위로부터 제50위까지. 이 10위는 불지(佛智)를 생성(生成)하고, 능히 주지(住持)하여 움직이지 아니하며, 온갖 중생을 짊어지고 교화 이익이 되게 하는 것이, 마치 대지(大地)가 만물을 싣고 이를 윤익(潤益)함과 같으므로 지(地)라 이름한다. ① 환희지(歡喜地)는 처음으로 참다운 중도지(中道智)를 내어 불성(佛性)의 이치를 보고, 견혹(見惑)을 끊으며 능히 자리이타(自利利他)하여 진실한 희열(喜悅)에 가득 찬 지위, ② 이구지(離垢地)는 수혹(修惑)을 끊고 범계(犯戒)의 더러움을 제하여 몸을 깨끗하게 하는 지위, ③ 발광지(發光地)는 수혹을 끊어 지혜의 광명이 나타나는 지위, ④ 염혜지(焰慧地)는 수혹을 끊어 지혜가 더욱 치성하는 지위, ⑤ 난승지(難勝地)는 수혹을 끊고 진지(眞智)·속지(俗智)를 조화하는 지위, ⑥ 현전지(現前智)는 수혹을 끊고 최승지(最勝智)를 내어 무위진여(無爲眞如)의 모양이 나타나는 지위, ⑦ 원행지(遠行智)는 수혹을 끊고 대비심을 일으켜, 2승의 오(悟)를 초월하여 광대무변한 진리 세계에 이르는 지위, ⑧ 부동지(不動地)는 수혹을 끊고 이미 전진여(全眞如)을 얻었으므로, 다시 동요되지 않는 지위, ⑨ 선혜지(善慧地)는 수혹을 끊어 붓다의 10력(力)을 얻고, 기류(機類)에 대하여 교화의 가부(可否)를 알아 공교하게 설법하는 지위, ⑩ 법운지(法雲地). 수혹을 끊고 끝없는 공덕을 구비하고서 사람에 대하여 이익되는 일을 행하여 대자운(大慈雲)이 되는 지위이다. 또 이것을 보시·지계·인욕·정진·선정·지혜·방편·원·역(力)·지(智)의 10바라밀에 배대하기도 하는데 보살 수행의 기간인 3대 아승기겁 중, 처음 환희지까지에 1대 아승기겁, 제7지까지의 수행에 제2대 아승기겁이 걸린다고 한다. 이상은 대승 보살의 10지이다.

○찬미타불게 [아미타불을 찬탄하는 게송] 讚彌陀佛偈

아미타붓다 몸 황금빛이며 상호의 광명은 견줄 이 없으니,

백호는 완연하게[宛, 뚜렷하게] 다섯 수미를 맴돌고,
감색의 눈빛은 사대해(四大海)를 청정하게 맑히네.
빛 속의 화신 붓다 무수 억 분이고,
화신 보살대중 또한 끝이 없으니
사십팔원으로 중생을 제도하여
구품 모두 피안에 오르게 하시네.
나무서방극락세계 대자대비 아미타불

阿彌陀佛身金色 相好光明無等倫 白毫宛轉五須彌 紺目澄淸四大海
光中化佛無數億 化菩薩衆亦無邊 四十八願度衆生 九品咸令登彼岸
南無西方極樂世界大慈大悲阿彌陀佛

오수미(五須彌)는 ① 아미타불의 백호상[毫相]의 크기와 작음이 마치 수미산의 높이와 넓이의 5배가 되는 것과 같음을 말한다. 『관무량수경』 "제9 불신관(佛身觀)"(T13, 343b)에서 나온 말이다. "미간의 백호는 오른쪽으로 돌아 완연하게 다섯 수미산을 맴돈다"라고 하였다. 수미산은 높이가 336만 리이고 너비 또한 그러하다. 아미타불의 백호상은 이 5배를 넘는다고 해서 다섯 수미라고 부르는 것이지 5좌(座)의 서로 다른 수미산을 지칭하는 것이 아니다. [혜원의 『관무량수경의소』 권말, 지의의 『관무량수불경소』 참조] ② 중생의 아만, 번뇌, 무명의 높이와 넓이가 한량없는 것이 다섯 수미와 같다고 비유한 것이다.
사대해(四大海)는 ① 수미산 사방 둘레의 큰 바다를 가리킨다. 고대 인도의 세계관에서는 수미산이 세계의 중간에 있고, 그 주위에 사대해(四大海)가 있으며, 사대해에 각각 하나의 넓은 육지[大洲]가 있고, 사대해의 바깥으로는 철위산(鐵圍山)이 있다. ② 국토의 사방을 빙 둘러 에워싼 바다를 가리킨다. 큰 바다는 많은 강이 돌아가는 곳이라 곧 물이 축적되기에 그 양이 제일이다. '사대해'라는 것은 큰 바다의 부분을 가리키는 것이 아니라 그 전부를 가리키는 말이다. 『관무량수경』에서는 사대해라는 하나의 낱말로 아미타불의 시야[眼量]의 너비를 형용한다. 『관무량수경』의 "제9 관불신"(T12, 343b)에서는 "불안(佛眼)은 청정하기가 마치 사대해의 물과 같아서 깨끗하고 명백하며 분명하다."라고 하였다. 『관무량수경의소』 권말에 따르면

"하나의 큰 바다는 너비가 8만 4천 유순이니, 합하여 4배의 큰 바다는 33만 6천 유순이 된다. 아미타불의 시야[眼量]는 오히려 그것을 넘어서기 때문에 사대해(四大海)라고 부르는 것이지 4가지의 서로 다른 큰 바다를 가리키는 것이 아니다." [『관무량수경소』(지의)] ③ 유정 중생의 신체를 가리킨다. 유정(有情)의 몸은 지(地)·수(水)·화(火)·풍(風) 사대(四大)로 말미암아 구성된 것이라 마치 고통바다[苦海]와 같기 때문에 사대해(四大海)라고 부른다. 송나라 때 택영법사(擇英法師)가 지은 찬불게(讚佛偈)에서는 "아미타붓다 몸 황금빛이며 상호의 광명은 견줄 이 없으니, 백호는 완연하게[宛, 뚜렷하게] 다섯 수미를 맴돌고, 감색의 눈빛은 사대해(四大海)를 청정하게 맑히네. 빛 속의 화신 붓다 무수 억 분이고, 화신 보살대중 또한 끝이 없으니 48원으로 중생을 제도하여 구품 모두 피안에 오르게 하시네. 나무 서방 극락세계 아미타불"이라 하였다. 게송 중에 '다섯 수미'는 중생의 오온(五蘊)의 색심(色心)이 서로 모여 이룬 아만산(我慢山)을 가리키는 것으로 다섯 수미처럼 높다. '사대해(四大海)'는 지(地)·수(水)·화(火)·풍(風) 사대(四大)로 말미암아 구성된 몸은 모든 괴로움의 근본이 되므로 지칭한 것이다. 아미타불은 백호상의 광명으로 중생 오온, 수미, 아만의 산을 완연하게 맴돌아 중생으로 하여금 8만 4천의 번뇌를 부수어 제거하고, 아(我)·법(法)의 두 집착[二執]을 제거하게 한다. 또 감청(紺青)색 자비로운 눈으로 중생을 비추어 보고 사대(四大)가 모두 공한 것임을 깨달아 고통 바다가 맑고 청정해져서 극락으로 돌아가게 한다. [영원의 『정업강요』 참조]

나무아미타불 南無阿彌陀佛
요잡하며 염불함
繞念

요잡하며 염불하는 것을 마치면, '육도군령위(六道羣靈位)' 앞에 이르러 모여서 동서(東西)로 가지런히 바르게 선다. 만일 사람이 많으면 곧 단(壇)으로 돌아가 앞에서와 같이 '몽산시식염송설법의'를 처음 시작할 때] 동서(東西)로 마주 대하고 가지런히 바르게 서서 관음 등의 성스러운 명호를 부른다.

繞念畢 集至六道羣靈位前 東西站齊 如人衆多者 卽歸壇如前對面站齊 擧唱 觀音聖號等

    나무 관세음보살　　　南無觀世音菩薩
    나무 대세지보살　　　南無大勢至菩薩
    나무 청정대해중보살　南無淸淨大海衆菩薩

○ 회향문 回向文

인경(引磬)을 치면서 다 함께 부른다.
引磬同唱

한마음으로 극락세계 아미타불께 귀명합니다. 청정한 광명 저에게 비추시어 자비로운 서원으로 저를 거두어 주시길 원하옵니다. 제가 지금 정념(正念)으로 여래의 명호를 부르오니 보리도를 위함이고 정토에 왕생하기를 구함입니다. (아미타) 붓다께서 옛날에 보살로서 세운 서원[本誓]에 "만일 어떤 중생이 나의 국토에 태어나고자 하여 지극한 마음으로 믿고 좋아하고 나아가 십념(十念)을 하여도 만약 태어나지 못하는 자가 있다면 나는 정각(正覺)을 이루지 않겠다."154)고 하셨습니다. 이 염불의 인연으로 여래의 크신 서원의 바다에 들어가 붓다의 자비의 힘을 받들어 온갖 죄가 소멸되고 선근이 더욱 자라나게 됩니다. 만약 죽음을 맞이한다면 스스로 때가 되었음을 알게 되고 몸에는 병으로 인한 고통이 없으며 마음에는 미련을 갖지 않게 되고 뜻은 뒤바뀌지 않게 됩니다. 마치 선정(禪定)에 들어가는 것과 같이 붓다와 성중(聖衆)이 손에 황금 좌대[金台]를 잡

---

154) 康僧鎧 譯, 『佛說無量壽經』卷上(T12, 268a26-27), "設我得佛 十方衆生至心信樂 欲生我國乃至十念 若不生者不取正覺."

고 오서서 저를 맞이해 주시니 아주 짧은 시간[一念]에 극락국토에 왕생하여 연꽃이 피면 붓다를 뵙고 곧 붓다의 가르침[乘]을 듣고는 문득 붓다의 지혜가 열려 널리 중생을 제도하고 보리의 서원이 원만하게 하소서.

시방과 삼세의 모든 붓다와 모든 보살마하살 마하반야바라밀

一心歸命 極樂世界 阿彌陀佛 願以淨光照我 慈誓攝我 我今正念 稱如來名 爲菩提道 求生淨土 佛昔本誓 若有衆生 欲生我國 志心信樂 乃至十念 若不生者 不取正覺 以此念佛因緣 得入如來大誓海中 承佛慈力 衆罪消滅 善根增長 若臨命終 自知時至 身無病苦 心不貪戀 意不顛倒 如入禪定 佛及聖衆 手執金台 來迎接我 於一念頃 生極樂國 花開見佛 卽聞佛乘 頓開佛慧 廣度衆生 滿菩提願155)

十方三世一切佛 一切菩薩摩訶薩 摩訶般若波羅蜜

정토종은 모든 종류의 뜻하지 않는 일[遭遇]에 직면하여 마음이 뒤섞여 어지럽거나 전도되지 않을 수 있다면 '일심염불'이라 한다고 하였으니, '정념(正念)'을 일컫는 것이다.156) 일념(一念)은 극히 짧은 시간으로 '찰나보다 짧다고도 한다.

○육도군령찬 [육도의 군령(群靈)을 기림]
六道群靈贊

육도의 군령(群靈)이 생사의 고향에서 벗어났으니 부족하나마 법수(法水)를 따라 진상(眞常)157)을 깨달았으니, 곧바로 스스로 받아들이고 감당하여 빛을 돌려 (자신에게) 되 비춘다면 어떤 땅인들 극락이 아니겠는가.

六道群靈 脫生死鄉 少隨法水悟眞常 直下自承當 返照廻光 何地不樂邦

보리란 각(覺)과 혹(惑)과 누(累)가 모두 없어져 불생불멸한 경지를

---

155) 여기까지 慈雲懺主의 「淨土文」이라고 『雲棲法彙(選錄)』에서 기록됨. 袾宏 著, 『雲棲法彙(選錄)』卷2(CBETA 2023.Q4, J32, no. B277, p. 579a29-b8))
156) 『觀經疏散善義』(善導), 「往生禮讚前序」.
157) 義淨撰, 『南海寄歸內法傳』卷1(T54, 212a), "菩提是覺惑累皆亡 不生不滅號曰眞常".

진상(眞常)이라 부른다.
나무 초락토보살마하살 (3칭) 南無超樂土菩薩摩訶薩(三稱)

염불하며 일제히 단(壇)으로 돌아가 붓다를 향한다. 붓다 명호 부르는 것을 그치고[收], 삼귀의를 하고 삼배를 마치고 또 삼배하고 요사채[寮]로 돌아간다.
念佛齊歸壇 向佛收佛號 三歸依三拜畢 又三拜回寮

○삼귀의 三歸依

스스로 붓다께 귀의하오니 마땅히 중생들이 대도(大道)를 몸소 깨달아 더없이 훌륭한 마음 내기를 원합니다.
스스로 가르침에 귀의하오니 마땅히 중생들이 깊이 경장(經藏)에 들어가 지혜가 바다와 같기를 원합니다.
스스로 승가에 귀의하오니 중생들이 대중을 잘 통솔해 일체에 장애 없기를 원합니다.
성중(聖衆)께 합장 경례하옵니다.[和南]
自歸依佛 當願衆生 體解大道 發無上心
自歸依法 當願衆生 深入經藏 智慧如海
自歸依僧 當願衆生 統理大衆 一切無礙158)
和南聖衆

시식을 마치고 행하는 삼귀의는 재자들의 삼귀의로 자삼귀의라고 한다.

몽산시식염송설법의 끝 蒙山施食念誦說法儀 終

---

158) 佛馱跋陀羅 譯, 『大方廣佛華嚴經』卷6(T09, 430c27-431a02)."

증수선교시식의문
增修禪教施食儀文

중오 휴휴선암 절목수
中吳 休休禪庵 絶牧叟

절목수는 몽산덕이의 자호(自號)인데, '뛰어난 소치는 늙은이' 또는 '소치기를 그만둔 늙은이' 정도로 해석할 수 있을 것 같다. 바로 아래의 각주에서 허흥식은 덕이가 세속의 교화를 단절하고 수도에만 전념한다는 뜻으로 절목수라는 자호를 사용한 것으로 짐작된다고 하였다.

서양사문 몽산덕이가 고치고 뜻을 풀어 밝힘[修註]
瑞陽沙門 蒙山德異 修註

몽산(蒙山)은 호이고 덕이[德異, 1231~?]는 법명이다. 원나라 때 임제종 양기파(楊岐派)의 승려. 아버지는 노정달(盧正達), 어머니는 추씨(鄒氏)로 서양(瑞陽) 고안[高安; 江西]에서 태어났다. 고안은 원대(元代)에 오늘날 강서성(江西省)에 속한 여능도(廬陵道) 서양(瑞陽) 고안현(高安縣)이었다. 몽산은 여능도에 있던 산명(山名)이고, 몽산화상이라고 흔히 불려왔다. 서양(瑞陽)은 당(唐)의 균주(筠州)이므로 몽산과 고균(古筠)은 그의 고향에서 따온 호로 일찍부터 사용하였다고 짐작된다. 전산(澱山)은 그가 득도한 송강부(松江府)에 있던 산 이름이었다. 그는 고균비구(古筠比丘), 전산화상(澱山和尙), 또는 휴휴암주인(休休庵主人), 절목수(絶牧叟)라는 자호(自號)도 썼다. 휴휴암주인은 그가 1277년 전산을 떠나서 휴휴암이라는 암자에 머물던 만년에 사용한 별명이고, 이때부터 세속의 교화를 단절하고 수도에만 전념한다는 뜻으로 절목수란 자호(自號)도 이때부터 사용하였다고 짐작된다. 출가 직후부터 몽산과 고균이 쓰였고, 중반기에는 전산으로, 그리고 후반기에 휴휴암주인과 절목수라는 호가 추가되었다고 확인된다. 일찍이 소주(蘇州) 승천사(承天寺)의 고섬 여형(孤蟾如瑩)과 경산(徑山)의 허당 지우(虛堂智愚) 등의 스승을 참알(參謁)한 뒤 복주(福州) 고산(鼓山)의

환산 정응(皖山正凝)에게 수학(修學)하고 그 법을 이어받았다. 처음에는 송강[松江; 江蘇] 전산(澱山)에서 법을 널리 펼쳤다. 지원(至元) 27년(1290) 『육조단경(六祖壇經)』을 다시 편찬 유포하는 데 힘썼는데, 일반적으로 이것을 「덕이본(德異本)」이라고 부른다. 이밖에 「불조삼경서(佛祖三經序)」, 「몽산화상육도보설(蒙山和尙六道普說)」 등의 저작이 있다.159)

시식(施食)의 공덕은 특별히 뛰어나니 넓고 큰 이익은 오묘한 작관(作觀)에 있다. 작관은 (시식을) 행하는 사람이 모든 법이 법계 아님이 없어 하나와 여럿[一多]이 걸림 없고, 진리[理]와 현상[事]이 원만하고 밝음을 이미 깨달아 오묘한 삼단(三檀)을 갖추고 원만히 육바라밀[六度]을 닦는 것이다. 온전히 (시식을) 행하는 사람이 한마음으로 청정하게 하여 갖가지 공덕이 생각을 따라 눈앞에 나타내는 데 있는 것이다.

施食功德殊勝 利益廣大者 妙在作觀 作觀者 行人旣了 諸法無非法界 一多無㝵 理事圓明 妙具三檀 圓修六度 全在行人 一心淸淨 種種功德 隨念現前

삼단(三檀)·삼단(三壇)은 세 가지 보시(布施)를 가리킨다. 또한 삼시(三施)라고도 한다. 단(檀)은 단나(檀那)의 약칭으로 보시한다는 뜻이다. 『대지도론(大智度論)』에 의하면, ① 재시(財施)로 자생시(資生施)라고도 한다. 계행을 지녀 스스로를 단속하고 중생의 재물을 침범하지 않으며 또한 자기의 재물을 다른 사람에게 주는 것을 말한다. ② 법시(法施)는 다른 사람을 위해 법을 설해주어 그들이 도리를 깨닫게 하거나, 또한 청정한 계율을 굳게 지녀 중생에게 공양의 복전(福田)이 되어주어 한량없는 복을 얻게 하는 것을 말한다. ③ 무외시(無畏施)는 모든 중생이 다 죽음을 두려워하므로 마땅히 계율을 지녀 침범하여 해치지 않고 그들이 두려움이 없게 하는 것이다. 또 『대명삼장법수(大明三藏法數)』에 의하면 보시 공덕의 우열(優劣)을 들어

---

159) 『增續傳燈錄』卷4, 『五燈嚴統』권22; 허흥식, 『고려에 남긴 휴휴암의 불빛 몽산덕이』, 창비, 2009년, 23-24.

세 가지 보시를 말하였다. ① 하품시(下品施)는 다른 사람이 먹을 것이 없어 배를 곯는 것을 보고 음식으로 그를 구제하는 것이니 이는 음식을 베푸는 것[飮食施]이다. ② 중품시(中品施)는 다른 사람이 가난한 것을 보고 재물과 진귀한 보배로써 그를 구제하는 이는 진귀한 보배[재물]을 베푸는 것[珍寶施]이다. ③ 상품시(上品施)는 몸의 살을 베어 중생을 구제하고 생명을 버려 다른 사람을 구하는 것이니 이는 몸과 목숨을 베푸는 것[身命施]이다.160)

삼단(三檀)이란 무외시(無畏施), 재시(財施), 법시(法施)이고, 육도(六度)란 시바라밀(施波羅蜜), 계바라밀(戒波羅蜜), 인바라밀(忍波羅蜜), 정진바라밀(精進波羅蜜), 선바라밀(禪波羅蜜), 반야바라밀(般若波羅蜜)이다. 다라니의 힘을 더해서 신령하고 오묘하며 불가사의한 시식(施食)을 행할 때는 대중이 두루 모여 점잖게[安詳] 서서 법에 맞게[如法] 작관(作觀)을 한다. 각각 잡념을 놓아 버리고 사랑하는 마음[慈]을 일으키고 불쌍히 여기는 마음을 움직여서 저 굶주리고 목마름을 가엾게 여겨 평등하게 제도한다. 저들의 괴로움을 제거해 주려면 붓다의 신통에 기대야 한다.

三檀者 無畏施財施法施 六度者161)波羅蜜 戒波羅蜜 忍波羅蜜 精進波羅蜜 禪波羅蜜 般若波羅蜜 加以陀羅尼力 靈妙不可思議 施食時 大衆普集安詳而立 如法作觀 各各放捨雜念 興慈運悲 愍彼飢渴 平等濟度 欲拔彼苦 仗我162)神通

먼저 내 몸의 육근[六根, 눈, 귀, 코, 혀, 몸, 뜻]문의 8만 4천 털구멍[毛孔]에서 모두 청정한 광명을 비추어 시방의 한량없고 끝이 없는 모든 법계를 두루 비춘다고 관상(觀想)한다. 그다음 내가 시식(施食)하는 이 도량은 모든 구덩이[坑坎]와 언덕[堆阜]이 없어서 깨끗하고 바

---

160) 『大乘莊嚴經論』卷8, 『金剛般若論』권3, 『維摩經文疏』卷8, 『諸經要集』卷10, 『華嚴隨疏演義鈔』권22].
161) 아래 '施'가 누락된 것으로 보임.
162) 원문에는 '我'로 되어있으나 의미상 '佛'로 보임.

닥이 평평하며, 드넓어 걸림이 없음이 마치 허공과 같아서 한량없고 셀 수 없는 불자들을 받아들여[容] 음식을 받고 가르침을 들을 수 있으며, 모든 불자(佛子)가 나의 서원과 수행의 힘을 잇고 모든 붓다가 자비로 보호해 주시는 힘을 받들어서 다 도량에 다다라 공덕을 받아들이고 누린다고 관상(觀想)한다.

이상은 무외시(無畏施)를 자세히[具] 한 것이다.

先當觀想 我身六根門中 八萬四千毛孔 皆放淸淨光明 遍照十方無量無邊 一切法界. 次想 我此施場 無諸坑坎堆阜 淸淨平坦 廣博無尋 猶若虛空 能容無量無數佛子 受食聽法 一切佛子承我願行力 承諸佛慈悲加護力 悉赴道場 受沾功德
已上具無畏施

그다음 면연귀왕(面然鬼王)을 받들어 청하면 바로 눈앞에 계시며, 36부(部)를 다스리고 거느리는[統領] 모든 아귀 대중, 아리제모(阿利帝母)와 함께하는 모든 권속, 바라문선(婆羅門仙) 대중 및 모든 지옥, 삼도팔난(三途八難)에서 모든 고통 받는 중생과 아울러 모든 남아있는 혼백[滯魄]과 의지할 곳 없이 떠도는 외로운 혼령[孤魂] 및 모든 중음계(中陰界) 내의 모든 불자 대중이 각각 모든 법계로부터 와서 나의 법회에 다다른다고 관상(觀想)한다. 그다음 음식을 담는 그릇이 내가 암송하는[諷誦] 주(呪)의 힘을 따라 넓고 크게 변화하여, 마가다국에서 사용하는 곡(斛), 용량]으로 (그릇) 안에 채워진 음식의 향과 맛이 천상의 감로의 맛과 같아지고 1곡(斛)이 변화하여 한량없는 곡(斛)이 되고 시식하는 도량에 두루 가득하여 모든 법계에 두루 미치도록 채워서[畟塞] 하나하나의 불자 앞에 다 49곡(斛)의 음식이 있다고 관상(觀想)한다.

이상은 재시(財施)이다.

次當觀想 奉請面然鬼王 卽在目前 統領三十六部 諸餓鬼衆 同阿利帝母 一切眷屬 婆羅門仙衆 及諸地獄 一切受苦衆生 三途八難 幷諸滯魄孤魂 曁一切中陰界內 諸佛子衆 各各從諸法界 而來赴我法會. 次當觀想 食器隨我諷誦呪力 變現廣大 如摩伽陁國 所用之斛 滿中飮食香 美(美)如天甘露味 一斛化爲無

量斛 遍滿施場 冥塞周遍一切法界 一一佛子前 皆有七七斛食
已上財施也

측색(冥塞)은 곽박(郭璞)이 주석한 『이아』에서 "'측(冥)'이라는 말은 매우 날카롭다[嚴利]는 것이다"라고 하였다. 『운략』에서는 "온갖 그릇에 (음식을) 차려놓은 것이 성대한 모양이다"라고 하였다.163)

그다음 하나하나의 불자 앞에 모두 경전을 암송하고 주(呪)를 지녀 자비로운 마음으로 염불하는 나의 몸이 있어서, 팔을 펴서 음식을 주고 감로법수를 베풀며, 손가락을 튕겨서 소리를 내어 어둠에 잠긴[昏沉] 불자들이 (스스로) 깨우쳐 돌아보고, 평등하게 음식을 받아 모두 굶주림과 목마름, 극심한 괴로움이 없어져서 몸과 마음이 맑고 시원해지며 한마음으로 가르침을 듣고 각자 해탈을 구한다고 관상(觀想)한다.

법시(法施)를 자세히[具] 한 것이다.

次當觀想 一一佛子前 皆有我身 誦經持呪 慈心念佛, 展臂授食 及施甘露法水 彈指出聲 警省昏沉佛子 平等受食 悉除飢渴熱惱 身心清涼 一心聽法 各求解脫 具法施

(시식을) 행하는 사람은 위와 같이 하나하나 바로 눈앞에서 평등하게 다른 사람을 이롭게 하고 제도한다고 관법(觀法)을 한다. 마땅히 '관(觀)하는 자는 누구인가.' 돌이켜 관하라. 눈앞의 하나하나의 법이 곧바로 오묘한 도(道)임을 밝게 깨달아서 모든 시식 받는 이가 나와 같이 오묘함을 돌이켜 관(觀)하여 다 같이 깨달음의 언덕[覺岸]에 오르기를 원하는 것이 바로 보시바라밀[檀波羅蜜]이다.

行人作如上觀法 一一現前 平等利濟於他. 當回觀 作觀者是誰. 目前一一法 自何發現 直下悟明妙道, 願諸受施者 如我回觀之妙 同登覺岸 是名檀波羅蜜.

---

163) 慧琳 撰, 『一切經音義』卷92(T54, 888c), "郭璞注爾雅云冥言嚴利也韻略云陳設器物盛貌也."

주(呪)를 염송하며 시식(施食)하는 자는 몸[身]과 말[口]과 뜻[意]을 청정히 하고, 법답게 (차안에서 피안으로) 건네주는 나루터가 되며, 열 가지 선한 힘[十善力]을 갖추어 저들의 굶주림과 목마름을 제거해 주고, 육바라밀의 힘을 움직여서 저들 가라앉고 빠진 이들을 건져주며, 계를 지키는 실천[戒行]이 상응하여 저편이나 이편이나[彼此] 이익을 얻어서 단박에 보리(菩提)를 깨닫는다고 관상[作觀]하는 것이 바로 지계바라밀[戒波羅蜜]이다.

作觀誦呪施食者 身口意淸淨 如法津濟 具十善力 除彼飢渴 運六波羅蜜力 度彼沉淪 戒行相應 彼此獲益 頓悟菩提 是名戒波羅蜜

십선(十善)은 십악(十惡)의 반대로 십선도(十善道) 또는 십선계(十善戒)라고도 하는데, 몸[動作]·입[言語]·뜻[意念]으로 열 가지 악을 범치 않는 제계(制戒)이다. 불살생(不殺生)·불투도(不偸盜)·불사음(不邪婬)·불망어(不妄語)·불양설(不兩舌)·불악구(不惡口)·불기어(不綺語)·불탐욕(不貪欲)·불진에(不瞋恚)·불사견(不邪見)으로 십선을 별도로 시설하지 않고 악업을 행하지 않는 것을 선업이라고 하는 것은 불교의 독특한 방식인데, 이 십선의 힘을 십선력이라고 할 수 있다.

관(觀)하는 법은 생각함에 따라 눈앞에 나타나는 것이 또렷하고 [歷歷] 명백하다. 나의 이 몸과 마음이 비록 욕계(欲界)에 있을지라도 몸과 마음에는 욕심이 없어서 티끌에 살지만 티끌을 떠났으니 마음과 경계가 다 청정하고, 외부의 모든 소리와 모양에 흔들려 움직이지 않고 오로지 마음을 나루터[津濟]에 기울인다. 이미 분명히 깨달은[明了] 자는 일체법을 잘 알아서 생겨남도 없고 멸함도 없다. 마음을 밝혀 깨닫지 못한 자는 나루로써 건네주기 때문에, 몸도 잊고 경계도 잊으니, 외부의 모든 소리와 모양에 미혹되어 어지럽지 않게 된다. 영리한 자는 빛을 돌이켜 스스로 바라보아 문득 본래의 진여를 깨달아서 곧 깨달음의 언덕에 오르게 되니 이것이 바로 인욕바라밀[忍波羅蜜]이다.

所觀之法 隨念現前 歷歷明明 我此身心 雖在欲界 而身心無欲 居塵而離塵

心境俱淨 外諸聲色搖撼不動 專心津濟 已明了者 善知一切法 無生無滅. 未明心了者 以津濟故 忘身忘境 外諸聲色 無能惑亂. 靈利者 回光自看 便悟本眞 卽登覺岸 是名忍波羅蜜

주(呪)를 염송하며 시식(施食)할 때 삼륜[三輪; 베푸는 이, 받는 이, 베푸는 물건]이 청정하면 하나의 법으로 모든 법을 나타내고 하나의 법계로 모든 법계를 나타낼 수 있으며, 생각하는 것에 따라 감응한다고 관상(作觀)한다. 돌이켜 법의 근원(法源)을 관하여 본체(體)와 작용(用)을 꿰뚫어 밝히면 한 번에 뛰어넘어 곧바로 여래지(如來地)에 들게 된다. 이와 같은 공덕으로 다 함께 음식을 받은 불자들이 평등하게 수용하는 것이 바로 정진바라밀(精進波羅蜜)이다.

作觀誦呪 施食之時 三輪淸淨 能於一法 現一切法 以一法界 現一切法界 隨念應感 回觀法源 洞明體用 一超直入如來地. 以如是功德 同諸受食佛子 平等受用 是名精進波羅蜜

주(呪)를 염송하며 시식(施食)할 때 별다른 견해나 생각[思想]이 없이 관상(觀想)을 행함이 원만하여 밝고 경계가 청정하여 몸과 마음이 평온하고, 모든 어리석음과 산란함을 떠나 선정(禪定)의 경계가 맑은 바람 불 듯함을 관상(作觀)한다. 이미 밝게 깨달은 자는 오직 하나인 참된 세계[一眞法界]에 머물게 되고, 깨닫지 못한 자는 오랫동안 한다면 자연히 도리를 깨달아[妙悟] 원통문(圓通門)에 들게 되니, 음식을 받는 불자들이 이 공덕의 힘을 받들어 장래에 또한 오묘한 깨달음을 얻게 되는 것이 바로 선정바라밀(禪波羅蜜)이다.

作觀誦呪 施食之時 無別思想 觀行圓明境界淸淨 身心安然 離諸癡亂 定境風淸 已悟明者 住一眞法界 未悟者 久久自然妙悟 入圓通門 受食佛子承是功德力 將來亦得妙悟 是名禪波羅蜜

주(呪)를 염송하며 시식(施食)할 때 이미 분명하게 깨달은 자는 하나의 법이 모든 법에 원만하게 융통하니 이 법력(法力)으로써 음식에 가지(加持)하여 모든 불자에게 베푼다고 관상(作觀)한다. 밝게 깨닫지 못한 자 또한 이러한 마음을 써서[運] 붓다의 주(呪)의 힘을 받들어 관법(觀法)의 뛰어나고 오묘한 힘으로 모든 불자가 이 법식(法食)을 받고 어리석음을 다 버리고 지혜가 생겨나기를 원한다. 각각 단박에 참된 마음[眞心]이 모든 법의 왕임을 깨닫는 것이 바로 반야바라밀(般若波羅蜜)이다.

作觀誦呪 施食之時 已明了者 一法圓通一切法 以是法力 加持飮食 施諸佛子 未悟明 亦運是心 承佛呪力 觀法勝妙力 願諸佛子 受此法食 捨盡愚癡 發生智慧 各各頓悟 眞心爲諸法之王 是名般若波羅蜜

이미 삼단(三檀)과 육도(六度)의 공덕을 밝혔다. 도량 안에서 법요를 진행하는 사람[主行者]이 거창[擧唱, 선창]하는 것을 듣고, 같은 소리로 주(呪)를 염송한다. 혹여 붓다의 명호와 조화롭게 해야지 혼란스럽게 해서는 안 된다.

旣明三檀六度功德已 於道場中 聽主行者擧唱 同聲誦呪 或和佛號 不宜難亂

법요를 진행하는 사람[主行者]이 「대비주」를 거행하면 뜻에 따라 생각을 유지하며[持念] 대중은 물 흐르듯 한 소리를 써서 다 함께 염송하되 각각 법답게[如法] 관상[作觀]한다.

主行擧大悲呪 隨意持念 大衆運流水聲同誦 各各作觀如法

다음은 「파지옥게」와 「진언」을 염송한다.
次誦破地獄偈及眞言

만일 어떤 사람이 삼세의 일체 붓다를 알고자 한다면
마땅히 법계의 성품 모든 것이 마음을 된 줄을 관하라. [3편]
若人欲了知 三世一切佛 應觀法界性 一切唯心造 [三遍]

파지옥진언 [지옥을 부수는 진언] 破地獄眞言
옴 가라데야 스바하 [3편] 唵伽囉帝野娑訶 [三遍]

보소청진언 [널리 불러서 청하는 진언] 普召請眞言
나모 보보뎨리 가리다리 다타아다야 [3편]
南無部波帝哩 伽哩哆哩 怛他誐哆野 [三遍]

해원결진언 [원한 맺은 것을 풀어주는 진언] 解寃結眞言
옴 삼다라 가다 스바하 [3편] 唵 三陁囉 伽陁 薩縛訶 [三遍]

나무 대방광불화엄경 [3편] 南無大方廣佛華嚴經 [三遍]

별도로 청하는 것[別請]은 이곳에서 임의대로 한다.
別請此處任意用之

법요를 진행하는 사람[主行者]이 붓다를 찬탄하고 뜻을 아룀[밝힘] 붓다 몸 법계에 충만하시니 모든 중생 앞에 두루 나타나시며 인연 따라 감응하여 나아감에 두루 미치지 않음이 없으시나 언제나 이 보리좌에 머물러 계시네.164)

이날 바로 지금 사문(沙門) ○○ 등이 자비심을 움직이고 평등행을 실천하여 본래 세운 서원의 힘[本願力]과 『대방광불화엄경』의 힘과 모든 붓다의 가피의 힘으로써 (가지한) 이 청정한 법식(法食)을 모든 법계의 면연귀왕(面然鬼王)이 통솔하고 거느리는 36부(部)의 한량 없고 끝이 없는 항하사 수의 모든 아귀 대중과 하리디모(訶利帝母)의 모든 권속과 바라문선(婆羅門仙) 대중과 아울러 이 세계와 다른 세계의 전쟁[刀兵]으로 죽은 이, 물에 빠지고 불에 타서 죽은 이, 돌림병이나 정처없이 떠돌다가 죽은 이, 굶주림과 추위로 죽은 이, 나무에 줄을 매 스스로 죽은 이, 법에 의한 형벌로 죽은 이, 어렵게 아이를 낳다 죽은 이, 모든 남아있는 혼백[滯魄]과 의지할 곳 없이 떠도는 외로운 혼령[孤魂], 풀에 의지하고 나무에 붙어 있는 모든 귀신, 지

---

164) 實叉難陀 譯, 『大方廣佛華嚴經』卷6(T10, 30a).

부(地府)와 풍도(酆都), 크고 작은 철위산의 오무간(五無間) 지옥, 팔한(八寒)지옥, 팔열(八熱)지옥, 가볍거나 무거운 모든 지옥, 지옥을 맡은 관리[獄司]와 성황(城隍) 등이 있는 곳에서 모든 고통을 받는 중생, 육도의 최근[요사이]의 모든 중음(中陰) 중생에게 두루 베푸오니 다 저의 청에 다다르십시오. 한 명도 어기지 마시고 그대들 한 명 한 명 각자 마가다국에서 사용하는 용량[斛]으로 49곡(斛)의 음식을 얻어 모든 굶주림과 목마름을 없애기를 바랍니다. 다만[第] 범부와 성인이 통하기 어려울까 두려우니 마땅히 삼보(三寶)의 가피를 구하겠습니다.

主行嘆佛白意
佛身充滿於法界 普現一切衆生前 隨緣赴感靡不周 而常處此菩提座
是日今時 沙門某等 運慈悲心 行平等行 以本願力 大方廣佛華嚴經力 諸佛加被之力 以此淸淨法食 普施 一切法界 面然鬼王 所統領者 三十六部 無量無邊 恒河沙數 諸餓鬼衆 泊訶利帝母 一切眷屬婆羅門仙衆 併此方他界 刀兵殞命 水火焚漂 疾疫流離 飢寒凍餒 繩木自盡 刑憲而終 産難而死 一切滯魄孤魂 依草附木 一切鬼神 地府酆都 大小鐵圍山 五無間獄 八寒八熱 輕重諸地獄 獄司城隍等處 一切受苦衆生 六道方來 一切中陰衆生 咸赴我請 無一違者 願汝一一 各得摩伽陁國 所用之斛 七七斛食 除諸飢渴 第恐凡聖難通 當求三寶加被

오무간(五無間)은 첫째 곧 아비지옥(阿鼻地獄)으로 오무간옥(五無間獄)이라고도 한다. 법계의 유정 중생들이 지은 업에 따라 이 지옥에 떨어지면 고통의 과보를 받는 것이 잠시도 끊어지지 않는 것이다. 8대지옥 중에서 가장 고통스러운 곳으로 극악한 사람이 받는 과보이다. 『지장보살본원경』에 따르면, 이 지옥은 '다섯 가지 일에 대한 업을 감득[五事業感]'하므로 '무간(無間)'이라고 칭한다. ① 시무간(時無間)으로 오랜 겁 동안 죄의 과보를 받음에 잠시도 쉬는 시간이 없는 것을 가리킨다. ② 형무간(形無間)으로 이 지옥의 너비가 8만 유순으로 일체 유정이 이 속에서 고통받을 때 그 몸 또한 너비가 8만 유순이 되어 이 지옥에 두루 가득 차게 된다. 한 사람이어도 가득 차고 많은 사람이어도 가득 차서 조금의 빈 틈도 없는 것을 가리킨다. ③ 수고무간(受苦無間)으로 모든 유정이 칼로 된 숲과 산[劍樹刀山]에서 죄를 받는 기구인 작살과 방망이[叉棒], 맷돌로 갊[碓磨], 톱으로 썲[鋸鑿], 도끼도 벰[剉斫], 가마솥에 끓임[鑊湯] 등의 모든 고통을 경험하는 데 잠시도 쉼이 없는 것이다. ④ 취과무간(趣果無間)으로 남자와 여자, 노인과 어린이, 귀하거나 천하거나 천룡(天龍)과 귀신을 불문하고 죄업을 받는 느낌을 다 똑같이 받는 것이다. ⑤ 명무간(命無間)으로 만일 이 지옥에 떨어지면 처음 들어갈 때부터 백천만 겁에 이를 때까지 하룻낮 하룻밤[24시간] 동안 만 번 죽고 만 번 살아나니 잠깐 사이나마 머물기를 구하여도 할 수 없으며 잘못된 것을 없애고 업이 다해야 비로소 생을 받게 된다.[165]

둘째 다섯 가지 무간업(無間業)으로 곧 어머니를 살해하는 것[殺母], 아버지를 살해하는 것[殺父], 아라한을 살해하는 것[殺阿羅漢], 승단의 화합을 깨뜨리는 것[破和合僧], 붓다의 몸에서 피가 나게 하는 것[出佛身血] 등의 오역죄(五逆罪)이다. 이 다섯 가지 죄업은 무간지옥 고통의 과보를 초래할 수 있으므로 오무간업(五無間業)이라고 부른다.

나무 상주 시방불 [시방에 항상 머물러 계시는 붓다께 예경합니다]
南無常住十方佛
나무 상주 시방법 [시방에 항상 머물러 계시는 가르침에 예경합니다]
南無常住十方法
나무 상주 시방승 [시방에 항상 머물러 계시는 승가에 예경합니다]
南無常住十方僧
나무 본사 석가모니불 [본사 석가모니불께 예경합니다]
南無本師釋迦牟尼佛
나무 관세음보살 [관세음보살께 예경합니다]
南無觀世音菩薩
나무 명양구고 지장왕보살 [저승과 이승의 고난에서 구제하시는 지장왕보살께 예경합니다]
南無冥陽救苦地藏王菩薩

---

165) 『觀佛三昧海經』권5 「觀佛心品」, 『大樓炭經』권2 「泥梨品」, 『起世經』권4 「地獄品」, 『翻譯名義集』권2]

나무 기교 아난다존자 [(시식의) 가르침이 비롯된 아난존자께 예경합니다]
南無起敎阿難陁尊者

같은 소리로 3편을 염송한다. 각각의 성호(聖號)에 따라 법답게 관상(作觀)한다. 불보살님의 몸의 광명이 모든 법계 안을 두루 비추어 모든 불자가 광명의 힘을 받들어 다들 악도(惡道)를 버리고 모두 도량에 다다라서 공덕을 받아들이고 누린다고 관상(觀想)한다.
同聲念三遍. 各隨聖号 如法作觀 觀想 佛菩薩身光 遍照諸法界中 一切佛子 承光明力 悉捨惡道 悉赴道場 受沾功德矣

이 법요를 진행하는 사람[主行者]이 말씀드립니다.
모든 불자시여, 이미 삼보의 가피의 힘을 받들어 모두 저의 청으로 다다르셨으니 마땅히 흔하지 않은 일[希有]이라는 마음을 내어 거꾸로 뒤집힌 생각을 버리고 떠나 삼보께 귀의하여 죄의 장애를 참회하여 없애고 목구멍을 열어 통하게 하여 평등하게 제가 베푸는 것을 받으소서. 막지를 않고 걸림 없는 청정한 법식(法食)은 모든 굶주림과 목마름을 제거해 줍니다.
此主行白云
諸佛子 已承三寶加被之力 悉赴我請 當生希有心 捨離顚倒想 歸依三寶 懺除罪障 咽喉開通 平等受我所施 無遮無㝵 淸淨法食 除諸飢渴

이 법요를 진행하는 사람[主行者]이 귀의삼보를 거행[선창]하면 대중이 화답하며 법답게 관상[作觀]한다.
主行 擧歸依三寶 衆和如法作觀

귀의불 귀의불양족존 귀의불경
귀의법 귀의법이욕존 귀의법경
귀의승 귀의승중중존 귀의승경 각 [3편]
歸依佛 歸依佛兩足尊 歸依佛竟
歸依法 歸依法離欲尊 歸依法竟
歸依僧 歸依僧衆中尊 歸依僧竟 各 三遍

삼보란 시방에 항상 머물고 계시는 불보(佛寶)와 법보(法寶), 승보(僧寶)이다. 자기에게 이미 불법승보(佛法僧寶)가 있어서 귀의하면 시방에 항상 머물고 계신다. 불보(佛寶)는 (교화를 위해) 세상에 나오신 큰 스승이고, 법보(法寶)는 해탈하는 큰 규범[大戒]이며, 승보(僧寶)는 참된 선우(善友)임을 증명하는 것이다. 자신에게 이미 있는 불보(佛寶)에게 귀의한다는 것은 깨달음[覺]이다. 한순간의 생각에 빛을 돌이켜 오묘한 도리를 깨달아[覺悟] 영원히 윤회를 끊는 것이 곧 자신에게 이미 있는 불보이다. 자신에게 이미 있는 법보에 귀의한다는 것은 바르다[正]는 것이다. 참된 마음으로 정직하게 빛을 돌려 한 번 비춤에 단박에 무생법인(無生法忍)을 깨달아 모든 고통의 세계[苦趣]에서 벗어나는 것이 곧 자신에게 이미 있는 법보이다. 자신에게 이미 있는 승보에 귀의한다는 것은 청정하다는 것이다. 범부의 마음작용[凡情]을 다 버리고 한마음이 청정하여 티끌에 물들지 않으면 마음마다 있는 그대로의 참모습[實相]이요 생각마다 원만하고 밝으니 곧 자신에게 이미 있는 승보이다.

三寶者 有十方常住佛法僧寶 有自己佛法僧寶 歸依十方常住 佛寶爲出世大師 法寶爲解脫大戒 僧寶爲證眞善友 歸依自己佛寶者覺也 一念回光 覺悟妙道 永絶輪回 卽自己佛寶 歸依自己法寶者 正也. 眞心正直 旋光一鑑 頓悟無生法忍 解脫一切苦趣 卽自己法寶 歸依自己僧[166)]寶者 淸淨也. 捨盡凡情一心淸淨 不染塵 心心實相 念念圓明 卽自己僧寶

양족존(兩足尊)이란 복덕(福德)과 지혜(智慧) 두 가지를 구족한 사람으로 더없이 높은 깨달음[菩提]를 증득한 것이다. 이욕존(離欲尊)이란 범부의 뜻[凡情]과 성인의 생각[聖念]이 모두 청정하여 방편을 발휘하여 그윽하고 오묘하지만 그윽하고 오묘한 데 머물지 않고, 근기에 따라 두루 베풀어 넉넉하게 이익을 주되 나라고 할만한 것이 없다[無我]. 중중존(衆中尊)이란 청정한 법신(法身)이 바로 이것이다. 크고 원만한 깨달음을 가람(伽藍)으로 삼고, 사무애지(四無碍智)에 머무르

---

166) 내용상 '僧'자가 누락된 것으로 보임.

며 대법륜(大法輪)을 굴려 모든 중생에게 넉넉하게 이익을 주는 것이다. 항상 머물러 계시는 삼보에 귀의해 마침은 언제나 붓다의 가르침을 배우고 따라서 사마(邪魔)와 외도(外道)에 미혹되지 않겠다는 말이다. 자신에게 이미 있는 삼보에 귀의해 마치면 단박에 오묘한 도리를 깨달아 원만하게 십력(十力)을 모아서 구경지(究竟地)에 이를 수 있다. 귀의삼보를 마치면 '멸죄진언[죄업을 소멸하는 진언]'을 염송하고, '삼매야계'를 주고 받으며, '개인후진언[목구멍을 열어주는 진언]'과 '변식진언[음식을 변화시키는 진언]' 등을 한다.

兩足尊者 福德智慧二種具足者 證無上菩提. 離欲尊者 凡情聖念俱清 方便發輝 玄妙而不住玄妙 隨機普施 饒益而無我. 衆中尊者 淸淨法身是也. 以大圓覺爲伽藍 住四無尋智 而轉大法輪 饒益一切衆生也. 歸依常住三寶已 是謂常隨佛學 不爲邪魔 外道所惑. 歸依自己三寶已 能頓悟妙道 圓集十力 至究竟地. 歸依三寶竟. 誦滅罪眞言 授受三昧耶戒 開咽喉眞言 變食眞言 等

사무애지(四無礙智)는 사무애해(四無礙解)라고도 한다. 마음의 방면으로는 지(智) 또는 해(解)라 하고, 입의 방면으로는 변(辯)이라 한다. ① 법무애(法無礙)는 온갖 교법에 통달한 것, ② 의무애(義無礙)는 온갖 교법의 요의(要義)를 아는 것, ③ 사무애(辭無礙)는 여러 가지 말을 알아 통달치 못함이 없는 것, ④ 요설무애(樂說無礙)는 온갖 교법을 알아 기류(機類)가 듣기 좋아하는 것을 말하는 데 자재한 것이다. '항상 머물러 계시는 삼보에 귀의하였음은' 귀의삼보경을 의미한다. 십력(十力)은 범어 daśa-balaḥ. 곧 열 가지 지혜의 힘으로 여래의 십력(十力)을 가리킨다. 오직 여래만이 구족하신 열 가지 지혜의 힘으로 곧 붓다의 18불공법(不共法) 중의 10가지이다. 또한 십신력(十神力)이라고도 한다. 여래가 증득하신 실상(實相)의 지혜를 말하는데, 모든 것을 분명히 깨달아[了達] 무너뜨릴 수 없고 이길 수 없으므로 힘[力]이라고 일컫는다. 십력은 곧 ① 처비처지력(處非處智力)으로 지시처비처지력(知是處非處智力), 시처불시력(是處不是力), 시처비처력(是處非處力)이라고도 한다. 처(處)는 도리(道理)를 말한다. 말하자면 여래는 모든 인연과 과보에 대해 본질(實)을 살펴서 능히 알며, 만일 선업을 지으면 곧 결정코 낙보(樂報)를 얻는다는 것을 아는 것이니

'옳은 곳임을 아는 것[知是處]'이라고 한다. ; 만일 악업을 지으면 낙보(樂報)를 받는 것이 옳은 곳이 아니므로 '그릇된 곳임을 아는 것[知非處]이라고 한다. 이와 같은 갖가지를 모두 다 두루 아는 것이다. ② 업이숙지력(業異熟智力)으로 지업보지력(知業報智力), 지삼세업지력(知三世業智力), 업보집지력(業報集智力), 업력(業力)이라고도 한다. 말하자면 여래가 일체중생의 과거와 미래, 현재의 삼세에 업연(業緣)의 과보가 생기는 곳에 대해 모두 다 두루 아는 것이다. ③ 정려해탈등지등지지력(靜慮解脫等持等至智力)으로 정려해탈등지발기잡염청정지력(靜慮解脫等持等至發起雜染淸淨智力), 지제선해탈삼매지력(知諸禪解脫三昧智力), 선정해탈삼매정구분별지력(禪定解脫三昧淨垢分別智力), 정력(定力)이라고도 한다. 말하자면 여래가 모든 선정에 자재하고 걸림 없어서 그 얕고 깊음의 순서에 대해 여실히 두루 아는 것이다. ④ 근상하지력(根上下智力)으로 지제근승열지력(知諸根勝劣智力), 지중생상하근지력(知衆生上下根智力), 근력(根力)이라고도 한다. 말하자면 여래가 모든 중생의 근기와 본성[根性]이 뛰어나거나 열등하여 크고 작은 결과[果] 얻는 것에 대해 여실히 두루 아는 것이다. ⑤ 종종승해지력(種種勝解智力)으로 지종종해지력(知種種解智力), 지중생종종욕지력(知衆生種種欲智力), 욕력(欲力)이라고도 한다. 말하자면 여래가 모든 중생이 갖가지 욕락(欲樂)과 선악(善惡)이 서로 같지 않음에 대해 여실히 두루 아는 것이다. ⑥ 종종계지력(種種界智力)으로 시성력(是性力), 지성지력(知性智力), 성력(性力)이라고도 한다. 말하자면 여래가 세간의 중생이 갖가지로 경계를 나눔이 서로 같지 않음에 대해 여실히 두루 아는 것이다. ⑦ 변취행지력(遍趣行智力)으로 지일체지처도지력(知一切至處道智力), 지처도력(至處道力)이라고도 한다. 말하자면 여래가 육도의 유루행(有漏行)이 이르는 곳과 열반의 무루행(無漏行)이 이르는 곳에 대해 여실히 두루 아는 것이다. ⑧ 숙주수념지력(宿住隨念智力)으로 지숙명무루지력(知宿命無漏智力), 숙명지력(宿命智力), 숙명력(宿命力)이라고도 한다. 곧 여실히 과거세의 갖가지 일을 분명히 아는 힘이다. 여래가 갖가지 숙명(宿命)인 한 생[世] 나아가 백천만 생[世], 한 겁 나아가 백천만 겁 동안의 여기에서 죽어 저기에 태어나는 것, 저기에서 죽어 여기에 태어나는 것, 성명과 음식, 고락(苦樂)과 수명에 대해 여실히 두루 아는 것이다. ⑨ 사생지력(死生智力)으로 지천안무애지력(知天眼無礙智力), 숙주생사지력(宿住生死智力), 천안력(天眼力)이라고도 한다. 말하자면 여래가 천안(天眼)을 빌려 여실히 중생이 죽고 사는 때와 미래생의 선악취(善惡趣) 나아가 아름답거나 추하거나 부자거나 가난한 등의 선악의 업연(業緣)을 분명히 아는 것이다. ⑩ 누진지력(漏盡智力)으로 지영단습기지력(知永斷習氣智力), 결진력(結盡力), 누진력(漏盡力)이라고도 한다. 말하자면 여래가 모든 미혹으로 남은 습기를 구분하여 영원히 (아직) 생겨나지 않은 것을 끊어버리는 것에 대해 여실히 두루 아는 것이다.167)

다음은 보살의 십력(十力)이다. 「십회향(十迴向)」 중에 "제9 무박무착해탈회향(無縛無著解脫迴向)"의 지위에 있는 보살이 구족하는 10가지 작용이다. 10가지란 심심력(深心力)[直心力], 증상심심력(增上深心力) [深心力], 방편력(方便力), 지력(智力)[智慧力], 원력(願力), 행력(行力), 승력(乘力), 신변력(神變力)[遊戲神通力], 보리력(菩提力), 전법륜력(轉法輪力) 등이다. 동시에 『수능엄삼매경』과 『대지도론』권25 등에서도 일찍이 비슷한 종류의 십력을 열거하였다. 『잡아함경』권26에서는 자재왕의 힘[自在王者力], 일을 결단하는 대신의 힘[斷事大臣力], 솜씨가 교묘한 기관공의 힘[機關工巧力], 칼을 가진 도적의 힘[刀劍賊盜力], 원한을 맺은 여인의 힘[結恨女人力], 우는 아이의 힘[啼泣嬰兒力], 비방하는 어리석은 이의 힘[毀呰愚人力], 자세하고 명료한 지혜의 힘[審諦點慧力], 출가하여 인욕하는 힘[忍辱出家力], 많이 들어 깊이 생각하는 힘[計數多聞力]의 십력(十力)을 들고 있다.168)

지장보살멸결정업다라니 [지장보살이 결정된 업을 소멸해 주는 다라니]
地藏菩薩滅決定業陀羅尼
옴 바라 마니다니 스바하 唵 鉢囉末頸陀頸娑訶

---
167) 『雜阿含經』卷26, 『新譯華嚴經』卷17, 『菩薩地持經』卷10 「建立品」, 『俱舍論』卷27, 『大毘婆沙論』卷30.
168) 『新譯華嚴經』卷56, 『大乘義章』卷14.

관음보살멸업장진언 [관음보살이 업으로 인한 장애를 소멸해 주는 진언]
觀音菩薩滅業障眞言
옴 아로륵계 스바하 唵阿嚕勒繼娑婆訶

개인후진언 [목구멍을 열어주는 진언] 開咽喉眞言
옴 보보디리 가다리 다타아다야 唵 步布底哩 伽哆哩 怛哆誐哆野

삼매야계진언 三昧耶戒眞言
옴 삼매야 살다 밤 唵三昧耶薩怛梵

변식진언 [음식을 변화시켜주는 진언] 變食眞言
나모 살바 다타아다 바로기데 「옴 삼바라 삼바라 훔」
南無 薩嚩 怛哆誐哆 縛嚧枳帝 唵 三跋囉 三跋囉 吽

　　관상[作觀]하는 법. 먼저 용량을 재는 그릇[斛器]이 넓고 크기가 마가다국에서 사용하는 곡(斛)과 같아서 음식을 그 안에 가득 채우면 1곡(斛)이 7곡으로 변화하고 7곡이 한량없는 곡(斛)으로 변화해서 시식하는 도량과 모든 법계에 두루 미치도록 가득 채우며, 모든 불자가 다 법회에 다다르면 하나하나의 불자 앞에 모두 경전을 암송하고 주(呪)를 지닌 나의 몸이 있어서 음식을 변화시켜 적은 것이 많아지게 한다고 관상(觀想)한다. 그다음 주(呪)의 힘을 써서 사발[盂] 안의 청정한 물을 변화시켜 감로수 바다가 되게 한다. 그다음 '비로자나여래 일자수륜주'를 염송하여 변화시켜 감로법수(甘露法水)가 되게 한다. 그다음 '유해진언'을 염송하여 감로법수를 변화시켜 청정한 향유해(香乳海)가 되게 한다. 마땅히 법답게 관상(觀想)하면 젖빛이 큰 바다 안에 가득 찬다. 모든 불자가 각각 마음대로 법유(法乳)를 배불리 마시면 각자 육도(六道)를 버리고 극락국에 태어나 지혜가 생겨나고 십력(十力)을 원만히 닦아서 십신(十身)의 공덕을 성취하여 속히 더없이 높은 깨달음[菩提]을 증득하게 된다.
　　作觀之法 先觀 斛器廣大 如摩伽陀國 所用之斛 飮食滿中 一斛化七斛 七斛

化無量斛 遍滿施場及諸法界 諸佛子 悉赴法會 一一佛子前 皆有我身 誦經持
呪 變食以少爲多 次運呪力 化盂中淨水 變爲甘露水海 次誦毘盧遮那如來一
字水輪呪 化爲甘露法水 次誦乳海眞言 化甘露法水爲淸淨香乳海 當如法觀
想 乳色滿大海中 諸佛子 各各恣意 飽飮法乳 各捨六道生極樂國 發生智慧
圓修十力 成就十身功德 速證無上菩提

십신(十身)은 불·보살의 몸을 그 공덕에 의하여 10종으로 나눈 것을 가리킨다. ① 보리신(菩提身)·원신(願身)·화신(化身)·역지신(力持身)·상호장엄신(相好莊嚴身)·위세신(威勢身)·의생신(意生身)·복덕신(福德身)·법신(法身)·지신(智身)이 있고, 또 정각불·원불·업보불·주지불·화불·법계불·심불·삼매불·성불·여의불. 화엄종에서 행경(行境)의 10불이라 하며, ② 중생신·국토신·업보신·성문신·벽지불신·보살신·여래신·지신·법신·허공신. 화엄종에서 해경(解境)의 10불이라 하고, ③ 평등신·청정신·무진신·선수신·법성신·이심사신·부사의신·적정신·허공신·묘지신으로 나타내거나 보살의 계위인 10지(地)의 각위(各位)에서 얻는 법신을 지칭한다.

또 '변식진언'은 '널리 통하는 상서로운 인(印)의 모양[普通吉祥印相]'을 맺는다. 음식이 든 그릇을 대하여[臨] 오른손 엄지로 검지[頭指], 중지[中指], 소지[小指]를 누르고 무명지(無名指)를 펼쳐서 인상(印相)을 이루어 그것을 휘젓는다. '감로수진언'은 먼저 음식이 담긴 그릇을 가지고 향 연기 위에서 향을 입힌 다음 솔잎 가지에 향 연기를 입히고 물을 두 번 휘젓는다. (솔잎 가지에 묻은 물을) 밥 위에 그리고 허공계에 뿌리고 각각 3편을 한다. '일자수륜주'와 '유해진언'을 염송할 때 또한 각각 3편을 한다. '시식게(施食偈)'는 먼저 음식을 가지고 동쪽을 바라보며 받들어 올리고 나서 음식 위에 물을 뿌리고 또한 공중에 흩어 뿌리면서 한다. 또 손가락을 튕겨 네 번[169] 소리를 내고 대중이 같은 소리로 '시식게' 3편을 염송하되 각각 법답게 관상

---

169) 아래에서는 '시식게'를 할 때 손가락을 세 번 튕겨 소리를 낸다고 하고 있다. 원문의 오기(誤記)인지 어떠한 차이가 존재하는 것인지 알 수 없다.

[作觀]한다.
又變食眞言 結普通吉祥印相 臨食器攪之右手拇指 壓頭指中指小指 舒無名指 卽成印相 甘露水眞言 先將食器 熏香烟上 次以相葉松枝 熏香烟攪水二度 洒飯上及虛空界亦各三遍 水輪呪乳海眞言誦時 亦各三遍 施食偈 先以食望東捧獻訖 淋飯食上亦散洒空中 又彈指四聲 大衆同聲念施食偈三遍 各各作觀如法

감로수진언 甘露水眞言
나모 소로바야 다타아다야 다냐타
「옴 소로소로 바라소로 바라소로 스바하」
南無素嚕皤耶 怛陀誐哆野 怛你陀 唵 素嚕素嚕 鉢羅素嚕 鉢羅素嚕 娑訶

일자수륜주 一字水輪呪
「옴 밤 밤 밤 밤」 唵鑁鑁鑁鑁

유해진언 乳海眞言
나모 사만다 못다남 「옴 밤」 南無三滿哆沒䭾喃唵鑁

이상의 주(呪)는 각 7편을 한다.
已上呪各七遍

나무 다보여래　　南無多寶如來
나무 보승여래　　南無寶勝如來
나무 묘색신여래　南無妙色身如來
나무 광박신여래　南無廣博身如來
나무 이포외여래　南無離怖畏如來
나무 감로왕여래　南無甘露王如來
나무 아미타여래　南無阿彌陁如來

각각 염송하는 명호를 따라 여래의 오묘한 모습의 몸이 모든 불자의 앞에 나타나 계셔서 몸의 빛이 모든 법계를 두루 비춘다고 관상作觀한다. 모든 불자가 여래의 명호를 들은 까닭에, 여래의 광명을 본 까닭에 평등하게 이익을 얻게 되기를 원한다.
各隨所念名号 作觀如來妙相身 現在諸佛子前 身光遍照一切法界 願諸佛子 聞如來名号故 觀如來光明故 等獲利益

다보여래는 인색하고 탐하는 마음을 부수어 없애고 법의 재물을 갖추어 만족케 하시고
多寶如來 破除慳貪 具足法財

보승여래는 각자 악도를 버리고 뜻에 따라 세계[삼악도]를 뛰어넘게 하시며
寶勝如來 各捨惡道 隨意超界

묘색신여래는 모든 추하고 더러운 몸을 버리고 깨끗하고 오묘한 몸[色身]을 얻게 하시고
妙色身如來 捨諸醜陋身 獲淨妙色身

광박신여래는 육범의 미세신(微細身)을 버리고 청정한 허공신(虛空身)을 깨닫게 하시며
廣博身如來 捨六凡微細身 悟清淨虛空身

육범(六凡)은 십계(十界)의 안에 있는 여섯 가지 범부(凡夫)의 세계(世界)로 곧 지옥(地獄), 아귀(餓鬼), 축생(畜生), 수라(修羅), 인간(人間), 천상(天上)의 존재들이다.
미세신(微細身)은 ① 수론학파[數論學派, 인도의 상키야학파]가 세운 세 가지의 몸[生身] 중 하나이다. ② 밀교에서 세운 법신(法身)에는 미세한 빛깔과 모양[色形]이 있어서 법계에 두루 미친다고 하였다. 『비장기(祕藏記)』 권말의 설에 따르면, "무릇 붓다는 유루(有漏)의 오온(五蘊) 등으로 이루어진 몸을 버리고, 무루(無漏)의 오온(五蘊) 등으로 이루어진 몸이 있다. 무루의 오온은 미세신으로, 미세신은 허공과 같다"라고 하였다. 또 인도 베단타, 요가, 상키야 철학에서는 사망 후

흙으로 돌아가는 육신 안에는 눈에는 보이지 않으나 의식과 판단을 하는 미세한 몸(微細身)이 있다고 보았다.
광박신여래의 공능을 인후광대, 곧 목구멍이 늘어나게 하는 것이라고 하던 것이 범부의 미세한 몸을 버리고 청정허공신을 깨닫게 하는 것이라 하고 있다. 국내 의문에는 허공신을 깨닫는 것이라고 하고 있음을 볼 수 있다.

이포외여래는 모든 두려움에서 떠나 (속박을 받지 않는) 대자재(大自在)를 얻게 하시고
　　離怖畏如來　離諸怖畏得大自在

감로왕여래는 목구멍이 통하도록 열어서 감로식[甘露食; 맛이 좋은 음식 또는 감로수와 음식]을 얻게 하시며
　　甘露王如來　咽喉開通　獲甘露食

아미타여래는 생각하는 바에 따라 곧바로[超] 극락세계에 태어나게 하시네.
　　阿彌陁如來　隨念超生　極樂世界

이상은 모두 (명호의) 뜻을 풀이한 것이다.
　　已上皆註

단박에 십력(十力)을 원만히 하여 속히 증득하고, 네 진언[변식, 감로수, 수륜관, 유해]과 붓다 명호 염송하는 것[念佛, 7여래 명호]을 3편 해서 마치면, 법요를 진행하는 사람[主行]이 음식과 청정한 물을 가지고 밖으로 나와 베풀 때 먼저 음식을 가지고 동쪽을 바라보며 손으로 받들어 올린다. 음식이 담긴 그릇[盛食]을 내려놓고 나서 손가락을 세 번 튕겨 소리를 내고, 그 후에 받들어 청정한 물 올리는 것을 마친다. 장차 밥 위에 물을 뿌리려고 할 때는 그릇[盂]에 손가락을 세 번 튕겨 소리를 내고 대중이 같은 소리로 '시식게'를 염송하며

각각 앞에서 했던 법과 같이 관상(作觀)한다.
頓圓十力速證四眞念佛三遍訖 主行將食及淨水 出外施時 先以食望東捧獻以
手 盛食放下然後 彈指三聲 後捧淨水獻訖. 將淋飯上 盂彈指三聲 大衆同聲
念施食偈. 各各作觀如前法

신비한 진언으로 가지한 청정한 법식을
널리 항하사 수의 귀신들에게 베푸오니
神呪加持淨飮食 普施河沙衆鬼神

모두 배 불리 드시고 간탄심 버리고
속히 유명계를 떠나 정토에 태어나소서.
願皆飽滿捨慳貪 悉脫幽冥生淨土

삼보에 귀의하고 보리심을 내어
구경에는 무상도를 이루소서.
歸依三寶發菩提 究竟得成無上道

공덕이 한량없으니 미래세가 다하도록
일체중생과 함께 법식을 받으소서. [3편]
功德無邊盡未來 一切衆生同法食 [三遍]

그대 귀신들이여, 내가 이제 그대들에게 공양을 베푸니
이 음식이 시방에 두루 퍼져서 일체 귀신들은 공양하소서.
汝等鬼神衆 我今施汝供 此食遍十方 一切鬼神共

이 공덕 일체에 미쳐
우리 함께 다 같이
불도를 이루오리다. [3편]
願以此功德 普及於一切 我等與衆生 皆共成佛道 [三遍]

시무차법식진언 [막음이 없이 법식을 베푸는 진언] 施無遮法食眞言
옴 목역릉 스바하 [3편] 唵穆力陵娑婆訶 [三遍]

보공양진언 [널리 공양하는 진언] 普供養眞言
옴 아아나 삼바바 바아라 혹 [3편] 唵誐誐囊三婆嚩嚩日羅斛 三遍

모든 불자여, 법식(法食)을 받았으니 굶주림과 목마름이 이미 없어졌을 것입니다. 이제 마땅히 거듭 그대들을 위해 시작을 알 수 없는 때부터 오늘에 이르기까지 몸과 입과 뜻으로 지은 모든 선하지 못한 업[不善業]을 참회해야 합니다. 각각 지극한 정성으로 저의 음성을 따라 (허물을) 드러내어 참회하십시오.
諸佛子 受法食已 飢渴旣除 今當再爲汝等懺悔 無始以來 至於今日 身口意作 諸不善業 各各志誠 隨我音聲 發露懺悔

예로부터 내가 지은 모든 악업은
시작 없는 그때부터 탐진치로 인해
몸과 입과 뜻에서 지어진 것이니,
일체를 내가 지금 참회합니다. [3편]
我昔所造諸惡業 皆由無始貪嗔癡
從身口意之所生 一切我今皆懺悔 三遍

비로자나불이 나타나 계셔서 빛을 내어서 나와 모든 불자를 비추시고, 시방의 모든 붓다, 모든 대보살이 다 광명을 내어서 나와 모든 불자를 비추시니 (죄업을) 드러내어 참회하면 모두 삼업이 청정해지게 된다고 각자 관상[作觀]한다.
各各作觀 觀毘盧遮那佛現在 放光照我及諸佛子 十方諸佛 諸大菩薩 悉放光明 照我及諸佛子 發露懺悔 悉獲三業淸淨

모든 불자여, 죄업을 이미 참회하였으니 이제 마땅히 지극한 정성으로 네 가지 큰 서원[사홍서원]을 일으키고 그러한 뒤에 오묘한 가르침을 자세히 들으십시오.
諸佛子 懺悔罪業已 今當志誠 發四弘誓願 然後諦聽妙法

중생무변서원도 [중생을 다 건지오리다.]
衆生無邊誓願度

우리가 모든 붓다를 따라 서원을 배워서, 널리 모든 법계에 있는 일체중생을 제도하여 더없이 훌륭한 보리(菩提)를 깨닫고 십력(十力)의 공덕을 모아 빨리 정등정각(正等正覺) 이루기를 서원한다.
我等誓隨諸佛學誓願 普度一切法界中 一切衆生 悟無上菩提 集十力功德 早成正等正覺

번뇌무진서원단 [번뇌를 다 끊으오리다.]
煩惱無盡誓願斷

모든 법계의 모든 중생이 가지고 있는 무명(無明) 번뇌를 우리의 공덕의 힘으로써 평등하게 오묘한 도리를 밝게 깨달아 무명을 다 없애버리고 각각 영원히 번뇌를 끊는다.
一切法界 一切衆生 所有無明煩惱 以我功德力 平等悟明妙道滅盡無明 各各永斷煩惱

법문무량서원학 [법문을 다 배우오리다.]
法門無量誓願學

세간과 출세간의 법문은 한량없고 끝이 없으니, 우리가 참된 마음으로 다 배워서 이와 같은 법으로 일체 법계의 모든 불자를 가르치고 이끌어서[教導] 다 같이 십력(十力)이 원만해지고 네 가지 평등한 보리[四等菩提]를 가지게 된다.
世間出世間法門 無量無邊 我以眞心悉學 以如是法 敎導一切法界諸佛子 同圓十力 取四等菩提

사등(四等)은 『증일아함경』「서품」, 『대승의장』 권11말 등에서 설하는 자(慈)·비(悲)·희(喜)·사(捨)의 사무량심(四無量心)을 지칭한다. 대개 마음을 좇아 말한다면 모든 것에 대해 평등하게 따르므로 사등(四等), 사등심(四等心)이라고 부른다. 만일 마음으로 인식하는 대상[所緣]의 경계를 좇아 말한다면 그 마음으로 인식하는 대상인 중생이 한량이 없으므로 사무량(四無量)이라고 한다.

불도무상서원성 [불도를 다 이루오리다.]
佛道無上誓願成

과거와 현재 시방의 모든 붓다의 네 가지 평등한 보리와 네 가지 진리의 열반[四眞涅槃]을 더없이 훌륭하고 오묘한 결과[妙果]라고 한다. 나는 지금의 몸으로부터 성인의 몸[聖身]에 이르기까지 정진하고 수행하여, 모든 불자를 교화하고 다 함께 더없이 훌륭하고 오묘한 결과 얻기를 서원한다.

過現十方諸佛 四等菩提 四眞涅槃 是名無上妙果. 我誓願從今身 進修至聖身 化諸佛子 同取無上妙果

사진(四眞)은 고집멸도(苦集滅道)의 열반에 이르는 네 가지 진리 사성제(四聖諦)의 동의어이다.

자성중생서원도 [자성 중생 건지오리다.]
自性衆生誓願度

모든 범부의 뜻과 성인의 생각을 모두 밝힌다. 중생이라도 영리한 자는 빛을 돌이켜 한 번 비춤에 훤히 꿰뚫어, 네 가지 진리[四眞]를 몸소 갖추고 식(識)을 바꾸어 지혜로 삼아서[轉識爲智] 십력(十力)의 공덕을 모아 하나의 더없이 훌륭한 과(果)를 증득한다. 모든 법계의 모든 불자가 나와 함께 이러한 공덕 얻기를 서원한다.

一切凡情聖念皆明 衆生靈利者 回光一鑑洞明 體具四眞 轉識爲智 集十力功德 證一無上果 願一切法界 諸佛子同我 獲是功德

전식득지(轉識得智)는 또한 전식성지(轉識成智)라고도 한다. 유가행파(瑜伽行派)와 유식종(唯識宗)에서는 특정한 수행을 거쳐 불과(佛果)에 이를 때, 곧 유루(有漏)의 8식(識)을 무루(無漏)의 8식(識)으로 전환시켜 네 가지 지혜를 얻을 수 있다고 생각하였다. 곧 ① 전오식(眼·耳·鼻·舌·身識)을 전환하여 무루(無漏)에 이를 때 성소작지[成所作智, 또는 作事智]를 이루게 된다. 이 지혜는 모든 유정을 이롭고 즐겁게 하고자 하므로 시방에서 몸과 입, 뜻의 세 가지 업으로 중생을 위해 선을 행할 수 있다. ② 제6식[意識]을 전환하여 무루(無漏)에 이를 때 묘관찰지(妙觀察智)를 얻게 된다. 이 지혜는 모든 법의 자체만이 가지는 성질과 모양[自相], 여러 사물에 공통되는 본질이나 모양[共相]을 잘 관찰하여 걸림 없이 전환하여 중생의 서로 다른 근기에 따라 자재하게 설법하여 중생을 교화할 수 있다. ③ 제7식[末那識]을 전환하여 무루(無漏)에 이를 때 평등성지[平等性智 또는 平等智]를 얻게 된다. 이 지혜는 일체법과 자타(自他)의 유정이 모두 다 평등함을 관찰하여 대자비 등으로 항상 함께 상응하여 평등하게 널리 일체중생을 제도할 수 있다. ④ 제8식[阿賴耶識]을 전환하여 무루(無漏)에 이를 때 대원경지(大圓鏡智)를 얻게 된다. 이 지혜는 모든 분별을 떠나 마음으로 인식하는 대상[所緣]과 마음에 비친 객관의 영상을 인식하는 주관의 작용[行相]이 미세하여 알기 어려우며, 모든 대상에 대해 헛되지 않고 어리석지 않으며, 만물의 본성과 현상[性相]이 청정하여 모든 잡염(雜染)을 떠나 마치 크고 원만한 거울에 많은 사물의 영상을 나타내는 것과 같이 조금도 남김이 없다.170)

자성번뇌서원단 [자성 번뇌 끊으오리다.]
自性煩惱誓願斷

참된 성품은 청정하고 오묘하여 마음의 작용[情]으로 인해 생겨난다. 그러므로 모든 무명(無明)을 쌓았으니, 마음의 작용[情]이 한량없

---

170) 『大莊嚴經論』권3, 『成唯識論』권10.

는 번뇌가 생겨나게 하는 것을 보아서 나와 함께 모든 불자 등이 더없이 훌륭한 보리심(菩提心)의 공덕으로 무생법인(無生法忍)을 철저히 깨달아 무명을 다 없애고 영원히 번뇌를 끊어버린다.
眞性淨妙 因情生故 積諸無明 情見生無量煩惱 我同諸佛子等 以無上菩提心功德 悟徹無生法忍 滅盡無明永斷煩惱.

자성법문서원학 [자성 법문 배우오리다.]
自性法門誓願學

참된 성품은 신령하고 오묘하여 세간과 출세간의 모든 법문을 구족하였다. 헛된 것을 좇음으로 인해 미혹이 생겨났으나 이미 버렸고, 그를 따라 지금은 반성하여 이미 깨달았으니, 밖을 향하여 구하지 말고 법답게 하나하나 배우고 익혀서, 한 법이 일체법에 원만하게 통하니 근기와 지혜가 모든 붓다와 같아지기를 서원한다.
眞性靈妙具足 世間出世間 一切法門 因逐妄生迷捨已 從他今省覺已 誓願不向外求 如法一一習學 一法圓通一切法 機智等諸佛

자성불도서원성 [자성 불도 이루오리다.]
自性佛道誓願成

더없이 훌륭한 깨달음[菩提]와 네 가지 진리의 오묘한 결과[果]는 각각의 자성이 본래 스스로 구족한 것인데, 헛된 것을 따르고 진리에 미혹함으로 인해 대수용(大受用)을 잃어버렸다. 지금 헛된 것은 버리고 진리를 향해 나아가, 곧바로 끝이 없는 오묘한 도리[妙道]와 본체[體]와 작용[用] 등에 이르러 시방의 모든 붓다가 널리 일체중생에게 넉넉한 이익을 베풀기를 서원한다. (시식을) 행하는 사람은 각각 이러한 법문을 알아서 입으로는 염송하고 마음으로는 감응하여 큰 공덕을 모아 모든 법계 안에 있는 불자들에게 넉넉하게 이익을 주고 다 함께 깨달음의 언덕[覺岸]에 오른다.
無上菩提 四眞妙果 各各自性 本自具足 因逐妄迷眞 失大受用 今誓願捨妄趣

眞 直至無極妙道 體用等 十方諸佛 普施饒益 一切衆生 行人各各知此法門
口念心應 集大功德 饒益諸法界中佛子 同登覺岸

수용(受用)은 선림(禪林)의 용어로 일반적으로 누려서 쓰는 것[享用]을 지칭한다. 선림에서는 융통성 있게[靈活] 기법(機法)을 운용(運用)하는 것을 의미한다. 자유자재한 경지에 도달하면 자기의 뜻에 따라 마음대로 자유자재할 수 있으므로 수용(受用)이 뜻과 같다[如意]고 부른다. 또 배우는 사람이 스승의 점화[點化, 종래의 사물을 고쳐서 새롭게 하는 일]를 받고 별안간 깨달으면 그 후 다시는 아무런 얽매임이나 속박을 받지 않으므로 수용(受用)이 다하지 않는다[不盡]고 부른다. 선종 무문관(無門關) 제3칙에 따르면 구지 선사(俱胝禪師)가 입적하기 전에 대중에게 고지하였다. "일찍이 내가 천룡선사(天龍禪師)에게 일지선[一指禪, 손가락 하나만을 세워서 학인을 지도했던 것]을 얻은 뒤로 평생 동안 수용(受用)해도 다 쓰지 못하였다."171)

모든 불자여, '사홍서원'을 이미 일으켰으니 각자 마땅히 마음을 깨끗하게 하고 오묘한 가르침[妙法]을 자세히 들으십시오. 우리 붓다 여래께서는 그대들이 시작을 알 수 없는 때부터 오늘에 이르기까지 진리에 미혹하고 헛된 것을 좇아 업(業)을 따라 이리저리 떠다니다가 사생[四生; 태(胎), 란(卵), 습(濕), 화(化)]에 들고나며 육도(六道)를 오가면서 한량없는 고통 받는 것을 불쌍하고 가엾게 여기십니다. 특별히 그대들을 위해 큰 해탈의 문을 여시어 12인연법(因緣法)을 연설하셨으니, 각자 말이 떨어지자마자[言下] 문득 자성(自性)을 밝혀 영원히 윤회를 끊어내게 하십니다.

諸佛子發四弘誓願已 各宜洗心 諦聽妙法 我佛如來 怜憫汝等 自無始以來至於今日 迷眞逐妄 隨業漂流 出沒四生 往來六道 受無量苦 特爲汝等 開大解脫門 演說十二因緣法 各令於言下 頓明自性 永絶輪廻

12인연법이란 무명(無明)을 인연하여 행(行)을 일으키고, 행을 인

---

171) 『景德傳燈錄』卷11, 「婺州俱胝章」, 『五燈會元』卷4.

연하여 식(識)을 일으키며, 식을 인연하여 명색(名色)을 일으키고, 명색을 인연하여 육입(六入)을 일으키며, 육입을 인연하여 촉(觸)을 일으키고, 촉을 인연하여 수(受)를 일으키며, 수를 인연하여 애(愛)를 일으키고, 애를 인연하여 취(取)를 일으키며, 취를 인연하여 유(有)를 일으키고, 유를 인연하여 생(生)을 일으키며, 생을 인연하어 늙음[老]·죽음[死]·근심[憂]·슬픔[悲]·괴로움[苦惱]을 일으킵니다. 무명(無明)을 없앤다면 행(行)이 사라지고, 행을 없애면 식(識)이 사라지며, 식을 없애면 명색(名色)이 사라지고, 명색을 없애면 육입(六入)이 사라지며, 육입을 없애면 촉(觸)이 사라지고, 촉을 없애면 수(受)가 사라지며, 수를 없애면 애(愛)가 사라지고, 애를 없애면 취(取)가 사라지며, 취를 없애면 유(有)가 사리지고, 유를 없애면 생(生)이 사라지며, 생을 없앤다면 늙음[老]·죽음[死]·근심[憂]·슬픔[悲]·괴로움[苦惱]이 사라지게 됩니다.

十二因緣法者 無明緣行 行緣識 識緣名色 名色緣六入 六入緣觸 觸緣受 受緣愛 愛緣取 取緣有 有緣生 生緣老死憂悲苦惱 無明滅則行滅 行滅則識滅 識滅則名色滅 名色滅則六入滅 六入滅則觸滅 觸滅則受滅 受滅則愛滅 愛滅則取滅 取滅則有滅 有滅則生滅 生滅則老死憂悲苦惱滅

일체 유위법은
꿈 같고 환 같고 거품 같고 그림자 같으며,
이슬 같고 번개 같은 것,
마땅히 이렇게 봐야 할지니.
一切有爲法 如夢幻泡影 如露亦如電 應作如是觀[172]

겉모습으로 나를 보려 하거나 음성으로 나를 구하는 이는
삿된 도를 행하는 이니 여래를 볼 수 없으리.[173]
若以色見我 以音聲求我 是人行邪道 不能見如來

---

172) 鳩摩羅什 譯, 『金剛般若波羅蜜經』(T8, 752b28-29).
173) 鳩摩羅什 譯, 『金剛般若波羅蜜經』(T8, 752a17-18).

일념 간에 무량한 겁을 관찰하며,
가고 옴도 없고 머묾도 없으니
이같이 삼세의 일들을 알아차리면
여러 방편 뛰어넘어 여래 십력 성취하리라.174)
一念普觀無量劫 無去無來亦無住 如是了知三世事 超諸方便成十力

법요를 진행하는 사람[主行]이 『심경』을 거행한다.
主行擧心經

경전과 주(呪)는 뜻대로 한다.
經呪隨意

왕생정토진언 [정토에 왕생하게 하는 진언] [3편] 대중도 따라서 부른다.
往生淨土眞言 [三遍] 衆和

법요를 진행하는 사람[主行]이 '회향'하며 말한다.
主行回向云

보고 듣는 것이 마치 환상으로 가린 것과 같고, 삼계(三界)는 허공에 보이는 꽃[空華]과 같습니다. 들음을 돌이켜 가림의 뿌리 없앤다면 번뇌[塵]는 다 사라지고 깨달음이 원만하여 청정할 것입니다.175) 모갑(某甲) 등이 지금까지 모든 붓다의 크신 명호를 찬탄[稱揚]하고 보배로운 명호를 지니고 염송하였습니다. '무량위덕자재광명승묘력다라니'와 '감로수다라니' 및 모든 경전과 주(呪)로 가지(加持)하여 음식을 청정하게 하여 널리 일체 법계의 모든 불자 대중에게 베풀었습니다. 오직 원하건대 면연귀왕 큰 방편 가지신[大權] 홀

---

174) 實叉難陀 譯, 『大方廣佛華嚴經』卷13(T10, 66a06-07).
175) 般刺蜜帝 譯, 『大佛頂如來密因修證了義諸菩薩萬行首楞嚴經』卷6(T19, 131a).

륭한 분[勝士]이 자비와 선함으로 마음을 태우며 널리 거느리는 36부(部)의 한량없고 끝이 없는 항하사 수의 모든 아귀 대중과 하리제모(訶利帝母)의 모든 권속과 바라문선(婆羅門仙)과 [만일 천거하는 이가 있다면 망위(亡位)를 넣는다] 이 세계와 다른 세계의 전쟁[刀兵]으로 죽은 이, 물에 빠지고 불에 타서 죽은 이, 돌림병이나 정처 없이 떠돌다가 죽은 이, 굶주림과 추위로 죽은 이, 나무에 줄을 매 스스로 죽은 이, 법에 의한 형벌로 죽은 이, 어렵게 아이를 낳다 죽은 이, 모든 남아있는 혼백[滯魄]과 의지할 곳 없이 떠도는 외로운 혼령[孤魂], 풀에 의지하고 나무에 붙어 있는 모든 귀신, 육도의 최근[요사이] 모든 중음(中陰) 중생이 모두 다 평등하게 제가 베푸는 것을 받으시고, 막히지 않고 걸림 없이 청정한 법식(法食)을 경전에서 말씀하신 것과 같이 각각 모두 얻으며, 마가다국에서 사용하는 용량[斛]으로 49곡(斛)의 음식으로 배불리 채우고 만족함에 모자람이 없어서 단박에 모두 오랜 겁 동안의 굶주림과 목마름, 거꾸로 매달린 고통을 소멸하게 하소서.

見聞如幻翳 三界若空華 聞復翳根除 塵消覺圓淨 某甲等 上來稱揚諸佛洪名 寶號持誦 無量威德自在光明勝妙方[176]陀羅尼 甘露水陀羅尼 及諸經呪加持 淨食 普施一切法界諸佛子衆 惟願面然鬼王 大權勝士 慈善熏心 普攝三十六部 無量無邊恒河沙數諸餓鬼衆 訶利帝母 一切眷屬婆羅門僊 如薦則入亡位 此方他界 刀兵殞命 水火焚漂 疾疫流離 飢寒凍餒 繩木自盡 刑憲而終 産難而死 一切滯魄孤魂 依草附木 一切鬼神 六道傍來 一切中陰衆生 悉皆平等 受我所施 無遮無尋 淸淨法食 如經所說 各各皆得 摩伽陁國 所用之斛 七七斛食 充飽滿足 無所乏少 頓皆消滅 長劫飢渴倒懸之苦

『화엄경』의 힘으로 인하여 나의 이 청징한 법식(法食)이 두루 모든 지옥에 이르러 한량없는 고통 받는 중생들이 괴로움을 쉬고 고통을 멈추게 합니다. 감로법식(甘露法食)을 받아 굶주림과 목마름이 소멸하면 큰 두려움이 없는 몸을 얻어 마음으로 매우 기뻐하고 더 없이 훌륭한 보리심(菩提心)을 내어 즉시에[應時] 곧 마음이 즐거운

---

176) 원문에는 '方'으로 되었으나 '力'의 오기(誤記)로 보임.

삼매[心樂三昧]177)를 얻게 되니 혹은 귀신의 몸을 버리고, 혹은 지옥의 몸을 버리며, 혹은 중음신의 몸을 버리고 붓다의 정토(淨土)에 태어나 속히 원만한 종지(種智)를 옮겨 중생을 제도할 수 있습니다. 제가 이렇게 음식을 베푸는 공덕은 세존이 말씀하신 것과 같이 곧 한량없는 백천 구지(俱胝) 항하사 수의 모든 붓다께 공양을 올린 것과 같아서 다름이 없습니다.178) 이러한 복전(福田)을 법계에 회향하오니 깨달음[菩提]을 장엄하기 원하옵니다. 중생들과 함께 다 같이 원만한 보시바라밀[檀波羅蜜]을 얻어서 삶과 죽음[生死], 굶주림과 목마름을 멀리 떠나고 속히 궁극의 깨달음[菩提]과 열반(涅槃)의 두 가지 더없이 훌륭한 결과[果] 얻기를 원하옵니다. 마땅히 중생들에게 다함 없는 법식(法食)을 베푸오니 위와 같은 연유[緣]를 생각하십시오.

仍以華嚴經力 我此淸淨法食 遍至一切諸地獄中 悉令無量受苦衆生 息苦停酸 淨受甘露法食 飢渴消滅 獲大無畏身心歡喜 發無上菩提心 應時卽獲心樂三昧 或捨鬼神身 或捨地獄身 或捨中陰身 生佛淨土 速圓種智轉度衆生 我此施食功德 如世尊言 卽與供養無量百千俱胝恒河沙數諸佛正等無異 願以此福田 回向法界 莊嚴菩提 願共衆生 同淨圓滿檀波羅蜜 遠離生死飢渴 速淨究竟菩提涅槃 二無上果 當施衆生無盡法食 爲如上緣念

『열반경』에서는 "보살마하살이 두려움 없는 지위[無畏地]에 머무르게 되면 25가지 삼매를 얻어 25가지 유(有)를 깨뜨린다."고 하였는데, 그중 "마음이 즐거운 삼매[心樂三昧]를 얻어서는 아귀의 유(有)를 깨뜨린다."라고 하였다. 심락삼매(心樂三昧)는 무외지에 머무는 보살이 얻게 되는 25가지 삼매 중의 하나인 것이다.

종지(種智)는 모든 종류의 지혜[一切種智]의 약칭이다. 곧 붓다가 깨달아 아시는 갖가지 법의 지혜이다. 『대지도론』 권27에 따르면 오직 붓다만이 일체종지를 가지고 계시고, 성문과 연각 등은 다만 모두 일체지(一切智)를 가지고 있다. 『지관보행전홍결(止觀輔行傳弘決)』 권1에 따르면 세존, 천인사, 조어장부, 아라한 등 10호(號)를 구족한 깨

---

177) 曇無讖 譯, 『大般涅槃經』 卷14(T12, 448b13-16).
178) 不空 譯, 『佛說救拔焰口餓鬼陀羅尼經』(T21, 465b05-07), "便能具足無量福德 則同供養百千俱胝如來功德 等無差別."

달은 자는 갖가지 지혜[種智]에 통달하여 밝고 원만하다. 또 붓다가 모든 종류의 지혜[一切種智]를 증득하시고 큰 깨달음[大覺]이 원만한 것을 종각(種覺)이라고 부른다. 『대반열반경소(大般涅槃經疏)』에 "여래의 도(道)가 종각(種覺)에 올라도 오히려 아홉 가지의 재난[九惱]이 있었는데 하물며 보살이겠는가?"[179]

청정법신 비로자나불	淸淨法身毗盧遮那佛
원만보신 노사나불	圓滿報身盧舍那佛
천백억화신 석가모니불	千百億化身釋迦牟尼佛
구품도사 아미타불	九品導師阿彌陁佛
당래하생 미륵존불	當來下生彌勒尊佛
시방삼세 일체제불	十方三世一切諸佛
대성 문수사리보살	大聖文殊師利菩薩
대성 보현보살	大聖普賢菩薩
대비 관세음보살	大悲觀世音菩薩
제존보살마하살	諸尊菩薩摩訶薩
마하반야바라밀	摩訶般若波羅蜜

선교증수시식의문 禪敎增修施食儀文

당판(唐板) 시식(施食)을 기록하여 새긴 것[간행한 것]이 후세에 널리 쓰이기를 바란다.
　　唐板施食錄梓 欲望流通後世

법과 성품 원융하여 두 모습이 원래 없고
모든 법은 부동하여 본래부터 고요하며
이름 없고 모습 없어 모든 것이 끊어졌고

---

179) 『法華經文句』卷7, 『禪苑淸規』卷9, 「沙彌受戒文」.

중지 소지 깨달음은 다른 경계 아니로다.
참된 성품 깊고 깊어 미묘하고 지극하여
자기 성품 지키잖고 연을 따라 이루었네.
하나 속에 일체 있고 일체 속에 하나 있어
하나가 곧 일체이고 일체가 곧 하나여서
작은 티끌 하나 속에 시방세계 머금었고
일체 모든 티끌 속에 하나하나 그러하네.
한량없는 오랜 시간 한순간과 다름없고
찰나 순간 한 생각이 한량없는 시간이니
구세 십세 서로 겹쳐 어우러져 돌아가도
혼란하지 아니하고 따로따로 이뤄졌네.
초발심의 그 순간에 바른 깨침 바로 얻고
생과 죽음 열반세계 항상 서로 함께하니
이치현상 명연하여 분별할 수 없음이나
열 붓다 보현보살 대성인의 경계일세.
붓다의 해인삼매 자재하게 들어가서
불가사의 여의주를 마음대로 드러내니
중생 위한 보배비가 온 허공에 가득하여
중생들은 그릇대로 모두 이익 얻게 되네.
그러므로 수행자가 본래 자리 돌아갈
제 망상심을 쉬잖으면 그 자리에 못 가리니
분별없는 좋은 방편 마음대로 구사하고
본래 집에 돌아갈 제 분수 따라 자량 얻네.
신령스런 다라니의 한량없는 보배로써
온 법계를 장엄하여 보배궁전 이루어져
진여실상 중도자리 오롯하게 앉았으니
옛적부터 변함없는 붓다라고 부른다네.[180]

---

180) 牛迦 飜譯 引用.

法界圖

法性圓融無二相 諸法不動本來寂 無名無相絶一切 證智所知非餘境 真性甚深極微妙 不守自性隨緣成 一中一切多中一 一卽一切多卽一 一微塵中含十方 一切塵中亦如是 無量遠劫卽一念 一念卽是無量劫 九世十世互相卽 仍不雜亂隔別成 初發心時便正覺 生死涅槃相共和 理事冥然無分別 十佛普賢大人境[經] 能入海印三昧中 繁出如意不思議 雨寶益生滿虛空 衆生隨器得利益 是故行者還本際 叵識妄想必不浮 無緣善巧作如意 歸家隨分得資糧 以陁羅尼無盡寶 莊嚴法界實寶殿 窮坐實際中道床 舊來不動名爲佛

본문의 적지 않은 오자(誤字)는 나무라지 말라.
本文不少錯字勿咎

이와 같이 들었습니다. 선남자선여인이 이 경권 한 권을 받아 지니고 독송하면 금강경 삼십 만편을 전독한 것과 같아서 신명의 가피를 입고 여러 성현이 손을 잡고 인도해주신다. 나라가 서고 대력 7년(772) 비산현의 현령 유씨의 딸이 19세에 죽었다. 7일이 지나 염라대왕을 만났다. 대왕이 물었다. 일생동안 어떤 인연을 지었는가? 여자가 답했다. 일생동안 오로지 금강경을 지니고 염송했습니다. 다시 대왕이 물었다. 어찌해서 금강경찬을 염송하지 않았는가? 여자가 대답했다. 세상에는 그 본이 없습니다. 대왕이 말했다. 너를 돌려보내 살려줄 터이니 그 경문을 분명히 기억하여라. 여시아문부터 신수봉행까지는 도계 5,149자인데, 69번의 불, 51번의 세존, 85번의 여래, 37번의 보살, 138번의 수보리, 26번의 선남자선여인, 38번의 하이고, 36번의 중생, 31번의 어의운하, 30번의 여시, 29번의 아뇩다라삼먁삼보리, 21번의 보시, 18번의 복덕, 13번의 항하사, 12번의 미진, 7번의 삼천대천세계, 7번의 삼십이상, 8번의 공덕수, 8번의 장엄, 5번의 바라밀, 4번의 수다원, 4번의 사다함, 4번의 아나함, 4번의 아라한, 이분들이 사과선인이다. 내가 옛날 가리왕 때 신체를 잘리고 내가 그때 사지가 마디마디 잘렸다. 내가 아상 인상 중생상 수자상이 있었다면, 하나하나마다 아견 인견 중생견 수자견

이 없었다. 3번의 비구니 몇 수의 7편의 사구게[181]가 있다.
금강반야바라밀경찬
金剛般若波[182]蜜經纂
如是我聞 善男子 善女人 受持讀誦此經纂一卷 如轉金剛經三十萬偏 又得神明加備[183] 衆聖提携 國建大曆七年 毗山縣令 劉氏女子 年一十九歲 身亡 至七日 得見閻羅大王 問曰 一生已來 作何因緣 女子答曰 一生已來 偏持得金剛經 又問曰 何不念金剛經纂 女子答曰 緣世上無本 王曰 放汝還活 分明記取經文 從如是我聞 至信受奉行 都計五千一百四十九字 六十九佛 五十一世尊 八十五如來 三十七菩薩 一百三十八須菩提 二十六善男子善女人 三十八何以故 三十六衆生 三十一於意云何 三十如是 二十九阿耨多羅三藐三菩提 二十一布施 十八福德 一十三恒河沙 十二微塵 七箇三千大千世界 七箇三十二相 八功德 八莊嚴 五波羅蜜 四須陀洹 四斯陀含 四阿那含 四阿羅漢 此是四果仙人 如我昔爲歌利王 割截身體 如我徃昔 節節支解時 若有我相 人相 衆生相 壽者相 一一無我見 人見 衆生見 壽者見 三比丘尼數內 七四句偈
金剛般若波羅蜜經纂

경을 판서(板書) 휘암(徽庵)이 필사하다.
經板書傳寫徽庵

법성게와 금강경찬이 편입된 것은 국내 판본에서라고 볼 수 있다. 그것은 보급과 경전 염송의 편의를 위해 찬집된 금강경찬은 시식의 한 특징인 수명장수를 발원하는 행법으로 채택되었기 때문이라고 할 수 있다.

---

181) 牛邇 飜譯 引用.
182) 원문에 '羅'자 누락.
183) 원문의 '備'는 '被'의 오기(誤記)로 보임.

부록

석례시식의
夕禮施食儀

일심경례 시방상주 일체 상주삼보 [절]
지심귀명례 시아본사 석가모니불 [절]

삼세 모든 붓다의 가르침을 깨치려면
일체는 마음이 지었다고 살필지니라.
파지옥진언 「옴 가라데야 스바하」
해원결진언 「옴 삼다라 가다 스바하」

보소청진언 나모 보보데리 가리다리 다타아다야
["유주무주일체혼령"의 위패 또는 체전을 불단 앞 전대에 걸거나 붙임]
　나모대방광불화엄경
　나모상주시방불　　나모상주시방법
　나모상주시방승　　나모본사석가모니불
　나모관세음보살　　나모명양구고지장왕보살
　나모기교아난다존자

귀의불 귀의불양족존 귀의불경
귀의법 귀의법이욕존 귀의법경
귀의승 귀의승중중존 귀의승경 [각 3편]

예로부터 내가 지은 모든 악업은
시작 없는 그때부터 탐진치로 인해

몸과 입과 뜻에서 지어진 것이니,
일체를 내가 지금 참회합니다.

중생을 다 건지오리다.
번뇌를 다 끊으오리다.
법문을 다 배우오리다.
불도를 다 이루오리다.

자성 중생 건지오리다.
자성 번뇌 끊으오리다.
자성 법문 배우오리다.
자성 불도 이루오리다.

지장보살멸결정업다라니 「옴 바라마니다니 스바하」
관음보살멸업장진언 「옴 아로륵계 스바하」
개인후진언 「옴 보보디리 가다리 다타아다아」
삼매야계진언 「옴 삼매야 살다 밤」

[혼령의 위패를 공양을 받도록 돌려 앉히고 일곱 알의 알곡을 준비]

변식진언
   나모 살바 다타아다 바로기데
   「옴 삼바라 삼바라 훔」 [칠편]

감로수진언
   나모 소로바야 다타아다야 다냐타
   「옴 소로소로 바라소로 바라소로 스바하」 [칠편]
      [알곡에 감로수진언 옴 소로소로를 염송할 때 위패와 공양물에 뿌림]

일자수륜주 「옴 밤 밤 밤 밤」 [칠편]

유해진언 나모 사만다 못다남 「옴 밤」 [칠편]

　　나모다보여래　　나모보승여래
　　나모묘색신여래　나모광박신여래
　　나모이포외여래　나모감로왕여래
　　나모아미타여래

　　신비한 진언으로 가지한 청정한 법식을
　　널리 항하사 수의 귀신들에게 베푸오니
　　모두 배 불리 드시고 간탄심 버리고
　　속히 유명계를 떠나 정토에 태어나소서.

　　삼보에 귀의하고 보리심을 내어
　　구경에는 무상도를 이루소서.
　　공덕이 한량없으니 미래세가 다하도록
　　일체중생과 함께 법식을 받으소서.

　　그대 귀신들이여,
　　내 이제 그대들께 공양 베푸니
　　이 음식이 시방에 두루 퍼져서
　　일체 귀신들은 공양하소서.

　　이 공덕 일체에 미쳐
　　우리 함께 다 같이
　　불도를 이루오리다.

시무차식진언 「옴 목역능 스바하」
보공양진언 「옴 아아나 삼바바 바아라 혹」

般若波羅蜜多心經 [염송]

왕생정토신주

「나모 아미다바야 다타가다야 다지야타 아미리도바비 아미리다 싯담바비 아미리다 비가란제 아미리다 비가란다 가미니 가가나 깃다가리 스바하」 [3편]

사생은 보배 땅에 오르고, 삼유는 연을 심은 못에 의탁하여 화생하며, 항하사 수의 아귀들이 삼현을 증득하고 온갖 종류의 유정들이 십지에 오릅니다.

○ 찬미타불게

아미타불 거룩하신 자금색의 찬란한 몸
단정하고 엄숙하여 비교될 이 따로 없고
눈썹 사이 밝은 흰털 수미산을 구르는 듯
검푸른 눈 맑은 동자 사대해의 상징인가
광명 속에 나타내신 무수의 억만 붓다
화현하신 보살대중 그 수 또한 끝이 없네.
사십팔원 큰 원으로 모든 중생 제도하사
구품대로 생명들을 피안으로 들게 했네.
나모 서방극락세계 대자대비 아미타불 [십념]

[아미타불 염불을 할 때 체전과 공양물 7알을 가지고 소대로 나아가 불살라서 봉송한다.]

역해 법안 박영만 문학박사, 서초동 대성사 주지, 대한불교조계종 어산 종장, 대한불교조계종 어산작법학교 학장, 불교의례문화연구소 소장, 저서로『한국불교 수륙재의문 연구』,『삼밀시식행법』(공저) 등 다수의 논저가 있다.

시식편람

역해 법안 박영만

2024.07.23. 초판

펴낸곳: 정우북스
서울. 종로구 삼봉로 81. 1231호
문의: 02 720 5538

정가: 20,000원

ISBN 979-11-984309-8-4   03220